中美语言教育政策比较研究

——以全球化时代为背景

张治国 著

图书在版编目(CIP)数据

中美语言教育政策比较研究：以全球化时代为背景/张治国著.—北京：北京大学出版社,2012.2
(外语战略研究丛书)
ISBN 978-7-301-19463-8

Ⅰ.①中… Ⅱ.①张… Ⅲ.①语言教学－教育政策－对比研究－中国、美国 Ⅳ.①H09-41

中国版本图书馆 CIP 数据核字(2011)第 183274 号

书　　　名：	中美语言教育政策比较研究——以全球化时代为背景
著作责任者：	张治国　著
组稿编辑：	张　冰
责任编辑：	宣　瑄
标准书号：	ISBN 978-7-301-19463-8/H·2925
出版发行：	北京大学出版社
地　　　址：	北京市海淀区成府路 205 号　100871
网　　　址：	http://www.pup.cn　电子信箱：zbing@pup.pku.edu.cn
电　　　话：	邮购部 62752015　发行部 62750672　编辑部 62759634
	出版部 62754962
印　刷　者：	三河市北燕印装有限公司
经　销　者：	新华书店
	650 毫米×980 毫米　16 开本　23 印张　340 千字
	2012 年 2 月第 1 版　2014 年 1 月第 2 次印刷
定　　　价：	58.00 元

未经许可,不得以任何方式复制或抄袭本书之部分或全部内容。
版权所有,侵权必究
举报电话：(010)62752024　电子信箱：fd@pup.pku.edu.cn

本研究获得以下项目资助：
上海市第四期本科教育高地建设项目
国家语言文字应用"十一五"科研项目重点项目(ZD115-01)
上海外国语大学重大科研项目(KX161017)
上海外国语大学211工程三期项目

特此致谢！

总　　序
一变学路　一新学风

李宇明

（国家语委副主任、教育部语言文字信息管理司司长）

近些年来，不少学者一直在研究中国走向世界的外语战略，并进而提出了"国家外语能力"、"国家语言能力"等概念。衡量国家语言能力的标准，就是国家在处理海内外事务时，能否及时得到合适的语言援助；国家在经济社会的发展中能否获取足够的语言红利。

在处理双边和多边的国际关系中，在国际经贸活动中，在处理人类共同面临的问题中，在反恐、维和、救灾的国际合作中，在睦边戍边中，在为来华外国人员的服务与管理中，都需要外语。因此，在努力将"本土型"国家转变为"国际型"国家的现代中国，在努力争取本应拥有的国际话语权的时代，外语已经成为国家语言能力十分重要的组成部分。

我国是一个外语学习大国，但是国家所拥有的外语能力，却远远不能满足国家发展之需，特别是在语种布局、复合型外语人才培养、各领域精英人物的外语水平等方面，存在较大不足。解决这些问题，亟待在国家层面进行具有远见卓识的外语规划。

一个好的外语规划，首先需要摆正外语在国家发展中的位置，制定有利于提升国家语言能力的外语政策。要特别注意处理好外语同中华语言之间的关系，不能因为加强外语教育而损伤国人的语言感情，同时也要有大国气度，能够包容外语，重视外语，尊重外语人才。其次，要深入开展调查研究，充分考虑国内、国外各领域的外语需求，有计划地培养各种外语人才，建立并不断更新完善外语人才库。第三，要研究外语人才成长规律，完善教学体系，创新教学模式，提高教学效率。此外，还要鼓励高校和科研院所研究国际问题，例如某地区、某国家的政治、历史、经济、法律、宗教、文化、教育、科技等，某国际组织和国际会议的宗旨、架构、工作语言等。在研究国际问题时，应依据各自的学科优势和地缘优势有个大致的分工，并注意据此分工来培养不同的外语人才，发挥不同语种、不同类型的外语人才的作用。

上海外国语大学早在 2007 年 12 月就成立了中国外语战略研究中心。中心成立以来，一直关注我国的外语生活、外语战略研究，关注国际语言政策研究，创办了具有资政惠学作用的《外语战略动态》，召开了多次颇具影响的学术会议，形成了一支充满生气的研究队伍。现在，中心又组织编写《外语战略研究丛书》，体现了我国外语学界的国家意识，体现了学者对国家外语规划的战略思考。外语学界侧重于、擅长于研究语言教学，而这套丛书关注现实语言生活，从当今中国社会需求出发，显然一变学路，一新学风。相信它的出版，对我国的语言规划学大有裨益，对我国的外语规划实践亦大有裨益。

今天是农历端午，三闾大夫"路漫漫其修远兮，吾将上下而求索"的话语，久萦不去。而今，国家融入世界的道路更是漫漫修远，吾辈学人更应上下求索，为国家的长远发展做出语言学应作的贡献。

2011 年端午节

出版前言

积极推进外语战略研究

曹德明

（上海外国语大学校长，中国外语战略研究中心主任）

外语规划是国家语言规划的一个重要组成部分，属于语言战略的范畴。语言战略研究就是要把语言学研究同国家发展的需要结合起来，把语言研究纳入国家发展的总体规划和进程之中。由于语言是一切交流和文化传播最主要的媒介，是人类世界观与价值观的载体，也是人的自我意识、个人和社会标志的基本内容，人们利用并改造环境、人际互动和融入社会的能力在很大程度上要依赖于语言的功能，因此，语言是文化的重要组成部分，是维护国家利益的重要手段，是一种特殊的战略资源，在综合国力中占有重要的一席之地，也是国家"软实力"的基本要素之一。

随着中国经济的快速发展，中国正被推到国际事务的前台，越来越受到国际社会的高度关注。中国在世界舞台上、在国际非政府组织和各类协会中的话语权正逐步提升，在这种大背景下，需要不断提高我们的跨文化沟通能力，有效进入国际话语体系，有效地把中国的观点立场介绍给世界；加快语言战略，特别是外语战略研究，能够更好地为国家制定语言政策提供咨询建议，为国家成功实现"走出去"战略提供服务。在中国走向世界的进程中，需要不断打破语言屏障；当中国加强软实力建设之际，需要更多的语言支持；当我国的语言生活中因外语教育和外语使用引发的争议争端不断出现时，从国家战略角度思考外语规划和外语政策就成为当务之急，从国家战略发展需要出发研究国外的语言政策和语言教育也迫在眉睫。近年来，一些有识之士积极倡导和推动语言战略研究，体现的正是知识分子的国家意识、社会责任感和战略眼光。

这套丛书的作者来自全国多所院校，跨越语言学、教育学、政治学、社会学、传播学、历史学、数学、管理学和计算机科学等领域和多个语种，丛书的内容涉及与外语相关的教育、管理、社会应用、心理认同、语言政策等多个方面，突出宏观视野和战略层面，方法上注重实证调查和跨学科视角。由于本丛书紧贴语言生活实际，面向国家发展大局，因此可以为政府决策部门、社会—文化—政治研究、语言政策、语言教育等领域的读者提供现实的参考,相信它在观念、视角、方法和应用性等方面都能给人以有益的启示。

上海外国语大学于2007年12月成立了中国外语战略研究中心,在国家语委和上海市语委等部门的指导下、在多方的关心和帮助下,对中国的外语规划、国外的语言规划开展了一系列探索性质的研究。这套丛书就是中心致力于开创外语战略研究、积极组织和谋划的直接成果。我们希望以此为平台,团结更多的有识之士,进一步推动语言战略研究,特别是以国家战略和社会需求为导向的宏观应用语言学研究的开展。相信它的出版将对我国构建和谐语言生活,为国家语言战略的研究、制定和实施发挥积极的作用。

序

语言不只是人类交际和求知的工具,而且是体现和保持文化特性的基本手段。语言教育是各级各类教育的重要内容。

联合国教科文组织支持母语教学,因为它是基础教育的核心内容,是在学生从家庭和生活环境中获得知识和经验的基础上习得民族文化、价值观念,提高学习质量的基本途径。同时,联合国教科文组织支持各级学校的双语、外语和多语教育,因为它是促进社会平等的手段,是增进语言多样性的要素。联合国教科文组织也支持把语言教育作为跨文化教育、国际理解教育的一个重要内容。以促进国家之间、各国人民之间的相互了解,促进人类文化的多样性。

在全球化进程中,各国的母语教育,国语(即"官方"语言)教育和外语教育及其在学校教育中的地位、内容、方法都发生了很多变化。这些变化,不只关乎教学内容的适切性和学习的质量,而且对社会、经济、文化的发展有重要的影响。由此,根据各国国情制定合理的、科学的语言教育政策,日显其重要性和迫切性。所有这些语言教育问题根本上都需要并且也只有通过政策才能得到宏观的调控和较好的解决。近年,一些国际组织和国家都纷纷制定了相关的语言教育政策。例如,联合国教科文组织于 2001 年在巴黎总部通过了《世界文化多样性宣言》(Universal Declaration on Cultural Diversity),于 2003 年发布了联合国教科文组织教育意向书(UNESCO Education Position Paper)——《多语世界中的教育》(Education in a Multilingual World),等等。欧盟制定了《促进语言学习和语言多样性行动计划》(Promoting Language Learning and Linguistic Diversity: An Action Plan 2004-2006)。美国近年来也出台了不少有关语言教育的政策以应对全球化带来的新挑战。

像其他很多国家一样,中国在语言教育方面也遇到不少挑战,国内许多专家学者从语言学、文化学、教育学、历史学等角度对我国的语言教育进行了各种研究,也取得了不少成果。但是,以比较的方法结合语言学、政策学和教育学对中国的语言教育进行跨学科的研究尚属少见。因此,治国选择"全球化背景下中美语言教育政策的比较研究"作为自己的博士论文研究内容具有时代性、现实性和创新性。我记得在他博士论文的三位盲审专家和三位评阅专家的评分中都对博士论文的选题创新性给予了"A"的好评。

语言教育一直是中国学界的一个研究热点和难点问题。从政策的角度来研究语言教育，这可以为人们对众多语言教育问题的思考和研究提供新视角和新发现。该书正是从政策的角度对我国的语言教育进行了宏观的分析和研究。它从国际的时代背景出发，概述和分析中国各个教育阶段的语言（包括汉语、少数民族语言和外语）的教育。政策研究就是应该总揽全局，高屋建瓴，考虑各种相关因素。比较见差异，该书通过中美语言教育政策的比较来探究中国的语言教育政策，是一个非常有意义有成效的研究。美国在教育政策和语言教育政策的研究和制定方面有许多值得我们借鉴和学习的地方。

该书在理论部分论述了全球化与语言教育的关系；梳理了全球化背景下的语言观以及语言观对语言教育政策的影响；阐述了语言教育政策的概念、内容、主客体、影响因素和制定意义等内容。这三项内容基本构成了当代语言教育政策的理论框架，这种梳理在国内外还较少见，也非常有价值。该书在应用部分依据前面的理论逐一比较、评析了中美在通用语言、少数民族语言和外语方面的教育政策，并从中获得不少启示，最后提出构建中国和谐语言教育政策的结论。该书在结构安排上逻辑性强、脉络清晰；在内容上有理论有实际案例，两者相得益彰，前后照应。

该书收集了大量有关中美语言教育方面的统计数据，提出不少新观点。这对我国语言教育政策的研究以及我国语言教育政策的制定和实施都具有一定的理论价值和社会应用意义。

该书是治国博士学位学习期间刻苦的课程学习和深入的论文研究的成果。2006年治国考入华东师范大学成了我的博士生，从此我们有教学相长的机会。他在读博期间需要兼顾学习、工作和家务，因此，生活十分简单以便挤出更多的时间用于学习，所有的周末和寒暑假都是他学习的"黄金"时间。而且，他还申请到去美国进行为期半年的访学机会，大大地弥补了在职博士生的时间问题。在这三年期间，治国除了完成学校的学业任务外，还积极地参与我主持的985高校课题、教育部师范司委托、世界银行资助的教师专业标准研究课题以及由国际教师教育中心承办的国际会议。在为他能如期出色地完成博士论文答辩而高兴之时，他告诉我北京大学出版社将出版他的博士论文，并邀请我为它写序，我欣然同意。希望他能在该书的实践部分（即第五、六、七章）对中美语言教育政策进行更加深入和详细的评析,或将会有更多新的发现。这也正好为未来的治学留下广阔的研究空间。愿治国在不远的将来也能在这方面取得丰硕的研究成果。

是为序。

周南照

华东师范大学课程与教学系兼职教授,博士生导师

华东师范大学国际教师教育中心主任

联合国教科文组织亚太国际教育与价值教育学会会长

2011年5月8日于北京

目　　录

第一章　绪论 …………………………………………………………（1）
　第一节　选题之缘起与研究之问题 ……………………………（1）
　　一、选题之缘起 ……………………………………………（1）
　　二、研究之问题 ……………………………………………（3）
　第二节　研究之目的与研究之意义 ……………………………（4）
　　一、研究之目的 ……………………………………………（4）
　　二、研究之意义 ……………………………………………（4）
　第三节　国内外研究之现状 ……………………………………（6）
　　一、全球化背景下的强势语言教育政策研究 ……………（6）
　　二、全球化背景下的少数民族语言教育政策研究 ………（8）
　　三、全球化背景下的外语教育政策研究 …………………（10）
　　四、语言教育政策的理论研究 ……………………………（12）
　第四节　研究方法、研究特点和研究创新 ……………………（14）
　　一、研究方法 ………………………………………………（14）
　　二、研究特点 ………………………………………………（15）
　　三、研究创新 ………………………………………………（16）
　第五节　研究资料之收集 ………………………………………（17）
　　一、国内图书馆资料 ………………………………………（17）
　　二、国外图书馆资料 ………………………………………（17）
　　三、网络资料 ………………………………………………（17）
　　四、私人资料 ………………………………………………（18）
　第六节　研究的基本思路与框架 ………………………………（18）
　　一、基本思路 ………………………………………………（18）
　　二、基本框架 ………………………………………………（18）

第二章　全球化与语言教育 …………………………………………（20）
　第一节　全球化理论 ……………………………………………（20）
　　一、全球化的定义 …………………………………………（20）
　　二、全球化产生的背景和理论基础 ………………………（22）
　　三、全球化的特点 …………………………………………（25）
　　四、人们对全球化的态度 …………………………………（28）
　第二节　全球化对教育和语言教育的影响 ……………………（31）

一、全球化对教育的影响 ·· (32)
　　二、全球化对语言教育的影响 ···································· (35)
第三章　全球化背景下的语言观及其对语言教育政策的影响 ······ (39)
　第一节　语言观 ··· (39)
　　一、语言观的定义 ··· (39)
　　二、语言观的嬗变 ··· (39)
　　三、语言观的作用 ··· (42)
　第二节　全球化背景下的语言观 ··································· (42)
　　一、语言身份论 ·· (42)
　　二、语言人权论 ·· (52)
　　三、语言资源论 ·· (55)
　　四、语言软实力论 ·· (60)
　第三节　语言观对语言教育政策取向的影响 ······················· (64)
　　一、语言身份论对语言教育政策的影响 ························ (64)
　　二、语言人权论对语言教育政策的影响 ························ (65)
　　三、语言资源论对语言教育政策的影响 ························ (66)
　　四、语言软实力论对语言教育政策的影响 ····················· (67)
第四章　全球化背景下的语言教育政策 ··························· (68)
　第一节　教育政策 ··· (68)
　　一、教育政策 ··· (68)
　　二、教育政策与政策和公共政策的关系 ························ (72)
　　三、语言教育政策与教育政策和语言政策的关系 ·············· (73)
　第二节　语言政策 ··· (74)
　　一、语言政策和语言规划 ······································· (75)
　　二、语言政策的成分 ··· (78)
　　三、语言政策的过程 ··· (78)
　　四、语言政策的分类 ··· (80)
　第三节　语言教育政策 ·· (81)
　　一、语言教育政策的定义 ······································· (81)
　　二、语言教育政策的内容 ······································· (82)
　　三、语言教育政策中的主客体 ·································· (91)
　　四、影响语言教育政策的因素 ·································· (95)
　　五、语言教育政策的意义 ······································· (99)
　第四节　语言教育政策领域的部分专业术语简介 ·················· (101)
第五章　全球化背景下中美强势语言教育政策之比较 ············ (109)
　第一节　全球化背景下的强势语言教育与母语教育 ··············· (109)
　　一、全球化背景下的强势语言教育 ····························· (109)

二、全球化背景下的母语教育……………………………………(115)
　第二节　中国的汉语教育政策………………………………………(118)
　　一、中国的汉语国内教育政策………………………………………(118)
　　二、中国的汉语国际推广政策………………………………………(125)
　　三、中国汉语教育政策主体…………………………………………(145)
　第三节　美国的英语教育政策………………………………………(148)
　　一、美国的国内英语教育政策………………………………………(148)
　　二、美国的英语国际推广政策………………………………………(162)
　　三、美国英语教育政策主体…………………………………………(166)
　第四节　中美强势语言教育政策比较………………………………(171)
　　一、中美强势语言教育政策评析……………………………………(171)
　　二、美国强势语言教育政策对中国强势语言教育政策的启示……(178)

第六章　全球化背景下中美少数民族语言教育政策之比较………(184)
　第一节　全球化与少数民族语言……………………………………(184)
　　一、世界语言的基本状况……………………………………………(184)
　　二、世界少数民族语言状况…………………………………………(192)
　　三、保护少数民族语言的意义………………………………………(195)
　　四、保护少数民族语言的措施………………………………………(200)
　第二节　中国的少数民族语言教育政策……………………………(203)
　　一、中国少数民族语言教育生态……………………………………(203)
　　二、中国少数民族语言教育政策……………………………………(208)
　　三、中国少数民族语言教育政策主体………………………………(211)
　第三节　美国的少数民族语言教育政策……………………………(212)
　　一、美国少数民族语言教育生态……………………………………(212)
　　二、美国少数民族语言教育政策……………………………………(214)
　　三、美国少数民族语言教育政策主体………………………………(219)
　第四节　中美少数民族语言教育政策的比较………………………(220)
　　一、中美少数民族语言教育政策的比较……………………………(220)
　　二、美国少数民族语言教育政策对中国少数民族语言
　　　　教育政策的启示…………………………………………………(224)

第七章　全球化背景下中美外语教育政策之比较…………………(229)
　第一节　全球化时代加强外语教育的必要性………………………(229)
　　一、全球化时代更需要国际沟通和国际理解………………………(229)
　　二、全球化时代更需要多语人才……………………………………(229)
　　三、全球化时代更需要外语教育……………………………………(230)
　　四、全球化时代更需要外语教育政策………………………………(233)
　第二节　中国的外语教育政策………………………………………(233)

一、中国外语教育现状 …………………………………… （233）
　　二、全球化时代中国的外语教育政策 …………………… （244）
　　三、中国外语教育政策的主体 …………………………… （248）
　第三节　美国的外语教育政策 ……………………………… （249）
　　一、美国的外语教育现状 ………………………………… （249）
　　二、全球化时代美国的外语教育政策 …………………… （260）
　　三、美国外语教育政策制定的主体 ……………………… （264）
　第四节　中美外语教育政策的比较 ………………………… （270）
　　一、中国外语教育政策的评析 …………………………… （270）
　　二、美国外语教育政策的评析 …………………………… （275）
　　三、美国外语教育政策对中国外语教育政策的启示 …… （282）
第八章　结论：构建全球化背景下中国的和谐语言教育政策 …… （286）
　第一节　美国语言教育政策的特点及其原因分析 ………… （286）
　　一、美国语言教育政策的特点 …………………………… （286）
　　二、美国语言教育政策特点的原因分析 ………………… （290）
　　三、美国语言教育政策的特点给中国的启示 …………… （292）
　第二节　构建中国和谐语言教育政策 ……………………… （293）
　　一、何为中国和谐语言教育政策 ………………………… （293）
　　二、为何要构建中国和谐语言教育政策 ………………… （296）
　　三、如何构建中国和谐语言教育政策 …………………… （298）
附录1　美国2008年外语教育与研究学术会议一览表 ……… （304）
附录2　中国八所外语院校语种统计表 ……………………… （311）
附录3　美国十所高校外语语种统计表 ……………………… （312）
附录4　2005—2009年亚洲主要国家和地区托福成绩表 …… （315）
附录5　2007—2008年世界主要雅思参与国和地区成绩表 … （319）
参考文献 ………………………………………………………… （324）
英汉术语对照表 ………………………………………………… （342）
后记 ……………………………………………………………… （349）

第一章 绪 论

第一节 选题之缘起与研究之问题

一、选题之缘起

本人选择"全球化背景下中美语言教育政策的比较研究"作为本书题目主要有以下三个原因:第一,本人的博士研究方向是"中外语言教育政策与领导"。第二,本人的学习背景是跨学科的,学士和硕士阶段的专业是英语语言文学(语言学研究方向),而博士阶段的则是比较教育学。第三,语言教育政策的研究在中国起步不久,中美语言教育政策的系统比较研究则更是难觅其踪。如果说第一个原因是为了满足专业研究的要求,那么第二个原因则是为了利用本人之所长,而第三个原因就是发现该研究之必要。

上述前两个原因很容易得到佐证,而本人得出上述第三个原因主要是基于以下三个因素:

首先,在教育学界,人们开始认识到教育政策研究的重要性,但是其研究尚处在起步阶段。教育政策的研究正成为世界各国教育研究的热点,中央教育科学研究所所长袁振国(2000)[1]指出:"教育政策研究正成为国际教育研究中最突出的内容和最令人关注的焦点。从世界范围看,二次世界大战后,特别是七八十年代以后,教育研究发生了非常明显的变化,形成了两个新的研究重心,一个是教育政策研究,关心的是怎样的教育政策才是好的教育政策和怎样才能制定出好的教育政策;一个是教师教育研究、课程与教学研究,关心的是怎样的教师才是好的教师和怎样才能培养出好的教师。"然而,中国的教育政策研究起步较晚,袁振国(2001)[2]指出:教育政策学是一门亟待发展的新学科,教育政策的研究在我国刚刚起步。我国著名教育家顾明远和项贤明(2003)[3]在为《教育政策基础》作序时,提到"我国在教育政策领域长期处于落后状况"。不过,近几年中国教育学界开始陆续出现教育政策研究的成果。

---

[1] 袁振国:《中国教育政策评论》,北京:教育科学出版社,2000,前言第1页。
[2] 袁振国:《教育政策学》,南京:凤凰出版传媒集团/江苏教育科学出版社,2001,第1页。
[3] Inbar, D. E. et al 著,史明洁等译:《教育政策基础》,北京:教育科学出版社,2003,总序。

其次,在语言学界,语言政策和语言规划的研究都比较薄弱,而语言教育政策隶属于语言政策和语言规划,其研究更加单薄。原国家语委常务副主任仲哲明教授(1994)[①]认为:"语言规划作为应用语言学的一个年轻的分支学科,历史不长,这个名称在中国也鲜为人知,近一二十年间才略有介绍。"前国家语委副主任陈章太研究员(2005)[②]指出:由于"对科学研究重视不够,语言规划理论基础比较薄弱,对社会语言生活和社会语言问题的调查、研究不够,对有些问题的论证不够充分。"更加具体一些来说,近几年三个国家级课题的研究指南充分体现了我国语言政策研究之迫切和语言政策研究之薄弱:第一,国家语委语言文字应用研究"十五"重点资助项目就包含了"语言规划的理论与实践"和"语言学习与教学"等内容。其子项目有"中外语言规划的对比研究"和"研究我国语言教育(母语教育、汉语作为第二语言教育、外语教育和民族地区语言教育)的发展战略和现实问题。""十五"期间,语言文字应用研究虽然取得了较大进展,但与国家信息化建设和社会语言生活发展的要求相比,还存在一些不足和问题,例如,语言规划研究等项目缺乏沟通和整体规划。[③] 第二,根据"2007和2008年度(中国)国家社会科学基金项目课题指南":中国的"语言政策与语言规划研究一直是语言学中的薄弱环节"。第三,根据2007—2008,以及2009—2010年度"全国基础教育外语教学研究资助项目"的《课题指南》:"中国外语教育政策是推动全面性外语教改的前提,也是学术研究中尚少涉及。"[④]

最后,在中国比较教育学界,语言教育政策的比较研究也是不多见的。因为这是一个跨学科的研究,而跨学科研究和多学科结合研究的风气在中国国内都不浓。但是,国外已经认识到"在当今竞争的大学市场中,跨学科研究(interdisciplinary studies)是各大专院校的一个主要卖点(selling point)"。[⑤] 而且,教育政策的比较研究也是当今比较教育界的发展趋势,因此,袁振国(2001)[⑥]指出:"在国际比较教育研究中,教育政策的比较研究正成为比较教育研究的主导力量。"因为教育政策的比较研究"对提高教育政策制定和教育政策分析的水平一定大有裨益"。[⑦]

[①] 仲哲明:"关于语言规划理论研究的思考",《语言文字应用》,1994年第1期,第5页。
[②] 陈章太:《语言规划研究》,北京:商务印书馆,2005,第144页。
[③] 周庆生:《语言生活状况报告》(上),北京:商务印书馆,2006,第228—236页。
[④] 全国基础教育外语教学研究资助项目《课题指南》,http://www.tefl-china.net.
[⑤] Akiyama, D. 2008. *Diversity: A Corporate Campaign*. Liberal Education, Vol. 94: 6.
[⑥] 袁振国:《教育政策学》,南京:凤凰出版传媒集团/江苏教育科学出版社,2001,第6页。
[⑦] 吴志宏等著:《教育政策与教育法规》,上海:华东师范大学出版社,2003,第25页。

二、研究之问题

本书的基本假设是：第一,在全球化背景下,和谐的语言教育政策(包括强势语言教育政策、少数民族语言教育政策和外语教育政策)有利于促进民族的团结、国家的稳定和社会的发展,有利于提高国家的软实力。第二,在全球化背景下,借鉴国外语言教育政策的经验和教训是改善本国语言教育政策的有效方法之一。美国在制定语言教育政策方面有值得中国学习和借鉴的地方。

不加选择的拿来主义是盲目的,不加考虑的全盘否定是愚昧的。本书拟通过参照美国当代的语言教育政策,反思中国当代的语言教育政策,提出构建中国和谐的语言教育政策的观点。因此,本书的研究对象是在全球化时代中美两国的语言教育政策的比较研究。具体而言,本书的研究对象可以从以下四个方面进行展开：从时间的维度来看,本书的研究范围主要集中在全球化背景下,即大约从20世纪80年代中期至今这段时间的中美语言教育政策。从地域的范围来论,本书中国的语言教育政策只指中国大陆的语言教育政策,不包括中国港澳台地区的语言教育政策。另外,基于美国是分权制国家,美国的语言教育政策包含由联邦政府制定的覆盖全国范围的政策和由州政府制定的适合本州实施的政策,本书主要是以美国联邦政府层面的语言教育政策为比较对象。从语言的角度来说,一国的语言教育一般包括该国的强势语言(包括国内教育和国际推广两部分)、少数民族语言和外语三类语言的教育。因此,本书的研究对象包括强势语言、少数民族语言和外语,但不包括方言以及方言与标准语的关系等内容(由于方言是语言的地域变体,许多语言都有自己的方言,如展开内容就太广泛了)。从教育的视角来讲,一国的语言教育政策囊括了该国的基础教育、中等教育和高等教育三个阶段的语言教育政策。本书提到的教育除非有具体的指明教育阶段,否则都是指三个阶段的模糊概念。因此,具体来说,本书的研究对象是中美两国从20世纪80年代中期至今在各个教育阶段对于强势语言、少数民族语言和外语教育政策的比较研究。

本书为什么要涉及到强势语言、少数民族语言和外语三类语言以及基础、中等和高等教育三个阶段呢？因为在一个国家内,只有所有的语言在所有的教育阶段的教育政策互相衔接、协调一致、共同发展才能达到和谐语言教育政策的最高境界。因此,在研究语言教育政策时,不能撇开其他两类或一类语言而专门论其中一类或两类语言的教育政策。同样,基础、中等和高等教育阶段的语言教育政策应该是一个整体中的三个部分,在分析研究和谐的语言教育政策时,不应该人为地割裂它们。如果一定要那么做,这样的研究就可能得出"只见树木,不见森林"或彼此矛盾或顾此失彼的混乱结果。

第二节　研究之目的与研究之意义

一、研究之目的

比较方知异同。比较是人类认识自我的一种有效方式。正如华东师范大学钟启泉教授在中国教育学会比较教育分会第13届年会上所作的主题报告中所指出的：比较教育研究的核心目的就是在于教育借鉴，改善本国教育。在经济全球化时代，对于一个国家或是一个地区的教育改革或是教育创新来说，比较教育是进行政策选择的不可或缺的手段。[①] 无独有偶，英国比较教育家埃德蒙·金也指出，比较研究的价值，不仅来自对其他国家人民取得的成就或进行的实验所取得的实际知识，而且来自比较研究给我们带来的可以补充我们自己看法的观点。[②] 本书通过对比分析中美两国的语言教育政策来认清两国在语言教育政策方面的优缺点，从而在美国语言教育政策中找出值得中国借鉴的地方。这些研究结果可以为中国制定和谐语言教育政策提供一些理论基础和实践参考。

二、研究之意义

本书的研究具有一定的理论价值和实践意义。

1. 为加强语言教育的政策制定和理论研究添砖加瓦

语言教育政策的制定、实施和修改都需要以科学研究为前提。前国家语委主任现全国人大常委会副委员长许嘉璐[③]指出："语言计划需要有科学研究的支持，不仅仅是在制定语言计划的时候要有科学研究的根据，而且实施每一项具体措施，都需要科学研究的基础。"语言教育政策制定者的时间和精力等都是有限的，所以，语言教育政策的研究需要全国各个层面的相关人员来进行，而且，只有这样的广泛的研究才有代表性、合理性和科学性。科学合理的语言教育政策既是教育政策的决策部门和制定者们孜孜以求的目标，同时也是促进一个国家语言教育发展的有效方式之一。本书的研究可为我国语言教育政策的决策者和制定者提供一些理论依据和数据参考。

此外，本书的研究可在一定程度上补充和丰富语言教育政策的理论，为语言教育政策理论的研究和语言政策学科的发展起到一定的推动作用。语言教育政策是一个跨学科的边缘领域，语言政策和教育政

---

① 钟启泉：《投身教育改革，焕发比较教育的活力》，http://www.kcs.ecnu.edu.cn/xsbg-Detail.asp? xsbg_id=8。
② [英]埃德蒙·金著，王承绪等译：《别国的学校和我们的学校》，北京：人民教育出版社，1989，第2页。
③ 许嘉璐：《未了集——许嘉璐讲演录》，贵阳：贵州人民出版社，2002，第215—216页。

策都会有所涉及,但我国对此很少有专门的研究。本书将系统地梳理语言教育政策理论,具体包括:全球化对各国语言教育和语言教育政策的影响;政策、教育政策和语言政策跟语言教育政策的关系;以及全球化时代的语言观对语言教育政策的影响;语言教育政策的含义、内容、主客体等。这些系统的理论梳理可以为语言教育政策的研究者提供一定的研究参考。

2. 为中国的语言教育研究和语言教学改革提供新视野

本书的研究还可为我国研究和解决语言教育问题(如协调语言间的教育关系和提高语言教学效率)提供一个新思路和开辟一个新视野,为语言教育政策的制定者和研究者提供一定的理论依据和理论参考。中国急需语言教育政策的研究。中国是世界上第一人口大国,温家宝总理在2006年访问美国时谈到:"中国的人口多,任何一个数字乘以13亿都是一个天文数字,任何一个数字除以13亿都是很小的一个数字。"中国各地社会经济发展很不平衡,语言众多,方言复杂,同时,中国又是一个多民族国家。因此,汉语和少数民族语言的教育是国内语言教育的主要内容。另外,在全球化时代,输出汉语教育和接受外语教育都是我国所必需的,而中国的汉语教育和英语教育都是世界上最大的语言教育。对于这样庞大的教育系统,任何一个语言教育政策的失误都会带来巨大的负面影响。事实上,近年来,中国语言教育中也的确出现了很多问题,例如,"英语热"、"汉语冷"、汉语"内冷外热"、英语教学强、小语种教学弱、英语教学"费时低效"、大学英语四六级考试舞弊屡禁不止、濒危语言越来越多。对于这些语言教育问题,全国许多学者和教师从理论和实践层面进行了大量的学术探讨和试点教学。可是,至今仿佛大家都未能找到行之有效的灵丹妙药。因为这些研究和实践基本上都是聚焦在以下三个方面的微观研究上:教学的主体——教师(如教师的教学态度和教学方法等)、学习的主体——学生(如学生的学习动机和学习策略等)、教学和学习的内容——教材(如教材是以读写为主还是以听说为主等)。但是,从语言政策层面来研究语言教育问题的思路还不被大家所熟知。仔细想想,如华东师范大学吴志宏教授所指出的那样:"随着教育事业的迅速发展,形形色色的教育问题不断出现,仔细分析一下,其中实际上很多属于'政策'问题。"[1]因此,在中国这样一个复杂的庞大的语言教育国家,对语言教育政策的研究是非常必要和重要的。语言教育政策是指导和调控语言教与学的最有效的方法之一。

---

[1] 吴志宏等著:《教育政策与教育法规》,上海:华东师范大学出版社,2003,第3页。

第三节　国内外研究之现状

语言教育政策既是语言政策(属于社会语言学)中的一个组成部分,也是教育政策(属于教育学)的一个内容。因此,语言教育政策的研究是跨学科的研究。目前国内外对语言教育政策的专门研究不多,所以,这里只能从语言教育、语言政策、语言规划以及教育政策中去寻找有关语言教育政策方面的研究成果。

在全球化背景下语言教育政策领域的研究对象一般都涉及到一国的强势语言、少数民族语言和外语三部分的教育。所以,本人从这三个方面,外加相关的理论研究,共四个部分来对语言教育政策进行文献综述。

一、全球化背景下的强势语言教育政策研究

(一)国内研究

1. 汉语虽然是中国的强势语言,但是,在全球化的进程中,中国的汉语教学却出现了的"内冷外热"的现象。在"第二届华文教学国际论坛"上,中国教育部语言文字信息管理司司长李宇明指出,当前正值全世界讨论汉语发展时期,但中国内地的汉语教育学却处于"外热内冷"的局面。王铁琨主编的《中国语言生活状况报告》(下)(2006)对中国国内"汉语冷"和海外"汉语热"的语言教育现象进行了梳理。郭龙生客观分析了当前对外汉语教学面临的"外热内寒"的原因。姚亚平在《中国语言规划研究》(2006)一书中指出:全球化"使语言生活的图景更加色彩斑斓","使语言态度的关系更加微妙复杂"。

2. 对于汉语教育的"内冷",中国应该加强母语意识的教育。道布论述了普通话的全国推广政策。李宇明在《论母语》(2003)一文中阐述了母语教育对于个人、民族和国家的重要性。李芳、李开拓等认为在英语热潮下要从语言政策层面和民族意识的高度提高汉语的地位。成尚荣指出,母语教育是全球化语境中的一个重要命题,全球化是一个与多样性、多元化同时进行的过程,加强母语教育的实质是强化民族文化认同感。

3. 对于汉语教育的"外热"现象,中国应该采取"走出去"战略。由于中国综合国力的增强,汉语教育的海外市场迅速扩大,谭一红说,加强对外汉语教育是中国的需要,也是世界的需要。而且,正如孟万春所说,在全球化时代和网络时代的语言规划已不仅仅是一个国家内部的事情了。李泉的《对外汉语教学理论思考》(2005)聚焦在课堂和理论,这为对外汉语的教学提供了微观的理论指导。由于对外汉语教育还涉及到多国的政治、经济和文化等因素,对外汉语的教育必然会遇到许多困难。朱永生等的《多元文化背景下的对外汉语教学》(2006)从跨语言和跨文化的角度给

对外汉语教学提供了语用学的指导。不过,目前许多汉语教材在国外的使用中出现"水土不服"现象,王路江等指出,我们要加强对外汉语教材的研究与开发。张德鑫进一步指出,对外汉语教学学科建设要有"世界意识"和"现代意识"。国家汉办主任许琳在论文《汉语加快走向世界是件大好事》(2006)中分析了目前的国际语言形势,并提出汉语在国外推广工作的具体发展思路和孔子学院的办学政策。

(二) 国外研究

1. 强调在国际背景下母语教育的重要性。在全球化背景下,一国的强势语言往往是该国大多数人的母语,也是该国的国语。因此,各国在制定语言教育政策时都特别强调母语的教育。苏霍姆林斯基(Sukhomlinskii)非常强调母语的教育。他认为,语言素养是精神素养的一面镜子。联合国教科文组织早在1951年就指出母语的定义:"母语就是人在幼年时习得的语言,通常是思维和交际的自然工具。"并且指出学校教育应尽可能延长母语的使用期限,尽可能持续到学校更高的教育阶段。加拿大的拉福基(Laforge)在《语言教学与语言规划》(1990)一文中指出,公立学校需要确定把哪种语言作为母语,哪种语言作为第二或第三语言,甚至作为外语来讲授和学习。1999年,联合国教科文组织第30届大会决定将每年的2月21日确定为"世界母语日"(International Mother Language Day),以便增强人们的母语意识。

2. 全球化下英语帝国主义对各国母语的威胁。丹麦语言学教授菲利普森(Philipson)在专著《语言帝国主义》(1992)中分析了英语的发展以及英语强大后对世界各国语言的影响。以色列语言学教授斯波斯基(Spolsky)在《语言政策》(2004)中指出,没有哪个国家的语言以及语言教育不受英语的影响。美国比较教育学教授阿特巴赫(Altbach)在《全球化与大学——不平等的神话与现实》(2006)一文中研究了全球化在怎样影响着发展中国家,特别是在教育国际化和英语世界化背景下,小语种面临生存威胁。英国阿斯顿(Aston)大学语言学教授艾哲(Ager)阐述了英法两国的母语教育政策。

3. 在多语国家,推广国家强势语言有利于国家经济的发展。美国学者普尔(Pool)在《国家发展与语言多样性》(1969)一文中指出强势语言在国家中的重要作用,卡兹丹和迪金斯(Cazden & Dickinson)在《教育语言:标准化与文化多样性》(1981)一文中指出教育不仅仅发生在学校,美国的语言教育基本上就是英语的教育,所以要制定和实施语言的标准化教学和考试。美国学者马歇尔(Marshall)在《美国官方语言问题:语言权利与英语修正案》(1986)一文中论述了美国为何没有官方语言却要不断培养强势语言——英语。美国的伽文(Garvin)在《语言标准化研究的理性框架》(1993)一文中阐述了标准语的定义以及对言语社区的作用。美国(俄勒冈)语言与教育政策研究所所长克劳福德(Crawford)在其专著《语言多样性中的战争：美国焦虑时代的语言政策》(2000)中剖析了美国的"唯英语运动"，指出美国在多语社会中维持英语绝对强势的社会意义。澳大利亚的陈平和高特利艾博(Chen & Gottlieb)在专著《语言规划与语言政策：从东亚视角研究》(2001)中对中国和日本等国家的语言政策进行了回顾和总结。

4. 国际推广本国语言可以增强国家的软实力。西班牙的桑切斯(Sanchez)阐述了西班牙语的传播政策。菲利普森(Phillipson)研究了"英语的传播政策"；法国的克莱内丹(Kleineidam)研究了"法语的传播政策以及法国采取的语言行动"。德国的阿蒙(Ammon)阐述了"联邦德国传播德语的政策"。日本的平高文也回顾了"日本的语言传播政策"。这些语言在海外的推广政策都说明，语言的国际推广与语言政策的制定有很大关系，语言的国际推广可以为语言的母国带来许多益处。

(三)国内外强势语言教育政策研究的特点分析

中国以前对汉语教育政策的研究主要集中在汉语语言的本体规划上，即普通话的推广、汉语拼音以及汉字的简化。近年来中国开始重视汉语母语教育以及汉语"走出去"战略的研究。

而国外对强势语言的研究主要集中在内外关系上，对内要加强母语教育意识，这既是爱国主义的内容，也有利于国家政治稳定和经济发展，对外则要积极推广，树立良好的国际形象和增强国家软实力。

中国的母语教育意识还不够强，这需要加强我国在汉语教育政策方面的研究，而中国的汉语国际推广语言政策在"走出去"方面也只是刚刚开始，还有许多需要学习、实践、研究和改善的地方。

二、全球化背景下的少数民族语言教育政策研究

(一)国内研究

1. 普遍认识到中国很多少数民族语言面临消亡的威胁，中国非常有必要制定切实可行的语言政策来保护这些少数民族语言。如道布(1998)在论文《中国的语言政策和语言规划》中论述了少数民族语言的保护政策和双语政策。徐世璇出版了第一部论述中国濒危语言的理论性著作《濒危语言研究》(2001)。许嘉璐说："世界只有语言多样，文化多元，不同语言和文化间的交流畅通，才谈得上世界的稳定与和平。"

2. 从国家民族团结与民族语言层面论述保护少数民族语言教育政策的重要性，并提倡与鼓励民族地区的双语教学或多语教学。少数民族的双语或多语教育是指一种少数民族语言和汉语和(或)一种外语的教育。张贡新在《民族语文·民族关系》(1992)一书中论述道：没有民族语言平等，就不可能实现真正的完整的政治上、经济上、文化上的平等，也就不可能实现真正意义上的民族平等。实行民族语言教学，使用民族文字课本,用民族语言讲课,贯彻于整个小学和中学的学程,是我们党和国家一贯的最主要、最根本的民族教育政策,是民族教育政策中的一条总纲。中国必须实行民族语文教学为主和汉语教学为辅的两条平行的双轨教育体制。刘海涛在《计划语言和语言规划关系初探》(1996)一文中论证了语言是可以被规划的,也是需要规划的,语言规划对于民族语言的发展是有好处的。冯小钉提出保护少数民族语言是确保语言多样性的前提。戴庆夏论述了语言规划在多民族和多语言国家中的重要性。

(二)国外研究

1. 世界语言生态遭破坏。挪威裔美国语言学家豪根(Haugen)很早就提出了语言生态(linguistic ecology)的概念,澳大利亚阿德莱德(Adelaide)大学的语言学教授缪尔豪斯勒(Muhlhausler)和民主刚果裔美国芝加哥大学教授马福威(Mufwene)都是生态语言学(ecolinguistics)的提倡者。澳大利亚的武尔姆(Wurm)在《语言的消亡与消失:原因与环境》(1991)一文中分析了影响语言生态环境变化的主要因素有经济、文化和政治(包括征服),指出很多少数民族语言需要适当的管理和规划才能生存下去。澳大利亚的斯莫利兹(Smolicz)在《澳大利亚语言政策和少数民族权利:核心价值透视》(1994)一文中指出澳大利亚的少数民族语言数量在骤减,但是人们对此的意识尚不深刻。芬兰社会语言学家斯古纳伯-康格斯(Skutnabb-Kangas)指出,在经济全球化的今天,语言被"谋杀"的速度是人类历史上最快的。弱势语言数量多,使用人数却不多,"96%的语言的使用者总人数仅占全球人口的4%"。根据联合国教科文组织(2006年2月26日)讨论的"多种语言"论题,目前世界上共有大约6000种语言,其中有一半多濒临灭绝,全球语言消亡速度加快。美国宾夕法尼亚大学教育学教授霍恩博格(Hornberger)根据各大洲的语言政策和实践提出《学校能拯救土著语言吗?》(2008)。

2. 全球化加速了少数民族语言的消失。全球化导致更多的语言接触(language contact)和语言转用(language shift),专家预测,全球中五至九成的语言将在这一百年内消失,原因就在于全球化,即全球性的文化均一化。语言作为民族身份特征的标志,它的复兴运动今后也许会更加旺盛。日本21世纪研究会指出,一直以来只对英语的普及产生推动作用的因特网等媒体,是不是也应该成为保护少数族裔语言的强有力的工具呢?

3. 语言多样性对人类的重要性。"语言对于知识的发展和传播不可或缺,语言多样性是文化多样性的前提。如果把语言的消亡比作动植物的灭亡,那么我们就更容易理解保护少数族裔语言(特别是濒危语言)的重要性。"尽管如此,由于各国主要民族漠视语言权,少数族裔语言正在悄无声息地消逝,而且这个过程仍在继续。很多肩负着继承少数族裔语言重任的民族自身就丢弃了母语。荷兰学者波尔斯顿(Paulston)在《少数民族与语言政策：四种案例分析》(1992)一文中分析了西班牙(具体地说是加泰罗尼亚)、坦桑尼亚、秘鲁和瑞典的语言状况，并指出在现代民族国家中各民族长期接触造成的语言结果是：语言保持、双语现象或语言转用。

4. 语言权与语言多样性的保护。保护少数民族语言就是尊重少数民族的语言权，人人享有语言权。里金和西本(Rijn & Sieben)在《地方主义思想对公共政策的影响：语言政策在威尔士、布列塔尼和弗里斯兰的一些发展》(1987)一文中，分析了欧洲这三个地方的语言政策，认为语言立法可以提高少数民族语言在教学中的地位。但是在语言实践中，双语教育遇到很多困难，诸如缺乏合格双语教师、儿童语言背景不同和学生家长态度冷淡等。美国著名社会语言学家费什曼(Fishman)在《论民族语言的民主限度》(1994)一文中提出民族语言的民主原则。斯古纳伯-康格斯和菲利普森在《语言人权的历史与现状》(1994)一文中回顾了语言人权的发展沿革，指出少数民族比主体民族更迫切需要语言权利，我们应该从法律的层面来制定少数族群语言的教育政策。斯古纳伯-康格斯还指出，如果人们被迫转用自己的语言，以求得某种基本生活之外的经济利益，那么这不仅侵犯了他们的经济人权，也侵犯了他们的语言人权。对于语言人权的侵犯，可能导致民族争斗并削弱语言及文化的多样性。人类要永久地保持语言多样性，就是要承认所有的个人和群体都享有基本的语言人权。菲利普森等人(Phillipson et al)从个人、集体和国家三个层面论述了语言权。此外，2001年联合国教科文组织通过了《世界文化多样性宣言》，2003年通过了《保护非物质文化遗产国际公约》和《关于普及网络空间及促进并使用多种语言的建议书》。这些文件对于语言多样性的保护具有重要意义。

（三）国内外少数民族语言教育政策研究的特点分析

中国对少数民族语言教育政策的研究主要是从政治和经济的层面（即民族团结，国家稳定和社会发展）进行研究。而外国则更倾向于从法律层面（即语言人权）和语言生态角度（即少数民族语言是语言生态中的组成部分）进行论证，并从全球化的角度来分析少数民族语言消亡的原因。

三、全球化背景下的外语教育政策研究

（一）国内研究

1. 对中国外语教育现象的研究。左焕琪的专著《外语教育展望》(2002)从教学论的角度阐述了中国的外语教育。陈新仁主编的《全球化语境下的外语教育与民族认同》(2008)评价了海外外语教育政策对民族认同的影响。庄智象主编的《中国外语教育发展战略论坛》(2009)阐述了外语学科的发展轨迹，对学科未来发展提出了战略性思考与建议。此外，国内许多专家学者和机构(如 CCTV—东方时空栏目)都对国内的外语教育热现象做过实证调查和研究。总体结论是:中国的外语教育取得了很大的成绩,但是,"费时低效"现象依然存在。

2. 对中国双语教学现象的研究。"外语热"带来了"双语热"。王斌华的《双语教育与双语教学》(2003)从理论和实践两方面系统地介绍了双语教育。之后,有许多介绍或比较中外双语教学的专著和文章。张治和熊建辉以上海市杨浦小学为例探索了中国的双语教育。赵慧的专著《双语教学纵横谈》(2006)介绍了美国、加拿大、新加坡、上海、苏州等国家和地区的双语教学。吴剑丽等和陈纳分析了美国的双语教育政策及其对中国双语教学的启示。马庆株认为很多"双语"学校(中小学)已经把英语用作教学语言了,然而,我国并没有外语可以作为教学语言的法律规定。

3. 对外语教育政策重要性的研究。胡文仲教授在《我国外语教育规划的得与失》(2001)中指出,对于外语教育规划缺乏考虑或者考虑不当,都会对外语教育产生负面影响,如 20 世纪 50 年代的俄语教育就缺乏科学的语言教育规划。胡文仲分析了新中国六十年外语教育的成就与缺失。复旦大学的蔡基刚在《外语能力培养与我国外语政策》(2003)一文中指出,国家的外语政策决定了这个国家在外语语种的选择和外语教育发展的规模。张正东在《中国外语教育政策漫议:外语是把双刃剑》(2006)一文中指出,外语是一把双刃剑,在制定中国外语教育政策中应给外语作出妥善的定位。郭龙生指出国内出现"外语热、汉语冷"的现象,处理好两者关系"是中国语言规划应该认真思考的一个问题"。

4. 对外语教育史的研究。该方面最有代表性的是以下三本专著:付克的《中国外语教育史》(1986)、李良佑等的《中国英语教学史》(1988)和李传松等的《中国近现代外语教育史》(2006)。

(二) 国外研究

1. 提倡双语或多语教育。联合国教科文组织早在 1951 年的报告中就指出懂得一门世界性语言能够帮助增强民族之间的了解,应鼓励掌握世界性语言的教学。鲁宾(Rubin)在《双语教育与语言规划》(1979)一文中阐述了双语教育规划之必要性和重要性。麦基(Mackey)在《双语教育类型》(1970)一文中界定了何为双语教育。波尔斯顿(Paulston)在《双语制与教育》(1981)一文中分析了群体双语制和教育的关系,语言的维持只有靠教育来进行。联合国教科文组织鼓励在教育领域要发展多语教育(multilingual education):现代人"至少使用三种语言:母语、一种国语或地方语言和一种国际语言"。斯波斯基(Spolsky)以以色列为例论述了《多语环境中的语言与教育》(1998)。英国德蒙特福特(De Montfort)大学教育学教授夏普(Sharpe)提出了小学有必要加强外语教学的看法。美国亚利桑那州立大学课程与教学系的教授 E. 加西亚(Garcia)对美国的双语教育政策进行过分析。美国哥伦比亚大学城市教育教授 O. 加西亚(Garcia)论述了全球化背景下的双语教育所面临的挑战和重要性。美国北卡大学的安德森(Anderson)根据她以前的教学经历从民族志学角度论述了美国的双语教育政策,提出这是一场"战争"还是"共同的事业"?

2. 外语教育与国家安全。英国认为英国人不学外语失去了参与竞选许多国际组织领导人的机会,于是制定了外语的学习政策。美国为了鼓励美国人学习外语制定了一系列语言教育政策,而且都是从国家安全的角度来进行制定,如《国防教育法》、"AP(先修)课程"和"国家安全语言计划"。澳大利亚开始重视外语的教育,并把外语(特别是主要贸易国的语言)看成是资源。新加坡的凯姆和王(Kam & Wong)介绍了东南亚国家的英语教育政策。美国圣路易斯大学教育学院院长沃兹克教授(Watzke)从历史的角度回顾了美国外语教育政策的变迁。

(三)国内外外语教育政策研究的特点分析

中国的外语教育政策研究比较薄弱,主要是几篇总结和分析中国外语教育政策得失的文章,以及较多介绍外国双语教育政策的文章。而加拿大、美国、新加坡、澳大利亚等国家的双语教育研究比较成熟。特别在9·11事件后,美国把外语教育提高到国家安全的高度来对待,为此,美国近年来对外语教育政策的研究成果比较丰富。

四、语言教育政策的理论研究

(一)国内研究

1. 结合中国国情所进行的理论研究。胡壮麟在《语言规划》(1993)一文中回顾了西方语言规划的历史,阐述了语言规划的定义、过程和范围以及我国语言规划的特色。徐大明等在论著《社会语言学》(1997)中花了一章的篇幅专门论述语言规划,他们指出"语言是一种文化的资源","语言规划常常是一个国家标志的问题,是一个感情问题"。许嘉璐说,在语言计划的制订和实施过程中都需要科学研究的支撑。语言教育政策反映了政治,政治规定了语言教育政策。陈章太的《语言规划研究》(2005)一书中对语言规划和语言政策进行过理论与实践研究,但主要集中在中国语文的本体规划研究。周庆生在《多样性中的统一性与统一性中的多样性:中国语言政策与语言规划研究》(2003)一文中指出,我国采用统一性与多样性相结合的语言文字政策。多样性表现在多民族和多语言,统一性表现在国家推广全国通用的普通话,规范语言文字。周庆生在《构建和谐的社会语言环境》(2006)中指出,语言和谐社会的构建,关系到社会的和谐、民族的团结,甚至关系到国家的稳定和可持续发展。研究语言和谐思想,可以为构建我国语言和谐社会提供一种新的思路和参考。华裔新加坡学者赵守辉综述了当代语言规划理论并阐述了非主流语言教学及其对语言规划理论的意义。

2. 介绍外国的语言政策和语言规划。何俊芳在《俄罗斯联邦诸共和国的新语言政策述评》(1998)一文中介绍了俄罗斯在对待民族语言方面的政策。刘福根和刘汝山等分别在《澳大利亚语言规划简述》(1999)和《澳大利亚语言政策与语言规划研究》(2003)中介绍了澳大利亚的多语政策。周玉忠和蔡永良对美国语言政策进行过研究。贾爱武则梳理了美国半个世纪以来有关外语教育政策的重大事件和决策，从中透视出美国外语教育政策以国家安全为取向的本质特征。伍慧萍在《德国的欧盟语言政策：从边缘化到重视》(2003)一文中研究了德国为提升德语在欧盟机构中的地位所采取的语言政策。阮西湖对加拿大的语言政策和语言规划进行了研究。刘满堂对新加坡的语言政策和语言规划进行了译介。周庆生在《国外语言规划理论流派和思想》(2005)一文中介绍了语言规划的维度、语言规划过程、语言规划流派和语言规划思想。张西平等在《研究国外语言推广政策，做好汉语的对外传播》(2006)一文中论述了汉语的海外推广可以先借鉴世界主要语言的推广经验，介绍了国外的语言教育与语言推广政策。

(二) 国外研究

"语言规划"这个名称是 1957 年由语言学家威因里希(Weinrich)首先提出的。德国著名学者克洛斯(Kloss)提出了语言规划的种类：地位规划和本体规划。他于 1977 年又在《语言规划的十种类型》一文中指出首先要对语言规划领域进行限定(即从类型学上进行分类)，以避免处理方式的片面性。美国语言学家豪根(Haugen)和诺伊斯图普尼(Neustupny)提出了语言规划的内容和过程。美国著名的社会语言学教授费什曼(Fishman)根据对少数民族语言的研究提出了"扭转语言转用理论"。美国的库帕(Cooper)在专著《语言规划与社会变革》(1989)中论述了本体规划、地位规划和习得规划的区别和含义。美国语言学教授科森(Corson)论述了学校(特别是课程)与语言政策的关系。美国华盛顿大学的托尔夫森和香港大学的徐碧美(Tollefson & Tsui)指出语言教育政策的关键是"教学媒介语政策"。英国普茨茅斯大学教授莱特(Wright)阐述了语言政策和语言规划的演变过程：从民族主义到全球化。以色列语言政策研究教授斯波斯基(Spolsky)在其专著《语言政策》(2004)一书中宏观地阐释了语言政策的内容，提出了语言政策的三个核心概念：语言实践、语言意识形态和语言规划。2009 年，斯波斯基在《语言管理》一书中微观地阐述了语言管理的使用域(domain)。美国南加州大学应用语言学教授开普兰和澳大利亚昆士兰大学教育学院教授巴尔道夫(Kaplan & Baldauf)以非洲、亚洲、欧洲、大洋洲、拉丁美洲等地为例论述了语言规划和语言政策的基础。

（三）国内外语言教育政策理论研究的特点分析

中国对语言政策的理论研究也只有十几年的历史，语言教育政策的研究更是稀少。而且，大部分还是引介外国的理论，研究人员主要是国家语委和民委的几个研究汉语的专家。中国庞大的外语界对语言教育政策的研究少而弱。

国外对语言政策理论（包括语言教育政策的理论）的研究从二战后才开始，虽然历史也不长，但是成果比较多。美国和以色列在语言政策和语言教育政策方面的研究都是走在世界前列的。

第四节 研究方法、研究特点和研究创新

一、研究方法

1. 文献法

文献法就是通过查阅和研究前人的研究成果来进行研究的方法。文献法是人文科学研究中非常重要的方法，本书也少不了文献法。本书通过本人在国内外收集到的相关资料进行文献研读、归类分析和对比研究，从中了解中美两国在语言教育政策的制定、实施、研究等方面的异同。

2. 比较法

比较教育学就是以比较的方法来研究教育。不用说，比较法是本书的主要研究方法。比较法是人类认识客观事物的一种重要方法。比较法的种类很多，依据不同的标准，可以区分为不同的比较方法。如按类别来分，有同类相比和异类相比；按规模来分，有宏观比较和微观比较；按时空来分，有纵向比较和横向比较。本书拟从宏观上运用同类相比的方法进行横向比较，即对中美两国的语言教育政策进行共时的对比研究，从中发现两国语言教育政策的异同点和长短处，最后，汲取其精华，排斥其糟粕。

不管什么类型的比较，两者首先必须具备可比较性（comparability）及适切性（relevance）。首先，教育政策具有国际可比性。美国利哈伊（Lehigh）大学比较教育学教授威斯曼和贝克（Wiseman & Baker）[①]指出："国际教育和比较教育的研究改变了各国教育政策的组织方式和传播方式，同时也改变了各社会的教学内容和学习内容。……现在利用国际信息来评价一个国家的教学质量越来越被认为是良好的政府行为。"其次，中国和美国在语言教育政策方面具有很大的适切性：两国都是多民族、多语言和多文化的大国，两国的语言教育都涉及到相应的强势语言（国内

---

① Wiseman, A. W. & Baker, D. P. 2005. *The Worldwide Explosion of Internationalized Education Policy*. In D. P. Baker & A. W. Wiseman(eds.). *Global Trends in Educational Policy*. Oxford, UK: Elsevier Ltd., p.1.

教育和国际推广）、少数民族语言和外语。第三,中美两国的语言教育政策值得比较:美国在语言教育政策方面,无论是强势语言、少数民族语言还是外语的教育政策方面都是研究得比较早以及研究得比较透彻。概而言之,美国的语言教育政策研究成果在世界上还是执世界之牛耳的。美国既有值得我们学习的经验,也有值得我们规避的教训。

3. 实证法

本书还将采用实证法。本书以本人在美国第一所孔子学院——马里兰大学孔子学院的田野调查为基础对我国推行的汉语"走出去"战略的实施情况进行分析(详情见本书第五章第二节)。此外,本人对学生使用电脑的汉字输入法也进行过问卷调查,从而证明汉语教育政策对中国现代科技的重要性(详情见本书第五章第二节)。

二、研究特点

1. 系统性

本书将系统地比较研究中美两国的语言教育政策。其系统性首先体现在研究过程的系统性:本书从绪论开始,然后从理论部分(即本书的第二至第四章)到实践部分(即本书的第五至第七章),最后提出本书的中心思想。其次,本书的系统性体现在研究对象的系统性:本书将包含中美两国各类语言的教育政策——强势语言教育政策、少数民族语言教育政策和外语教育政策。语言的完整性体现了本书研究对象的系统性。第三,本书的系统性也体现在研究内容的描述上:在本书实践部分的三章中,每章都将论述该语言教育的重要性、接着就描述该语言的教育现状、具体语言教育政策或法规、语言教育政策的制定主体和研究主体,最后对这些语言教育政策进行分析比较,并提出美国语言教育政策对中国语言教育政策的启示。本书内容从描述到剖析,从剖析到启示,从而构成一个整体。第四,本书的系统性还体现在研究方法的系统性:本书拟使用文献法、比较法和实证法。文献是基础,比较是对照,实证是检验,从而形成三位一体的研究方法。

2. 跨学科性

一般来说,只要有人的地方就有语言。语言的运作原理、个人作用、社会功能和教育方法等都涉及到现代科学的各个领域。因此,现在不光是语言学家在研究语言,哲学家、教育学家、心理学家、病理学家、社会学家、计算机学家等都在从自己的领域视角研究语言。有人说,21世纪是语言学的世纪。但是,21世纪的语言研究绝对不仅仅是纯语言的内部研究,而是跨学科或多学科的牵涉到语言内部和外部的综合研究。本人的专业学习背景以及现在的研究方向决定了本书是一个跨学科的研究。本书将涉及到语言学(特别是社会语言学)、教育政策学和比较教育学领域的知识。

3. 时代性

本书研究的对象是全球化背景下的语言教育政策,本书的结论性观点是构建和谐的中国语言教育政策。全球化是当今时代的一个重要命题,全球化影响到人类的各个方面。同样,全球化也影响到各国的语言教育。因此,进入新世纪后,世界各国以及一些国际组织都在研究新时代的语言规划和制定新时期的语言教育政策,多语教育政策是未来各国发展的潮流。此外,中国正在构建和谐社会与和谐教育,而和谐语言教育是和谐社会以及和谐教育的一个重要组成部分。因此,本书的研究与国内外的时代潮流和未来发展趋势是一致的,它具有很强的时代性。

4. 实用性

在当今时代,中国的语言教育界正面临着许多不和谐的元素,例如,"外语热"、"英语热"、汉语"内冷外热"、少数民族语言中出现濒危语言现象等。这些语言教育问题的解决归根到底还是依赖于和谐的语言教育政策的制定和实施。因此,本书通过中美语言教育政策的比较研究提出构建中国的和谐语言教育政策,这对于当今中国正面临的诸多语言教育问题的处理有一定的应用价值和现实意义,为我国语言教育的研究和语言教改的进行提供了一种新的思路。

三、研究创新

1. 本书选题新

国内对教育政策的研究不多,对于语言教育政策的研究就更少,对中美语言教育政策的系统比较研究更是少之又少。本人利用清华同方以"篇名"形式搜寻"中国期刊全文数据库"自1994到2010年7月为止的相关论文发现:输入"语言教育政策"搜索,只有22篇题目相关的文章;输入"汉语教育政策"搜索,只有2篇相关文章;输入"少数民族语言教育政策"搜索,有0篇题目相关文章;输入"外语教育政策"搜索,有20篇相关文章;输入"中美语言教育政策比较研究"搜索,有0篇相关文章。另外,本人在华东师范大学图书馆、上海海事大学图书馆以及当当网的书籍电子寻找栏上分别输入上述5个词条,发现书名中含有相关词条的书屈指可数(2010年7月为止),例如:蔡永良的《语言·教育·同化:美国印第安语言政策研究》(2003)和《美国的语言教育与语言政策》(2007)、徐杰的《语言规划与语言教育》(2007)、夏仕武的《中国少数民族教育》(2007)、李红杰和马丽雅的《少数民族语言使用与文化发展:政治与法律的国际比较》(2008)、张西平和柳若梅主编的《世界主要国家语言推广政策概览》(2008)。尽管还有一些书籍(它们的书名中没有上述关键词)零星地介绍或论述了一些语言教育政策的内容,但这不是它们的主要内容。另外,这些专著的研究内容和方法与本书的研究内容和方法有很大的不同。

2. 本书研究方法和研究视角新

国内从比较的角度来研究语言教育政策的文献非常少见。本书采用比较法、文献法和实证法相结合的研究方法，从社会语言学和教育政策学的角度对中美两国的语言教育政策进行比较研究。比较法确保了参照的作用，有比较才知自己的长处与不足，特别是发现自己与别人的差距和差异；文献法为该题目的历时研究和理论研究提供了研究路径；实证法促使本人从案例来验证语言教育政策的难度和有效性，例如，本书根据本人在美国第一家孔子学院的田野调查论证了汉语的对外推广政策。结合社会语言学和教育政策学的跨学科研究使得本书的研究内容是综合性的，研究方式是宏观的，研究结论是新颖的。

3. 本书的观点新

创新的研究方法和研究视角更容易获得新的发现和新的观点。本书的跨学科比较研究使得我们可以站在更高的平台从更开阔的视野来看待我国的语言教育问题。例如，本书提出我国许多语言教育（特别是外语教育）问题根本上是语言（特别是外语）教育政策的问题；我国传统的价值观影响了我国重知识轻技能的语言学习观和语言教育观；中国复杂的社会语言生态需要中国制定出多样的语言教育政策；要处理好汉语、少数民族语言以及外语教学之间的问题，最有效的解决方法是建立一个协调所有语言教育的管理机构，制定出和谐的语言教育政策。

第五节　研究资料之收集

本书的研究是国际视野下的跨学科研究，研究的资料也是跨国性的。国内外相关文献资料的收集与研读是本书写作之基础。本书的研究资料主要来自以下四个方面：

一、国内图书馆资料

本书使用的中文参考文献主要来自华东师范大学图书馆和华东师范大学教育科学学院资料室，上海海事大学图书馆和上海海事大学外语学院资料室。

二、国外图书馆资料

本书使用的英文书籍大部分来自美国马里兰大学（College Park 校区）McKeldin 图书馆、美国斯坦福大学 Cecil H. Green 图书馆和美国杜克大学图书馆。

三、网络资料

国内外有关语言、教育、语言教育、语言学、教育政策、语言教育政策和语言教育机构等方面的网站（详情见本书"参考文献"）。

四、私人资料

私人资料主要来自本人的博士生导师、美国马里兰大学指导教授、国内的同事、同学和朋友的个人藏书,以及本人在国内书店、当当网、世界银行书店(美国华盛顿)等地购买的书籍(详情见本书"后记")。

第六节　研究的基本思路与框架

一、基本思路

本书的基本思路是从绪论开始、然后进行理论分析和实践比较,最后是结论(如图 1-1 所示),本书的主要内容在理论分析和实践比较两个部分。

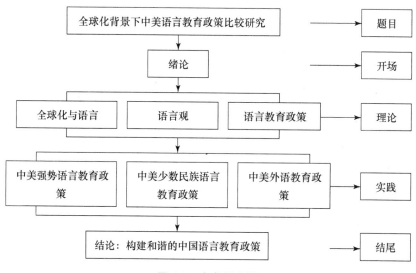

图 1-1　本书思路图

二、基本框架

本书共有八章,可分成四个部分。第一部分就是第一章(绪论);第二部分由第二、三和四共三章组成(理论分析);第三部分则包括第五、六和七共三章(实践比较);第四部分就是第八章(结论)。

第一章是绪论。这是本书的开端,它阐述了选题的来源与研究的问题;研究目的与研究意义;国内外相关研究的文献综述;研究方法、研究特点和研究创新;研究资料的收集以及研究的基本结构。

第二至四章是本书的理论分析部分。第二章全球化与语言教育:这章将阐述全球化理论以及全球化对各国教育和语言教育的影响。第三章全球化背景下的语言观及其对语言教育政策的影响：本章拟梳理全球化背景下的四大语言观——语言身份论、语言人权论、语言资源论和语言软实力论，最后论述这些语言观对语言教育政策取向的影响。第四章是全球化背景下的语言教育政策：该章将论述教育政策、语言政策和语言教育政策之间的关系，重点将阐述语言教育政策的定义、内容、主客体、影响语言教育政策制定的因素以及语言教育政策的意义。此外，本章还介绍一些与语言教育政策相关的专业术语，为本书后面章节的论述奠定基础。

第五至七章是本书的实践比较部分，即中美语言教育政策比较研究的部分。这三章将分别比较研究全球化背景下中美强势语言、少数民族语言和外语的教育政策。在强势语言教育政策方面，第五章将根据语言身份论和语言软实力论从国家民族团结和经济发展等角度论述在全球化进程中各国重视强势语言教育（包括国内教育和国际推广）的必要性，并将分别描述中国的汉语教育和美国的英语教育现状以及两国的强势语言教育政策，分析两国的强势语言教育政策的主体以及美国英语教育政策对中国汉语教育政策的启示。在少数民族语言教育政策方面，第六章将简述全球化对世界语言生态的影响，然后根据语言人权论和语言资源论从语言文化多样性的视角论述保持和保护少数民族语言教育的重要性，并将分别描述中美两国少数民族语言的教育生态和教育政策，对比分析两国的少数民族语言教育政策。在外语教育政策方面，第七章将根据语言身份论和语言资源论从国际理解和全球教育的角度诠释在全球化背景下加强外语教育的重要性，然后分别描述中美两国的外语教育现状以及外语教育政策，并对比分析中美两国在外语教育政策方面的差异，最后提出美国在外语教育政策方面对中国外语教育政策的启示。

第八章是本书的结论部分。这一章将归纳分析美国语言教育政策的总体特点，指出美国语言教育政策对中国语言教育政策的借鉴意义，最后提出在全球化背景下中国制定和谐语言教育政策的意义和措施。

第二章 全球化与语言教育

第一节 全球化理论

一、全球化的定义

加拿大学者麦克鲁瀚(McLuhan)在 20 世纪 60 年代提出了"地球村"(global village)的形象比喻。事实上,"地球村"可以说是"全球化"的前夜或雏形。根据经济合作与发展组织(OECD),"全球化"这个词条是由莱维特(Levitt)在 1983 年首次使用。① 当时,他是指由于经济和金融的自由化、结构调节,以及国家在经济方面角色的退化,经济和金融影响着生产、消费和全球投资,从而出现巨大变化。20 世纪 80 年代"全球化"一词开始出现在西方报纸上,20 世纪 90 年代,时任联合国秘书长加利宣布"世界进入了全球化时代"。从此,"全球化"就逐渐成为一个"时髦词"(buzzword),甚至还有"陈词滥调"(cliche)之嫌(Held et al, 1999)。② 到了 21 世纪,英国《经济学人》杂志把"全球化"称为是"21 世纪被滥用词语之最"。尽管如此,"全球化时代"依然是一个模糊的概念,谁都说不清全球化具体是从哪一年开始的,因为全球化是一个渐变的过程。为了便于下文中论述语言教育政策,本书中的"全球化时代"是指从 20 世纪 80 年代中期开始至今的时间。

那么到底什么是"全球化"呢? 对于"全球化"的定义可以说是仁者见仁,智者见智。据说,关于"全球化"的定义有一百多种。概而言之,人们对全球化的观点主要有以下几种:

第一种观点是从国际性的角度出发,把全球化定义为国际化,把人类的跨国界活动视为全球化。例如,"世界形势论坛"(the State of the World Forum)主席伽利森(Garrison)对全球化进行了概括性的总结。他认为,"全球化是当今世界哥白尼式的革命。这场革命使得世界真正地具有了环球性,因为它把所有的人都带进了一个你中有我,我中有你的纵横交错的网络生态系统中。所有的国界、边境、范围和围墙都逐渐地让位于

---

① Levitt, T. 1983. *Globalization of Markets*. Harvard Business Review. 61(3): 92—102.
② Held, D. et al. 1999. *Global Transformations*. Cambridge: Polity Press.

由于相互交融和相互依赖而产生的强大力量。"[1]

第二种观点是从经济的角度出发,视全球化为经济的全球化或自由化,指的是解除政府强加在国家间交流过程中的种种限制,从而使贸易、金融、投资等领域出现全球性大规模的自由活动。国际货币基金组织(IMF)给全球化下的定义是:"跨国商品与服务贸易及国际资本流动的规模和形式的增加以及更广泛和更迅速的技术扩散使得世界各国经济的相互依赖性日益增强。"

第三种观点是从综合性的角度出发,把全球化看成是世界新格局的战略整合,以及不同文明、知识体系在全球范围内的传播与融合。全球化不是单一方面的全球化,而是包含政治、经济、文化、军事等诸多方面的全球化。丹麦国际政治学教授霍尔姆和索任森(Holm & Sorensen 1995)[2]把全球化看成是"国与国之间在经济、政治、社会和文化等方面的强化"。前荷兰首相兼蒂尔堡(Tilburg)大学的全球化教授鲁博斯(Lubbers)[3]说:全球化既是一个抽象的概念,也可以指具体的实物。这是一个复杂的概念,它包括政治、经济、社会和文化方面的变革。前西德总理施密特(Schmidt)则认为,全球化是一个实践政治命题,也是一个社会经济命题,还是一个思想文化命题。

第四种观点是从欧洲或美国的角度出发,把全球化等同于西方化或现代化,特别是美国化。现代科技和许多经济理论都起源于欧洲,经济全球化的许多游戏规则都是由西方大国,尤其是美国,主持并参与制定的。因此,全球化就是按照西方国家(特别美国)的理念而运行的。美国前总统国家安全事务助理和国务卿赖斯(Rice)对于"全球化"的理解就是"美国化"。她说美国寻求自身利益的过程也会有助于世界其他国家和地区,因为美国的价值观是普适的。今天在全世界各地都不难看到美国的影响,都不难听到英语的声音。例如,印度前总理瓦杰帕伊说,在联合国教科文组织的一次会议上,当印度代表提出,在全球范围内应该采取文化和信息双向交流的方法,而不是现在这样由发达国家将其文化向发展中国家猛灌时,加拿大代表全力支持印度的提议。瓦杰帕伊会后问加拿大代表为什么支持时,加拿大代表说:你们所担心的正是我们现在所经历的,

---

[1] Adams, J. M. & Carfagna, A. 2006. *Coming of Age in a Globalized World: The Next Generation*. Bloomfield, CT: Kumarian Press, Inc., p. 23.

[2] Hudson, W. 2002. *What is Globalization?* In D. Lamberton (ed.). *Managing the Global: Globalization, Employment and Quality of Life*. London/New York: I. B. Tauris & Co. Ltd., in association with the Toda institute for Global Peace and Policy Research, p. 100.

[3] Lubbers, R. 1998. *Trends in Economic and Social Globalization: Challenges and Obstacles*. From http://www.globalize.org.

加拿大的音乐、戏剧、电影、文化等已所剩无几,已经都美国化了。[1]加拿大作为一个发达国家都难逃美国化的厄运,那么,世界上这么多发展中国家就更别说了。比如,中国80后和90后的一代都喜欢吃麦当劳或肯德基、喝可口可乐或百事可乐、穿耐克鞋或锐步鞋、用iPhone或iPad、看NBA比赛或好莱坞大片、听美国黑人的Rap(说唱乐)、说ABC、上因特网等等,他们的生活中到处都弥漫着美国元素。不过,美国哈佛大学教授奈(Nye)认为:"把全球化看成是美国化的观点过于简单,美国本身就是17和18世纪全球化的产品。"他认为,"全球化就是世界各国互相依靠的网络。"[2]

第五种观点是从地域的角度出发,把全球化定义为"去地域性"(de-territoriality)或者"超地域性"(superterritoriality)。专门研究"全球化和地区化"的英国华威(Warwick)大学教授斯科尔特(Scholte)认为,全球化就是超地域性,是对世界地理进行重构的结果。[3]

尽管人们对全球化的定义众说纷纭,莫衷一是,但是,各种定义都或明或暗地蕴含了以下几个共同点:全球化打破了时空的局限;全球化加强了国与国之间的相互依赖性、相互合作性、相互渗透性和相互交融性;全球化强调了经济贸易的自由化;全球化背景下的经济贸易模式和意识形态具有西方化(尤其是美国化)和现代化的特点;全球化加大了全球经济的风险性和不确定性;全球化容易磨灭思想和文化的个性。

二、全球化产生的背景和理论基础

(一)全球化产生的背景

20世纪后半叶,西方发达国家科学技术迅猛发展,工业化程度之高是其他国家无法比拟的。尤其是西方发达国家在交通、通讯、网络上的快速发展为经济全球化提供了技术上和物质上的准备。全球化最初是西方国家,特别是美英等国家,为了开辟海外市场,推销本国科技产品,掠夺海外廉价资源而提出的。这些发达国家为了自己的行动"师出有名",便在理论上造舆论,找借口。西方发达国家以强大的经济、军事实力为后盾,大力推行其价值观念和文化商品。所以,他们倡导市场开放,贸易自由。美国南加州大学的图尔敏(Toulmin 1999)[4]说:"全球化既是历史事实,

---

[1] [美]托马斯·弗里德曼著,何帆等译:《世界是平的》,长沙:湖南科学技术出版社,2007,第141页。

[2] Nye, J. S. Jr. 2002. *The Paradox of American Power: Why the World's Only Superpower Can't Go It Alone*. New York: Oxford University Press, p. 78.

[3] Scholte, J. 2005. *Globalization: A Critical Introduction*. Basingstoke/NY: Palgrave Macmillan.

[4] Pieterse, J. N. 2004. *Globalization and Culture*. Lanham, MD: Rowman & Littlefield Publishers, Inc., p. 7.

又是政治足球。"这就说明全球化具有很强的政治因素,全球化是某些政治家手中的牌,他们为了本国自身利益可以自由地运用它。因此,我们可以说,全球化是技术和政策的结果。

(二)全球化的理论基础

1. 新自由主义

新自由主义(Neoliberalism)是从社会学和政治科学的角度来解释全球化现象。新自由主义是一个经济信条,认为市场是决定生产和满足人们需求的最有效方法。其理论基础来自古典经济学家亚当·斯密(Adam Smith)和大卫·李嘉图(David Ricardo)的自由主义理论。亚当·斯密在18世纪就指出市场是"看不见的手"。号称"铁娘子"(Iron Lady)的英国前首相撒切尔、美国前总统里根和加拿大前首相莫隆尼(Mulroney)分别于1979年、1980年和1984年开始在自己国家实行新自由主义政策,从而形成了"华盛顿共识"(Washington Consensus),即以市场为导向的一系列理论,它们由美国政府及其控制的国际组织所制定,并由他们通过各种方式实施。他们实行新自由主义政策的原因是为了减少政府在市场经济中的干预行为和促进贸易自由化,而贸易自由化是他们为了经济利益而追求的目标。

新自由主义强调以下三个特点:第一"去规则化"(deregulation),即强调自由市场的机制,减少国家政府对经济和金融的控制和干预,发挥市场经济。第二"私有化"(privatization),即反对由国家主导的直接干预和生产,增加私有经济的作用。第三"自由化"(liberalization),即取消对经济和金融的国家保护,放松对外国投资和外国资本的控制,减少关税,允许外国公司来开展银行等关键业务,同时,取消农业补贴和开放自由外汇比率,反对贸易保护主义。[①]

新自由主义的哲学思想是:市场机制,即一切由市场来决定。该思想的代表人物是英国的哈耶克(Hayek)和美国的弗里德曼(Friedman)。德国哲学家哈贝马斯(Habermas)认为新自由主义是一个"零和博弈"(zero sum game),就是一方所得为另一方所失,得失相加为零。所以,美国著名的语言学家和政治评论家乔姆斯基(Chomsky)[②]认为,新自由主义只不过是美国政府为适应新形势和新变化而构架的一种意识形态而已。美国希望通过自由贸易进入世界各地的市场,为本国的经济发展创造条件。

[①] Stromquist, N. P. 2002. *Education in a Globalized World: the Connectivity of Economic Power, Technology and Knowledge*. Langam, MD: Rowman & Littlefield Publishers, Inc., p.26.

[②] 转引尤泽顺:《乔姆斯基:语言、政治与美国对外政策研究》,北京:世界知识出版社,2005,第276页。

2. 后现代主义

后现代主义(Postmodernism)形成于20世纪60—70年代,盛行于80—90年代。这种思潮以哲学为基础波及到世界各国的社会学、政治学、人类学、教育学、艺术、建筑学、文学批评等领域。后现代主义的哲学代表有福柯(Foucault)、德里达(Derrida)、列奥塔(Lyotard)、罗蒂(Rorty)等。后现代主义是一种反对基础性、原子性、确定性和简单性,主张多元论、整体论、怀疑论和生态论的思潮,体现出一种后现代性(postmodernity)。

后现代性"意指时代的转型,现代性发展的中断或断裂,或指一种新的秩序"。[①] 它不处理全球化所导致的具体问题,它排除对分法,因这样容易抹去"多维的全球性"(multiple globalities),以及"地方身份"(local identities)之间存在的差异性。[②] 后现代性是一个较为明确的时段性概念,是一种与资本主义发展阶段相应的文化状况。市场资本主义所对应的是现实主义,垄断资本主义所对应的是现代主义,而晚期资本主义所对应的是后现代主义。所以,后现代性是一个阶段化的概念,它是指晚期资本主义时期的社会状况,而后现代主义则是晚期资本主义的文化逻辑。

后现代主义的基本特点是:创作成为空前的大拼贴;个人主体已不复存在;创作主题天马行空,有过去的和将来的,就是没有现实中的;追求永恒的变化,历史感已经消失;一切都是不确定的,只有模糊性、间断性、散漫性、异质性、特殊性;强调多元论、异端、反叛、变形等;批评距离的消失。后现代主义不是不讲道德,而是反统一道德;后现代主义也不是否认真理,而是设定有许多真理的可能性。可见,后现代主义是无中心意识,推崇多元价值取向。

3. 全球化与新自由主义和后现代主义

全球化是自由主义的再现和现代化的延伸,全球化与新自由主义和后现代主义互为动力,相互推动,俨然成为不可阻挡的潮流。如果说新自由主义是从制度上推动了全球化的发展,那么,后现代主义则从思想上丰富了全球化的内容。前者更具有政治经济上的色彩,后者则更具有思想文化上的特点。两者对全球化的影响是殊途同归,相互补充。

然而,由于新自由主义崇拜"无形之手"的力量,提倡自由放任的市场经济,反对国家干预经济,这增加了人们对全球化发展方向的把握。同时,由于后现代主义的无中心意识和多元价值取向,由此导致评判价值标准的模糊化,这也加大了人们对全球化发展轨迹的管理和掌控。

[①] 王珉:《当代西方思潮评介》,杭州:浙江大学出版社,2005,第113页。
[②] Stromquist, N. P. 2002. *Education in a Globalized World: the Connectivity of Economic Power, Technology and Knowledge*. Langam, MD: Rowman & Littlefield Publishers, Inc., p. 28.

三、全球化的特点

全球化最先由英美等发达国家发起,它首先出现在经济领域,然后逐渐扩展到政治、军事、反恐、文化等诸领域。全球化在各领域发展的结果是:经济一体化、政治多极化、社会信息化和文化多元化。不管什么领域的全球化,它们都具有全球性、竞争性、合作性和信息化的特点。尽管这些特点并非始于全球化时代,但在全球化时代这些特点之规模和影响是任何历史时期都不能望其项背的。

1. 全球性

首先,全球性(globality)表现为全球主义(globalism),全球主义"是指各大洲之间互相依赖而形成的世界网络之状态"。① 全球主义是一个多元概念,它可以分成以下几个同等重要的方面:经济全球主义(美国是世界上最大的经济体和最大的资本市场)、军事全球主义(美国是把军队遍布全球的唯一国家)、环境全球主义(美国是最大的污染国)、社会和文化全球主义(美国是世界流行文化的中心)。② 美国在全球主义的各个方面都起着重要的作用,美国制定的政策有意推广它的标准和机制。因为冷战的结束减少了美国发展的阻碍,美国的经济和软实力由于市场意识形态的优势以及保护主义的减少而获益。但是,美国再强大也只是这些"网"中的一个节点。全球化的核心就是在世界范围内形成互相依赖的网络。③ 这种网络就像航空公司的"轴辐式拓扑"网(hub and spoke)、蜘蛛网、电网、都市的公共汽车网和因特网一样,它可以在连接的中心和复杂性方面变化多端。在全球化世界里,"牵一发而动全身"的理念体现得淋漓尽致。在世界各地发生的任何一个局部事件(诸如战争、瘟疫、饥荒和地震)都有可能触及这个五方杂处、联系密切的世界,都可能会引起全世界人民的关注和介入。

其次,全球性表现为时空的超越和思维的扩展。当世界各国之间的时空不再是阻碍它们相互交流的因素时,它们之间相互依存的关系和相互影响的程度都大大地提高了。正如伦敦政治经济学院政治学教授赫尔德(Held)④所说:"在一个更加相互依赖的世界里,国外发生的事情对国内有着持久的影响,而国内的发展对国外也会造成冲击。"在全球化的背景下,世界的人口、商品、服务、金钱、信息和文化等都以前所未有的速度

---

① Nye, J. S. Jr. 2004. *Power in the Global Information Age: from Realism to Globalization*. London & New York: Routledge, p.191.

② Nye, J. S. Jr. 2002. *The Paradox of American Power: Why the World's only Superpower Can't Go it Alone*. New York: Oxford University Press, p.92.

③ Ibid, p.91.

④ [英]戴维·赫尔德、安东尼·麦克格鲁著,陈志刚译:《全球化与反全球化》,北京:社会科学文献出版社,2004,第2页。

和规模从一个地方流向另一个地方,边境的概念和时空的意识都被淡化了。各个社会的政治经济发展和人类生活都具有跨国性,这迫使人们要更多地进行横向思维,即跳出自己狭隘的历史经验,将自己的成功经验和失败教训与别人的加以比较,从而有利于自己虚心地向其他先进者学习,从而扬己之长,避己之短。

另外,全球性并不意味着普遍性。全球化使得各国人民变成了世界公民,使得世界变得更"小"。于是,人们普遍认为全球化"淡化了国家界限"(blurring national boundaries)[1],从某些方面(例如在经济和金融方面)来看,这种说法是正确的。但是,全球化并不意味着没有国界,无需民族身份。相反,在某些方面全球化时代更需要国界和身份,例如,在软实力(如语言和文化)的拓展方面,国家的界限还是非常清楚的。而且,世界上还有人不使用因特网,也不使用电话,生活在偏僻村庄的人与世界市场和全球意识联系不大,甚至根本就没有联系。因此,美国哈佛大学教授奈[2]认为,我们在研究全球化问题时应当避免单向思维和孤立地看待问题,尽管全球主义存在于各个方面,但是全球化既不是同质化(homogenization),也没有公平性。

2. 竞争性

德国政治学家施密斯认为,在冷战时的世界里,国与国的关系要么是"敌人"关系,要么是"朋友"关系。而在全球化世界里,所有的"朋友"和"敌人"都变成了"竞争者"。全球化就是一个多重矛盾博弈的过程,是东西方全面碰撞的过程,是各国利益争夺的过程。在这个竞争过程中,大家站在同一个竞技场上,不管你是"婴儿"还是"成人",竞争不相信眼泪,同情不是竞争的特点。全球化运动本身就是由西方发达国家发起的,在全球化的竞争中,目前的竞争显然更有利于发达国家。所以,美国波士顿学院国际高等教育研究中心主任阿特巴赫[3]说:"世界可以分成中心国和外围国,全球化使得中心国更加坚固和强势,而外围国则越来越被边缘化。"

全球化激化了竞争,使得竞争无处不在。国家利益仍是各个国家最基本的追求目标,因此,地缘政治、经济和战略的冲突不可避免,随着各国联系和交流的扩大和加强,缘于国家利益差别的国际竞争将会更加激烈。

3. 合作性

只有竞争没有合作的关系难以长久,只有合作没有竞争的关系难以

---

[1] Stromquist, N. P. 2002. *Education in a Globalized World: the Connectivity of Economic Power, Technology and Knowledge*. Langam, MD: Rowman & Littlefield Publishers, Inc., p.23.

[2] Nye, J. S. Jr. 2004. *Power in the Global Information Age: from Realism to Globalization*. London & New York: Routledge, p.192.

[3] Altbach, P. 2001. *Higher Education and the WTO: Globalization Run Amok*. International Higher Education, No. 21(spring): 3.

发展。全球化加剧了各国的竞争,同时,也加强了各国的合作。在全球化时代,连美国如此强大的国家也不能事事都"自力更生",它也需要别国的合作,其他国家就更不用说了。国际交流的扩大和加强使各国共同利益增多,客观上要求加强国际协调与合作,以实现双赢或多赢的结果。全球化就像是一张网,大家构成一个整体,大家互相牵连,互相依赖,互相影响,真可谓"牵一发而动全球"。例如,2010年4月远在欧洲的冰岛发生火山喷发,火山灰导致欧洲取消所有航班,结果是日本国内三文鱼缺货、肯尼亚的鲜花枯萎在仓库、印度的茶叶无法运抵英国……再如,在世界未进入全球化的20世纪20年代末,美国曾出现过经济"大萧条",然而,这并未影响到全世界。但是,在全球化时代的2008年年底,美国纽约华尔街的金融风暴像瘟疫一样逐渐地或直接或间接地波及到全球各个角落,从而引发全球的经济危机。

在全球化的进程中,竞争中需要合作,合作中蕴含竞争。竞争与合作构成了一对矛盾体。不过,没有矛盾就没有世界,矛盾是事物发展的动力。竞争与合作使得全球化出现了普遍化和趋同化,但是全球化不是同质化。因为竞争容易引发各国文化认同(cultural identity)的出现,文化认同是全球化的一个重要预设。各国越来越认识到在全球化的进程中要保持自己的个体化(individualization),不能让竞争泯灭了世界的多样化,即在统一性中要有差异性。因此,有人把这种现象叫做"glocalization"(全球在地化),[①]这个单词是由"globalization"(全球化)和"localization"(本土化)合拼而成的。

4. 信息化

全球化时代是一个信息化的时代,信息化已经全面影响着各个国家的前途命运,改变着每个社会成员的生活方式和生存方式。全球化的特点之一是信息通信技术(ICT)高度发达,知识经济无处不在,全球已经跨入信息时代,空间距离不再是阻隔人流、物流和信息流的问题。现代科技和信息通讯技术扩大了人的视觉、听觉和行动范围,使人长了"千里眼"、"顺风耳"和"飞毛腿",偌大的地球变成了一个小小的"村庄"。在这个小"村庄"里,信息对于各国的政治、经济、科技、教育等等都是非常重要的,全球化时代就是一个信息时代。全球化的竞争性和合作性都要依靠信息来作为基础。荷兰阿姆斯特丹大学的哈姆林克(Hamelink 1994)[②]认为,当今全球化的一个重要特性就是现代信息、传播技术和新型媒体及其对

[①] Loos, E. 2007. *Language Policy in an Enacted World: The Organization of Linguistic Diversity*. In *Language Policy & Language Planning*. Vol. 31, No. 1: 37.

[②] Cited from Fairclough, N. 2006. *Language and Globalization*. London & New York: Routledge, p. 99.

全球影响的全球化。例如,美国记者弗里德曼(Friedman)①在其著作《世界是平的》一书中指出:"近十年来以互联网为代表的信息技术使世界成为一个互动的整体,不但使技术、资本、知识迅速国际化,就连劳动力市场也国际化了。举个例子,一个在印度村子里教书的数学教师可能成为美国中学生的远程数学辅导教师。所以,比尔·盖茨说,随着世界的变平,很多人可以在世界的任何地方享受公平的机会,个人才能的重要性开始超过地理位置。"

不过,信息化是把双刃剑,它可以给各国带来许多信息便利,同时也给各个国家带来了信息安全和信息不平等。信息安全关系到个人、集团和国家的安全,因此,在全球化时代,信息的发送、管理、获取和利用都是至关重要的。信息不平等是由于各国的经济和科技等因素的不平等。信息化的实现需要经济和科技作后盾:信息化在技术方面需要实现数字化、电子化和网络化,在信息渠道方面需要依靠各种媒体,在信息理解方面需要掌握各种语言。当今世界,发展中国家信息安全的现状堪忧:一是信息资源配置不平衡。全世界20%的人口占有80%的信息资源。"信息富有国"和"信息贫穷国"的两极化严重。二是信息流通不对等,从发达国家流向发展中国家的信息量,比从发展中国家流向发达国家的多出百倍以上。众多发展中国家不能主动、有效地传播自己的信息和及时、充分地分享所需要的信息。三是信息传播秩序不公平、不公正。金融信息的发布主要掌握在少数信息机构手中,他们代表少数集团的利益,垄断着信息采集、加工、发布、传播的全过程。②

四、人们对全球化的态度

全球化也是一把"双刃剑",它既有好的一面,也有不利的一面。在最近的几十年当中,全球化趋势已不断增强,其速度也进一步加快,但随之而来的优势与弊端也逐渐明朗化。现在,有人认为全球化是促进社会现代化和繁荣的文明力量,也有人把全球化看做是"脱缰的资本主义"(unfettered capitalism)和"缺乏人文主义的技术"(dehumanising technology),是具有破坏性的一股力量。③ 因此,人们对全球化形成了两种截然不同的态度。有人积极推动全球化的发展,也有人竭力反对全球化的蔓延,即反全球化运动。当然,还有一些人对全球化持中立的态度。

1. 积极应对观

全球化作为一种客观存在的过程,正如英国籍美国罗格斯(Rutgers)

---

① [美]托马斯·弗里德曼著,何帆等译:《世界是平的》,长沙:湖南科学技术出版社,2007,第325页。
② 鲁炜:"发展中国家信息安全的现状堪忧",《求是》,2010,第14期。
③ Wright, S. 2004. *Language Policy and Language Planning: from Nationalism to Globalization*. New York: Palgrave Macmillan, p.158.

大学教授邓宁(Dunning)①所断言:"除非有天灾人祸,经济活动的全球化不可逆转。"世贸组织首任总干事鲁杰罗(Ruggiero)也曾经说过:阻止全球化无异于想阻止地球自转。随着冷战的结束,特别是政治和经济阵营的消失,出现了将所有国家囊括其中的真正意义的全球经济体系。任何国家如不参与其中,结果只能是被边缘化,最后就难以跟上世界之潮流。相反,通过积极参与全球化进程来自觉吸收现代化的文明成果,是加速社会进步的有力杠杆。拒绝全球化就是拒绝现代化,就是拒绝进步。

全球化潮流浩浩荡荡,对于这股潮流只能疏导和顺应。全球化时代不再有世外桃源。我们只有积极参与全球化才能厘清国际社会对全球化及其本质的认识,了解和熟悉了全球化的本质后才能敦促国际社会对全球化负面影响的重视,并促使全球化朝着更公正、合理、透明的方向发展,朝着有利于实现共同繁荣的方向发展,朝着趋利避害的方向发展。只要国际社会大家共同奋斗,加强对全球化进程的引导,人类就有可能使全球化成为世界各国平等、互惠、共赢、共存的全球化。历史证明,孤立于国际体系之外不可能跟上世界发展潮流,难免陷入更加落后和被动的境地。

2. 消极反对观

弱小的第三世界国家要与强大的发达资本主义国家竞争,就像是蚂蚁与大象的搏斗一样。仅以文化市场竞争为例,美国是个文化资源小国,但却是一个文化产业的大国。美国的文化产品在世界文化市场占有的份额全球第一。2000年,全球图书市场销售额达800亿美元,其中美国约占32%,达到253亿,德国占13%,100亿,中国仅占1.3%,10亿。② 中国是个文化资源大国,却是个文化产业的小国。中国是世界上著名的恐龙蛋化石之乡,好莱坞拍摄的巨片《侏罗纪公园》和续集《失落的世界》采用了中国的恐龙蛋化石资料,让全世界的人看得惊叹不已;花木兰是中国历史上的巾帼英雄,而迪斯尼公司却利用这个文化素材拍摄成动画大片《花木兰》;熊猫是中国的国宝,可好莱坞制作的喜剧动画电影《功夫熊猫》带着美国文化走遍全球。同样古希腊丰富的神话也是美国文化产品挖掘的对象,例如电影《特洛伊》等都取材于古希腊文化。这些丰富的文化资源让美国的公司赚得盆满钵满,还传播了美国的价值观。可见,发达国家经济和技术上的优势形成了文化上的强势,经济和技术上的强权形成了文化上的霸权。"世界不是平的;不仅如此,世界各地的不平等还在继续

---

① [英]约翰·邓宁,杨长春译:"全球化经济若干反论之调和",《国际贸易问题》,1996年第3期,第14—20页。

② 赵启正:"中国:媒体发展潜力巨大的产业——在2002年首届上海传媒高峰论坛上的演讲",《解放日报》,2002年12月6日。

深化,富人和穷人之间的差距也在继续扩大。随着这种不平等的发展,世界越来越不平。"①例如,发达国家凭借其资金、技术、管理等方面的优势和强大的经济实力,一直主导着经济全球化的进程,使得资源配置向其有利的方向发展,成为最大受益者。据统计,1960年,最穷的46个国家在全球贸易中所占比例为1.4%;20世纪90年代初,这一比例下降为0.6%;到1995年再下降为0.4%。另外,根据联合国资料,在20世纪60年代,富国比穷国富30倍;到了90年代,差距却扩大到富国的收入比穷国高150倍。这种贫富越来越悬殊的现象同时也发生在穷国内部,从而加剧了穷国内部的社会矛盾。在这种情况下,有些人为了保护本国利益而开始掀起"反全球化运动"(antiglobalization movement),要求"去全球化"(deglobalization),认为全球化只是"帝国主义"的代名词,是利用经济、政治和军事等手段对他国的征服。在某种程度上,这种想法也是可以理解的。但是,在这场世界级博弈中,躲是躲不过的,因为参与不一定成功,但是不参与则一定难以成功。唯一的办法是适应它,积极参与经济全球化,在历史大潮中壮大自己,改变自己。所以,大多数反全球化势力也都不反对全球化本身,而只是反对其中不合理、不公正的一面。实际上,反全球化本身也是全球化这一历史潮流的一个重要组成部分。反全球化有助于人们更加全面、辨证地看待全球化,正视全球化带来的负面影响。同时,反全球化提醒我们,全球化本身是一把双刃剑。

国家利益高于一切。因此,局部的短时间的反全球化现象时有发生,甚至发达国家也不例外。西方发达国家发起全球化运动,是因为他们强大,在全球化的竞争中占有绝对的优势地位,于是可以在竞争中获得利益。一旦他们不能获得利益时,他们也会有"去全球化"的思想。例如,美国自9·11事件后,政策制定的主导方向基本上是由新保守派(neoconservatives)所控制。为了国家利益,美国可以不遵守同盟条约,可以不在《京都议定书》(the Kyoto Protocol)上签字。再如,2008年的华尔街金融风暴引发全球经济危机,美国政府在一些经济刺激计划中表现出"去全球化"的思维,采取贸易保护主义的措施,如政府强调美国应该"把工作岗位优先给美国公民",美国公民要"优先购买美国货"。

但是,对于全球化态度,正如哈佛大学经济学家罗德里克(Rodrik)在其研究报告中指出的那样,"这不是你要不要全球化的问题,而是你如何全球化的问题。"②不积极参与全球化就会被边缘化,是死路一条。

---

① [美]历克斯·金斯伯里:"世界不是平的",《参考消息》,2007年2月21日。
② [美]托马斯·弗里德曼著,何帆等译:《世界是平的》,长沙:湖南科学技术出版社,2007,第84页。

因此,反全球化不是良策,适应全球化并在全球化的进程中发展自己才是上策。此外,全球化不可怕,可怕的是全球化进程中的游戏规则。因为规则将直接影响制约全球化进程的路径选择、制度安排以及由此而涉及到的全球利益再分配。那么,谁在为全球化制定游戏规则呢?今天的全球化仍然是由发达国家主导的不平等的竞争,是西方大国,特别是美国的"杰作",他们是全球化的原创者、倡导者和指挥者。发展中国家,包括中国,只是全球化的追随者、适应者和使用者。[①] 因此,发展中国家在积极参与和适应全球化的过程中,还要积极主动地参与全球化游戏规则的制定。

3. 折中对待观

全球化使得世界既融合又分化:一方面世界变得越来越相似(例如,人们在航空旅行时大都乘坐"空客"或"波音"飞机,足坛巨星成为世界各国谈论的话题),另一方面世界又变得差别越来越多(例如,在中国越来越多的地方都可以看见不同肤色、说不同语言的外国人)。人们常说的同一性和多样性的统一在全球化的现实中表现得十分鲜明。世界的融合和分化必然给不同的人带来不同的利弊两面。显然,对全球化持积极应对观的人更强调全球化有益的一面,而对全球化持消极反对观的人则更关注全球化有害的一面。凡事皆有正负两面,因此,任何褒一切和贬一切的态度和做法都未必是上策。过于夸大全球化的作用容易失去民族特色,也容易使弱小的民族在全球化进程中失去自我。同样,过于夸大全球化的害处也容易导致闭关自守的思想,何况全球化是不可阻挡的历史潮流。因此,有些人在理智地分析了全球化的利弊后认为采取中立的态度是比较明智的。也就是,在某些方面(例如,经济)要推广和发展全球化,而在另一些方面(例如,文化)则要反对和阻止全球化。"全球在地化"这个复合词正好体现了折中观的内容,因为只有这样才能既保持民族的特色又促进世界的发展。没有多样民族的特色,世界将变得单调乏味。没有世界各国和各民族的合作,世界将裹足不前。美国肯德基(中国)快餐店出售稀饭和油条就是"全球在地化"的成功案例。而美国的沃尔玛和法国的家乐福近年相继退出日本和韩国市场,究其原因,就是没有执行"入乡随俗"或"全球在地化"的原则。

第二节 全球化对教育和语言教育的影响

全球化就像空气一样渗透到世界的各个角落。全球化导致大变革,大变革伴随大转折,大转折孕育大机遇。全球化的影响是多维的,它对社

[①] 胡惠林:《中国国家文化安全论》,上海:上海人民出版社,2005,第11页。

会、经济、政治、教育等方面都具有很大的影响。① 反过来,人们对社会、经济、政治和教育的研究也不能离开全球化的大背景,正如中国教育学会比较教育分会会长钟启泉教授所说:认识本国的国情不能跟国际发展的现状割裂开来,也不能跟时代发展的特征割裂开来。"全球视野,本土行动"是比较教育研究应当遵循的基本准则。② 全球化给各国的教育和语言教育都带来了巨大的影响,于是各国都在研究和制定既符合全球化大背景又适合本国具体情况的教育政策和语言教育政策。

一、全球化对教育的影响

1. 各国加强了全球教育

全球教育(global education)也叫国际教育(international education),这是一个非常宽泛的概念。它可以指教育内容的国际化,即全球化的教育;也可以指教育地点的国际化,即教育的全球化或国际教育合作或跨国教育(multinational education);还可以指教育对象的国际化,即对国际学生的教育。

教育内容的国际化有助于增进国际了解和国际理解,化解国际摩擦和国际冲突,促进国际合作和全球发展。在当今时代,教育要有全球意识(global awareness),要培养学生的全球化思维模式,从而增强学生的国际竞争能力。在全球化时代,教育的国际化是不可避免的。

教育地点的国际化,即跨国教育,是一种非传统的学校教育,跨国教育的方式可以多种多样,包括远程和在线学习、颁发证书、提供某些课程等等。中山大学教育科学研究所教授陈昌贵③认为"跨国教育是指一国到另一国实施的教育。最初有以下几种形式:特许授权办学;项目合作;分校;海外学校。"专家预测,国际上对跨国教育的需求将比国际留学生寻求到国外大学学习的需求增长更快,在未来其竞争也将更加激烈。全球化时代,各国教育高层互访,积极发展双边和多边的教育合作与交流,这使得跨国教育或国际教育合作如雨后春笋。

教育对象的国际化,即对国际学生的教育,不但可以给一个国家带来可观的经济利益,而且还将给该国的移民和劳动力市场、国家内部教育、国家贸易和国家的其他发展带来诸多正面影响。英国从国际学生的教育培训的产品和服务每年就可以获得超过40亿英镑的收入。目前,在全球

---

① Epsteln, E. H. 2006. *Echoes from the Pheriphery: Challenges to Building a Culture of Peace Through Education in Marginalized Communities*. In Y. Iram(eds.). *Educating toward a Culture of Peace*. Greenwich, Connecticut: Information Age Publishing, p.75.

② 钟启泉:《投身教育改革,焕发比较教育的活力》,http://www.kcs.ecnu.edu.cn/xsbgDetail.asp?xsbg_id=8。

③ 陈昌贵:"跨国教育:一个不容忽视的新课题",《新华文摘》,2006年第18期,第112页。

有国际留学生210余万人。英国和澳大利亚的教育专家预测,到2020年出国留学的国际学生将上升到580余万人。①

在全球化时代,一国的教育不可能脱离世界的大背景。事实上,联合国教科文组织在每一个时期的教育倡导都没有脱离世界大背景。具体而言,联合国教科文组织发起的国际教育运动分四个阶段:第一,二战后,联合国教科文组织就提出"国际理解教育",成员国的教育体系中应该:提供别国文化的教育,以便促进友好关系;学习普遍的人权知识,以便培养人类的道德修养;熟悉联合国,以便了解民族国家的国际体系。第二,20世纪60—70年代,联合国教科文组织提倡"发展教育"(development education),许多政府和非政府机构为发展中国家提供教育援助。第三,在20世纪80年代,由于发达国家出现了许多新移民,移民潮给这些国家带来了许多问题。因此,国际上提出了"跨文化教育"。第四,到20世纪80年代末90年代初人们开始转向"和平教育"(peace education),人们期待社会发展中没有暴力、没有政治或经济压迫、没有偏见、也不会破坏环境。这四种教育运动都是为了一个共同的目的:了解别人有助于构建一个更美好的世界。②

总之,伴随着经济全球化和教育国际化这一不可逆转的客观趋势和进程,世界各国的教育在不断发展和变革,国际教育合作与交流呈现快速发展的趋势,国际教育是各国教育中不可或缺的内容。日本教育学专家宏子(Hiroko)③指出:"假如我们的学校忽视了对全球问题、全球挑战、全球文化以及全球关系的研究,那么我们的学生就难以在这个互相依靠性和冲突敏感性日益加强的世界里做好足够的准备以便将来发挥作用。这将是一个非常严重的错误。"

2. 国际组织呼吁发展和平教育

和平教育与和平文化④是当今许多国际教育组织提倡的主题。联合国给"和平文化"(culture of peace)的定义是:"一系列有利于拒绝暴力和阻止冲突从而处理其根本原因的价值观、世界观、行为模式和生活方式,它们有助于通过对话和协商来解决个人、群体和国家之间的问题。"⑤为了达到和平文化的状态,使来自不同文化、不同语言的个人、群体、国家能够和谐相处,人们就要"维持和平"、"缔造和平"和"建设和平"。维持和平

---

① 姜乃强:"国际教育,引领你走向全球",《中国教育报》,2004年12月29日。
② Fujikane, H. *Approaches to Global Education in the United States, The United Kingdom and Japan*. In International Review of Education. 2003, 49(1—2), pp. 133—152.
③ Ibid, p. 146.
④ Iram, Y. 2006. *Educating toward a Culture of Peace*. Greenwich, Connecticut: Information Age Publishing, p. 5.
⑤ UN Resolutions A/RES/52/13: *Culture of Peace* and A/Res/53/243: *Declaration and Programme of Action on a Culture of Peace*.

主要是靠武装力量,缔造和平主要是靠交流沟通,而建设和平则主要靠教育培养。① 为此,"联合国教科文组织国际21世纪教育委员会"于1996年提出了教育的四大支柱:学会求知(learning to know)、学会做事(learning to do)、学会共处(learning to live together)和学会做人(learning to be)。这些就是和平文化教育的内容。

3. 各国都重视"国际视野与本土情怀"的教育态度

全球化时代的一个最大特征就是对国家主权的弱化,文化的同质化是这一趋势下的一种表现,这使得一个主权国家在处理有关国家文化事务时,在很多情况下要受到多种来自全球化力量的牵制。全球化加强了国际分工合作,促进了经济的发展。但是,它给语言和文化的多元现象构成了一种威胁。在全球化的进程中,"全球视野,本土行动"(think globally,act locally)的口号已经成为众多跨国公司商业运作的信条。② 这也成为许多国家在全球化背景下对待教育的政策取向。

全球化促使国家开放,开放应该是双向的——既要引进来又要走出去。诚然,各国的教育存在着强势与弱势之分的问题。强势教育构成了对弱势教育的霸权主义威胁,这就需要我们去认真对待和研究,并选择和制定正确的战略对策加以应对,最大限度地克服由此而给国家教育安全带来的威胁所造成的损害,在冲突的过程中实现国家教育利益与国家教育主权的有机整合。全球化必然带来教育竞争,竞争的结果就很容易造成语言霸权和文化霸权。此时,世界许多国家都重视"国际视野与本土情怀"的教育态度,也就是强调教育中要有自己民族的文化和民族的教育以及民族的语言。例如,1997年,欧共体各国共同起草欧洲新的广播电视法,在欧共体各国之间全面开放电视节目,目的是使欧洲的戏剧和电影在电视节目里达到50%以上,以抗衡好莱坞的优势。法国规定国有电台播放的歌曲中40%应该是法语歌曲。2002年5月以色列议会通过法案,要求国家电视台播放的歌曲中希伯来文歌曲必须占一半以上。该法案的发起人工党议员亚哈夫说:"我们正在修筑一道防护墙,以防外国文化的泛滥。"③ 早在20世纪90年代,在关贸总协定的乌拉圭回合谈判上,法国针对美国提出的文化产品贸易自由化问题,提出了"文化例外"的政策,反对美国把视听产品纳入世贸组织服务贸易规章之中。这一建议受到欧共体

---

① Harris, I. M. 2002. *Conceptual Underpinnings of Peace Education*. In G. Salomon & B. Nevo(eds.). *Peace Education: The Concept, Principle, and Practices around the World*. Malwah, NJ: Erlbaum, p. 18.

② Tam, K. K. & Weiss, T. 2004. *English and Globalization: Perspectives from Hong Kong and Mainland China*. Hongkong: The Chinese University Press, p. 3.

③ 转引林吕建:"全球化背景下增强我国广播影视业竞争力研究",中共中央党校第十九期中青班文化问题课题组编《全球化背景下中国文化竞争力研究》,北京:中国时代经济出版社,2004,第230页。

各国的拥护,并最终赢得了胜利。

其实,在全球化时代,世界的语言和文化应该是"色拉碗"(salad bowl)而不是"熔炉"(melting pot)。谁也别想同化谁,而大家应该是带着各自的语言和文化进行国际合作和国际交流,"和而不同"地形成"色拉碗"。

二、全球化对语言教育的影响

在农耕时代,由于没有方便和快捷的通讯和交通设施,人们只能通过马匹和烽火台来作为快速的交通工具,以便传递信息。人们很少也很难离开自己的出生地,与外界的交往也很少,大家安土重迁,使用本地语言就足够了。对于他们来说,地区或国家共同语和外语的用处不大。因此,人们也就无须学习本地区或本国的共同语,更不需要学习外语。同时,自己的母语也很难受到其他语言的影响,更不用说威胁了。

然而,在全球化时代,在交通和通讯如此发达的后现代社会,乘坐波音飞机从东半球的上海到西半球的纽约只要大约16小时,从上海到东京只要2个多小时。电视、收音机和网络几乎可以同时传播刚刚发生的事情,发一个电子邮件只要几秒钟。快捷的交通和通讯给世界语言的接触和语言转用提供了条件。所以,有人半开玩笑地说,要在美国印第安人保护区里推广英语的最好办法就是修筑更多更好的公路通向这些保留地。此话非常有道理,因为只要美国印第安人与外界有了接触交往,英语就自然地渗透进去了。同样,经济的全球化为一些语言走向世界带来前所未有的发展契机,也给一些语言带来了史无前例的生存危机。总之,全球化促进了跨国交往,交往的增多加强了语言的重要性,同时也改变了世界的语言地图,这给各国的语言教育也带来了很大的影响。正如英国普茨茅斯大学的语言与政治研究专家莱特(Wright)教授[1]所说:"我们非常确信,不管全球化会带来什么其他结果,但是,不同语言群体间的接触将变得越来越多,这是全球化给语言所带来的一个不容置疑的主要影响。"播种今天,收获明天。在全球化的今天,任何一国的生存都难以离开国际大家庭。我们在研究和制定语言教育规划和语言教育政策时也不能脱离国际背景,要用国际视野来看待和分析语言教育。

(一)全球化激励着各国的外语教育

英国兰开斯特大学社会语言学教授费尔克劳(Fairclough)[2]指出,在全球化时代,以下几个词汇频繁出现,"流"(flows)(如人流、物流、资金流和信息流)、"网络"(networks)(如国际金融贸易网络系统)和"相互联系"

---

[1] Wright, S. 2004. *Language Policy and Language Planning: from Nationalism to Globalization*. New York: Palgrave Macmillan, p.161.

[2] Fairclough, N. 2006. *Language and Globalization*. London & New York: Routledge, p.3.

(interconnections)等。从这些词汇可以反映出全球化的一个显著特性——人们的频繁接触。全球化刺激了人口流动,人口流动使得语言问题变得更加复杂,个人、家庭、社区使用双语和多语的现象越来越普遍。而且这种接触是跨语言和跨文化的交流,为了积极参与全球化进程,各国都需要加强外语(特别是英语)的教育(详情见本书第七章)。

1. 全球化促使各国加强英语教育

英语学习有助于人们参与全球活动。在全球,有大约 3.75 亿人以英语作为母语,另有 7.5 亿人把英语作为第二语言来使用。到 2015 年全球将有 20 亿人学习英语,大约 30 亿人讲这种语言。到那时,也许无论从事何种职业,能说一口流利的英语都将是一种优势。中国中央教科所外语教育与研究中心主任张连仲[①]说,英语可以帮助人们进入全球社会,开展国际交流,促进个人发展;英语可以加强国家运行和在国际上进行商业活动的能力,促进其对于国际经济和政治活动的参与。在一个国家界限逐渐模糊的世界,英语不好将是参与全球经济活动的障碍。英语还有助于国际贸易和投资,因为它提供了一个运作环境,在这个环境里,国际法和商业操作的标准更容易被认同。

经济全球化推动各国人民之间的交往,英语作为世界贸易用语,作为国际商务、学术会议和因特网的语言,必然导致英语的扩散。全球化的正面影响是带来了语言文化的推广。"殖民主义把英语从其欧洲的发源地带向世界各地,但是全球化赋予英语力量,使它在全球文化的形成过程中担任一个桥梁的角色。"[②]英语化(Englishization)的过程在亚洲至少有两百年的历史。英语已经成为了全球化的一种手段,人们通过使用英语来表明自己不想脱离世界的愿望。鉴于英语在全球各个领域的重要地位,在全球化时代,每个国家都不敢怠慢英语的教育,世界上大多数的非英语国家都把英语作为本国的第一外语来进行教育。

2. 全球化要求各国扩大英语之外的外语教育

全球化促进了人口的流动,同时也带来了大量的语言接触。例如,现在世界各地每年共有约百万移民,6000 余种语言和方言流向近两百个国家。[③]

语言是一种社会现象,它具有很强的社会性。社会的变化发展必然要影响到语言的选择和语言本身的变化。一个地方人们的接触越频繁,说明这个地方的流动性越大,该地方的经济就越发达,此地的外语教育就

[①] 姜乃强:"国际教育,引领你走向全球",《中国教育报》,2004 年 12 月 29 日。
[②] Tam, K. K. & Weiss, T. 2004. *English and Globalization: Perspectives from Hong Kong and Mainland China*. Hongkong: The Chinese University Press, p. 7.
[③] [罗]卢希尔·扎哈斯克尔:"双语、多语、原因及结果",王洁、苏金智、约瑟夫 G. 图里主编《法律、语言、语言的多样性》,北京:法律出版社,2006,第 473 页。

越迫切。例如,我国在"文革"期间,关起门来搞革命,经济落后,"不学ABC,照样干革命"。在我国实行改革开放政策后,人流、物流和信息流异常活跃,经济也红火,外语热一直"高烧不退"。另外,在同一个时期,同一个国家,情况也是如此。例如,对于中国的外语教育(包括双语教育),质量最高、人数最多、规模最大的地方基本上是集中在经济发达的东部沿海地区。可见,外语的教育与经济密不可分。全球化在很大程度上是世界各国经济的全球化,因此,全球化必然也会刺激各国重视英语之外的外语教育。这种语言一般是英语之外的其他强势语言、本国的重要战略伙伴国家的语言、本国周边国家的语言或由于某些特殊原因而需要的"关键语言"(critical languages)。

(二) 全球化迫使各国加强本国强势语言的教育

在全球化的时代,世界各国人们在服装风格、交通工具、生活用具、工作模式等许多方面都走向趋同,人们间的认同符号逐渐式微。此时,世界各国都不能怠慢了最能体现民族认同的语言,因此,民族语言的教育将成为各国必须重视的问题之一。

全球化必然会带来语言和文化的多维接触和频繁碰撞,全球化促进了各国的外语教育,增加了外语与本国语言的接触,也增加了各国语言的风险性。因此,各国都在制定新时代的语言教育政策,确保本国强势语言(详情见本书第五章第一节)教育不受外语的影响。

本国强势语言的教育是保持本国民族身份和民族特点的主要措施之一。全球化迫使各国要加强合作,相互间的依赖性和影响力也日益增强。这使每一个国家难以成为文化孤岛,难以隔绝与外部的信息交流。同时,全球化还加剧了不同文化间的冲突与碰撞,并使国际冲突中的文化因素凸显出来。不管是国际合作还是国际冲突,民族身份和民族特点是维护国家形象和保证国家文化安全的重要表征,而民族身份和民族特点的最好表现就是语言,"在流动性的族群中,语言变得日益重要。大多数的理论家都认为语言是现代民族主义中的一个重要因素"。[①] 而且,全球化并不等于排斥民族性,而民族性又主要是通过语言文化来体现。因此,各国在强调外语教育的同时更加注意本国强势语言的教育,母语教育(其中包括强势语言的教育)也成了全球化进程中的重要教育命题(详情见本书第五章)。

(三) 全球化加速了各国弱势语言教育的恶化

全球化时代的语言就像是海洋中的生物体,其状况是大鱼吃小鱼,小鱼吃虾米。一方面,英语的国际传播和霸权威胁到世界上所有的语言,一

---

① Schmid, C. L. 2001. *The Politics of Language: Conflict, Identity, and Cultural Pluralism in Comparative Perspective*. Oxford: Oxford University Press, p. 9.

些强势语言也不例外。例如,桑切斯和杜纳斯(Sanchez & Duenas 2002)[①]指出,西班牙语面临的困难之一是英语在西班牙语国家的媒体、商务、出版、教育、娱乐、文化等领域表现出日益强盛的势头,可以说英语"无处不在"(ubiquitous),所以西班牙语国家经常采取措施以防西班牙语受到英语的压制。西班牙语作为世界上的一种强势语言在西班牙和拉美等国家被广泛地使用着。试想,即便是这样一种语言也受到英语如此大的冲击,世界上其他弱势语言就更不在话下了。另一方面,强势语言的推广又威胁到弱势语言的生存和教育。由于种种原因,其中最主要是经济利益的原因,许多弱势语言使用者在与强势语言的接触中愿意放弃自己的语言而转向强势语言。这导致了语言实践中的语言转用现象,强势语言变得越加强劲,弱势语言却患上了"失语症",甚至出现语言消亡的严重后果。总之,在全球化的语言大碰撞中,弱势语言处在语言生态体系的最低端,最容易受到威胁,这导致弱势语言的教育也面临尴尬处境(详情见本书第六章)。

---

① Sanchez, A & Duenas, M. 2002. *Language Planning in the Spain-Speaking World*. *Current Issues in Language Planning*. Vol. 3. No. 3: 303.

第三章 全球化背景下的语言观及其对语言教育政策的影响

第一节 语　言　观

一、语言观的定义

人类对世界上的各种事物或现象都会产生一定的看法,也就是观点,如世界观、生活观、价值观、爱情观等等。同样,人类对语言也会产生一定的看法,即语言观。具体地说,语言观就是人们对语言本质的普遍看法,也就是回答"语言是什么"这个最基本的问题。语言观一般包含了对语言的起源、语言的定义和语言的功能三个方面的看法。

二、语言观的嬗变

（一）语言观的发展历程

1. 语言神授论

语言神授论认为语言是上帝或神创造的。在西方,《圣经·创世纪》第2章记载了上帝通过亚当创造语言的传说。在中国,有仓颉造字的神话。语言神授论虽然没有科学依据,但是它也反映了语言的两大特点:任意性(arbitrariness)和规约性(convention)。语言神授论在一定程度上满足了人类对语言的好奇心,并开启了人类对语言的探索之门。

2. 语言劳动创造论

随着人们对世界的进一步认识,人们逐渐知道了"语言神授论"只是故事的编造,缺乏科学理据。关于语言的起源,洪堡特[①]和乔姆斯基人等都认为语言是人类本质的组成部分,它的萌发是由于人类的内在需要和内在的能力,而不是许多人认为的那样,仅仅产生自外部交际的需求。但不可否认,语言的产生离不开外部条件的刺激。于是,人们开始从劳动生活中探询语言的起源,并产生了"语言模仿说"。现举三例如下:第一,"汪汪说"(wow-wow theory):原始时代,人们模仿身边的动物发出叫声,由此而产生了语言。第二,"噗噗说"(pooh-pooh theory):人类在生

---

① Humboldt 既是德国的语言学家也是德国的教育家。在中国语言学界,他一般被译成"洪堡特",而在教育界则被译成"洪堡"。

活中遇到各种不同的事情时,他们会自然地流露出一种表情,如痛苦、愤怒、激动和高兴,并本能地发出叫喊声,语言就起源于这些喊叫声。第三,"哟—嗬—哟说"(yo-he-yo theory):原始人在劳动中所发出的有节奏的哼唧哼唧声逐渐发展成语言。对于上述语言观,今天看来仍有一定的道理,但科学性不强。不过,它们毕竟是人类对语言本质探究的进步表现。在前人的研究基础上,人们发展了"语言劳动创造论":马克思主义关于语言起源的基本观点是语言产生于实践。恩格斯也指出"劳动创造语言"。这些观点至今还被大多数人所接受。"语言劳动创造论"反映了语言的另一个重要特点:语言的象似性(iconicity),语言的产生不是无缘无故的,人们开始发现语言词汇中的理据性(motivation)。

3. 语言工具论

从19世纪末到20世纪中期,人们对语言的本质进行了科学的探讨,系统地形成了有别于传统语言观的现代语言观,即语言工具论。语言工具论包含两点:一是指语言是人类交际的工具。索绪尔从社会学的角度指出了语言的社会属性,认为语言是集体性的。二是指语言是人类思维的工具。它体现了语言的个人属性或心理属性。"语言工具论"揭示了语言与文化、语言与思维的关系。洪堡特、萨丕尔、皮亚杰和维果茨基等都对此有过深入的研究。

4. 全球化时代的语言观

随着科学的发展,人类对语言本质的认识在不断地加深。20世纪90年代时任联合国秘书长加利宣布"世界进入了全球化时代",全球化时代给各国的政治、经济、军事、安全、通讯、交通、文化和语言等方面都带来了前所未有的影响。因此,人们对语言的社会功能有了新的发现,从而形成了新的或者是更加盛行的语言观:语言身份论、语言人权论、语言资源论和语言软实力论(详情见本书下文)。全球化时代的语言观更强调语言对民族、对社会和对国家的功能。

(二) 语言观的发展特点

1. 语言观的发展是个渐变的过程

人们对语言的认识过程是一个由浅入深、由表及里的漫长过程。不同时期,人们对语言的认识程度各不相同。但是,总体而言,随着时间的推移,人们对语言的认识越来越深刻,越来越全面。综观人类语言观的嬗变,它的发展经历了三个阶段:古代的摸索阶段、现代的分析阶段和当代的深化阶段(见表3-1)。这三个阶段正好分别反映了人类对语言本质探索的三个方面:语言的起源、语言的定义和语言的功能。"古代的摸索阶段"主要是探究语言的起源,从神秘的语言神授论到科学的语言劳动创造论,这一阶段解决了语言的起源问题。"现代的分析阶段"主要是研究语言的内部结构以及语言与语言使用者个体之间的关系。语言学家对于语言的定义众说纷纭,华东师范大学潘文国教授(2001)①搜集了中外从1916年到1997年先后出现的具有代表性的定义就多达68条之多,从这些定义中不难发现:最普遍的语言观就是语言工具论。语言工具论揭示了语言的重要用途,但是该观点还不完整。"当代的深化阶段"则主要探索语言的社会功能。例如,语言身份论、语言人权论、语言资源论和语言软实力论都是从社区、民族、社会和国家的角度来看待语言的功能,从而扩大了语言工具论的视野。总之,人类对语言功能的认识是无止境的,随着科学的发展和社会的进步,人类对语言的功能会有不断的新发现和新观点。

表 3-1 语言观的发展历程与特点表

发展阶段	古代的摸索阶段	现代的分析阶段	当代的深化阶段
语言观	语言神授论和语言劳动创造论	语言工具论	语言身份论、语言人权论、语言资源论和语言软实力论
研究视角	探索语言的起源	探究语言的定义	探析语言的功能
研究内容	解释语言与神和人的关系	研究语言本体及其对个人的作用(即思维和交际)	阐明语言对民族、社会和国家的作用

2. 语言观的发展是个叠加的过程

人类对语言功能的认识过程(除最初的语言神授论)基本上是个叠加的过程。也就是说,人类提出了新的语言观并没有否定以前人类提出的语言观。新语言观的提出则说明人类从不同的角度发现了语言的新本质和新功能。就像了解一个人一样,一开始发现他会弹钢琴,后来又发现他会烧菜,再后来还发现他心态平和……。发现他心态平和不等于否定了他会弹钢琴等。随着对他的接触和关注时间的增多,对他的认识就会越全面、越科学。同理,人类对语言的认识也是如此。到目前为止,人类还没有完全了解语言的全部本质和功能。

3. 语言观的发展不能脱离语言的社会属性

语言具有很强的社会属性:语言来自社会、服务社会;语言随社会的发展而发展,随社会的变化而变化。脱离社会谈论语言是空谈,脱离社会研究语言是白搭。语言学家旺德里叶斯②说:"唯有研究语言的社会作用,才能懂得语言的本质。"人类在探讨语言的本质过程中,都是从社会的角度不断地发现语言的新功能。随着社会的发展,人们对语言功能和本

---

① 潘文国:"语言的定义",《华东师范大学学报》,2001年第1期,第97页。
② 转引郭熙:《中国社会语言学》,南京:南京大学出版社,1999,第1页。

质的认识更加深刻。从上述语言观的嬗变可知,越到后面的语言观,越看重语言在社会中的作用。例如,语言身份论就是把语言和集体联系起来,语言人权论则把语言的使用与社会的权利结合起来看待,而语言资源论把语言看成是社会和国家的资源,语言软实力论把语言视为是社会和国家软实力的重要组成部分。

三、语言观的作用

观点影响态度,态度决定行动。2002年5月,联合国前秘书长加利在南京大学发表题为"多语化与文化的多样性"的演讲时说过,一门语言,它所反映的是一种文化和一种思维方式,说到底,它表达了一种世界观。人们的语言观直接影响到人们的语言应用观。"不同的语言观会导致不同的语言理论,产生不同的语言研究方法,追求不同的语言研究目标和结果。"[①]对于学生来说,语言观影响或决定了学生的语言学习动力和学习态度。对于教师来说,"任何一个外语教师的外语教学总是自觉或不自觉地体现了一定的语言观"。[②]对于语言教育政策的研究者来说,他们对语言的看法直接影响着他们对语言教育政策的研究路径和研究结果。对于语言教育政策的制定者来说,语言观影响着本国或本地区的语言教育政策的制定取向。语言观的改变对于国家的语言政策和语言规划,对于国家的语言工作等都会产生非常大的影响。国家语委副主任和教育部语信司司长李宇明[③]指出:"如何构建和谐的语言生活,以促进社会和谐,是重要的时代课题,需要学界从各个角度去研究,需要语言文字工作者从多个方面去实践。在研究和实践过程中,一定要解放思想。我国的许多领域都经历了改革开放的思想洗礼,而语言文字工作由于种种原因接受改革开放的洗礼不充分。我们需要在解放思想中,树立新时期的语言观,尤其是新时期的语言文字规范观和语言文字工作观。"

第二节 全球化背景下的语言观

一、语言身份论

(一)语言身份论产生的背景、定义、特点与分类

1. 产生的背景

全球化加剧了来自不同国家人们之间的相处。在多民族、多语言和多国籍的人群中,人们都不想失去自己的身份,同时也很想知道别人的身

---

① 潘文国:"语言的定义",《华东师范大学学报》,2001年第1期,第97页。
② 左焕琪:《外语教育展望》,上海:华东师范大学出版社,2001,第1页。
③ 李宇明:"中国当前的语言文字工作——在中国语文现代化学会第8次学术会议上的讲话",《北华大学学报》(社会科学版),2009年第1期,第59页。

份,以便于交流。这使得身份比以往任何时候都显得更加重要。哈里森(Harrison 1998)①认为"身份是通过文化——尤其是通过语言来产生的。"最简单和最有效表明自己身份和判断别人身份的手段就是语言。例如,古希腊人把那些说话他们听不懂的人界定为"非希腊人"(non-Greek),并称之为"野蛮人"(barbarians),因为那些人所说的话在希腊人听来就像是一串"barbarbar……"的毫无意义的声音。再如,珀耐尔等(Purnell et al 1999)②开展过一项因言语而产生住宅歧视的语音学研究实验。发音人来自美国洛杉矶,他会三种方言:非洲裔美国人英语(即黑人英语)、美国奇卡诺人(Chicano)③英语和标准的美国英语。这位说话人分别用三种口音打电话给同一个房屋租赁公司,询问美国旧金山地区可供租赁的房屋情况,可得到的回复却并不相同。房屋租赁公司对非裔美国人英语和美国奇卡诺人英语的回复是"没有可供出租的公寓",但是对标准美国英语的回答是"有"。在电话上只能凭语言来判断一个人的身份,说不同的语言就代表了一种不同的身份。说标准美国英语的人更有可能是具有较好的素质、体面的工作和不菲收入的人。所以,这种人更受房东和房屋租赁公司的青睐。相反,说黑人英语和奇卡诺人英语更容易使人联想到社会地位比较低下的人。总之,语言与身份的观念自古就有,但是,在全球化时代,随着各国各地区人们的频繁接触,语言与身份的关系显得更加突出和重要。

2. 定义

从词源学的角度来分析,英语的"identity"一词来源于拉丁语词根"idem",意思是"相同"。"Identity"被译成"认同"、"身份"或"身份认同"。身份是一个极其复杂的概念,因为它带有一种"矛盾的含义"(paradoxical meaning):一方面,身份既可以指你我之间的不同点,另一方面,又可以指大家的相同点。④ 例如,在中国,每个成人都有自己的身份证,此时"身份"就表明每个人都是与众不同的独立的个体。但是,倘若一群看似亚裔的人在美国都显示各自的身份证件时,人们马上就可以分辨出,哪些是中国人,哪些是日本人。中国人在一起时就开始说汉语,而日本人在一起时就开始说日语。此时,"身份"则可以用来表明某些人的共同点。可见,当"身份"强调的是人与人之间的不同点时,此时"身份"是指个人身份。而当"身份"强调的是人与人之间的共同点时,此时"身份"则是指集体身份。

---

① Harrison, G. 1998. *Political Identities and Social Struggle in Africa*. In A. J. Kershen (ed.) *A Question of Identity*. Aldershot: Ashgate, p. 248.
② 转引徐大明:《语言变异与变化》,上海:上海教育出版社,2006,第232—233页。
③ 奇卡诺人就是原籍或祖籍为墨西哥的北美人。
④ Education Committee, Council for Cultural Co-operation. 2000. *Linguistic Diversity for Democratic Citizenship in Europe: towards a Framework for Language Education Policies*, p. 33.

集体身份又可分为民族身份和社会身份(见图3-1)。

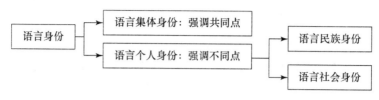

图 3-1　语言身份分类图

博伊斯(Bois 2007)①说:"身份是在一定的参数内形成的,这些参数包括意识形态、语言和社会文化。"斯泰兹和卡斯特(Stets & Cast 2007)②在身份论(identity theory)中指出:"身份就是人们在作为一个群体中的一员(如美国人、亚洲人、民主党成员、男性)时,或在扮演一个角色(如丈夫或妻子、教师或学生)时,或作为一个人(如人有道德心或控制力)时,所包含的一组含义。"上海国际问题研究所所长俞新天等(2007)③则认为:"身份本身是为了区分自我与他者的不同角色,而集体身份或集体认同则把自我和他者合为同一身份。"这些定义都说明了语言与身份、语言身份与集体都存在着一定的内在关系。总之,语言身份论认为,语言和身份关系紧密。在一定程度上,语言可以代表、体现或暴露一个人的身份,身份也可以通过语言来得到验证或归类(即形成集体概念)。

3. 特点

人类有许多物质特征,例如,肤色、身高和外表。而且,这些物质特征都是人自身无法选择的,因为这些都是天生的。但是,语言身份具有可变性。既然语言可以反映身份,一个人可以学习一种新的语言,因此,掌握了该语言的人也就增加了一种新的身份。例如一个东亚人(即具有同样的外表)会说流利的汉语、日语和韩语,那他或她可以在中、日、韩三个国家中都很容易获得语言身份的认可。在全球化时代,一个人的身份就像一个人的社会角色一样是多方面的、复杂的。所以,有人认为,母语对外是一道屏障,而对内却是黏合剂。这句话就反映了语言与身份的密切关系。

4. 分类

语言身份论的特点可以体现在个人身份、民族身份和社会身份三方面上。

---

① Bois, I. D. 2007. *Hiding and Struggling with National Identity: American Expatriates in Germany*. In K. Jungbluth & C. Meierkord (eds.). *Identities in migration contexts*. Gunter Narr Verlag Tubingen, p. 11.

② Stets, J. E. & Cast, A. 2007. *Resources and Identity Verification from an Identity Theory Perspective*, Sociological Perspectives. Vol. 50, No. 4: 523.

③ 俞新天等:《强大的无形力量:文化对当代国际关系的作用》,上海:上海人民出版社,2007,第125页。

(1) 个人身份

日本中央(Chuo)大学的社会语言学家库尔马斯(Coulmas 2005)[①]认为"社会语言学的一个基本思想就是一个人所说的语言可以暴露其身份。"当一个人的外表与一个群体相似时,那他使用的语言就成了确定其成员身份的重要标志。例如,一个外地人如能说上海话,他往往被误认为是上海人。相反,一个不会说上海话的上海人,也常常被误认为是外地人。英语中有一句格言:"Let me hear you speak and I will tell you who you are loyal to."意思是:"让我听你说话,我就知道你站在哪一边。"因为在语言使用过程中人们所表现出来的语言特征,如语音、词汇、句法结构,甚至个人姓名,都可以把个人身份和社会身份连接起来。库尔马斯(Coulmas 2001)[②]指出:导致语言与身份关系亲密的原因主要有两个:一是心理学的原因(即人们倾向于把语言和身份连在一起)。二是宪法与法律授予语言和身份的联系。

当一个人的语言得不到认同时,他的身份也就不被认可,此人就会缺乏归属感,在身份的游离中就会情不自禁地问:"我是谁?"对于身份的归属问题,移民(特别是离开自己所属群体的第一代或第二代移民)和混血儿是最有深刻体会的。例如,华裔女诗人内丽·王(Nellie Wong)在她的一首诗《我的祖国在哪里?》(Where Is My Country?)表达了她在两种文化夹缝中的尴尬处境以及对自我身份的界定:

> 我的祖国在哪里?
> 它处在何方?
> 7月4日接近了,
> 我被要求放焰火。
> 是不是因为我是有色人种?
> 当然不是
> 因为我丈夫的名字。
> ……
> 我的祖国在哪里?
> 它处在何方?
> 缩拢在边界之间,
> 夹在暗处跳舞的地板
> 和低声细语的灯笼,
> 难以辨认相貌的烟雾之中?

[①] Coulmas, F. 2005. *Sociolinguistics*. Cambridge: Cambridge University Press, p.171.
[②] Coulmas, F. 2001. *The Handbook of Sociolinguistics*. 北京:外语教学与研究出版社与布莱克韦尔出版社, p.318.

在墨西哥,一个警察
用西班牙语向我发问?
一个中国杂货商
问我是不是菲律宾人?
夹在白人商贾里面,
他们发觉我讲话不像中国人?
混进白人女士之中,
她讲我说纯正的英语?
碰到另一位白人女士,
她讲我说英语带口音?
我的祖国在哪里?
它处在何方?

而今服装设计师
用中国外表罩住我们,
用缎子捆住
我们的胴体,
用丝绸缝住
我们的眼睛。
我的祖国在哪里?它处在何方?

  这是一首令人心酸、震撼灵魂的诗歌,只有处在文化边缘的诗人才能如此深切地感受到无所归属、无处适从的悲凉,发出"我的祖国在哪里"的呐喊。像内丽·王一样,几乎所有的华裔作家笔下的主人公都有寻找自我身份的苦恼,他们为得不到人们的认同而感到苦恼。华裔在美国出生并在那儿受熏陶,他们都接受了美国的主流文化。但他们的根源自中国,从父母那里继承了中国基因并吸收了中国文化。[①]

  此外,如果一个人违背了团体语言规范,背离了语言感情和语言忠诚的价值标准,那么,他就会感到一种无形的压力。例如,一个人在外学习或工作多年后,一天他回到阔别多年的家乡。如果他不说家乡话,便会发现自己与团体之间有种心理冲突,往往会感到团体的压力,自己觉得不入群,别人则认为他脱群,大家失去了彼此的认同感。

  (2)民族身份

  语言具有民族性和社会性,语言与民族、语言与社会紧密相连,互相

[①] 张子清:"中美文化的撞击与融汇在华裔美国文学中的体现",刘海平编《中美文化的互动与关联》,上海:上海外语教育出版社,1997,第65—67页。

依存。澳大利亚阿德莱德(Adelaide)大学的斯莫利兹(Smolicz)等[1]认为:"语言往往是群体身份(group identity)的一个标志,是该群体文化的核心价值。"有时候,人们为了维护自己的民族语言甚至不惜流血牺牲。例如,1915 年海地著名教师兼作家埃德蒙德·拉福莱斯特(Edmond Laforest)在脖子上绑着一本拉鲁斯法语词典,[2]从桥上投河自尽,因为他不能接受法国殖民者强迫他使用宗主国语言(法语)的行为,他认为失去自己的语言就等于失去了自己的身份,所以要以死来捍卫自己的语言身份和文化身份。再如,斯里兰卡的僧伽罗人与泰米尔人曾在独立时达成共识,以英语为官方语言,僧伽罗语和泰米尔语在一切政府政策和交流活动中享受同等地位。但 1956 年斯里兰卡班达拉奈克政府单方面发布"僧伽罗语独尊法令",法令规定僧伽罗语为唯一的官方语言,一切交流活动必须使用僧伽罗语。从此,一些泰米尔人成立了反政府的猛虎组织,旷日持久的斯里兰卡内战便开始了。斯里兰卡政府于 2009 年在消灭了反政府的猛虎组织后,身为僧伽罗人的拉贾帕克萨总统于同年 5 月 19 日用泰米尔语发表了演说,以显示弥合民族矛盾的决心。如果说斯里兰卡的班达拉奈克总统因藐视了语言的身份而带来沉重的灾难的话,现在的拉贾帕克萨总统则充分感受到语言的身份作用。

一个民族的语言是根据该民族的生活环境、风俗习惯和思维方式构造起来的,它总结了本民族人民世世代代的生活经验。因此,我们要想认识和融入一个民族,就必须从认识和掌握其语言开始。例如,美籍华人冯麦克(Michael Feng)出生在纽约并在纽约长大。他说,到了高中,说地道的英语(就是流畅,而且没有外国口音的英语)是非常重要的,这样华人学生才会被非美国移民学生所接纳。他有一个朋友英语说得不算好,于是很难被美国同龄人所接受。[3] 只有被当地人所接受才能进入当地的主流社会。

斯大林[4]说过,民族是指"人们在历史上形成的一个共同语言、共同地域、共同经济生活以及表现于共同文化上的共同心理素质的稳定的共同体"。可见,民族是有共同的祖先、语言、文化、传统和人类情感的群体。在一个民族的这些共同特点中,只有语言才是最显著、最灵活和最能代表一个民族的符号。因此,语言是民族身份的最好象征。俄罗斯教育家乌申斯基也认为:"语言不仅表现为一个民族的全部历史,而且它正是民族

---

[1] Smolicz, J. J. & Nical, I. 1997. *Exploring the European Idea of a National language: Some Educational Implications of the Use of English and Indigenous languages in the Philippins*. In *International Review of Education*. 43(5—6): 507—526, p. 508.

[2] 拉鲁斯(Larouse)是法国著名的词典学家。

[3] Tse, L. 2001. *"Why Don't They Learn English?": Separating Fact from Fallacy in the U.S. Language Debate*. New York: Teachers College Press, Columbia University, p. 33.

[4] 斯大林:《斯大林全集》(第 2 卷),北京:人民出版社,1953,第 294 页。

身份的本身。民族的语言一旦消失,这个民族也就不复存在了。"因此,灭绝一个民族最恶毒、最有效的手段,就是迫使该民族放弃自己的母语。难怪以前西方列强每占领一个国家后就强迫当地人学习宗主国语言,如英国统治印度时,1835 年负责印度的教育主管麦考莱勋爵(Lord Macaulay)说:"我们需要一群在血统和肤色是印度人,但在爱好、观点、道德和知识上却是英国人的阶级。"[①]

(3) 社会身份

语言是人类社会最重要的交际工具,是一种社会现象,因此,语言具有社会属性。语言在社会中产生,并且随社会的发展而发展,随社会的变化而变化。语言是一个社团的成员维护关系的纽带,是一个社会自我认同的身份标志。语言体现并反映了社会,能作为一种社会行为对社会生活产生一定的影响。例如,通过语言进行人际交流能将一个社会,甚至更多社会的人们凝聚起来。语言带给学习者知识,语言中蕴含文化,语言是维护权利的武器,语言是统治阶级管理社会的重要工具。因此,几乎所有殖民主义者、帝国主义者、法西斯主义者一旦侵入某一个地区就会马上进入学校、大众媒体以及大庭广众传播他们的语言和文化。

语言是世俗信仰中的一部分,它可以把社会凝聚起来。语言是一种强有力的工具,它可以促进内部团结,并为使用者提供族群认同感或民族认同感。例如,"印度尼西亚是一个多民族、多语言、多宗教和多政治团体的国家,但是,印度尼西亚语(Bahasa Indonesia/Indonesian)不仅成为了大家的基本交流手段,而且也是凝聚各种不同社会、种族和语言社区的极其有效的团结因素。"[②]

(二) 理论基础

认同论或身份论指出:语言行为是一种认同活动。认同是一种定位,这种定位首先体现在文化认同上,而文化认同又体现在语言的认同上。定位的确定使人有种归属感。所以,德国哲学家海德格尔说:"语言是存在的家园。"语言认同有两层涵义:第一,语言是个体自我认同的工具。第二,语言被视为一种外在行为,人们据此来识别群体成员。

1. 语言行为体现个体身份

身份与语言有紧密的关系。"一个人使用的语言和他或她作为该语言使用者的身份是不可分割的。语言行为就是身份行为。"[③] 身份就是认

---

① Kachru, B. B. 1986. *The Alchemy of English: The Spread, Fuctions and Models of Non-Native Englishes*. Oxford: Pergamon, p. 5.

② Renandya, W. A. 2000. *Indonesia*. In Ho Wah Kam & Ruth Y L Wong(eds). *Language Policies and Language Education: The Impact in East Asian Countries in the Next Decade*. Singapore: Time Academic Press, p. 127.

③ Tabouret-Keller, A. 2001. *Language and Identity*. In F. Coulmas(eds.). *The Handbook of Sociolinguistics*. 北京:外语教学与研究出版社与布莱克韦尔出版社,第 317 页。

同,认同就是在对"自我"或"他者"进行界定,而在这一界定过程中,语言起着重要的作用。假如有两个人在外地经过闲聊知道各自身份后,惊喜地发现他们竟然是老乡。此时,他们马上会改用家乡话聊天,这显得更加亲近。相反,倘若,其中一个不会说家乡话,另一个人总有一种若有所失的感觉,老乡之情就没有那么浓。洪堡特(Humboldt)指出:"每当一个人听到母语的声音,就好像感觉到了他自身的存在。"①例如,日本"和歌"诗人石川啄木(1886—1912)写过一首短歌②:"故乡啊,乡音恋恋;去听乡音;在停车场的杂沓中。"该诗描写了这样一群日本人——他们从外地来到东京求学或工作,在思念家乡时,他们就到车站去,在那可以听到来自家乡的人说家乡话,以解思乡之苦,并认识到自己的身份存在。

"语言与身份具有复杂的联系。在语言使用中,只要一个语言特点就足以识别或暴露一个人的某些身份。"③例如,《圣经·士师记》(Judges,12:6)记载了基列人(the Gileads)打败以法莲人(Ephraim)后,在收拾战场时,要求逃亡的战士逐一读出一个单词——"shibboleth"(该单词源自希伯来语,意思是"过时的信仰或教义")。凡是把"shibboleth"单词的前两个字母"sh"发成[ʃ]的战士就是自家人,而把这两个字母"sh"发成[s]的战士就是敌方的战士,要立即被斩。基列人就是利用语言和身份的关系来检测一个陌生人是朋友还是敌人。这还只是一个小小的音位(phonemic)特点,更别说更大的语言单位了。一般说来,同一言语社区的成员具有相同或相似的语言实践和语言信仰。所以,当社区成员在听到用自己社区语言说的一段话语时,或者当社会语言学家在对这一段话语进行分析时,他们不但能识别其意义,而且还能发现说话者在说话时所表现出来的细微语言差异。这些细微差异反映了说话者的以下特征:年龄、性别、社会阶层、大概的出生地点和教育地点、教育程度和观点等等。此外,他们还能根据自己听到的这段话语提供线索以便判断话语所发生的场合和上下文背景。这些细微语言差异受到规约性规则的控制,就像言语社区的成员在成长的过程中习得语法规则一样,说话者在说话时所体现出来的这些个人语言差异也是在习惯中逐渐形成的。

2. 语言是民族认同的一个重要标志

中国社科院民族研究所的王希恩研究员④认为,移民社会的扩大造就和强化了族性认同——民族认同、族群认同、国家认同、泛群和区域认

---

① 姚小平:《洪堡特——人文研究和语言研究》,北京:外语教学与研究出版社,1995,第144页。

② 短歌是日本的一种诗歌形式,音拍数有讲究。

③ Tabouret-Keller, A. 2001. *Language and Identity*. In F. Coulmas(eds.). *The Handbook of Sociolinguistics*. 北京:外语教学与研究出版社与布莱克韦尔出版社,第317页。

④ 王希恩:"全球化与族性认同",《西北师大学报》(社会科学版),2002年第5期,第3页。

同。人口的跨国流动和定居使得原本民族成分单一的国家成分多元化，而原本就是移民社会的国家则扩大了移民社会的规模。这些都导致了族性认同的强化和形成：移民的不断进入导致了新来者与原居者的利益纷争和文化纷争，由此强化了各自群体的认同。

一般说来，大部分民族都有自己的语言，语言与民族关系密切。一方面，语言不能没有民族，任何一种语言都依附于某一个民族，离开了民族，语言也就难以生存和发展。例如，柴门霍夫创造的世界语（Esperanto）已有一百多年的历史了，可是因为它没有"根"（即没有人把它作为母语来学），这是一种没有民族之根的语言，谁都不恨它，但也不爱它。现在分散在120多个国家的世界语使用者总共也只有约1000万人，中国大概仅有1万世界语的学习者和使用者，它的"应用范围还有一定的局限性"。① 所以，世界语难以在世界上得到广泛推广。另一方面，一个民族不能没有语言，正如18世纪法国哲学家孟德斯鸠所说："语言是民族文化特征的最高标志，只要被征服的民族没有失去自己的语言，这个民族就还有希望。"语言是民族的标志和象征，语言是民族的灵魂和精神。洪堡特甚至认为，语言是民族的最大特征，民族差异主要表现在语言上。难怪欧盟国家在欧洲一体化方面已经走得很远了，但在确定欧盟机构的工作语言时各国却仍会为自己民族语言的地位而发生争执。再如，以下有八对语言：印地语与乌尔都语（Hindi/Urdu）、马来语与印度尼西亚语（Malay/Indonesian）、佛兰芒语与荷兰语（Flemish/Dutch）、马耳他语与阿拉伯语（Maltese/Arabic）、塞尔维亚语与克罗地亚语（Serbo/Crotian）、西非的芳蒂语与特维语（Fanti/Twi）、挪威的博克马尔语与尼诺斯克语（Bokmal/Nynorsk）、秘鲁的凯其瓦语与爱马拉语（Kechwa/Aimara），每一对语言都可以被看做是相同的语言，因为操这些语言的使用者彼此能够理解和交流。但是，这些语言也可以被看做是不同的语言，因为它们的使用者属于不同的民族，为了区分民族身份，这些语言的使用者分别给予了这些语言不同的名称（当然它们之间也存在一些差别）。

语言是民族文化的载体。许嘉璐②把民族文化分为三个层次：表层是物质文化，即体现在人们衣食住行中的文化；中层是制度文化，即贯穿在宗教、风俗、制度、艺术等里面的文化；底层文化，是民族文化的核心和灵魂，是关于人生、世界的哲学思考和观念。这一核心和灵魂不能孤立存在，于是无所不在地渗透在表、中两层文化中。在所有文化表现形式中，语言有着极其特殊的地位：它是一种特殊的文化现象，同时又是最重要的文化载体，因而是民族文化、民族精神的直接体现。语言文字是规范还

---

① 中华全国世界语协会，http://www.espero.com.cn。
② 许嘉璐："当前文化问题的症结在哪里？"，《新华文摘》，2006年第15期。

是混乱、水平高还是低,就是民族文化发达与落后的生动反映。一个没有文化归属感的民族也难以成为具有文化身份识别的民族,传统文化对于一个民族和国家的全部价值就在于它能不断提供你所需要的精神动力和智慧养料,一种国家安全的实现所需要的文化力量和国家文化安全的实现所需要的集体认同的价值力量。

语言是民族认同的基础。民族认同就是"个人视其自己作为他们民族国家成员的信念和程度"①,也就是说,个人对自己所在的民族国家的认同,即自觉地把自己视为整个民族国家的一分子。如果说,作为社会交际的工具,语言把整个民族从活动上联系在一起了,那么,作为民族认同的标志,语言则把整个民族从感情上联系在一起了。例如,法国在面对文化全球化和美国化时,1994 年通过了《杜蓬法》(The Toubon Law)。该法规定,所有的法国人在公共场合、在商业和学术领域都必须使用法语。② 其目的就是为了保护法语,让国民保持法兰西民族的身份。

3. 语言是社会团体的标志和纽带

语言是文化身份(cultural identity)的重要标志,文化身份是社会团体的重要标志,因此,语言是社会团体的标志。美国加州大学伯克利分校的克拉姆斯(Kramsch)教授③说:"众所周知,一个社会群体成员所使用的语言与该群体的身份之间存在着一种天然的联系。通过一个人说话时所使用的音调、词汇以及话语模式,说话者自己知道,别人也能发现,这个说话者是属于这个而不是那个言语和话语社区的成员。"

另外,语言还是社会团体的纽带。语言可以把大家聚集在一起,形成社会团体。斯波斯基④发现:"识别一个人最常用的方法之一就是他的语言。因为语言天生就与社交有关,当你会说一个社会群体的语言时,这个社会群体就是你的重要的身份群体(identity group)。尽管民族身份还有其他标记,如食物、服装和宗教等,但是语言具有一种独特的作用,一方面是因为语言能够组织思维,另一方面是因为语言还能够建立社会关系。"此外,蒙多扎·邓顿(Mendoza-Denton)(2002)⑤也认为,认同是个人与各

---

① Pye, L. and Verba, S. 1965. *Political Culture and Politcal Development*. Princeton, N.J.: Princeton University Press, p. 529.

② Suleiman,Y. 2006. *Constructing Languages, Constructing National Identities*. In T. Omoniyi & G. White (ed.). *The Sociolinguistics of Identity*. New York, NY: Continuum, p. 59.

③ Kramsch, C. 2000. *Language and Culture*. Shanghai: Shanghai Foreign Language Education Press, p. 65.

④ Spolsky, B. 2000. *Sociolinguistics*. Shanghai: Shanghai Foreign Language Education Press, p. 57.

⑤ Mendoza-Denton, N. 2002. *Language and Identity*. In J. K. Chambers, P. Trudgill & N. Schilling-Estes (eds.) *The Handbook of Language and Variation*. Oxford: Blackwell, p. 475.

种社会建构之间的积极协调,这种协调关系往往通过语言和其他指示符号表现出来。所以,认同是个人与集体层面之间的"符号协调过程"(process of semiosis)。

二、语言人权论

从法律的角度来说,人生来是平等的,每个人都需要在语言上得到身份的认可,因此,每个人在语言的选择和使用上也应该享有平等的地位。对于少数民族来说,他们有权学习和使用自己的语言,这就是语言人权论。

(一) 语言人权论产生的背景、定义与特点

1. 产生的背景

事实上,世界各地早就一直存在着剥夺"语言人权"的现象,主要表现为语言侮辱(language stigmatization)、语言排除(language exclusion)和语言剥夺(language proscription)。语言侮辱其实是一种语言歧视,主要表现为强势语言使用者对弱势语言使用者,标准语言使用者对方言等语言变体的使用者所产生的语言偏见和恶劣的语言态度。如美国黑人英语受到标准美国英语使用者的歧视,认为使用美国黑人英语的人是低俗的、没有文化的。语言排除(详情见本书第四章第三节)就是指学校,特别是小学,使用一些强势语言作为学校的教学语言,而把儿童的母语排除在教学语言之外。多数操少数民族语言者(如移民和土著居民)的子弟不能享受到使用母语作为教学语言的教学。语言剥夺现象存在于政府机构、公司组织以及学校等地方。例如,有些组织作出规定,要求员工必须在工作时间使用某种语言。譬如,尼日利亚伊巴丹(Ibadan)大学的社会语言学教授班博斯(Bamgboṣe 2000)回忆说:我有一次与在尼日利亚的一个国际组织工作的朋友打电话,当我用约鲁巴语(Yoruba)[①]跟她说话时,她婉言地告诉我,该组织的员工在上班时只能使用英语或法语。无独有偶,在丹麦的菲利普跨国公司规定,员工只能使用丹麦语,结果土耳其籍员工之间在上班时不能说话,因为他们的丹麦语水平不好。[②] 如果说组织机构和公司企业的语言剥夺对地方语言是伤害性的话,那么,学校的语言剥夺对地方语言则是致命的。比如,在殖民主义时期,许多殖民国的学校都严禁使用本地话(vernacular),对于违背该规定的学生要受到惩罚,如罚款、抄写课文、体罚,甚至在脖子上套一块写有"I AM STUPID"(我是笨蛋)

[①] 约鲁巴语是尼日利亚的官方语言,拥有 1600 多万使用者。
[②] Bamgboṣe, A. 2000. *Language and Exclusion: the Consequences of Language Policies in Africa*. London: Lit Verlag Munster, p.13.

或"I AM A DONKEY"(我是蠢驴)的牌子。① 事实上,语言剥夺比语言排除产生的负面影响还要大。

今天,全球化促进了人口流动和语言接触,从而导致强势语言更加强大,弱势语言更加弱小,濒危语言越来越多。全球化更激起了人们的语言人权观。为了保护语言少数民族的合法权利,也为了保护语言的多样性,早在20世纪中期,联合国就提出过语言权问题,并于1966年通过的《国际民权和政治权盟约》第27款规定:"在有民族、宗教或语言少数族群存在的国家,当这些少数族群与其他人共处时,不能剥夺少数族群的权利,他们有权享受自己的文化,……有权使用自己的语言。"②1985年,人们开始把语言权看成是基本人权。③ 联合国1988年通过了《土著人权声明草案》,该草案规定土著人有权学习和推广自己的语言。他们的儿童有权接受用他们母语作为教学用语的教育。联合国教科文组织于1989年还召开了语言人权大会,会上发表了《全球语言人权声明》。大约从1990年开始,越来越多的国际会议和条约都肯定了个人语言权和语言少数民族的权利。④

2. 定义

语言人权(linguistic human right)也叫"语言的权利"(linguistic right)或"语言权"(language right)。不少社会语言学家和国际组织都对语言权给出过定义。美国语言文化学教授克拉姆斯(Kramsch 2000)⑤说,"语言权是联合国和其他国际组织共同提出的一个概念,其目的是为了保护人们有权习得和推广他们自己的语言,特别是儿童有权获得用自己母语进行教学的教育。"芬兰和丹麦社会语言学专家斯古纳伯-康格斯和菲利普森(2001)⑥认为,"语言人权既包括对一种或多种母语的认同权,又包括用一种或多种母语作为媒介进行教育和公共服务的权利。"以色列语言学家斯波斯基(2000)⑦认为语言权包含以下三点内容:第一,少

---

① Phillipson, R.; Rannut, M. & Skutnabb-Kangas, T. 1995. *Introduction*. In Skutnabb-Kangas & Phillipson (eds.). *African Language for the Mass Education of Africans*. Bonn: Education and Documnetation Center, p. 21.

② Philipson, R. 2000. *Linguistic Imperialism*. Shanghai: Shanghai Foreign Language Education Press, pp. 93—94.

③ Kramsch, C. 2000. *Language and Culture*. Shanghai: Shanghai Foreign Language Education Press, p. 76.

④ Paulston, C. B. 1997. *Language Policies and Language Rights*. In Annual Review of Anthropology. Vol. 26: 72—85.

⑤ Kramsch, C. 2000. *Language and Culture*. Shanghai: Shanghai Foreign Language Education Press, p. 129.

⑥ 坎加斯和菲力普森,高建平译:"语言人权的历史与现状",周庆生《国外语言政策与语言规划进程》,北京:语文出版社,2001,第289页。

⑦ Spolsky, B. 2000. *Sociolinguistics*. Shanghai: Shanghai Foreign Language Education Press, pp. 59—60.

数语言群体有权学习本国国语,同时在他们还没有掌握国语之前,由于不懂国语可能会引起不利的情况时,要为这些人提供语言帮助。第二,不能因为少数语言群体说其他语言而在工作、教育、司法或医疗卫生等方面歧视他们。第三,少数语言群体有权保护和保留他们自己所钟爱的语言,同时还有权扭转语言转用现象。

另外,联合国教科文组织(2003)①对语言权的解释是:"语言不仅是思想交流和知识传播的工具,也是个人与群体文化特性和权力的基本属性。因此,尊重属于不同语言群体的人的语言是和平共处的基础。对于多数群体、少数群体(不管是一直生活在一个国家或是最近的移民)和土著人,都应如此。要求语言权利是少数群体在政治变革中首先要求得到的权利之一。这种语言权利的要求包括少数人语言和土著语言争取获得正式和法律地位,也包括语言教学和在学校和其他机构以及媒体中使用这种语言。在教育方面,一些国际协议已经确定的少数群体和土著群体的语言权利包括:如果愿意,可选择自己的语言接受教育;有机会学习更大社会的语言和国家教育系统的语言;倡导积极对待少数人语言和土著语言及其表达的文化的文化间教育;有机会学习国际语言。国际协议中规定的移徙工人及其家庭成员的教育权利包括:通过教授学校系统使用的语言,促进其孩子的融入;应创造机会,使用他们自己的语言和文化,对儿童进行教学。"

3. 特点

语言人权论在理论上是完美的,但是在语言实践中却有许多实际的困难。现有的国际组织的声明也不足以保护弱势语言,语言人权既不能得到保证也不能得到保护。主要原因有以下三个:第一,政治上的问题:为了减少麻烦、方便管理和统一语言身份,"事实上,大多数国家都指望本国的土著居民和移民少数民族被主流文化和语言所同化。"②第二,现实中的问题:语言人权的实施的确会碰到许多实际的困难。这些困难涉及到经费、实用性、教材、教师等。例如,"本土居民和移民中的语言少数民族儿童所在的学前班和学校中,常常缺少听得懂这些儿童母语的教师。而且儿童的母语既不是一门课程,也未用于教学。世界各地的学校仍是一种主要的同化工具。少数民族通过学校同化于优势语言和文化。"③第三、观念上的问题:许多国家都把语言权看成是个人权(individual right)

---

① 联合国教科文组织:《多语并存世界里的教育》,巴黎:联合国教科文组织出版社,2003,第16—17页。

② Philipson, R. 2000. *Linguistic Imperialism*. Shanghai: Shanghai Foreign Language Education Press, p. 94.

③ 坎加斯和菲力普森,高建平译:"语言人权的历史与现状",周庆生《国外语言政策与语言规划进程》,北京:语文出版社,2001,第289页。

而不是集体权(group right)。当语言权被视为个人权时,语言权的索取和实施都是由个体来完成,例如,美国就是如此。而当语言权被看成是集体权时,语言权的索取和实施则都由集体来执行,例如,加拿大就属于此类。① 通过集体来索取和实施语言权显然要比个体更有优势。

(二) 理论基础

1. 语言使用是人权的内容之一

人人都拥有人权,而语言使用是人权的内容之一。但是,在语言实践中存在着语言主义和语言帝国主义。菲利普森(Philipson 2000)②于1992年杜撰了"语言主义"(linguicism)一词,就是说,像种族主义和性别主义一样,某些人对某些语言有一种歧视和偏见的态度。他们总认为自己的语言是先进的和科学的,也是值得推广的。而别的语言是落后的,是应该被抛弃的。例如,1885—1888年间担任美国印第安人事务局(the Bureau of Indian Affairs)局长的阿特金斯认为,印第安语是"野蛮的语言",而"英语是世界上最伟大、最强盛和最先进民族的语言;英语是最完美和最崇高的语言"。③ 语言帝国主义(linguistic imperialism)就是以牺牲别的语言为代价向全球推广一种语言。例如,英语语言帝国主义就是语言主义的典型代表。如果说语言主义是一种错误的语言态度,那么语言帝国主义就是一种不好的语言行为。因为它们都侵害了别人的语言名声和语言生存,都违背了人权论。

2. 世界需要语言多样性

语言除了具有社会性外,它还有生物性。"语言就像物种一样可以分成不同的种类,每一种类又可以进一步分成更小的种类……强势语言和强势方言的传播会逐渐导致其他语言的灭绝。"④没有全球化的时候,国与国之间的交流少,难以享受到别国的资源和发展成果,但是,也不易遭受外来的威胁。语言也是如此,许多语言在全球化背景下有更多相互接触的机会,弱势语言在面对强势语言的攻击下就面临消亡的危险。所以,我们要保持全球语言的多样性,首先就得采取措施确保人人都有学习和使用自己母语的权利,这样世界上的弱势语言就能得到保持。

三、语言资源论

语言人权论的预设是每一种语言都是重要的,都需要得到保护,其实

---

① Zhou, M. L. 2004. *Minority Language Policy in China: Equality in Theory and Inequality in Practice*. In M. Zhou(ed.). *Language Policy in the People's Republic of China: Theory and Practice Since 1949*. Boston: Kluwer Adademic Publishers, p.74.

② Philipson, R. 2000. *Linguistic Imperialism*. Shanghai: Shanghai Foreign Language Education Press, p.55.

③ Marr, C. J. 2002. Assimilation Through Education: Indian Boarding Schools in the Pacific Northwest. From htt://content.lib.washington.edu/aipnw/marr/page4.html.

④ Coulmas, F. 2005. *Sociolinguistics*. Cambridge: Cambridge University Press, p.146.

它还蕴含了另一种语言观,即语言资源论。

(一)语言资源论产生的背景、定义与特点

1. 产生的背景

在全球化时代,由于国际贸易量的增加,能源的紧缺,人们越加认识到资源的重要性。学界也兴起了对资源的科学研究。世界资源可以分自然资源和社会资源。自然资源是物质的,如石油、森林、土地、资本、书籍、住房、汽车等。而社会资源则是非物质的,如语言、文化、经验、教育、知识、时间等。以前人们往往只关注有形的自然资源,而忽略了无形的社会资源。但是,现在人们也开始关注、研究和保护非物质资源,例如,联合国教科文组织于2003年通过了《保护非物质遗产公约》(Convention for the Safeguarding of Intangible Cultural Heritage)。在这种背景下,越来越多的人开始认识到语言也是一种资源,它是社会资源中极其重要的一部分,是一种特殊的社会资源。

2. 定义

陈章太[①]指出,我国学界讨论的"语言资源"有广义和狭义之分,广义的"语言资源"是指语言本体及其社会、文化等价值;狭义的"语言资源"是指语言信息处理用的各种语料库和语言数据库,以及各种语言词典等。语言既是物质的又是社会的,而更多的是社会的。语言以它的物质结构系统,承载着丰富、厚重的社会文化信息,为社会所利用,能够产生社会效益和政治、经济、文化、科技等效益。所以,语言是一种有价值、可利用、出效益、多变化、能发展的特殊的社会资源。

语言资源观的内容包括两个方面:一方面,语言本身是一种资源。另一方面,学习并掌握一门语言也是一种资源。

每一种语言本身就是一种资源,因为每种语言背后都蕴含着一个民族的文化和思维等社会资源。这就意味着,任何语言,不管大小,都具有自己的价值和角色。不过,语言越强势,使用范围越广,其价值就越大。例如,《英国文化委员会1987—1988年度报告》指出:"英国真正的黑色金子不是北海的石油,而是英语。长久以来,它是我们文化的根基,现在它正在成为商业和信息领域的全球语言。我们面临的挑战是如何充分挖掘它的潜力。"[②]英国文化委员会(British Council)仅在1989年至1990年的教学、出版、教育项目等收入就达到了5000万英镑。2006至2007年度英国文化委员会的收入达23200万英镑。[③] 另外,设立在英国本土和海外各地的私立语言学校成为英国一项发财致富的大买卖。英国出版商

[①] 陈章太:"论语言资源",《语言文字应用》,2008年第1期,第10页。
[②] British Council(1940—1990). Annual Reports. London: British Council.
[③] From http://www.britishcouncil.org.

是世界英语语言教学出版界的领头羊,仅 1982 年至 1987 年之间,英国版图书出口额就增长了 40%。①现在,英国每年从来自世界各地的留学生的英语教学中获得约 13 亿英镑的收入。②另外,小语言也有自身的价值。美国阿拉斯加大学阿拉斯加土著语言研究中心(the Alaska Native Language Center)主任克劳斯说:"多语并存有诸多好处,例如在现代医学知识里,不少是从使用动植物的传统治疗法中提取出来的,如果土著民族的语言不存在的话,那么有关当地的动植物的重要信息也就无从得到了。"③再如,二战期间,美国的情报部门利用本国的一种印第安语——纳瓦霍语来传递信息,这就是利用了小语言不为众人所知的特点。

从另一个角度来看,掌握一门语言就相当于获得了一种资源。因为在全球化的信息时代,谁掌握了语言,谁就能更快更好更直接地获得信息和使用信息,信息就是资源。所以,现代解释学大师伽达默尔(Gadamer)说:"谁拥有语言,谁就拥有世界。"美国著名的未来学家托夫勒(Toffler)④也说:"谁掌握了信息,控制了网络,谁就将拥有整个世界。"两位大师对语言的资源性看法可谓是英雄所见略同。

总之,语言作为资源具有许多难以估量的价值,语言学教授崔希亮认为,目前人类至少发现了语言的以下价值:战略价值、文化价值、经济价值、科技价值、历史学的价值、社会学的价值和人类学的价值,等等。

3. 特点

语言是一种奇妙的东西,暂且不论它结构上的神妙之处,就它的社会作用而言,语言是复杂的,甚至还是矛盾的。世界上不少语言学家都发现了语言的资源性社会特点。譬如,费什曼(Fishman 1972)⑤认为:"语言既有分裂性,也有很强的统一性。它是真诚与敌对、团结与冲突、傲慢与偏见的标志。"社会语言学专家库尔马斯(Coulmas 2001)⑥也发现:"语言既有凝聚的力量,也有分离的作用,它能使人产生各种情感,如语言忠诚和民族主义……基于语言的这种社会力量,因此,我们应该把语言作为一种社会资源来看待。语言资源像其他资源一样,可以用来为社会的政治目标服务。"此外,华裔澳大利亚学者陈平和澳大利亚昆士兰大学的高特

---

① 罗伯特·菲利普森,曹其军译:"英语传播政策",周庆生主编《国外语言政策与语言规划进程》,北京:语文出版社,2001,第 713 页。
② 姜乃强:"国际教育,引领你走向全球",《中国教育报》,2004 年 12 月 29 日。
③ 枫华:"21 世纪:现有语言将消亡一半",《编译参考》,2000 年第 11 期,第 10 页。
④ 转引邵建东:"审视因特网的国际政治内涵",《光明日报》,1999 年 7 月 14 日。
⑤ Fishman, J. A. 1972. *The Sociology of Language*. Rowley, Mass.: Newbury House, p. 4.
⑥ Coulmas, F. 2001. *The Handbook of Sociolinguistics*. 北京:外语教学与研究出版社与布莱克韦尔出版社, p. 438.

利艾博(Chen & Gottlieb 2001)①也指出,"没有什么东西比语言更能"凝结"或"分离"(link or divide)人们与社区之间的关系。"北京市社科联语言学学者奚博先②认为,语言和生产工具一样具有二重性。工具既可用来建设,也可造成破坏。一把斧子,可以用它来做家具,也可以用它来毁家具。语言也是如此,人们既可以用它来做好事,又可以用它来干坏事。古人有"一言兴邦,一言丧邦"的说法,民间有"一句话使人笑,一句话使人跳"的说法。

可见,语言的资源属性像是把双刃剑,它具有"水能载舟,亦能覆舟"的两面性:当语言规划得好时,语言的正面特点就发挥作用,语言就成为了一种社会的"黏合剂",它具有"团结"、"凝聚"、"凝结"或"建设"的作用。此时,语言是"资源"。而当语言规划得不当时,语言的负面特点就会暴露无遗,语言就变成了"分化素",它具有"冲突"、"分裂"、"分离"或"破坏"的作用。此时,语言就成为了"问题"。例如,巴基斯坦刚独立时,政府需要一种能唤起民族意识、象征民族统一、促进民族团结的本土语言。于是,中央政府于1950年宣布乌尔都语是巴基斯坦的唯一国语。可是,当时具有54%说孟加拉语的东巴基斯坦人觉得民族感情受到伤害,自己的母语被边缘化,于是导致东巴基斯坦和西巴基斯坦的民族关系出现严重危机,最终说孟加拉语的东巴基斯坦人独立出来,成立了现在的孟加拉国。语言政策的制定没有考虑到语言的身份认同观,才导致民族间的斗争,国家的分裂。

美国威斯康星大学的瑞兹教授(Ruiz 1984)认为语言取向有三种:把语言看为"资源",即语言资源论;把语言视为"问题",即语言问题论;把语言当作"权利",即语言人权论。③ 其实,语言资源论和语言问题论只是语言资源性特点的两个方面而已,归根结底还是属于同一个特性,即语言的资源性。不过,语言资源有其独特性,"无论怎么说,语言都是一种特殊资源,很难用现行的成本—效益理论来管理。原因是我们很难对语言进行度量,也很难把它同其他资源分割开来。然而,我们仍有足够的理由探讨语言与其他资源以及资源规划之间的异同。"④

---

① Chen, P. & Gottlieb, N. 2001. *Language Planning and Language Policy: East Asian Perspectives*. Richmond, Surrey: Curzon Press, p. 1.
② 奚博先:"语言属于生产力范畴——再谈语言和'吃饭'的关系",《语言文字应用》,1993年第4期,第77页。
③ Ruiz. R. 1984. *Orientations in Language Planning*. NABE Journal, Vol. 2, No. 8: 15—34.
④ 费什曼,高建平译:"语言现代化和规划与国家现代化和规划的比较",周庆生主编《国外语言政策与语言规划进程》,2001,第423页。

(二) 理论基础

1. 语言资本论

所谓"语言资本"(linguistic capital)就是指"能流畅而愉悦地使用一种地位更高的世界性语言的能力,而且世界各地在经济、社会、文化和政治等方面都拥有权力和地位的人都使用这种语言。"[①]法国社会学家兼人类学家布迪厄和帕瑟容(Bourdieu & Passeron 1990)[②]认为,"语言资本的影响主要体现在教育的早期阶段,但是在整个教育阶段都会有影响。"因此,基础阶段的语言学习和语言教育对于学生的语言资本的获取是非常重要的。"语言资本"与布迪厄(1976)提出的"文化资本"有密切关系。布迪厄[③]认为,语言资本是文化传统中最重要的一个部分。语言资本不仅仅是语法上正确、形式上规范的语言表达能力,它还包括在特定的语言环境中在恰当的时候使用恰当的语言的能力。语言资本理论认为,学生拥有或有机会发展语言资本,他们就有更好的生活成功机会。学校提供社会地位更高的语言的教学,其实就是为掌握该语言的学生提供了一个更好的生活成功机会。尽管学校的语言教学对大家是一视同仁的,但是只有一部分学生能获得今后可以利用的语言资本。此外,学校也会产生文化资本,学生家长有意把小孩送到某些较好的学校,以便得到更好的文化资本,提高小孩将来的生活成功机会。语言资本和文化资本是相辅相成的,良好的文化资本必然要有良好的语言资本,有了良好的语言资本就容易获得良好的文化资本,语言资本会转化成教育资本、文化资本,最后是经济资本。

2. 语言与社会关系

语言与社会有着深层次的关系。语言是社会的财富,社会是语言生存的空间,语言财富要在社会空间中体现和实现。北京语言大学应用语言学研究所所长张普(2007)[④]指出,这种关系主要表现在以下三点:第一,语言资源是社会资源的重要组成部分。语言是社会的产物,是构成社会人的最重要的社会属性。第二,语言资源是最基础的社会资源,是负载非物质形态社会资源的资源。语言资源支撑着人力资源走向智力资源、人才资源,然后我们才能创造知识经济、创新经济、网络经济、数字经济、绿色经济,才能进入信息社会和知识社会以求生存。第三,语言资源是信

[①] Talbot, M, Atkinson, K. & Atkinson, D. 2003. Language and Power in the Modern World. Tuscaloosa: The University of Alabama Press, p. 264.

[②] Bourdieu, P. & Passeron, J. C. 1990. *Reproduction in Education, Society and Culture* (2nd Ed.). London: Sage, p. 73.

[③] Corson, D. 1999. *Language Policy in Schools: A Resource for Teachers and Administrators*. Mahwah, NJ: Lawrence Erlbaum Associates. Inc., p. 20.

[④] 张普:"论国家语言资源",王建华、张涌泉编《汉语语言学探索》,杭州:浙江大学出版社,2007,第68—80页。

息社会最重要的信息资源。信息资源是信息社会国家最重要的战略资源。语言资源是信息资源的载体,90％以上的信息以语言作为载体进行输入、输出、存储、加工、传输、交换、过滤、提取、管理等处理。语言资源的利用、管理、研究成为提高国家语言信息处理水平的关键,国家对于信息社会的语言资源,必须及时有效地进行检测与研究。

3. 语言与生产力的关系

语言可以提高人类认识世界的能力,也可以提高人类的思维能力。洪堡特认为,语言处在人与世界之间,人必须通过语言并使用语言来认识世界。[①] 虽然人类脱离语言也可以认识世界,但那只能是非常肤浅的认识。同样,虽然人类脱离语言也可以思维,但是没有语言的思维只能停留在思维的初级或低级阶段。所以,洪堡特把语言视为"思想的构造器官",因为概念经由语言而成概念,思想通过语言而明确化、现实化。

奚博先[②]指出,语言是生产力。生产力是"人们征服自然、改造自然的能力"。它可以分为物质生产力、精神生产力、个人生产力、社会生产力等等。语言能力虽然无形,却是人类在劳动中产生的最为重要的一种能力。为了协作和分工,人们需要交际,而语言是人类最基本、最完善、最明确、最方便的交际工具,运用语言进行交际,是实现生产劳动的社会分工和协作的最有效的手段。因此,人类的各种生产力都离不开语言,若没有语言,人类的各种生产力和生产效率都要下降。

社会生产不仅是物质财富的生产,而且还有精神财富的生产。精神财富的生产,从本质上讲也是物质运动和变化的一种方式。精神财富的生产与物质财富的生产是互相依赖又互相转化的。我们认为语言是参与物质财富的生产的生产力因素之一,但是语言和精神财富的生产关系更为直接,更为密切。因此我们还应该再从精神生产的角度来考察一下语言。人生活在世界上,除了要和自然发生关系之外,还要与周围的人和社会发生关系。所以人类除了要认识自然、控制自然、征服自然、改造自然之外,还要认识自我、调节自我、培养自我、改造自我并协调社会、改造社会、建设社会、提高社会。也就是说,为了更好地对付自然,人类必须提高自身素质,改善社会形态。如果说物质生产力主要表现为人和自然的关系的话,那么精神生产力主要是处理人和人、人和社会的关系。所以,语言是物质生产力,更是精神生产力。[③]

四、语言软实力论

如果语言是一种"资源",为什么掌握这种资源的国家和政府会拿出

---

① 转引李延福:《国外语言学通观》(上),济南:山东教育出版社,1996,第316页。
② 奚博先:"语言属于生产力范畴——再谈语言和'吃饭'的关系",《语言文字应用》,1993年第4期,第72—81页。
③ 同上。

钱来极力让别人使用他们的资源呢？这就涉及到另一种语言观——语言软实力论。

（一）语言软实力产生的背景、定义与特点

1. 产生背景

在全球化背景下，语言文化越来越成为一个国家综合国力的重要组成部分，文化的交流和传播越来越成为国际竞争和国际冲突的一个方面。"软实力"（Soft Power）的概念就是在这种背景下提出来的。具体地说，软实力是20世纪90年代初由美国哈佛大学教授小约瑟夫·奈（Joseph S. Nye, Jr.）提出来的。1990年，他分别在美国的《政治学季刊》和《外交政策》杂志上发表《变化中的世界力量的本质》和《软实力》等一系列论文，并在此基础上出版了"Bound to Lead: The Changing Nature of American Power"（中译本《美国定能领导世界吗？》）一书。奈在书中提出了"软实力"的概念并在以后的论文中予以完善。风乍起，吹皱一池春水。从此，软实力就成为一个时髦词出现在世界各地的书刊报纸上。

2. 定义

在谈论软实力之前，我们必须提到"实力"（Power）一词。奈（Nye，2004）[①]说，"实力"像爱一样，经历它容易，解释它或测量它则难。同时，"实力"又像天气一样，人人都在谈论它，但是没有几个人能够真正地理解它。"实力"其实就是为了达到目的或目标而展现的能力。实力可分软实力和硬实力。

奈（Nye，2006）[②]认为软实力"是一种通过吸引力而不是通过威逼或购买而达到目的能力"。维基百科[③]给软实力的定义是："在国际关系中，一个国家所具有的除经济、军事以外的第三方面的实力，主要是语言文化、价值观、意识形态、民意等方面的影响力。"

3. 特点

奈指出，一个国家的综合国力既包括由经济、科技、军事实力等表现出来的"硬实力"，也包括以语言文化和意识形态吸引力体现出来的"软实力"。硬实力和软实力就像一枚硬币的两面，缺一不可，它们在一个国家中同样重要。硬实力是软实力的有形载体和物质表现，而软实力是硬实力的无形延伸。但是，在不同的时期，硬实力和软实力的作用有所不同。在战争年代，硬实力显得更突出，而在和平和信息化时代，软实力正变得

---

① Nye, J. S. Jr. 2004. *Power in the Global Information Age: from Realism to Globalization*. London & New York: Routledge, p.53.

② Nye, J. S. Jr. 2006. *Soft Power and European-American Affairs*. In Thomas L. Ilgen(ed.). *Hard Power, Soft Power, and the Future of Transatlantic Relations*. Burlington, VT: Ashgate Publishing Company, p.26.

③ 维基百科：软实力，from http://zh.wikipedia.org/wiki/%E8%BD%AF%E5%AE%9E%E5%8A%9B。

比以往更为重要。硬实力和软实力在一个国家的关系就像是"大棒与胡萝卜"的关系。

(二)理论基础

1. 全球化时代软实力在各国的新安全中显得日益重要

现实经验表明,在世界多极化和全球化的格局下,和平与发展成为时代的主题,软实力在国际竞争中的作用越来越突出。根据表3-2,在农牧文明时代,国家的安全只能靠硬实力,软实力只有区区一个因素(即政治安全因素);在工业文明时代,国家的安全主要还是靠硬实力,但软实力因素已经增加到三个(即政治、文化和决策的安全因素);而在全球化时代,国家的安全只靠硬实力是不行了(例如,美国遭受的9·11恐怖袭击),软实力因素与硬实力因素对于国家的安全是同等的重要(各有四个因素)。在全球化时代,国家安全已由传统安全向传统安全与非传统安全双向发展。当今国家安全正面临着一系列新形势、新问题,并表现出一系列新特征,影响国家安全的因素在不断增多,影响国家安全的领域也在不断扩展。例如,国家不再是安全的唯一主体,现在出现了大量的非国家行为体(如各种非政府组织、跨国公司等),这些非国家行为体在不同程度上都成为了安全主体;国家安全也不再仅仅局限于军事、政治领域,而逐渐扩展到经济、科技、信息、文化、生态等诸多领域,①这些复杂的新形势、新因素便形成了国家的"新安全"(new security)。新安全使得人们开始用一种新的视角、新的方法来认识和研究国家安全问题。这些非传统安全增加了国家新的安全威胁,于是,非传统安全研究是各个国家在全球化时代不得不考虑的问题。解决非传统安全在很大程度上要依靠软实力。

表3-2 人类不同时代国家安全因素对比表

时代	国家安全因素	
	硬实力	软实力
农牧文明时代	军事安全、经济安全、领土安全、人口安全	政治安全
工业文明时代	军事安全、科技安全、经济安全、社会安全、领土安全	政治安全、文化安全、决策安全
全球化时代	军事安全、科技安全、经济安全、社会安全、环境安全	政治安全、文化安全、决策安全、信息安全、外交安全

(资料来源:黄金元著《全球化时代大国的安全》,2007:237—239)

如果说军队等硬实力可以征服一国领土的话,那么,语言文化等软实

---

① 子杉:《国家的选择与安全:全球化进程中国家安全观的演变与重构》,上海:上海三联书店,2006,第189页。

力就可以征服一国人民的心。在全球化时代,每个国家都难以脱离世界大家庭而独立发展。因此,每个国家的形象,每个国家的语言文化,在外交和新安全等方面都有着重要的作用。每个国家都想增强自己的软实力。在这方面西方大国已经走在了前面。例如,1901年西方列强迫使中国清政府签订了不平等的《辛丑条约》,美国从"庚子赔款"捞到一大笔钱。1907年美国政府向清政府宣布退还部分庚款,用于资助中国教育。美国的这一行径不是出于"内疚",更不是出于"好心",而是美国统治集团为了维护在华的种种权利,特别是商业利益,"用于兴办文化教育事业,教育中国青年,以培养亲美人才。"[①]这是一种放长线钓大鱼的行径,也是一种依靠软实力来征服一个国家的行为。他们"为了扩展精神上的影响而花一些钱,即使从物质意义上说,也能够比用别的方法获得更多。商业追随精神上的支配,比追随军旗更为可靠"。[②]

2. 全球化时代语言在各国的软实力中显得日益重要

班博斯[③]认为,语言作为社会的一种象征,其影响是巨大的。但是,它的潜在力量往往没有得到人们的全面认识。语言,作为传播的第一手段,是国家软实力的重要成分之一。虽然软实力不光是语言,但是,信息、外交、文化、思想等软实力成分都与语言密切相关。无论是政治,还是经济,或是文化,或是科技,或是思想理念的交流,首先要做的就是能熟练地运用语言在双方之间进行准确、到位的沟通和交流。能否做到这一点,实际上也反映了一个国家的软实力基本的强弱状况。

此外,语言和文化有着密切的关系。语言既是文化的载体,又是文化的重要组成部分,语言背后的文化是深厚的。如果你不了解一种语言,而想了解这种语言所承载的文化,那是隔靴搔痒或雾里看花。因此,语言的学习脱离不了文化的习得,语言在一定程度上反映和体现了一个民族的文化、意识形态和思维定式。语言具有强大的无形力量,它对个人、集体和国家的作用都是巨大的。正如《圣经》中"巴别塔"(The Tower of Babel)的故事所显示的那样:语言具有巨大的凝聚力和沟通力,语言相同,人心相通,事业成功,反之亦然。但是,语言在软实力方面的重要性不是今日投入明日就能产出的,它需要一定的时间。

3. 语言是用钱买不到的,但是语言是可以学得的

一个国家只要有钱,可以购买先进的武器,其军事等硬实力可以迅速壮大。但是,人类买不到语言,同时也不能赠送语言。所以,任何国家的语言文化等软实力不是可以用钱就能迅速增强的,它需要经过很长时间

[①] 黄新宪:《中国留学教育的历史反思》,成都:四川教育出版社,1990,第110页。
[②] 转引清华大学校史编写组编:《清华大学校史稿》,北京:中华书局,1981,第2—8页。
[③] Bamgbose, A. 2000. *Language and Exclusion: the Consequences of Language Policies in Africa*. London: Lit Verlag Munster, p.30.

的培养和磨练。

荷兰社会语言学家德斯万(de Swaan)[①]指出:"语言是人类创造的,但不是具体哪个人创造的,也不是哪个人的财产。只要努力去学习,任何人都可以自由地用它来说话写作。"也就是说,语言是可以学会的。任何人,只要掌握了它,都可以像呼吸空气一样无限地使用它,而且没有任何附加条件。尽管语言可以自由地使用,无需成本,却需要预先投资。所以,西方大国早就在积极地进行自己语言的国际推广运动,以便增强本国在国际舞台上的软实力。在全球化的进程中,各国都在尽力利用自己的语言来表达和推广本国的文化和意识形态,展现自己的软实力。

第三节 语言观对语言教育政策取向的影响

美国威斯康星大学的瑞兹(Ruiz 1984)[②]把语言规划中的"取向"解释为"在对语言及其社会作用的看法方面所表现出来的复杂倾向",这种倾向主要是发自潜意识。语言规划的元理论家(metatheoratician)把这些取向显化。语言规划实际上是要改变一种语言的某种功能。它是一个复杂的过程,在这个过程中,不同的语言观念和对语言性质不同角度的认识对语言规划的影响可能是巨大的。例如,把语言看成是"问题",那么,规划的目标就是"解决问题";如果把语言看成是"文化",那么规划中就会考虑如何保护这种文化;如果把语言看成是一种资源,规划中就会考虑如何保护、开发和利用这种资源。[③] 在全球化背景下,上述四种语言观都在某种程度上影响着世界各国的语言教育政策取向。

一、语言身份论对语言教育政策的影响

语言身份论使各国政策制定者意识到语言可以增加民族凝聚力和国家的归属感。因此,许多国家认识到母语教育的重要性,语言的民族身份体现在各民族语言的教育上,语言的社会身份则体现在一个国家国语或强势语言的教育上。于是,联合国教科文组织鼓励各国在教育领域要发展多语教育。欧盟也鼓励各成员国采取多语的教育政策。政策制定者已经认识到民族语言与认同感密切相关。法国深深地意识到语言的民族性和身份认同感,于是法国政府在面对英语的"入侵"时,采取了一系列措施来保护法语。例如,在20世纪法国成立了"国际法语理事会"、"法语国家

[①] 德斯万著,乔修峰译:《世界上的语言——全球语言系统》,广州:花城出版社,2008,第33页。

[②] Ruiz. R. 1984. *Orientations in Language Planning*. NABE Journal, Vol. 2, No. 8:16.

[③] 郭熙:"面向社会的社会语言学:理想与现实",《语言文字应用》,2005年第3期,第24页。

和地区高级委员会"、"法语高级理事会"、"技术用语研究委员会"、"法语评议会",另外还通过了一些法律来确保法语在法国的地位,如1975年的"巴斯—劳里奥尔法"(la loi Bas-Lauriol)和1994年的"杜蓬法"。前者规定,商品名称、使用说明书、招工广告、劳务合同、财产登记、节目预告、新闻报道都必须使用法语,它还禁止使用法语中已经存在的相对应的外来词。后者则规定大家在各种场合中都要使用法语,唤醒法国公民尊重和爱护法语的意识。对于违法的自然人罚款5000法郎,而违法的法人则罚款2.5万法郎。[①]欧洲小国冰岛在维护冰岛语时也采取了有力措施,维克(Vikor 2000)[②]认为冰岛出现"坚持不懈的语言净化运动",其主要理由是冰岛人的身份受到丹麦语和英语两大强势语言的威胁,因为身份的认同取决于没有受到外界影响的语言、传统文学和传统文化。

二、语言人权论对语言教育政策的影响

在20世纪后半期,一些国际组织、地区组织和专业协会(如联合国和欧盟以及语言教师协会)开始倡导保护语言人权。随着人们对人权意识的加深,人们逐渐认识到语言的选择和使用也是人们的一项基本人权。于是,语言人权成了各国在制定语言教育政策(尤其是少数民族语言教育政策)时必须考虑的一个重要因素。但是,班博斯(Bamgbose 2000)[③]指出,忽视语言人权,出现语言排外的现象在非洲还非常严重。现在非洲许多国家的语言教育规划只是强调了精英阶层子弟的利益,继续使用"进口"的欧洲语言作为官方语言和教学语言,而把非洲本土语言的使用限制在一些非重要领域。因此,语言政策制定者的主要挑战就是如何制定和实施使语言排外现象最小化的语言教育政策。在全球化时代,国际组织(如联合国教科文组织)极力倡导各国保护语言少数族群的语言权,多语国家在制定语言教育政策时也开始更关注语言少数族群的语言人权。例如,加拿大议会于2009年6月11日通过了努那福特(Nunavut)官方语言法,这使得努那福特地区有四种官方语言:因纽特语(Inuit language)、法语、英语和因纽奈克图语(Inuinnaqtun)。此举将大大提高因纽特语在当地的地位,并在语言保护及传承上起到巨大的作用。巴拿马政府于2009年规定,土著语言地区的小学必须开设土著语言课,并且政府出资设立多个双语培训中心,以便教授土著语言和培养土著语言教师。

---

① 梁启炎:"英语'入侵'与法国的语言保护政策",《法国研究》,2001年第1期,第79页。
② Vikor, L. S. 2000. *Northern Europe: Languages as Prime Markers of Ethnic and National Identity*. In S. Barbour & C. Carmichael(eds.). *Language and Nationalism in Europe*. Oxford: Oxford University Press, pp. 105—129.
③ Bamgbose, A. 2000. *Language and Eclusion: the Consequences of Language Policies in Africa*. London: Lit Verlag Munster, p. 5.

三、语言资源论对语言教育政策的影响

语言资源观使得人们开始从新的角度来看待语言,并重视各类语言的规划和教育政策。浙江大学的刘海涛教授[①]说:"如果语言只是一种工具,那么人们只需要追求工具的实用性、易用性、高效性就行了。而作为资源的语言,在人们眼里就有了更多的含义,为了人类的可持续发展,任何资源,特别是难以再生资源的利用和保护就显得格外重要了。语言的资源观也会使人们从更广泛的背景去处理语言和生态的关系。"倘若一种语言就是一种资源,那么,对于个人来说,一个人会说几种语言,他就能获得更多的资源。对于国家来说,多语言应该被视为是国家的财富,国民掌握几种语言也是国家的资源。语言资源论使人们清晰地认识到保护、开发和利用资源的必要性、重要性和迫切性。事实上,语言作为一种资源的观念早已在西方国家的语言规划模式中盛行开来,就像"制定和消费国家经济中的其他资源一样,语言的选择是严格地按照经济规则运行的"。[②]

如今,语言资源论已经被不少人所认识,许多国家和国际组织制定的语言政策里面都蕴含了语言资源论的观点。例如,澳大利亚联邦政府认识到外语学习对于国家经济和贸易的发展密切相关,把语言看成是国家的资源。于是,1984 年澳大利亚发布了《国家语言政策》(A National Language Policy),该报告重申了英语的国语地位,还提出了日语、印度尼西亚语、汉语、法语、德语、西班牙语、阿拉伯语,以及土著语等 14 种语言为"优先语言"(priority language)的方案,强调保护弱小语言的重要性。在语言教育方面,澳大利亚的《国家语言政策》提出了以下三点:全国实行"全民学英语"(English for all)的政策;全面实施"全体居民学习一门除英语之外的其他语言"的政策;开展双语教育,保护土著语言。俄罗斯 1991 年通过了《关于俄罗斯联邦各民族的语言法》,该法确认:"俄罗斯联邦各民族的语言是俄罗斯的民族财产。他们是历史文化遗产并受国家保护。"联合国教科文组织 2003 年通过了《关于普及网络空间及促进并使用多种语言的建议书》。中国也开始认识到语言的资源性,2005 年的《中国语言生活状况报告》(上)指出:"人们的语言观念有较大的变化,对现有的语言状况认识各异。人们开始认识到,多语言多方言是国家宝贵的社会文化资源,不应看成国家统一和社会经济发展道路上的障碍。越来越多的人认识到语言和方言保护的重要性。各种语言资源的占有、开发和

[①] 刘海涛:"语言规划和语言政策:从定义变迁看学科发展",教育部语用所社会语言学与媒体语言研究室编《语言规划的理论与实践》,北京:语文出版社,2006,第 59 页。

[②] Jernudd, B and Das Gupta, J. 1971. *Towards a Theory of Language Planning*. In J. Ruben & B. Jernudd (Eds.), *Can Language be Planned*? Honolulu: East-West Center Press, pp. 195—196.

利用正在受到重视。"①中国教育部语信司近年来建立了专题中心,进行语言资源的调查、研究和分析,从2005年起每年把成果汇编成《中国语言生活状况报告》,由商务印书馆出版。

四、语言软实力论对语言教育政策的影响

语言软实力论强化了各国对自己语言国际推广的重要性。语言是信息传播的基础,也是衡量一个国家软实力大小的重要指标。在全球化时代,对于民族国家来说,语言文化既有独特的民族价值,也有公认的普世价值。如果一个国家的语言文化能够对其他国家产生吸引力,得到普遍认同,甚至被吸纳或融合到其他国家的文化中去,这个国家与他国之间就会少几分敌意,多几分理解。美国之所以能够将各种文化产品连同价值观念与生活方式行销全世界,除了国力的支撑外,主要依靠的就是语言优势,这也是美国的软实力依然强大的一个重要表征。因此,为了维护自己国家的语言文化利益以及扩大自己国家的语言文化利益在国际传播中的份额,目前许多国家都在有计划地实施各自的语言推广战略,并努力通过建立和壮大自己的语言国际推广机构来扩大语言的国际影响,如英国文化委员会(The British Council)、法国的法语联盟(Alliance France)、西班牙的塞万提斯学院(Cervantes Institute)、德国的歌德学院(Goethe Institute)、葡萄牙的卡蒙斯学院(Camões Institute)、意大利的但丁学院(Instituo Dante Alighieri)、日本国际交流基金(Japan Foundation)、美国众多的语言文化传播机构(详情见本书第五章第三节)以及中国的孔子学院。近年来,韩国也提出要建"世宗学院",印度要建"甘地学院"。另外,许多经济实力比较薄弱的国家则提供奖学金或研究项目鼓励外国师生来学习和研究它们的语言和文化。例如,希腊教育部部长2009年表示,将在世界各地陆续设立希腊语教学协调办公室,政府还在考虑资助那些对希腊语和希腊文明感兴趣的希腊侨民和海外人士。越南政府正在实施一项针对海外越侨的越南语推广实验计划,这项计划将在老挝、柬埔寨、俄罗斯、捷克、美国和加拿大展开。

---

① 周庆生:《中国语言生活状况报告》(上),北京:商务印书馆,2006,第2页。

第四章 全球化背景下的语言教育政策

第一节 教 育 政 策

一、教育政策

(一) 教育政策的定义

英国伦敦经济学院的教育经济学家萨卡罗泊洛斯(Psacharopoulos 1989)①指出,自 20 世纪 60 年代起,人们倾向于使用"教育规划"(educational planning)一词。但是,自 20 世纪 80 年代后,人们一般则用"教育政策"一词取代了"教育规划"一词。

那么什么是教育政策呢？联合国教科文组织②认为:"教育政策就是阐述教育发展重点的方向、目标和方针,发展所依据的基本原则以及为达到这些目标而选择的方法。"以色列教育专家因巴(Inbar 2003)③认为教育政策是"一种明确的或者含蓄的单个或者一组决定,它可以制定一些方针以指导将来的决定,发动或阻止某种行动,或者引导先前决定的实施"。华东师范大学的吴志宏教授(2003)④认为,教育政策是"政府在一定时期为实现一定教育目的而制定的关于教育事务的行动准则"。华东师范大学的吴遵民教授(2006)⑤则认为,"教育政策是一个国家对教育进行计划、指导、协调和控制的重要方式。它是一个复杂的、动态的、持续的过程,涉及到多方面的价值要素与利益调整"。尽管学界对于教育政策的定义颇多。但是,归根结底,教育政策就是政府相关部门针对教育现象选择做什么或不做什么。

(二) 教育政策的制定过程

1. 教育政策的一般制定过程

教育政策过程的周期包括以下五个阶段：提出问题和目标构想；拟

---

① Cited from Zajda, J. 2002. *Education and Policy: Changing Paradigms*. International Review of Education. 48(1/2): 67—91, p.69.
② 转引周南照:《教育英语文选》,北京：教育科学出版社,1983,第 257 页。
③ Inbar, D. E. et al 著,史明洁等译:《教育政策基础》,北京：教育科学出版社,2003,第 96 页。
④ 吴志宏等著:《教育政策与教育法规》,上海：华东师范大学出版社,2003,第 4 页。
⑤ 吴遵民:《基础教育决策论》,上海：华东师范大学出版社,2006,第 301 页。

定各种可供选择的政策方案;政府制订计划;执行计划和反馈;评价计划和修改计划,产生新的计划。不过也有人认为教育政策的过程是四个阶段:教育政策的制定、教育政策的执行、教育政策的分析、教育政策的评估。不管是五分法还是四分法,其过程大同小异,五分法多了一个"问题的提出和目标的构想",事实上,四分法的过程中也蕴含了这个过程,即在制定政策之前肯定是社会上出现了教育问题才会想到通过制定政策来加以解决。

在教育政策的一般过程中,教育政策的制定阶段是最关键的,政策制定得好,所有教育问题就迎刃而解,政策制定得不好,不但教育问题不能解决,可能还会带来新的问题,造成劳民伤财的后果。

2. 中美教育政策制定过程的比较

中国教育政策的制定过程流程图(如图4-1所示)显示,中国教育政策的制定先从教育问题开始,然后分两条路线:一条是政府机构组织有关专家进行研究讨论,制定政策后经政府议程。另一条路线是通过新闻媒体让公众参与讨论。最后两条路线会合出台新政策。

从图4-1我们不难看出,在中国的教育政策的制定过程中,专业人员的完整性和重要性还有待提高。一是专业人员不应该是单一的某一领域的专家,而应该有与整个系统相关的专业人员的代表。二是专业人员没有与大众的接触,容易忽视大众舆论的声音。三是专业人员与党组织和政府官员一起研究政策草案时,容易受党组织和政府官员意见的影响。由于在我国教育政策制定过程中,"如果说一个具体教育问题在上升为政策议题的过程中领导人起着至关重要的话,那么一项政策议案(草案)被确立为正式政策的决策过程中,领导人同样起着一言九鼎的重要作用。"[1]

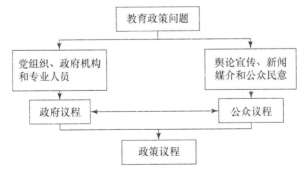

图4-1　中国教育政策制定过程流程图
(资料来源:吴遵民著《基础教育决策论》,2006:78)

---

[1] 吴遵民:《基础教育决策论》,上海:华东师范大学出版社,2006,第52页。

美国教育政策的制定过程流程图(如图 4-2 所示)显示,美国教育政策的制定一般也是先从问题开始,由联邦政府或州政府在国会与议会上提出制定精神,而后利用某基金会的资助授权联邦或地区的决策机构制定政策;决策机构组织专家成立智囊团或委员会进行相关的调查研究和论证,或委托政府与私人企业的研究机构提出政策方案;政府再根据研究机构的方案,选择出最佳政策方案并公之于众或召开听证会,以广泛征求民众意见;最后则通过联邦政府的立法、司法、或行政机构,或由各州相应决策机构进行审议并通过。

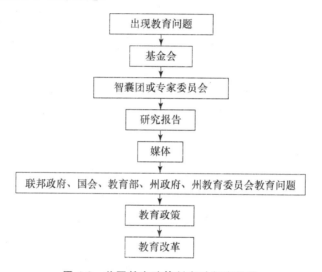

图 4-2 美国教育政策制定过程流程图
(资料来源:吴遵民《基础教育决策论》,2006:134)

影响美国教育政策决策的因素主要有两个:第一,制度与体制的因素:权力分散与相互制衡的政治体制,因此,美国一项教育政策的出台,往往是各权力中心之间多次博弈的结果,而政治人物、利益团体和学术机构也常常发挥着重要的影响。第二,主体影响因素:美国教育政策与决策的主体大致可分为官方主体(国会、国家行政机关、法院)和非官方主体(利益集团、公民个人、大众传媒、智囊团)。[①]

(三)教育政策的主要特点

学界关于教育政策的特点见仁见智,不过大家公认的主要特点有:任何教育政策一般不应针对某个个人而制定,而是针对公共教育问题而制定的;任何国家的教育政策都不是一劳永逸地制定出就完事,而总是处在不断调整、修改和完善之中的;教育政策反映的是国家统治者在教育领

---

① 吴遵民:《基础教育决策论》,上海:华东师范大学出版社,2006,第 303—305 页。

域的意志、愿望和要求;教育政策保护的是受教育者在教育方面的权利和利益;任何教育政策在内容上不能与现有的教育法律法规相抵触,而且并不是所有的教育政策都有必要上升为法律,只有那些相对成熟、完善、稳定的教育政策才有可能成为教育法律,政策一旦以法律的形式确定下来,该政策的执行就具有了强制性、普遍约束性的意义;越是下一级政府或下一级教育行政部门,其出台的教育政策越是具体和具有可操作性;教育政策具有国际可比性。

(四) 教育政策的制定标准

如果说制定教育政策有标准的话,那就是,出台的教育政策必须符合和体现教育规律。教育政策是一种价值取向,是一种主观选择。而教育规律是反映教育领域中的内在的必然联系,是一种不以人的意志为转移的客观过程。虽然政策制定是一种主观选择,但是教育政策制定者必须考虑教育政策的科学性、合理性和可行性问题。而这些在很大程度上都与教育规律有关。科学合理的教育政策都蕴含着对教育规律的理解和应用。具体而言,教育政策应该符合以下四个标准:[①]第一,科学性:政策既能解决教育中的实际问题,又有利于教育的进步,能代表教育发展的趋势;第二,合理性:政策能被大多数公众所理解和接受;第三,可行性:在实施时没有太多的阻碍,可以操作;第四,政治上的可接受性:能为国家的政治经济建设服务。

(五) 影响教育政策制定的因素

教育政策的制定牵涉到许多方面,因此,影响教育政策的因素也很多,其中主要因素有:第一,政治因素:教育政策制定是一种政治行为,因为任何一项教育政策的出台,总是反映了统治阶级的意志和利益。政治影响教育政策制定主要反映在政治信仰、政治价值观和意识形态等方面。一项教育政策从酝酿、形成到最终制定和实施的整个决策过程,政治和权力的影响往往超过其他因素而存在并发挥出决定性的作用。第二,经济因素:经济是基础,经济实力是制定教育政策的基本物质条件。离开经济基础谈教育只能是空中楼阁,教育政策的制定一定不能脱离当时的社会经济因素。第三,文化因素:教育与一个国家的文化传统有着密切的联系,例如,在儒家文化和犹太文化下长大的人特别注重书本教育。因此,在制定教育政策时必须考虑到本国的主流文化和亚文化因素。第四,人口因素:教育的对象是人,人也是教育的主体。人口的数量和质量都影响到教育政策的制定和实施。第五,国际环境因素:全球一体化、信息化、网络化和数字化冲破了民族国家的藩篱,使得各国的教育政策必须国际化,如国际教育、人才的跨国流动,国际生源的出现,国际教育合作。第

---

① 吴志宏等著:《教育政策与教育法规》,上海:华东师范大学出版社,2003,第49页。

六,教育政策的研究因素:教育政策的制定需要大量的科学研究为基础,没有理论研究和实际研究作后盾的政策难以保证政策在理论上的科学性和在实践上的可行性。①

二、教育政策与政策和公共政策的关系

1. 政策的概念

政策是在人类历史发展的各个阶段和社会的各个领域都起着举足轻重作用的一种社会现象。在现代社会,由于政策作用的不断扩大和影响的日益突出,越来越多的人开始关注政策和研究政策。但是,政策学的建立只有短短几十年的历史。关于政策的概念,吴遵民②认为:"政策是理论和实践、理想和现实的结合点,同时也是处理各种利益关系的原则和行为。"北京航空航天大学的公共管理学教授李成智③则认为政策是"在某一特定的环境下,个人、团体或政府有计划的活动过程,提出政策的用意就是利用时机、克服障碍,以实现某个既定的目标,或达到某一既定的目的。"《牛津英语词典》对政策的界定是:"政府、政党、统治者和政治家等采取或追求的一系列行动或所采取的任何有价值的行动系列。"美国乔治—梅森大学的赫克罗(Heclo)指出"一项政策可以看成是一系列行动或不行动,而不是具体的决定。"斯密斯(Smith)④认为:"政策概念意味着理性地选择行动或不行动。"综上所述,政策就是政府决定做什么和不做什么。

政策规划往往要经过以下七个步骤:⑤对现状的分析(国家背景、政治环境、经济状况、教育问题、变革动因)、政策选项的产生、对政策选项的评估(满意度、承受力、可行性)、做出决策、对政策实施的规划、政策效果的评价、随后的一个政策周期。

有人制定政策,就有人研究和分析政策,也就是政策科学。政策的内容、政策制定的过程、政策执行的结果、评价政策成败的标准等都是政策研究的对象。政策科学分两大类:政策过程的研究,即对一项政策是怎样制定出来的研究,被定义为"政策研究(policy studies)"或"政策的研究"(studies of policy)。在研究方法上是政策描述性研究。另一类是对因素、策略等的研究,是对怎样才能制定出一项好政策的研究,被定义为"政策分析(policy analysis)"或"为政策的研究(studies for policy)",在方法上是对政策的规范性研究。⑥

---

① 吴志宏等著:《教育政策与教育法规》,上海:华东师范大学出版社,2003,第28—33页。
② 吴遵民:《基础教育决策论》,上海:华东师范大学出版社,2006,第3页。
③ 李成智:《公共政策》,北京:团结出版社,2000,第2页。
④ 转引吴遵民:《基础教育决策论》,上海:华东师范大学出版社,2006,第3—4页。
⑤ Inbar, D. E. et al 著,史明洁等译:《教育政策基础》,北京:教育科学出版社,2003,第101页。
⑥ 袁振国:《中国教育政策评论·前言》,北京:教育科学出版社,2000,第3页。

2. 公共政策的概念

公共政策是公共权力机关经由政治过程所选择和制定的为解决各类社会公共问题、达成公共目标、以实现公共利益的方案。公共政策就是"政府选择做什么或不做什么。"①公共政策的过程一般需要经历以下几个阶段：政府面临的议题、议程设定、政策制定、政策执行、政策评估、政策修正、政策终结和新议题的出现。② 公共政策往往面临不同的方案和选择，政策一旦决定，其影响或后果是巨大的和漫长的。因此，政策的制定最好由有关领域的专家及利益相关各方对不同方案的利弊及可操作性进行充分的论证，并通过科学的程序进行决断。公共政策可分为政治政策、经济政策、社会政策和文化政策。文化政策又可分为教育政策、科技政策、文化管理政策和卫生健康政策。

3. 教育政策与政策和公共政策的关系

政策、公共政策和教育政策三者的关系是上下义关系（hyponymy），也就是说，政策包含了公共政策和教育政策，公共政策又包含了教育政策（如图4-3所示）。可见，教育政策是位于三者的最底层。换句话说，教育政策的制定和实施必须在遵循国家总体政策和公共政策的前提下进行。对教育政策的研究也必须考虑到国家的总体政策和公共政策的大环境。

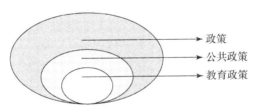

图 4-3 政策、公共政策和教育政策关系图

三、语言教育政策与教育政策和语言政策的关系

教育政策和语言政策都是社会公共政策的有机组成部分，它们都是语言教育政策的上义词。斯波斯基③指出："随着时间的推移，人们逐渐认识到，语言政策与政治科学、公共管理学和教育学（尤其是教育语言学）之间出现了自然的重叠现象。"如图4-4所示，在语言教育政策、教育政策和语言政策三者中，语言教育政策是教育政策和语言政策的重叠部分。也就是说，语言教育政策既有教育的因素，又有语言的特点。因此，语言

---

① M. G. 罗金斯等著，林震等译：《政治科学》，北京：华夏出版社，2001，第370页。
② [美]詹姆斯·P·莱斯特、小约瑟夫·斯图尔特著：《公共政策导论》（第2版），北京：中国人民大学出版社，2004，第5页。
③ Spolsky, B. 2004. *Language Policy*. Cambridge: Cambridge University Press, p. 11.

教育政策的研究是一个跨教育政策学和语言学两个学科的研究。语言教育政策同时受到语言政策和教育政策的影响。例如,20世纪50年代,由于国际关系问题,中国的教育政策全部都照搬前苏联的模式,于是中国的语言教育政策也是照搬前苏联的模式,外语教育则一边倒地由英语教育转向俄语教育。另外,语言教育政策的制定和实施必须在遵循教育政策和语言政策的前提下进行。对语言教育政策的研究也必须考虑到教育政策和语言政策的大环境。

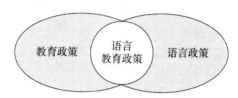

图4-4　教育政策、语言政策和语言教育政策关系图

第二节　语言政策

"语言政策"和"语言规划"都是相对较新的词汇,提到语言政策往往都涉及到语言规划。在美国国会图书馆,书名中出现"语言政策"的第一本书是由一个叫塞博勒柔(Cebollero)的人于1945年出版的。① 而"语言规划"这个名称是1957年由语言学家威因里希(Weinrich)首先提出的。不过在"语言政策"和"语言规划"这两个名称出现之前,世界上早就出现过语言政策和语言规划的实践。例如,在中国,秦始皇把形形色色的六国文字统一为小篆,实行"书同文"政策,这可以说是中国语言规划的早期行为。在欧洲,远在罗马帝国时期,实行以拉丁文统治多民族大帝国的"书同文"政策,官吏和军人掌握了拉丁文,但广大人民仍然处于文盲的状态。经过中世纪的黑暗时代以后,各个民族纷纷独立。文艺复兴时期解放了人们的思想,意大利、法国、西班牙、瑞典都成立过负责语言研究的机构,以保持和维护本民族语言的纯洁性,促进语言社会交际功能的发挥,为以后的工业化做了文化上的准备。这些也都是人类早期的语言规划。② 总之,在人类社会的历史长河中,语言政策和语言规划作为一种社会现象,已经存在几千年了,但是作为一个独立的研究领域或学科,这不过是近50多年的事情。第二次世界大战以后,语言政策和语言规划才作为一门

---

① Spolsky, B. 2004. *Language Policy*. Cambridge：Cambridge University, p.11.
② 冯志伟："论语言文字的地位规划和本体规划",赵蓉晖编《社会语言学》,上海：上海外语教育出版社,2005,第263页。

被认可的专业科目在大学里建立起来。①也有人,如美国应用语言学中心主任威利(Wiley)则认为语言规划的正式的学术研究要晚一些,大概始于20世纪60年代。②总体而言,20世纪50年代末至60年代是语言规划学科的肇始期,70—80年代是语言规划的低谷期,80年代末至今(即全球化时代)是语言规划(此阶段人们更喜欢使用"语言政策"一词)的繁荣期。

一、语言政策和语言规划

(一)语言政策的定义

开普兰和巴尔道夫(Kaplan & Baldauf 1997)③认为语言政策是"为了在某一社会、团体或系统内部实现按规划的语言变化而制定的一系列思想、法律、规章、规则和实践"。颜诺和达斯—顾普塔(Jernudd & Das Gupta 1971)则认为语言政策是"为了社会上的语言问题而采取的政治和行政活动"。美国著名的社会语言学家费什曼(1975)把语言政策看成是"为了解决社会语言问题而采取的有组织的行动"。④ 前国家语委副主任陈章太⑤认为:"语言政策是政府对语言文字的地位、发展和使用所作的行政规定。语言政策主要包括两个方面的内容:就语言本身的地位、发展、规范和改革所制定的标准与法规;对语言文字使用的要求与规定。"

(二)语言规划的定义

语言规划的定义林林总总。库帕(Cooper)列举了继豪根(Haugen)1959年定义语言规划之后的各种定义多达12种。⑥ 有人用一句话来概括"语言规划"是"什么人为了谁而做出什么规划以及如何规划"(Who plans what for whom and how)。费什曼和维因斯坦(Fishman & Weinstein 1980)对语言规划作了比较宽泛的界定,他们都认为语言规划是基于交际问题而在政府授权下所进行的长期不断地、有意识地为改变语言

---

① Wright, S. 2004. *Language Policy and Language Planning: from Nationalism to Globalization*. New York: Palgrave MacMillan, p. 8.

② Wiley, T. G. 2001. *Language Planning and Policy*. In S. L. Mckay & N. H. Hornberger (eds.). *Sociolinguistics and Language Teaching*. Shanghai: Shanghai Foreign Languages Education Press, p. 103.

③ Cited from Kam, H. W. & Wong, R. Y. L. 2000. *Introduction: Language Policies and Language Education In East Asia*. In H. W. Kam & R. Y. L. Wong (eds.). *Language Policies and Language Education: The Impact in East Asian Countries in the Next Decade*. Singapore: Time Academic Press, pp. 1—28.

④ Ruiz, R. 1990. *Official Languages and Language Planning*. In K. L. Adams & D. T. Brink. *Perspectives on Official English: the Campaign for English as the Official Language of the USA*. Berlin & New York: Mouton de Gruyter, p. 13.

⑤ 陈章太:《语言规划研究》,北京:商务印书馆,2005,第148页。

⑥ Cooper, R. L. 1989. *Language Planning and Social Change*. Cambridge: Cambridge University Press, pp. 30—31.

在社会中的功用所做的努力。美国学者瑞兹(1990)[①]认为,语言规划包含以下内容:语言的官方化、外语教育、文字发展(graphization)、语言的净化、语言与技术(语言的现代化)、词典和语法的发展(语言的标准化)、正字法(orthography)、少数民族语言的教育、语言与商业、通用语言立法、翻译服务、法律语言学(forensic linguistics)、文件设计、可读性方案、读写能力、语言测试、投票权、语言中的性别歧视、语言复兴、移民和公民语言要求、媒体语言、语言保持和语言转用、计算机语言。暨南大学的郭熙教授(1999)[②]则认为,语言规划是指国家或社会为了对语言进行管理而进行的各种工作。这里的规划或管理,是个广义的概念,包括语言的选择和规范化、文字的创造和改革、语言文字的复兴等方面的具体问题。中国目前把语言规划称为"语文建设"或"语文规划"。

(三)语言政策和语言规划的关系

从上面对"语言政策"和"语言规划"的定义中,我们不难发现这两个词的定义都提到这些关键词:"国家或社会"、"语言问题"、"政府或行政"、"管理"和"行动"。人们不免要提出"语言政策"和"语言规划"有什么关系。国外许多社会语言学家基本上都把"语言政策"与"语言规划"看成是同义词,都是指"为改变语言的形式或语言的使用而做出的努力"。陈章太[③]指出"在国外,一般称语言政策为'language planning',中文还可以翻译成'语言计划'等"。这里的语言计划其实就是语言规划。这两个词只是代表了一种不同的时尚,而并没有多少本质上的差别。在20世纪50—60年代,"语言规划"一词用得多。但是,到了80年代,由于许多国家的语言规划活动接二连三地失败,"人们对20世纪70年代通过'技术专家制'(technocratic)方法而制定的原则不满",[④]于是,人们从此更愿意使用更具有中性含义的"语言政策"一词。[⑤] 不过,国外也有一些人依然喜欢使用"语言规划",并认为"语言规划"和"语言政策"之间还是存在一些差异,前者比较强调"过程",后者比较重视"结果"。

另外,中国学者往往没有把"语言规划"与失败的历史串在一起的联想,现在也依然使用"语言规划"一词,而且,把"语言规划"与"语言政策"

---

① Ruiz, R. 1990. *Official Languages and Language Planning*. In K. L. Adams & D. T. Brink. *Perspectives on Official English: the Campaign for English as the Official Language of the USA*. Berlin & New York: Mouton de Gruyter, p. 14.
② 郭熙:《中国社会语言学》,南京:南京大学出版社,1999,第213页。
③ 陈章太:《语言规划研究》,北京:商务印书馆,2005,第149页。
④ Kachru, B. B. 1983. An Overview of Language Policy and Planning. Annual Review of Applied Linguistics 11: 2—7.
⑤ Spolsky, B. 2000. *Sociolinguistics*. Shanghai: Shanghai Foreign Language Education Press, p. 66.

看成是近义词,而不是同义词,它们具有不同的含义。陈章太[①]认为语言政策与语言规划密切相连。语言政策是基础、核心,是行政行为。语言规划是语言政策的延伸与体现,语言规划的理论又可以为语言政策的制定提供理论依据,语言规划是政府行为,又是社会行为。郭熙[②]也指出,语言规划主要是指一个国家对官方语言的选择和规范化。语言政策涉及的范围则要广泛得多,除了语言规划以外,它还包括对待官方语言以外的语言、方言以及它们的各种变异形式的态度。语言政策对语言规划有直接的影响,同时,语言政策的提出也要以语言规划的理论为原则,否则,语言政策就会出现问题,将无法实行。语言政策反映的是国家和社会团体对语言问题的根本态度。从上述两位学者的观点来看,语言政策和语言规划两个词有许多相近之处,密切相连,但是也有不同之点。本书的研究是国际视野的比较,为了与国际接轨,因此,暂且把"语言政策"和"语言规划"视为同义词,不再深究其细微差异。

(四) 语言政策和语言规划的特点

1. 语言规划有显性和隐性之分,也有宏观和微观之别

语言规划往往是国家层面的活动,其宗旨是实施或推广某一语言政策。语言政策可以是显性的,也可以是隐性的。通常,各国都采取显性的语言政策,但是,有些国家在制定语言政策时出于避免政治上的敏感性而采取隐性的语言政策(详情见本书第八章第一节)。

语言政策的内容可以是宏观的,也可以是微观的。前者包括确定并推广国家的官方语言或国语并使之成为本国的共同语和标准语等内容(相当于语言的地位规划),后者包括对选定的共同语的语音、词汇、语法进行发展、规范和管理等内容(相当于语言的本体规划)。尽管大多数国家对语言规划或语言政策的制定都是从国家层面上来进行的,不过,库帕[③]指出:"国家的决定与教堂、学校等机构所做出的决定在道理上似乎是一样的,也就是说,宏观规划和微观规划在操作实施方面是雷同的。"

2. 语言政策和语言规划理论还比较薄弱

在全球化时代,人们发现我们的语言生活、语言教育和语言生态等都非常需要规划,语言政策是调节这些语言现象的关键。语言政策和语言规划学科一般都隶属于社会语言学或应用语言学的框架内,它应该有自己的理论框架做指导。但是,由于语言政策和语言规划作为一门学科的

---

① 陈章太:《语言规划研究》,北京:商务印书馆,2005,第 2 页。
② 郭熙:《中国社会语言学》,南京:南京大学出版社,1999,第 217 页。
③ Cooper, R. L. 1989. *Language Planning and Social Change*. Cambridge: Cambridge University Press, p. 37.

建设和发展,其历史不长,理论不多。芬兰学者哈尔曼(Haarmann)[①]说:"作为社会语言学的一个分支,语言规划对于社会语言学具有重要的意义,可是语言规划的理论基础至今还只是略具雏形。"以色列著名的社会语言学家斯波斯基[②]指出:"语言政策的研究至少有50年的历史,特别是在近20年来,人们对语言政策的兴趣日益加大,研究成果也越来越多。但是学界对该领域的研究范畴、研究性质、理论基础和专业术语等均尚无定论。"

二、语言政策的成分

斯波斯基(Spolsky 2004)[③]认为语言政策包含三个成分:语言实践(language practice)、语言信仰(language beliefs)和语言管理(language management)。语言实践,就是人们在各种语言中对各种语言变体所做的习惯性的选择模式。语言信仰,也叫语言意识形态(language ideology),是人们对某种语言本身和语言使用的情感和信任。语言管理,也称语言规划,就是通过各种语言干预来改变或影响语言实践的具体行为。

语言实践、语言信仰和语言管理三者密切相关。同一言语社区的成员对于什么是得体的语言实践具有大致相同的一套语言信仰。有时他们形成一种公认的意识形态,把价值观和威望应用于他们所使用的各种语言变体的各个方面。这些语言信仰均来自语言实践,同时,又影响着语言实践。语言信仰可以成为语言管理的基础,语言管理一般是国家的事,国家的语言政策反映了国家的语言信仰,甚至能够改变人们的语言信仰。相同的语言意识形态或语言信仰容易促使同一言语社区的人们就以下问题形成了共同的看法:使用什么样的价值观来看待某一语言中的每一种语言变项或语言变体,因为语言变项和语言变体是构成语库(repertoire)的两个方面。正如大多数国家都有众多的言语社区或族群社区一样,大多数国家也都有众多的语言意识形态。但是,往往其中有一种是占主导的。简单地说,语言意识形态就是没有管理者的语言政策,是人们认为应该做的事情。而语言实践就是人们实际上做的事情。

三、语言政策的过程

关于语言政策的过程,有几种说法,但它们都大同小异,只是使用的专业术语不同而已。这几种说法如下:

1. 豪根法

挪威裔美国语言学家豪根(Haugen 1966)认为,语言政策的过程可

---

① 哈拉尔德·哈尔曼,杨寿勋译:"从语言的总体理论看语言规划:方法论框架",周庆生《国外语言政策与语言规划进程》,2001,第398页。
② Spolsky, B. 2004. *Language Policy*. Cambridge: Cambridge University Press, p.9.
③ Ibid, p.5.

以分为以下四个阶段：标准的选择(selection of a norm)、标准的制定(codification of the norm)、标准的实施(implementation)和标准的扩建(elaboration)。[①] 但是，这四个阶段并非总是按一定顺序出现的。周庆生(2005)[②]指出："在现实中的这些阶段可能是相继出现，也可能是交错出现或按照其他顺序出现。"

标准的选择就是从众多的语言或语言变体中挑选一种或数种语言，规定其地位和作用，以便使其能在一定社会中履行某些特定的功能，诸如官方语言的功能、教学语言的功能等。一般说来，所挑选的都是最有声望的语言。标准的制定就是为挑选出来的语言创制一种语言标准或语言规范，即在语言的各层面(语音、词汇和语法)上建立标准。该阶段通常分为三个步骤：第一，文字化，研发一种书写系统。第二，词化，对词汇进行辨识。第三，语法化，确定语法规则或语法规范。正词法、词典和语法书是标准制定阶段的三大典型成果。标准的实施就是把在"标准的选择"和"标准的制定"所做出的决定变成社会现实。确保政策受到目标人群的接受和执行，在政府机构、各类部门以及相关领域逐步推广这个标准。实施包括使用新制定的语言标准出版教科书、报刊和其他书籍，并将该标准语言引入新的语用领域，特别是引入教育体制领域。语言政策过程中的"标准的选择"和"标准的制定"阶段通常由受过语言学训练的人员唱主角，而"实施"过程则由国家来操办。"实施"还指从法律上强制执行某种语言政策。标准的扩建就是不断修改标准的制定内容，旨在满足现代化发展的需要。因为随着社会的发展，语言中会不断地出现新术语和新文体等现象。

2. 克洛斯法

德裔加拿大学者克洛斯(Kloss 1969)提出了语言规划的种类：地位规划(status planning)和本体规划(corpus planning)。语言政策的过程也就包括地位规划和本体规划两个阶段。克洛斯的"地位规划"相当于豪根提出的"标准的选择"，克洛斯的"本体规划"则相当于豪根提出的"标准的制定"。

另外，克洛斯于1977年又在《语言规划的十种类型》一文中指出语言规划包括建设性语言规划和破坏性语言规划，前者旨在提高一种或多种语言的质量和/或地位。后者的目的是削弱、瓦解和废除某些语言，如旨在毁灭某些少数民族语言的语言立法就属于这种。建设性语言规划又可分为五类十种(如表4-1)。

[①] Corson, D. 1990. *Language Policy Across the Curriculum*. Clevedon, England: Multilingual Matters Ltd., p.19.

[②] 周庆生："国外语言规划理论流派和思想"，《世界民族》，2005年第4期，第55页。

表 4-1　建设性语言规划的分类表

1	级别	国家级语言规划	非国家级语言规划
2	方法	创新语言规划	保守语言规划
3	目标	保守取向型语言规划	过渡取向型语言规划
4	特性	语言本体规划	语言地位规划
5	语言	单目标型语言规划	多目标型语言规划

(资料来源：海因茨·克洛斯著，赵杨译：《语言规划的十种类型》，载周庆生《国外语言政策与语言规划进程》，2001，第393页。)

3. 诺伊斯图普尼法

捷克裔学者诺伊斯图普尼(Neustupny 1970)在豪根提出的四个概念基础上增加了政策培育(cultivation)的概念。这个概念是从布拉格学派那里继承过来的，意思是要强调语言规划的长期性和语言规划的科学性。诺伊斯图普尼的过程阶段与豪根的不完全一样。他的第一阶段与豪根的一样，但是他把豪根的第三个阶段并入第二个阶段，把豪根的第四个阶段变为第二个阶段，再把"培育"作为第四个阶段。

其实，上述三个人的政策过程分类大同小异，现将上述三种分类列表如下（见表 4-2）进行对比。

表 4-2　三种语言政策过程分类对照表

种类/阶段	1	2	3	4
豪根法	标准的选择	标准的制定	标准的实施	标准的扩建
诺伊斯图普尼法	标准的选择	标准的制定和实施	标准的扩建	培育
克洛斯法	地位规划	本体规划		

四、语言政策的分类

语言政策可以划分为地位规划、本体规划和语言习得规划（也叫语言教育规划）(Cooper 1989)。[①]

1. 语言的地位规划

语言的地位规划是指在某一社会中在各种语言领域中树立某种语言的声望和该语言在使用方面的强势地位，如在国家刚独立时，官方语言和国语的选择就属于语言地位规划的内容。语言地位规划之前往往会进行语言声望规划，即一种语言要得到全社会的认可，就需要增强该语言的社会声望，这是语言地位规划的一个先决条件。

---

① Cooper, R. L. 1989. *Language Planning and Social Change*. Cambridge: Cambridge University Press.

2. 语言的本体规划

本体规划也叫本体政策(corpus policy)。本体规划是指对语言本身的改造,包括音韵的、词汇的、语法的以及书写系统等方面的改造(Fishman 1972)。① 本体规划往往是在地位规划之后,只有确定了国语或官方语言,才能对这些语言进行本体规划。本体规划是为了使语言变得更加规范和实用。本体规划有三大任务。一是为没有文字的语言建立书写系统,为有文字的语言进行改革,如正字法或拼写改革。二是处理语言中的新词汇,为新事物和新概念提供规范的新词汇。三是语言的标准化(standardisation)或规范化(normalisation),即什么是正确的语言,如何保持语言的纯洁性。

3. 语言的习得规划

语言的习得规划(acquisition planning)也叫"语言习得政策"(language acquisition policy)、"语言教育规划"、"语言教育政策"或"教育语言政策"(educational language planning)。这是本书的重点,因此,下一节将详细论述。

第三节 语言教育政策

一、语言教育政策的定义

"语言教育政策"术语首先是由库帕(1989)提出并推广的,它是语言政策的一个分支,指的是依据官方教育部门的规定,各级教育机构采取的有关语言教学与语言学习方面的措施。

联合国教科文组织早在1951年就指出:"教育中的语言问题是世界性的问题,因此也是联合国教育机构进行调查研究的一个适当的领域。"语言是由人来使用的,脱离了人,语言也就没有生命。所以要落实语言教育政策,就得要有人来学习和教授语言,学校语言教学无疑是实施这些目标的基本途径。美国语言学教授科森(Corson)②认为,学校的语言政策可以在以下三个方面起到真正的作用。第一,在学校树立创新的、灵活的和自由的思想结构,语言教育政策能帮助学生从边缘化的背景中摆脱不合理的压力,从而使学生达到学校的学业要求。第二,语言教育政策为教师提供了一种语言使用的媒介,以便对付不公正的语言实践和思想结构。第三,语言教育政策为学校提供了一种规划好的语言教育和语言使用的

---

① Schmid, R. Sr. 2000. *Language Policy and Identity Politics in the United States*. Philadelphia: Temple University Press, p. 39.

② Corson, D. 1999. *Language Policy in Schools: A Resource for Teachers and Administrators*. Mahwah, NJ/London: Lawrence Erlbaum Associates. Inc., pp. 16—17.

路径,以便为所有的学生提供高质量的教育,并免遭歧视。

二、语言教育政策的内容

学校是语言教育政策研究的中心领域之一,学校也是语言教育政策实施的核心领域。语言教育政策的内容主要是解决学校教育中涉及到语言的以下几个问题。

(一)学校教学语言的选择问题

尤其在全球化时代,各国人口(如移民、难民、跨国企业员工等)的流动更使得世界上大多数国家都是多语国家,那么,多语国家在各个教育阶段的教学语言是采用什么语言?另外,在外语教学和双语教学中,学校是选择本国语言还是外语作为课堂上的教学语言呢?因此,斯波斯基指出:"在语言教育政策中经常会遇到许多根本性的问题。首先是决定何种语言为教学语言的问题。"①

1. 教学语言的定义

学校教学语言(language of instruction),也叫教学媒介语(medium of instruction)或者教学用语,它就是指"教育系统基本课程的授课语言"。② 选择一种或多种教学语言(教育政策可能建议使用数种教学语言)是发展高质量教育中经常出现的一个难题。虽然有些国家倾向于一种教学语言,通常是官方语言或多数人语言。也有些国家采取的教育策略是给予民族语言或地方语言在教育中重要的地位。例如,在芬兰,如果某地区有13名以上母语是瑞典语或其他芬兰少数民族语的学龄儿童,地方当局必须在这些儿童义务教育阶段的前9年中提供以他们母语为教学语言的教育。在波兰,1992年的相关法律规定,学校若有7名以上的幼儿园学童或小学生,或多于14名小学以上的学生,他们就有权要求学校用他们的母语授课。③

2. 教学语言的意义

教学语言看似一个学校的小小决定,但是其背后的政治因素和未来的社会意义却是难以言表的。

首先,教学语言有利于提高和保持语言能量(language empowerment)。提高和保持语言能量的最好策略是在教育中使用该语言,特别是把它作为教学媒介语来使用。联合国教科文组织指出:"教育系统选择的语言,通过在正式教学中的使用,能赋予各种语言某种权力和威望。这里不仅仅有代表地位和形象的象征性的一面,还有涉及以这种语言表

---

① Spolsky, B. 2004. *Language Policy*. Cambridge: Cambridge University Press, p.46.
② 联合国教科文组织:《多语并存世界里的教育》,巴黎:联合国教科文组织出版社,2003,第14页。
③ 坎加斯、菲力普森,高建平译:"语言人权的历史与现状",周庆生《国外语言政策与语言规划进程》,北京:语文出版社,2001,第301页。

达的共同的价值观和世界观的思维方式的一面。"①

其次,教学语言有利于提高语言以及用该语言表达的文化的活力。当一种语言不能成为学校课程的一部分时,该语言永远会处于濒危甚至消亡的危险之中。教学语言是保持和复兴一门语言和文化最有力的方式(Fishman 2000)。同时,它也是语言灭绝最直接的代理人(Skutnabb-Kangas 2000)。教学语言政策决定了哪些社会阶层和语言群体有机会进入政治和经济领域,哪些群体被剥夺了权利(Tollefson & Tsui 2004)。②

正因为教学语言具有如此重要的意义,所以,学校教学语言的选择还关系到民族的团结和社会的安定。例如,1976年南非的索韦托骚乱就因为学校教学用语由英语转为南非荷兰语(Afrikaans),虽然这两种语言都不是学生的母语。③ 再如,东非的坦桑尼亚却成功地使用斯瓦希利语(Swahili),而不是前殖民语言作为该国的教学语言,这一举措得到全国百姓的支持,促进了民族团结。

正因为教学语言具有如此重要的意义,所以,任何时期和任何地方的执政者都会想方设法地使自己的语言(即统治者语言或首都语言)成为国语或官方语言,从而使自己的语言成为学校的教学语言,以便在语言上同化大众。例如,1380年,伊斯兰教传入菲律宾时,阿拉伯语便成为伊斯兰教学校的教学语言。1565年西班牙统治菲律宾时,西班牙语成为了菲律宾的官方语言和学校的教学语言。1898年美国统治菲律宾后,英语则成为了菲律宾的官方语言和学校的教学语言。

正因为教学语言具有如此重要的意义,所以,谁都希望自己的母语能够成为教学语言,但是,现实条件限制了每个人愿望的实现。在制定语言教育政策时,只能选择一种(通常是国语或官方语言)或数种语言(如双语教育)成为不同学校的教学语言。但是,有些学生的母语既不是官方语言,也不是国语,甚至连地区语言都不是。那么,这些学生的母语要成为学校教学语言就有很大的难度。例如,在南非有11种官方语言,其中两种是"进口"语言——英语和南非荷兰语。这两种都是教学媒介语中的强势语言。显然,使用英语或南非荷兰语的儿童就可以直接进入学科新知识的学习,而无须首先学习一种新的语言。相反,使用非洲本土语言的南非儿童在学校就处于劣势地位。因为他们在学校首先必须对付英语或南非荷兰语,然后才能学习学科知识,这些儿童就已经输在了"起跑线"上。

---

① 联合国教科文组织:《多语并存世界里的教育》,巴黎:联合国教科文组织出版社,2003年第14页。
② Tollefson, J. W. & Tsui, A. B. 2004. *Medium of Instruction Policies*. New Jersey: Lawrence Erlbaum Associates, Inc., p.2.
③ "地方主义思想对政府政策的作用:语言政策在威尔士、布列塔尼和弗里斯兰的一些发展",周庆生编《国外语言政策与语言规划进程》,北京:语文出版社,2001,第39页。

3. 教学语言选择的难处

由于语言在教育中具有核心的地位,所以学校经常遇到用什么语言作为教学语言的问题。影响学校教学语言选择的因素主要有:政治因素、社会经济因素、国内语言因素、英语因素和母语实用性因素。

(1) 政治因素

任何政策的制定都是一种政治行为,任何教育政策都是为政治服务的,因此,在决定学校教学语言时,政治因素无疑是最重要的因素。"采用什么语言作为各教育层次的教学媒介语是很多国家的学校所面临的教学上的难题与潜在的爆炸性政治问题。这一问题在发展中国家特别尖锐,但今日也严重地存在于很多发达国家。不可思议的是,选择教学语言的问题也是在国际论坛上所有重要教育问题中人们最少意识到的问题。"①

许多语言政策研究指出,语言政策永远不只是教育的问题。我们必须从社会和政策等更广泛的背景来理解语言政策。教学媒介语的选择是语言政策决定的核心,因为这决定着谁来执政和控制财富。教学媒介语政策是通过政治、社会和经济等因素之间的博弈后才制定出来的。在这些因素中,政治因素总是处于优势。"其他因素只有与政策因素站在一起时,它们才会发挥出更大的作用。"②

(2) 社会经济因素

"任何政策归根结底是由经济状况所决定,特别是由经济基础和经济利益所决定的,一国的经济状况决定其政策的基本构架、规模、程度和方向,决定某种政策的必要性、可能性和实施效果"。③ 复杂的社会语言因素导致学生家庭语言(home language)和学校语言(school language)之间产生鸿沟。如果学生的母语不是国语或官方语言,而学校要使用学生的母语作为教学用语,那么学校将会遇到一系列的学校之外的社会与经济问题。例如,学校的教学媒介语何时开始从学生的母语转向学校语言?学校何以满足众多学生对母语教材和辅导书的要求?若一定要达到上述要求,增加的费用由谁来支付?有些学生母语甚至还没有书写系统,这又如何处理?如何招聘到懂得所有学生母语的教师?若分别招聘,增加的教学成本又该谁来负责?等等。此外,库博羌丹尼(Khubchandani 2003)④还指出了以下困难:

---

① [美]菲利普·库姆斯著,赵宝恒等译:《世界教育危机》,北京:人民教育出版社,2001,第267页。
② Tollefson, J. W. & Tsui, A. B. 2004. *Medium of Instruction Policies*. New Jersey: Lawrence Erlbaum Associates, Inc., p.113.
③ 袁振国:《教育政策学》,南京:凤凰出版传媒集团/江苏教育科学出版社,2001,第43页。
④ Spolsky, B. 2004. *Language Policy*. Cambridge: Cambridge University Press, p.47.

教师是应该用学生的家庭语言还是用学校提倡的语言给学生授课？同样,教师是期望学生用自己的家庭语言还是用学校提倡的语言来回答问题？在语言教育政策中,争论的焦点是关于何为母语教育的问题。母语教育专家认为,不管学校最终的语言目的是什么,但是,儿童的初始教学应该尽可能地用儿童在家里掌握的语言或语言变体来进行。显然,这种方法有许多难处：上课的教师可能不懂学生使用的语言变体；在同一所学校或同一个班级中,学生可能操多种不同的语言或语言变体；有些语言变体没有文字；有些语言即使有文字体系,但是学校没有用这种文字印刷的教学材料或阅读材料。

学校要填补学生家庭语言和学校语言的这些鸿沟就必然要增加学校的经济负担。因此,社会经济因素是影响学校教学语言选择的另一个重要因素。

(3) 国内语言环境因素

在教学语言的选择方面,不同类型的国家有不同的选择难处。鉴于殖民地的宗主国语言对殖民地国家的语言影响颇大,我们把国家分为非殖民地国家和前殖民地国家。在多语的非殖民地国家里(世界上几乎没有纯粹的单语制国家),有些人的母语未能成为国语或官方语言,因此学校教学语言选择的难处主要表现在国语和其他国内语言的两难选择上。而在前殖民地国家中,如印度、巴基斯坦和许多非洲和南美国家,学校教学语言选择的难处则主要表现在国语、其他国内语言和前宗主国语言(特别是英语、法语或西班牙语)的三难选择上。总体而言,学校教学语言的选择难处更多的是出现在多语言国家的少数族群学校中和前殖民地国家的学校中。

(4) 英语因素

在全球化时代,英语显得越来越重要,许多国家在教学语言,特别是高等教育中的教学语言的选择方面都必须考虑到英语因素。例如,新加坡规定,学校的教学语言是英语,但是为了防止失去民族文化传统,新加坡教育部门又规定 27% 的课程要用民族语教学。1987 年津巴布韦颁布了《津巴布韦教育法案》(Zimbabwe Education Act),该《法案》规定,学校头三年可以用本土语言绍纳语(Shona)或恩德贝勒语(Ndebele)授课,因为这两种语言是学生最常用和最熟练的语言。但是,从第四年起,所有学校都可以增加英语作为教学语言。[①] 巴基斯坦规定乌尔都语为国语,政府鼓励学校,特别是中小学的教学使用乌尔都语。可是,统治集团出于个

[①] 赫伯特·契姆胡恩杜："独立后非洲语言的本土化",周玉忠、王辉主编《语言规划与语言政策：理论与国别研究》,北京：中国社会科学出版社,2004,第 332 页。

人和局部利益的考虑,都支持提升英语在学校的地位。于是,巴基斯坦全国各地因教学语言引发的争论旷日持久,至今没有达成共识。以英语为教学语言的学校越来越多,它们宣称这种教学的质量高,能为国家培养精英,因而备受统治集团和社会精英的保护和青睐。[1] 为了提高英语的教学水平,2001年马来西亚教育部决定,20年后,学校用英语教授数学和科学两门课程,在之前这些课程用马来语教学。政府的这个决定引起了大众的激烈辩论,最后,马来西亚政府只好妥协性地决定先在华语学校使用英语和汉语作为这些课程的教学语言。在加纳,教育部部长决定,取消在小学三年级之前用地方话教学的惯例,改用英语进行教学。有些非洲国家使用英语作为本国中学和大学的教学语言,并且准备把英语应用于更大功能的领域,使英语与本土通用语和本地语言具有同样的地位。总之,在全球化时代,没有哪个非英语国家在制定本国的语言教育政策时不考虑英语因素。

(5) 母语实用性因素

由于受到多语言、城市化和移民等因素的影响,来上学的儿童可能说着各种不同的方言或语言。世界上使用母语作为教学语言的愿望还远没有得到普遍贯彻,因为使用母语作为教学语言可能遇到以下困难:母语可能是一门没有文字的语言;该语言可能甚至不被公认为一门合格的语言;教育方面的词汇(尤其是现代科技词汇)可能还有待开发;可能缺乏用该语言编印的教学资料;可能缺乏训练有素的教师;学生、家长和教师可能不愿意用自己的母语进行教育。联合国教科文组织[2]指出:"令人惊奇的是,有些操本地语者强烈反对在他们孩子教育中使用自己的语言。他们或许认为,通往发达的唯一途径是掌握一种国语或世界性语言,而他们自己的语言什么都不是,只是障碍。"

尽管众多的实验证明,对所有学生而言,母语是最有效的教学语言。但是,在教育中,特别是早期教育中,不使用儿童的第一语言作为教学语言的现象还很常见,这叫语言排除(language exclusion)。[3] 语言排除忽略了儿童的家庭语言,即第一语言(L1)或母语。忽略移民语言也是"语言排除"的一种表现。儿童倘若未能享受使用母语作为教学语言的教育,他们在课堂上就要克服许多语言困难,人们特别是教师往往会因为儿童在使用第二语言(L2)时所犯的语言错误而错误地判断儿童的智力和能

---

[1] 官忠明:"巴基斯坦独立后的语言问题之一",《南亚研究季刊》,2002年第1期,第61页。

[2] UNESCO. 1953. *The Use of Vernacular Languages in Education*. Paris: UNESCO.

[3] Bamgbose, A. 2000. *Language and Exclusion: the Consequences of Language Policies in Africa*. London: Lit Verlag Munster, p.12.

力,最后影响学生的学习。所以,联合国教科文组织[①]指出,对于母语不是国语或本地语言的人,他们在教育体系中通常处于较大的劣势地位,就像接受用外国官方语言的授课一样感到困难。

总之,语言教育政策制定者在决定学校的语言教学媒介语时经常遇到技术上和现实上相互矛盾的两难境地。虽然从教育的角度看,用母语教学的理由很充分,但是,现实的许多其他因素往往难以保证用母语作为教学媒介语政策的实施。

4. 教学语言选择的标准

联合国教科文组织[②]指出:"语言,特别是教育中教学语言的选择问题经常引发截然不同的观点,大家各持己见。个人的属性、国家的地位与权力都与教室里使用什么语言密切相关。"美国乔治敦(Georgetown)大学社会语言学教授法索德(Fasold)[③]认为,确定教学语言时应考虑三个问题:学生是否能熟练地用这种语言进行有效的学习;所选语言和民族主义目标是否一致;所选语言本身、书面材料以及能用此语言进行教学的教师人数是否能胜任某个水平的教育。法索德建议选择教学语言可以考虑以下五个标准:第一,语言的广泛交际程度。第二,语言的使用人数。第三,语言的发达程度。第四,语言集团的语言偏爱。第五,因使用某种语言而引起的学生辍学率。

事实上,以上教学语言的选择标准只是理想化的标准。在现实生活中,选择教学语言是一件很复杂的事情,真正决定教学语言选择的主要因素不是儿童的教育利益,而是政治、经济、社会等因素。目前,世界各地对于教学语言的选择主要有以下三种模式:第一,过渡性模式(transitional program),即学生母语作为教学语言一直使用到学生掌握了第二语言,如州级通用语言、主要民族语言或交际广泛语言(LWC),然后再改用第二语言作为教学语言。第二,保护性模式(language-shelter program),即学生母语作为教学语言的使用一直延伸到正规教育的终结。第三,浸没式模式(immersion program),即从教育的开始,学生(母语为非国语的学生)就放弃自己的母语而接受用第二语言作为教学语言的教育。[④]这三种模式与斯波斯基在《语言政策》一书中提到的三种教育体系不谋而合:

---

① 联合国教科文组织:《多语并存世界里的教育》,巴黎:联合国教科文组织出版社,2003,第14页。
② 同上,第8页。
③ Fasold, R. W. 1984. The Sociolinguistics of Society. New York: Basil Blackwell.
④ Mikes, M. 1986. *Towards a Typology of Languages of Instruction in Multilingual Societies*. In Spolsky, Bernard(eds.). *Language and Education in Multilingual Settings*. Clevedon: Multilingual Matters. Ltd., p. 20.

目前,已有许多不同的教育体系。第一种教育体系(如英国原殖民国)是:刚开始时,用儿童的家庭语言教学,在上学的头几年开始引入标准语或官方语,然后在不同的阶段逐渐过渡到用标准语或官方语进行教学,过渡的阶段通常是在中级阶段或第二阶段。第二种教育体系(如法国和葡萄牙前殖民国的城市学校、唯英语运动期间的美国学校)是:从上学的第一天就开始用殖民语言或官方语言上课。该体系的观点是,学生在简单的浸没式环境中学会学校语言。第三种教育体系介于上述两种极端体系之间,它的模式多种多样:有些学校声称用标准语言教学,但是实际上,师生继续用当地话交流,不过他们只使用用标准语印刷的教学材料;有些学校采用混合模式,从而达到从家庭语言过渡到标准语言的目的;有些学校在把学生从家庭语言过渡到标准语言后,还试图保持学生家庭语言的能力。①

(二) 语言的推广问题

1. 语言推广与语言推广政策之定义

语言推广也叫语言扩散(language diffusion)、语言扩展(language spread)或语言传播(language dissemination),它是指"某个地区在某段时间范围内不断扩大对一种语言或其方言使用的现象"。②

语言传播或推广方面的规划或政策叫"语言传播政策"或"语言推广政策"(language diffusion policy)。斯波斯基(2000)③认为语言推广政策就是制定相关的语言政策,以便于把一门语言推广到不会说这种语言的人当中去。

2. 语言推广之分类

语言推广可以分为两个层面:国内层面的语言推广和国外层面的语言推广。同样,语言推广政策包括对内语言推广政策和对外语言推广政策。

对内语言推广政策包括两个方面:一是为了在国家内部推广一种或数种国家强势语言(通常是国语或官方语言)而制定的相关政策。例如,在1870年,新西兰政府要所有的毛利(Maori)人学校开始用英语教学;英国政府要求威尔士人学校用英语教学;法国政府压制奥克西顿语(Occitan)、布列塔尼语(Breton)和巴斯克语(Basque),并要求这些语言的使用者学习法语和在使用法语作为教学媒介语的学校上学;前苏联积极鼓励国内所有学校使用俄语教学;我国的推广普通话运动。这些都是对内语

---

① Spolsky, B. 2004. *Language Policy*. Cambridge: Cambridge University Press, p.47.
② 李延福:《国外语言学通观》(下),济南:山东教育出版社,1996,第722页。
③ Spolsky, B. 2000. *Sociolinguistics*. Shanghai: Shanghai Foreign Language Education Press, p.123.

言推广政策的具体表现。二是为了维持和保护弱势语言而在国家内部（尤其是在使用这些语言的民族或族群内部）而制定的相关政策。

对外语言推广政策就是一个国家或社会团体为鼓励别的国家或族群的人来学习他们的语言（通常是国家强势语言）而制定的有关政策。往往只有大国和政治经济强国才有可能进行对外推广国家强势语言，所以，以前有人认为对外语言推广政策是帝国主义或殖民主义语言政策的延续。但是，在全球化背景下，随着人们对语言社会功能的新认识，人们逐渐认识到语言的国际推广是增强国家软实力的重要举措，它可以增进不同国家人们间的国际了解和合作。所以，许多国家（包括一些小国）都制定了对外的语言推广政策，只是由于各国的经济实力和语言本身的强弱不同，各国制定的对外语言推广政策的形式和力度也各不相同。

其实，对外语言推广现象古已有之。历史上，对外语言推广政策往往与以下几个方面有关：第一是宗教的传教活动。例如，阿拉伯语与伊斯兰教、拉丁语与基督教、希伯来语与犹太教。因为了解宗教就必须学习书写这些经文的语言。第二是政治和军事的征服行为。例如，阿拉米语（Aramaic）在古代近东、希腊语在东地中海、拉丁语在西欧、阿拉伯语在中东和北非、玛雅语（Mayan）在中美洲、曼丁哥语（Mandingo）在西非都是靠政治军事征服后开始推广的。第三是殖民主义现象。例如，英语在澳洲、北美、亚洲和非洲，法语在非洲（尤其是北非）、西班牙语在拉丁美洲、葡萄牙语在巴西等都是殖民主义推广的结果。第四是国际贸易的结果。例如，斯瓦希里语在非洲的传播主要是因为周边国家贸易往来的结果。

在全球化时代，许多国家依然非常重视语言的海外推广。但是，推广的手段有所改变，军事征服和殖民主义显然是过时了。例如，英美两国主要是通过贸易、媒体、教育、文化等途径向世界各地推广英语。现在，各国的语言国际推广政策往往是通过本国的官方机构（教育部、外交部、文化部和驻外使馆等）、半官方机构或民间机构来推广自己的语言和文化。如英国的"文化委员会"、德国的"歌德学院"、法国的"法语联盟"和"法国文化中心"、西班牙的"塞万提斯学院"、日本的"国际交流基金会"、"日本国际合作协会"和中国的"孔子学院"。再如，以色列希伯来语的国际传播得到以色列外交部的支持。以色列政府派希伯来语教师到其他国家（如中国、法国和意大利）的大学从事语言教育。同时，以色列外交部还支持在约旦和埃及的希伯来语传播活动。① 此外，以色列国内还成立了"世界犹太复国主义者组织"（the World Zionist Organisation），以便保持和推广希伯来语。可见，在新时代，语言国际推广的方式是综合性的。

---

① Spolsky, B. & Shohamy, E. 1999. *The Language of Israel Policy, Ideology and Practice*. Clevedon, Buffalo: Multilingual Matters Ltd., p. 46.

3. 语言推广之理论

对于语言的传播,人们有两种观点。有些人把语言看做是"生物体"(organism),而有些人则把语言视为有使用性的"工具"(tool)。前者是从生物学的视角来研究,而后者是从经济学的角度来考虑。生物论者认为英语是"谋杀性语言"(killer language),语言传播就是"语言谋杀"(linguistic genocide),语言传播是用一种外来的强势语言取代一种本土语言,最后导致永久性的语言转用和本土语言的消亡……夏威夷语言就是语言谋杀的一个例子。[①] 美国著名的语言政策研究专家库珀(也译为库帕)[②]也认为:"一种语言的传播通常导致另一种语言的使用范围缩小,虽然并非绝对如此。"若把语言看成是生物体,生物体之间存在竞争是自然的,适者生存是自然法则,而且全球化加快了这种竞争,"语言不是在传播就是在缩小使用范围"。[③] 经济工具论者则把世界语言看成是商品,语言推广有巨大的市场价值和文化价值。语言传播不一定会导致语言转用,语言转用也不一定是语言传播的结果。只要各国制定出科学的语言教育政策,如双语教育和多语教育,语言维持是完全可能的。

(三)学校的外语教育问题

外语教育也是语言教育政策的内容之一。斯波斯基指出:"语言教育政策的另一个基本问题是:母语和学校语言之外的语言教学。实行双语制政策的国家还要培养学生的其他语言能力。例如,在瑞士,你会发现法语区(French-speaking canton)要教德语,在德语区要教法语。"[④]关于外语的教育问题,主要涉及到以下几个方面:

1. 外语教育的必要性

外语教育是现代教育的内容之一。第一,国际组织极力提倡多语教育(包括外语教育)。例如,联合国教科文组织鼓励在教育领域要发展多语教育,现代人要"至少使用三种语言:母语、一种国家语言或地方语言(regional or national language)和一种国际语言"。[⑤] 第二,外语教育有助于国家在各方面的对外交流与合作,有助于国家的综合发展。在全球化背景下,各国都很难脱离世界的大家庭而独立发展,各国在政治、外交、经济、教育、文化等方面都需要与其他国家进行合作或交涉。跨语言和跨文

[①] Day, R. R. 1985. *The Ultimate Inequality: Linguistic Genocide*. In W. Nessa & J. Manes (eds.). *Language of Inequality*, Berlin/New York/Amsterdam: Mouton, p.164.

[②] 罗伯特·库珀著,姚小平译:"研究语言传播所用的分析框架:以现代希伯来语为例",周庆生主编《国外语言政策与语言规划进程》,北京:语文出版社,2001,第643页。

[③] 同上。

[④] Spolsky, B. 2004. *Language Policy*. Cambridge: Cambridge University Press, pp. 47—48.

[⑤] UNESCO. 2003. *UNESCO and Multilingualism*. In *Education Today of UNESCO*. (6): 6. www.unesco.org.

化交流的增多迫使各国都要加强本国的外语教育。

2. 外语语种的选择

外语教育是各国现代语言教育的一个重要内容之一。世界上大约有6000种语言,而国家、学校和个人在外语教育的经费、时间和精力等方面都是有限的。因此,选择外语语种是语言教育政策中必须考虑的一个问题,其中包括何为本国的"第一外语",何为本国的"第二外语",何为本国的"关键语言"以及如何在本国的不同地域上来布置这些"关键语言"的教学等问题。斯波斯基[①]认为"在大多数的教育体系中,学校开设至少一门外语课是常见之事。这些外语往往都是重要的国际性语言,或者是重要的邻国语言。英语作为全球化世界中的一门主要语言越来越成为了许多国家的首选外语。"世界上各个国家会根据本国的实际情况和发展需要而选择教育中的外语语种。例如,美国出于反恐和经济竞争的需要选定了美国的"关键语言"(详情见第七章第三节),澳大利亚出于经济贸易的考虑遴选了本国的"优先语言"。

3. 外语的教学

在选好一种或多种外语后,下一步就是决定何时开始教授这些外语,学校要花多少课时和精力来教授这些语言,以及设定什么样的教师标准、课程标准和学生标准才算是合适的语言能力目标。大多数国家都制定了阐明这些外语教学要求的语言教育政策。概而言之,外语教育涉及到以下三个主要问题:第一是何时教的问题,是小学还是初中开始教外语。若确定了从小学开始教外语,那么是从小学的几年级开始教。第二是怎么教的问题,也就是使用什么教学法,是"听说法"还是"语法翻译法",是"交际法"还是"浸没法",等等。第三是教什么和教多少的问题,是注重文学语言还是日常生活语言,学生要达到什么外语水平才算合格。于是,许多国家都会制定各种标准,如外语教师专业标准、学生外语标准和外语课程标准。

三、语言教育政策中的主客体

(一)语言教育政策制定的主体

语言教育政策制定的主体是指语言教育政策的制定者,由于语言规划的内容多种多样,所以,从事语言规划的主体也可能会多种多样。这可以是政府的相关职能部门,也可以是超国家组织,还可以是由官方的或授权的学术研究机构,甚至个人。政府是语言教育政策的决策者和发布人,学术研究机构或个人是语言教育政策的参与者和研究者,学校是语言教育政策的实施者和推广者。在不同国家和地区以及不同的历史时期所制

---

① Spolsky, B. 2004. *Language Policy*. Cambridge: Cambridge University Press, p.48.

定的语言政策和语言规划中,其制定主体可能会随着其他相关因素的不同而发生变化、有所差异,但大同小异。

1. 语言教育政策的制定主体

(1) 政府相关机构

一个国家的语言教育政策工作多由该国政府来制定并执行。政府是政策的制定者、决策者,同时也是政策的实施者,是语言教育政策贯彻与落实情况的监督者。但是,这种具体操作的部门、机构以国家的名义进行工作,他们所规划的语言教育政策应以国家范围为考虑的基点,以国家全部人口为服务对象,只有这样的语言规划才是国家级的语言规划。有的国家是以省或州或自治区等为单位独立进行语言规划,相应的就是由省或州或自治区的政府部门来制定和实施语言教育规划。如果从主体的性质来看,这种规划的主题依然是政府。但是,其等级是下了一个层次,区域也是有限的。总之,语言规划是官方的,是政府层面的行为。

(2) 超国家组织

在全球化时代,各国都更需要盟友和合作伙伴,各种超国家组织(supra-national groupings)的数量也就变得越来越多,其发挥的作用也不能小觑。超国家组织可以是地区性组织(例如,欧盟和东盟),也可以是国际性组织(例如,联合国)。它们一般都会制定相关的语言政策,要求成员国积极执行。在全球化时代,超国家组织对于地区和世界的语言教育政策越显重要,国家间跨区级语言规划的主体应该是相应的国际组织或这种组织的某个职能部门。例如,欧盟要求各成员国制定有利于保护本国少数民族语言的政策,联合国和联合国教科文组织通过了不少相关保护语言人权和世界语言多样性的宣言。

(3) 学术权威部门

学术权威部门通常是指与语言文字工作有关的学术单位或部门,这些部门大多是受国家委派或奉命进行语言规划方面的调查、研究和起草等工作,为国家或地区级的语言教育政策的制定提供科学依据和理论参考,为语言规划出谋划策。例如,法国早在17世纪就成立了官方的法兰西学术院(French Academy),《法兰西学术院的章程》指出:"学院的主要任务是竭尽全力地制定明晰的本国语言使用规则,并使语言保持其纯正性"。

(4) 个人或学术研究机构

国际级的语言规划主体大多是个人(一般是著名的语言学家、语言教育学家或社会语言学家)或某个学术研究团体等。例如,新中国建国初期吕叔湘和朱德熙合著《语法修辞讲话》在《人民日报》上连载,以便提高人民的语文水平,这一行为间接地影响了汉语的国内推广政策。在国外,作为英国第一部语言规范词典的编者琼森(Jones)和作为第一部美国英语规范词典的编者韦伯斯特(Webster),都对本国的语言规划和语言教育工作作出了巨大贡献,产生了深远的影响。这些都是语言教育政策个人主体的一种表现,权威学者也可以在语言规划中发挥重要作用。事实证明,没有专家学者参与的决策,就必然只能停留于经验总结推广的层次上,而无法使政策适应社会加速转型的需要,同时也无法满足政策问题本身不断演进的需要。①

2. 语言教育政策主体间的关系

一般而言,语言教育政策的研究重点不是语言本身的结构特征,而是语言教育(如教育中选择什么语言、何时教、使用什么教学语言等)的社会问题。语言教育政策研究的不是个人的语言教育,而是群体的语言教育。语言教育政策关注的对象是整体或集体(如全社会、各民族、各集团),而不是某个人。语言教育政策研究视野是国家范围,其研究单元是社会集团,主要研究全国范围内不同语言集团的语言教育关系,研究政府应该制定和实施什么样的语言教育政策,才能更好地配置全国范围内的语言资源,提高全社会,乃至全世界的交际效率,促进全社会,乃至全世界的相互理解和感情融合,维护全社会,乃至全世界的凝聚与团结。语言教育政策是语言、教育和政策的有机整体,语言教育政策的制定必须遵循语言规律、教育规律和政策规律,必须解决当前国家发展中遇到的语言教育问题。因此,语言教育政策的制定应该是政府、组织、团体和个人共同努力的结果。

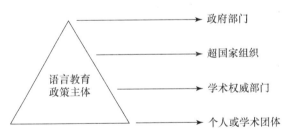

图 4-5 语言教育政策主体图

语言教育政策的这些主体形成一个三角形(如图 4-5 所示),其特点是底层大,上层小。这就是说,语言教育政策的制定需要有大量的个人或学术团体来进行各个层面和各个角度的语言教育政策研究,从而形成宽大而厚实的语言教育政策主体的底层。然后,每个语言教育政策主体的规模在三角形中逐渐缩小(在图 4-5 中朝上方向)。

---

① 吴遵民:《基础教育决策论》,上海:华东师范大学出版社,2006,第 76 页。

要防止语言教育政策上的失误,有效的解决方法应当是确保语言教育政策制定内容的科学性和决策程序的民主性。语言教育政策的科学性是指语言教育政策制定的合理性,而且这种合理性还必须给予制度的、程序的和技术方面的保障。从制度角度来说,语言教育政策的制定必须依法进行;从程序角度来说,语言教育政策制定要有一个基本的程序过程,语言教育政策制定过程要由传统的"自上而下"(top down)向"自上而下"与"自下而上"(bottom up)相结合的方向转变。从技术角度来说,语言教育政策的制定者应该包括:语言学家(因为他们精通语言,并了解语言的本质,熟悉语言学、应用语言学和二语习得等方面的理论)、教育家(因为他们熟悉教育学、心理学)、政策学专家(因为他们了解政策学的理论和运行)、行政管理人员(因为他们知道教育管理和行政管理方面的情况)和政府职能部门代表(因为他们熟悉政府的总体规划,能进行综合分析、考量,最后做出决断),等等。语言教育决策程序的民主性是指政府的决策过程应有明确的程序,并应形成最广泛的参与意识,以使政策的制定真正走出凭经验判断和个人意志的窠臼,从而成为一个理性决策的过程。语言教育决策是一个协商的过程,是一个各方面利益的平衡与讨价还价的过程。从社会的各个层次和角度来研究和制定语言教育政策才能确保其民主性。总之,语言教育政策的制定要考虑以下三个要素:政府、学者和民众。政府代表着语言教育政策,学者代表着语言规律和教育规律,民众则代表着语言实践和语言教育问题。政府要制定和实施科学的语言教育政策,学者要遵循语言习得规律、教育规律和政策规律,民众有语言选择和语言使用的权利和需求。

(二)语言教育政策的客体

语言教育政策的客体是指语言教育政策的语言对象,也就是针对什么语言的教育政策。语言教育政策的客体主要由以下三个部分组成。

1. 国家强势语言

为了国家的统治、社会的稳定和经济的发展,任何国家都需要一种本国的强势语言(详情见本书第五章第一节)。因此,国家强势语言是各国语言教育政策的最主要对象。一般而言,一个国家的强势语言也是该国的国语或(和)官方语言。例如,中国的强势语言、国语和官方语言都是汉语,日本的强势语言、国语和官方语言都是日语,法国的强势语言、国语和官方语言都是法语。国家的强势语言教育政策就是使国语或(和)官方语言在一国中具有通用语的作用。强势语言的教育政策包括强势语言在国内普及与国外推广两部分的政策。

2. 少数民族语言

世界上绝大多数国家都是多语国家,也就是说,大多数国家除了有国家强势语言外,还有许多其他弱势语言(dominated languages),即少数民族语言或少数族裔语言。因此,少数民族语言也是多语国家语言教育政策中不可或缺的客体。少数民族语言在一个国家中一般是处于非国语和非官方语言的地位。因此,少数民族语言一般属于国家的弱势语言。少数民族语言的教育政策主要是处理好民族地区学校的教学语言问题、少数民族语言与国家强势语言以及外语在教育上的关系等问题。

3. 外语

在全球化时代,没有哪个国家可以孤立于世界大家庭而生活在"世外桃源"。要参与国际交流就需要学习外语。因此,每个国家的语言教育都不能没有外语的教育。外语也就理所当然地成为了一个国家语言教育政策的客体。外语教育政策涉及到外语语种的选择以及这些语种的分布和比例等宏观问题,还涉及到外语教学的开始时间、教学课时、教学方法、教材编写和测试体系等微观问题。

四、影响语言教育政策的因素

语言具有社会性,其社会性决定了语言的政策性。马苏哈拉(Masuhara 1998)[①]认为,国家教育政策与社会政治需求、市场因素和国家的经费、资源等因素密切相关。也就是说,一个国家的语言教育政策,首先要服务于国家的政治、经济和社会的需要。除此之外,还取决于国力,即教育资源的多少,学生原有水平的高低、语言学习规律等。也就是说"语言的教学理论模式不能完全脱离当时的社会和政治环境"[②]。一国的语言教育政策不能脱离该国的语言政策,以及国内乃至国际的社会语言大背景,因为许多教育部门颁布的语言政策受许多教育系统之外因素的影响和制约。因此,语言教育政策的制定、实施和分析都应该考虑到影响语言教育政策的诸多因素。斯波斯基(Spolsky 2004)[③]认为,影响语言政策制定的最主要因素有社会语言状况、国家语言意识形态、全球化和英语、语言权四个方面。这四个方面都是从语言的角度来分析的。但是,还有一些非语言因素对语言教育政策的影响也是不能忽略的。

(一) 社会语言状况

"社会语言环境"(sociolinguistic setting)应该被理解为,包括任何影响语言实践和语言信仰的东西,以及任何导致语言干预行为的东西。在某种程度上说,社会语言环境就是语言生态。霍恩博格(Hornberger

---

① 转引蔡基刚:"外语能力培养与我国外语政策",《外语与外语教学》,2003 年第 5 期,第 30 页。

② Philipson, R. 2000. *Linguistic Imperialism*. Shanghai: Shanghai Foreign Language Education Press, p. 90.

③ Spolsky, B. 2004. *Language Policy*. Cambridge: Cambridge University Press, p. 75.

2002)①认为,没有一种语言可以脱离其他语言及其使用者而独立存在,语言生态具有三个主题:语言与其他语言在一个生态系统中共同生存与发展;语言与它们所处的社会政治、经济和文化环境相关;在生态系统中,语言若没有足够的环境支撑就会进入濒危状态。

人类的生活发生了变化——从游牧民变为农民或畜牧者,这一变化减少了语言的多样性。同样,欧洲的扩张和工业化也减少了语言的多样性。也就是说,社会变化影响了语言的多样性,所以,有人认为要维持语言的多样性不是靠语言政策,而是要靠社会政策。为了强调这一点,美国非洲裔语言学家马福威(Mufwene)②使用了一个非常引人注目的比喻:他把语言视为一种寄生的物种,"一种语言的生命与活力取决于其寄主(即该语言的使用者)的行为和性情、该语言使用者所构成的社会状况和该语言使用者所处的文化背景"。

语言和语言教育政策都是存在于极其复杂的、相互作用的和动态变化的社会环境中。语言管理必须与这种环境作斗争。改变这种环境中任何一部分都可能会对另一部分产生相关的影响。许多非语言因素(如政治、人口统计、社会、宗教、文化、心理、官僚等等)都会促使某些个人或团体干预另一些个人或团体的语言实践和语言信仰,从而发生连锁变化。费什曼等③指出:"只研究一小部分的变项而得出结论的研究容易误导人们,使人们智力贫乏。而现实世界的实际情况是变项众多,它们之间的关系错综复杂。"只利用与语言相关的数据,采用简单的因果方法,就能阐明有效的语言教育政策,这是不太可能的。因为现实世界环境复杂,充满变项。语言规划不可能脱离当时的环境。有许许多多的条件会影响到语言政策。正如弗格森(Ferguson)④所说,"所有的语言规划活动都发生在特定的社会语言环境之中,只有考虑到当时的环境才能彻底地理解这些语言规划的性质和范围。"因此,语言教育政策的制定除了要遵循人类语言习得理论外,还必须符合国情。

(二)国家语言意识形态

语言意识形态就是人们对语言及其使用的看法和观点,在某种程度

---

① Hornberger. N. H. 2002. *Multilingual Language Policies and the Continua of Biliteracy: An Ecological Approach*. In *Language Policy*. 1(1): 27—51, pp. 35—36.

② Mufwene, S. S. 2001. *The Ecology of Language Evolution*. Cambridge: Cambridge University Press, p. 17.

③ Fishman, J, A. et al. 1991. *A Methodological Check on Three Cross-Polity Studies of Linguistic Homogeneity/Heterogeneity*. In M. E. McGroarty & C. J. Faltis (eds.). *Languages in School and Society: Policy and Pedagogy*. Berlin/NY: Mouton de Gruyter, p. 28.

④ Ferguson, C. A. 1977. *Sociolinguistic Settings of Language Planning*. In J. Rubin, B. Jernudd, J. Das Gupta, J. Fishman and C. Ferguson(eds.). *Language Planning Processes*. The Hague: Mouton, p. 9.

上也就是语言观(详情见本书第三章)。语言意识形态影响着语言实践和语言管理,语言意识形态在潜意识中支配着人类语言教育政策的制定和实施。

但是,语言意识形态还有不少政治因素在里面。语言是没有阶级性的,但是语言的教育具有阶级性。语言的学习一定要涉及到文化的导入,外语的学习过程就是对外国文化和思维的了解过程。因为教育是有阶级性的,一定的教育反映一定的阶级要求并为之服务,它主要体现在教育的目的、制度、方针、内容和方法上。任何一种社会制度都要以它的意识形态来教育和影响学生,古今中外概莫能外。政策都是为政治服务的,语言教育政策也同样受政治的影响。"语言在各个国家和地区都已经被高度政治化了。"[1]例如,在英国统治时,香港的语言政策特点是"重英轻中",香港的官方语言和教学语言只是英语,在中国的土地上粤语却难登大雅之堂,普通话则成了灰姑娘。在香港于1997年回归祖国后,香港的语言政策特点是"中英并重",汉语和英语都是当地的官方语言和教学用语。

(三) 全球化和英语

在农业文明阶段,由于各个民族、各个国家相互之间的联系还不够广泛,所以,那时的语言规划主要是针对一国而言的。现代社会,特别是在全球化时代,任何一个民族和任何一个国家都不能置身于与其他民族和其他国家的联系之外了。全球化给语言教育的多样性带来机遇也带来挑战,因为全球化加快了人口的流动和语言的接触,从而导致言语交际圈的多元化,语言形式呈现出多样化趋势。

另外,外语市场跟其他市场一样,受供求关系的影响。现在市场的主要语言都被几种欧洲语言所占领,其中最具有霸主地位理所当然是英语。作为一种商品,英语支撑着一个巨大的产业,比任何其他语言都产生了更大的产值。[2]而且,全球化使得英语如虎添翼。我们不难发现,全球化和美国化正在对所有国家的文化和语言构成威胁。为了鼓励本国学者国际化,许多大学和研究机构更看重发表在"国际"刊物上的东西。而国际性刊物采用的国际性语言,基本上就是英语。菲利普森[3]在《语言帝国主义》一书中指出:"英语的特权地位在一定程度上将会永远持续下去,因为英语在媒体上占据主导地位。"英语是全球经济的主要语言,而且英语也是科学、国际政治、体育的主要语言。现有约15亿人说英语,约30亿

---

[1] Chen, P. & Gottlieb, N. 2001. *Language Planning and Language Policy: East Asian Perspectives*. Richmond, Surrey: Curzon Press, p.16.

[2] Cited from Coulmas, F. 2005. *Sociolinguistics*. Cambridge: Cambridge University Press, p.165.

[3] Philipson, R. 2000. *Linguistic Imperialism*. Shanghai: Shanghai Foreign Language Education Press, p.30.

人接触英语。世界主要国际机构,如世界银行、欧盟、联合国等都使用英语。斯波斯基①指出：在20世纪末,由于全球化的影响,英语作为一种全球性的辅助语(auxiliary language),在越来越多的领域显示出它的重要性。这股力量影响着世界上几乎所有国家的社会语言库(sociolinguistic repertoire)。在21世纪,所有的国家在语言政策上不管会遇到什么别的问题,但是,他们都必须处理好英语在其国家的地位问题。美国波士顿学院国际高等教育研究中心主任阿特巴赫②教授认为："在科学交流、教学、特别是在因特网方面,把英语作为通用语(lingua franca)可以使交际更容易和更迅速。"英语作为一种全球性语言是当今任何国家在制定和实施语言教育政策时都必须考虑到的一个重要因素。

在这种背景下,各国的语言教育政策都不能忽略全球化和英语这两个一体的国际因素。大多数非英语国家在制定本国的外语教育政策时都把英语作为本国的第一外语。不过,欧共体决定在教育界选用两种外语,一种是英语,另一种是英语之外的外语,以此来对抗英语所造成的影响。

（四）人们对语言权既是民权又是人权的认识

第二次世界大战后,民权运动在世界各地纷纷出现,美国于1964年通过了《民权法》,人们意识到语言使用是个体所具有的基本民权,也是大家所具有的基本人权。民权和人权的普适性和道义性是当今国际社会都必须维护和遵守的。随着全球化的进程,社会语言学界、国际组织(如联合国)和地区组织(如欧盟)不断呼吁人人享有语言权,即人们有使用和享有自己语言的权利。其目的是为了保护弱势语言,保持世界语言和文化的多样性。现在人们也开始逐渐意识到语言权既是民权又是人权,因此,各国在制定自己的语言教育政策时都不能不考虑到这个因素。双语教育和多语教育是满足这一要求的最好办法,这也是联合国教科文组织所积极倡导的教育精神。

（五）非语言因素

语言和语言教育政策都存在于极其复杂的、相互作用的和动态变化的环境中。语言管理和语言政策的制定都必须与这种环境作斗争。因此,影响语言教育政策制定的因素除语言因素外,还有许多非语言因素(如政治、经济、人口、社会、宗教、文化、心理、地理、官僚等等)。这些非语言因素都可能会促使某些个人或团体干预另一些个人或团体的语言实践和语言信仰,从而发生连锁变化,最终影响到政策的出台。例如,任何政策的制定都包含了政治因素,政策都是政治的一种体现。在英语里,"政

---

① Spolsky, B. 2004. *Language Policy*. Cambridge: Cambridge University Press, p. 58.
② Altbach, P. 2001. *Higher Education and the WTO: Globalization Run Amok*. International Higher Education, No. 21(spring): 2.

策"(policy)和"政治"(politics)两个单词具有相同的词根,由此可见,"政策"与"政治"的亲密关系。斯波斯基①指出:"在实际环境中,语言政策,甚至是本体规划层面上的语言政策,都少不了政治因素。"再如,任何政策的实施都不是在真空中进行的,它的实施需要有经济基础作后盾,所以,任何脱离本国经济状况的语言教育政策都是难以实现的。

五、语言教育政策的意义

语言教育政策是语言政策和教育政策的重要组成部分,语言教育政策的研究、制定和实施对国家的发展、社会的稳定、民族的团结和国际交流等方面都非常重要。中国当代语言教育政策的历史证明:缺乏语言教育政策或制定错误的语言教育政策都会给国家、集团和个人造成巨大的损失,带来严重的后果。

1. 有利于国家的意识形态和国民的整体素质

语言的保护、推广和学习主要从教育领域开始,并以教育领域为主。教育领域的语言教育状况和语言使用情况,既反映出一定的社会语言心态,也会对社会用语产生一定的辐射和影响。此外,语言作为一种主要的软实力对语言学习者的意识形态具有润物细无声的作用,因为语言的教育离不开文化的熏陶,而语言的教育和文化的熏陶大都在学校中进行。所以,艾坡尔(Apple 1982)②认为:学校能通过选择强势文化的内容和形式,并把它们作为正统知识传给下一代,以便保留其集体特权;学校能协助重塑强势文化;学校还可以使新知识、新种类和社会出现的新阶层合理化;学校可以归类人和使知识合理化,或者使人合理化和归类知识。

另外,语言教育政策有利于国民素质的提高。语言伴随和影响着每一个公民的每一天,科学的语言教育政策对于学生的素质影响巨大。因为语言教育政策关乎学校的教育公平、学生的认知能力和自学能力。

2. 有利于国家的统一和民族的团结

胡文仲教授③指出:"语言政策是一个十分敏感的领域,处理得是否妥当涉及一个国家的政局稳定、民族团结和国际地位,因此,各个国家的政府对于语言政策莫不给予极大的关注。"语言教育政策是为政治服务的,良好的语言教育政策有利于提高全社会的语言交往效率、加强民族语言的社会凝聚力和促进国家的社会稳定和经济发展;有利于保护少数民族语言,推动多语教育。科学的语言教育政策能够促进民族和国家的认同,有利于国家的统一和民族的团结。

---

① Spolsky, B. 2004. *Language Policy*. Cambridge: Cambridge University Press, p. 35.
② Cited from Corson, D. 1999. *Language Policy in Schools: A Resource for Teachers and Administrators*. Mahwah. NJ/London: Lawrence Erlbaum Associates. Inc., p. 17.
③ 胡文仲:"我国外语教育规划的得与失",《外语教学与研究》,2001年第4期,第245页。

语言是民族的灵魂,所以,语言问题会引发民族问题,语言教育政策会影响到国家各语言之间的关系和协调发展。在人类的发展过程中,语言教育问题层出不穷。不管是出于什么原因,如果人们对某种语言情况感到不满,那么就有规划该语言并制定相关语言政策的必要。否则,语言问题得不到及时处理或处理不当,都有可能引发民族问题或社会骚乱。例如,加拿大魁北克和印度阿萨姆(Assam)地区在上个世纪后半叶都因语言问题而引发了社会动荡。豪根(1984)认为,哪里有语言问题,哪里就要求对语言进行规划。综观人类语言发展的历史,我们可以看出在语言发展的过程中,人类是可以对语言进行有意识的规划。而且,语言也是需要规划的。语言是人类创造的,语言的教育、发展和推广也需要人类的规划。何况"我们处在一个规划的时代,不管是经济、城镇,还是家庭,它们都要有规划。语言也不能逃脱这一总体趋势。语言规划影响着全世界众多人民的生活"[1]。维因斯坦(Weinstein)[2]认为,越来越多的学者相信,语言规划实际上就是通过对语言的干预,来解决社会经济、政治问题的一种方法。

3. 有利于国家的对外交流和国际形象

在全球化时代,任何国家都很难脱离世界的大家庭而过着"自力更生"的隐居生活。因此,语言教育政策不但影响到本国的诸多方面,它还影响到本国的形象、国际关系和国际舆论。国家强势语言的对外推广、本国少数民族语言的保护、语言人权的实施以及外语教育政策都会引起国际组织(如联合国)和许多相关国家的关注和评论。例如,印度的多语政策因非常符合联合国和联合国教科文组织所积极倡导的多语教育政策而经常受到表扬。匈牙利因本国的外语教育政策不利而在欧盟统计局发布的调查报告中"被占据"了"外语盲"榜首的位置,据说,该国四分之三的成年人(25—64岁)不懂任何一门外语,虽然99%的匈牙利高中生被要求学习至少一门外语。[3] 拉脱维亚因实行了视俄语为外语的语言教育政策而遭到俄罗斯的谴责,俄罗斯认为该语言教育政策具有歧视性,"企图将占拉脱维亚三分之一人口的俄语母语民族驱除出一切公共和商业活动"。[4] 因此,在全球化时代,"语言教育政策被视作是解决国际交际问题的一种

---

[1] Halliday, M. A. K. 2007. *Language and Education*. Beijing: Peking University Press, p. 219.
[2] Weinstein, B. 1980. *Language Planning in Francophone Africa*. In *Language Problems & Language Planning*, Austin: University of Texas Press. p. 56.
[3] 中国外语战略研究中心:《外语战略动态》,2010年1月5日,总第4期,第42页。
[4] 同上,2009年4月5日,总第1期,第30页。

手段"。①

第四节 语言教育政策领域的部分专业术语简介

为了便于本书的论述,现将本书中涉及到的一些常用的、而且书中其他地方没有进行界定的、与语言教育政策有关的专业术语集中简述如下。

1. 母语(Mother Tongue)

根据联合国教科文组织(2003)②的标准,"母语"包含以下内容:首先学会的语言;自己认同的语言或被他人认为是该语言的母语使用者;自己最为熟练的语言和使用最多的语言。"母语"也可被称为"首要语言"或"第一语言"。母语能力是人生最为重要的能力,人生而具有母语权利。

在教育中,"母语"有两重含义。从狭义上说,母语是指各自的民族语言,如蒙语是蒙古族人的母语,藏语是藏族人的母语。从广义上说,母语是一个民族国家的共同语,通常是一个国家的国语,如汉语就是包括中国56个民族在内的中华民族的母语,法语是包括法国各个民族在内的法兰西民族的母语。

2. 国语(National Language)

国家语言,简称国语。俄罗斯的彼戈尔金认为:"国语是国家政府与居民沟通、与公民对话的语言;用来颁布法律和法令,起草官方文件,进行会议记录和速记记录,开展权力管理机关和法院的工作,书写公文和进行官方书面往来的语言;也是官方牌匾和文字说明、印刷和印章、国内商品的包装、路标和街道与广场的命名所用的语言;还是学校和其他教育机构用来进行教育、公民应该学习和积极使用的语言;在电视、广播、报纸、出版、杂志中的广泛使用也是国语的用途之一。"③

国语是指在全国范围内各个民族、各个地区之间的通用语。通常它是从一国的本土语言(indigenous language)或民族语言发展而来,最后成为该国家的最主要语言,即强势语言。一个国家的国语的发展需要得到该国官方或宪法的认可和保障。一般一个国家只有一种国语,但是也有例外,例如,瑞士有四种国语——德语、法语、意大利语和罗曼什语(Romansh)(前三种是官方语言,后一种是半官方语言)。

---

① Barenfanger, O. & Tschirner, E. 2008. Language Educational Policy and Language Learning Quality Management: The Common European Framework of Reference. Foreign Language Annals. Vol. 41, No. 1; 81.

② 联合国教科文组织:《多语并存世界里的教育》,巴黎:联合国教科文组织出版,2003,第15页。

③ 彼戈尔金,A. C. 著,杨艳丽译:"俄罗斯联邦的语言法:经验和发展问题",周庆生《国外语言政策与语言规划进程》,2001,第269页。

此外,"国语"在中国还有一个意思,就是旧时(特别是民国时期)指中国中小学的语文课。① 本书中的国语都是指第一种意思。

3. 官方语言(Official Language)

官方语言就是"在政府公务(government business)中,如立法、执法、行政、司法以及其他各种功能性活动中所使用的语言"。② 一般情况下,一国的国语就是该国的官方语言,在学校中承担教学媒介语的角色(详情见本书第四章第三节),例如,我国的国语和官方语言都是汉语。但是,有些国家的官方语言可能有几种,例如,印度的国语是印地语,而官方语言是印地语和英语(若包括副官方语言就有19种),新加坡的国语是马来语,但是官方语言却有四种:英语、华语、马来语和泰米尔语。此外,可巴鲁比亚斯(Cobarrubias 1983)把官方语言分为三类:本土语言官方语(endoglossic)、殖民语言官方语(exoglossic)和混合语官方语(mixed)。③

国语是国家身份的语言象征,它具有在地理位置上和功能上的广泛传播特点,而官方语言主要强调的是语言的功能作用,人们可以"选择"、"指定"或"宣布"官方语言,而国语更强调的是"推广"。④

4. 汉语、国语、普通话、华语、中文和中国语(Putonghua, Mandarin & Chinese)

国语是民国时期的中国中小学的语文,现在"国语"一词在台湾用得多。汉语是指汉族人的母语,中国大陆于1955年改国语为普通话,普通话是汉民族的共同语,也是全国各族人民的通用语。"汉语"和"普通话"主要在中国大陆用得多。"华语"或"华文",是指全世界华人的共同语,该词在东南亚用得比较多。"中文"在欧美用得多。"中国语"是仅在日本使用。正如周有光先生⑤所说:这些名称都是全世界华人的共同语,名称不同,实质相同。它们不是相互排斥,而是相互补充。

5. 民族语言(Native Language)

民族语言也叫本族语,在一般情况下也是人们的母语。联合国教科

---

① 中国社会科学院语言研究所词典编辑室:《现代汉语词典》,北京:外语教学与研究出版社,2002年版(增补本),第744页。

② Zall, B. W. & Stein, S. M. 1990. *Legal Background and History of the English Language Movement*. In K. L. Adams & D. T. Brink(eds.). *Perspectives on Official English: the Campaign for English as the Official Language of the USA*. Berlin & New York: Mouton de Gruyter, p. 262.

③ Ruiz, R. 1990. *Official Languages and Language Planning*. In K. L. Adams & D. T. Brink(eds.). *Perspectives on Official English: the Campaign for English as the Official Language of the USA*. Berlin & New York: Mouton de Gruyter, p. 19.

④ Ibid, p. 20.

⑤ 周有光:"语文运动的回顾与展望",《语言建设》,1989年第2期。

文组织①在1951年给"母语或本族语"的定义是：一个人在年幼时习得的语言,该语言通常是该人思维和交际的自然工具。简单地说,民族语言就是在某一民族内部使用的语言。民族语言中有在全民族范围内通用的民族共同语,也有在一定区域中使用的方言。世界上有大约5000多个民族,6000多种语言,200多个国家。因此,不可能每一种民族语言都成为国语。民族语言是自然形成的,而国语是人为选择的。

6. 土著语言(Aboriginal Language/Autochthonous Language/Indigenous Language)

土著语言也叫原住民语言,是一个地方土生的语言,为当地的土著人所使用。土著语言由于其地位较低以及使用人口较少,因此,土著语言都归入了少数民族语言的行列。过去,大多数土著语言都受到殖民主义的影响。现在,所有的土著语言都受到全球化的影响。所以,土著语言都面临着生存危机。

7. 世界性语言(World Language/Global Language/International Language)

世界性语言也叫全球性语言或国际语言,该语言除了有许多本族语使用者外,还有大量的二语或外语学习者。世界性语言不光使用人数多,而且使用的地理分布也广。它还用于许多的国际组织、外交事务和贸易中。因此,目前的世界性语言主要是欧洲的几种强势语言(特别是英语)。另外,"世界性语言"与"世界语"(Esperanto)是两个不同的概念,世界语是波兰眼科医师柴门霍夫(Zamenhof)于1887年设计的一种人造语言。"世界性语言"(world language)与"世界语言"(world's languages)也是两个不同的术语,世界语言是世界上所有语言的总称。

8. 通用语(Lingua Franca)

"Lingua Franca"(通用语)是一个来自意大利语的单词。联合国教科文组织(1953)把通用语界定为"一种不同母语的人习惯用来促进彼此交流的语言"。也就是说,通用语是指任何在母语人群之外广泛使用的语言。所以,通用语往往是交际双方的第三语言。通用语可以是国家间的通用语(例如,中国人与日本人用英语交流,英语是通用语),也可以是一个国家内地区间的通用语(例如,中国的新疆维吾尔族人与吉林延边的朝鲜族人用汉语沟通,汉语就是通用语)。

9. 语言关系(Language Relationship)

语言关系就是指不同语言之间在语言结构特点和语言使用功能上的

---

① UNESCO. *The Use of Vernacular Languages in Education*: *The Report of the UNESCO Meeting of Specialists*, 1951. The Use of Vernacular Languages in Education. Paris: UNESCO. 1953, pp. 45—75.

相互影响和相互制约的关系。① 语言关系本质上就是语言集团的社会关系。所谓语言集团就是一些具有共同的语言特征、共同的语言态度或情感、共同的语言要求的社会成员所形成的社会群体。任何一个人所使用的语言都属于某一民族语言、地域方言或阶层语言。在传统社会,各种语言或方言或多或少地还可以孤立地存在,以某种方言岛或语言岛的形式存在。然而,在全球化时代,各种语言之间的关系和联系就异常紧密了。语言关系是民族接触、社会影响在语言上的反映,与社会因素密切相关。不受他族语言、其他方言影响而独自发展的"纯语言"是不存在的。尤其在全球化时代,语言接触也就成了家常便饭。

10. 语言接触(Language Contact)

语言接触就是"在同一个地方和同一个时间使用两种或两种以上的语言"。②③ 有人把语言接触分为自然接触和非自然接触两种。前者是指发生在统一时空内,后者是指不受时空的限制。语言接触古已有之,而且无处不在。但是,全球化使得语言接触的时间更长、地点更广。在全球化时代,几乎没有哪个民族或哪个社区的语言可以不受外界的影响而完全独立。语言接触或多或少总是有的。波尔斯顿(Paulston 1992)④认为语言接触有三种结果:保持原有语言(即语言忠诚)、双语和语言转用。

一般来说,两种语言的接触,其中政策、经济、文化较强的民族使用的语言,使用人口较多的语言,具有较强的影响力。此外,民族关系的状况也在一定程度上作用于语言影响。民族关系好的时期,语言影响的幅度较大,也比较顺利;反之则会出现另一种情况。⑤

11. 语言选择(Language Choice)

语言本没有优劣之分,所有语言都是平等的。然而,语言的使用范围和功能有大小之分。虽然在全球化背景下,多语言和多文化是发展的趋势,但是,国家和个人都只能使用其中很小一部分语言,面对这种形势,国家和个人都要做出语言选择。例如,国家在选择国语或官方语言或学校的教学语言时都需要做出语言选择。个人在学习第二语言时也需要做出选择。

12. 语言影响(Language Influence)

语言接触的结果必然会出现语言影响,而语言影响必然会导致语言

---

① 姚亚平:《中国语言规划研究》,北京·商务印书馆,2006,第76页。
② Thomason, S. G. 2001. *Language Contact*. Washington, D.C.: Georgetown University Press, p. 1.
③ Coulmas, F. 2001. *The Handbook of Sociolinguistics*. 北京:外语教学与研究出版社与布莱克韦尔出版社, p. 258.
④ 波尔斯顿,刘建勋译:"少数民族与语言政策:四种案例分析",周庆生主编《国外语言政策与语言规划进程》,北京:语文出版社,2001,第39页。
⑤ 戴庆夏:《社会语言学概论》,北京:商务印书馆,2004,第94页。

结构(包括语音、词汇和语法)和语言功能(包括地位的升降、双语和语言转用等)的变化。制约语言影响的因素有内部因素(如语言本身的特点)和外部因素(如政治、经济、文化、人口、民族关系和宗教等)两种。①

13. 语言竞争(Language Competition)

面对语言选择,语言之间就存在着竞争。语言就像国家和帝国一样,它们之间是互相竞争的(Wardhaugh 1987)。② 强势语言在竞争中都形成了自己的势力范围,例如,英语世界(Anglophone)、法语世界(Francophone)、西班牙语世界(Latino/Hispanic)等。这些西方发达国家,特别是美国,在语言的使用和文化传播上占据了主导地位。全球化时代语言竞争的结果导致大量的语言变化:一方面,语言竞争加速了语言传播的速度,世界上出现了不少双语人或多语人;另一方面,语言竞争又加速了语言消亡的进程,不少国家都出现了语言转用(language shift)的现象。

14. 语言冲突(Language Conflict)

在语言接触中,必然会出现语言冲突的现象。语言冲突就是"两种或两种以上的语言为了争夺语言地位而出现互相竞争的状况"。③ 语言冲突有自然的语言冲突和人为的语言冲突两种。④ 全球化进程中导致的语言冲突大部分都属于后一种。

15. 语言变化(Linguistic Change)

世界上所有的语言都处在不停的变化之中。语言变化有两层含义:一是指语言使用者人数的变化,当语言人数增加时,说明语言处于传播和发展的状态,这往往是强势语言的现象;当语言使用人数递减时,表明该语言处于萎缩,甚至濒危状态,这一般是弱势语言的表现。二是指语言本体(如语音、词汇和语法)的变化。语言的本体(尤其是词汇)是随着社会的变化而变化的。例如,英语的发展经历了古英语、中古英语和现代英语三个时期。

16. 语言态度(Language Attitude)

语言态度是人们对不同语言在情感、价值等方面形成的较为稳定的看法和观念。语言态度不仅会影响人们对一种语言的学习,也会影响人们对一种语言的使用。研究表明,从语言本身的角度来看,无法说哪一种语言优于另一种语言。但是,人类是有情感的,人类对万物通常都会有一种价值取向,对待语言也会表现出一种态度,例如,城里人认为农村人说

---

① 戴庆厦主编:《社会语言学概论》,北京:商务印书馆,2004,第93—94页。
② Schmid, R. Sr. 2000. *Language Policy and Identity Politics in the United States*. Philadelphia: Temple University Press, p.39.
③ Spolsky, B. 2000. *Sociolinguistics*. Shanghai: Shanghai Foreign Language Education Press, p.123.
④ Nelde, P. H. 2001. *Language Conflict*. In F. Coulmas(ed.). *The Handbook of Sociolinguistics*. 北京:外语教学与研究出版社与布莱克韦尔出版社,第293—294页。

的话土,同样是方言,有人却认为粤语和上海话好听、洋气。

从语言态度来说,各语言集团总是倾向于强调自己集团的语言个性,力图在全社会,乃至全世界的融合与整合中,强调对自己语言特征的突出与保存。比如人们对自己的民族语言、方言都有强烈的依恋感。语言态度影响甚至决定着人们的语言选择和语言应用,也影响着语言教育政策的制定和实施。例如,法国人对英语的语言态度就是"抵制"和"嘲笑",为此,法国制定了"英语跟屁虫奖",一位建议法国小学开设英语课的法国教育部部长就"荣"获此奖。①

17. 语言忠诚(Language Loyalty)

语言忠诚就是"一个国家的少数民族使用该国优势语言之同时竭力保持自己的民族语言的现象"。② 当某种语言的存在受到威胁时,使用该语言的社团或个人对这种语言所进行的维护行为就属于语言忠诚行为。此现象多见于双语或多语地区或移民群中。③ 语言忠诚表现为语言维持。语言忠诚度越强的民族,语言转用的速度就越慢,反之亦然。不同民族或民系④的语言忠诚度各不相同,例如,位于我国赣南、粤北和闽西的客家人就有"宁卖祖宗田,不忘祖宗言"的说法,这是一种语言忠诚的思想。

18. 语言维持(Language Maintenance)

语言维持也叫语言保持,就是人们在一个发生语言转用的言语社区坚持使用和传承以前的语言。⑤ 例如,在韩国,教下一代韩语,这不是语言维持。但是,在日本大约有60万韩国人,这些人让下一代学习韩语就是语言维持。⑥ 当人们不在生活或工作中使用某种语言时,该语言就很难得到维持。

19. 语言转用(Language Shift)

语言转用就是一种语言逐渐取代另一种语言,所以语言转用也叫语言取代(language replacement)或语言漂移(language drift)。语言转用往往是由于大量的语言接触所导致的结果。大量的语言转用容易导致另一种语言(一般是弱势语言)的濒危和死亡。库尔马斯(Coulmas)⑦指出:"语言取代是一个长达数千年的漫长过程。但是,在全球化时代,世界形势变化多端,这个过程已经大大地缩短了。"语言转用现象往往同人的年

---

① 转引冯广艺:《语言和谐论》,北京:人民出版社,2007,第183页。
② 劳允栋:《英汉语言学词典》,北京:商务印书馆,2004,第321页。
③ 李延福主编:《国外语言学通观》(下),济南:山东教育出版社,1996,第723页。
④ 民系是民族的下位概念,即一个民族由若干民系组合而成。
⑤ Weinreich, U. 1953. *Languages in Contact*: *Findings and Problems*. New York: Linguistic Circle of New York, p. 68.
⑥ Coulmas, F. 2005. *Sociolinguistics*. Cambridge: Cambridge University Press, p. 157.
⑦ Ibid, p. 151.

龄成反比,越年轻的人群,语言转用人数的比例越高。制约语言转用的社会条件有以下四个原因:民族的融合、居住的变迁(如杂居或散居)、跨族的婚姻和脱离民族主体的行为。

20. 扭转语言转用(Reversing Language Shift)

扭转语言转用就是为了阻止语言转用而付出的努力。[①] 世界上不乏扭转语言转用成功的例子,如以色列成功地扭转了犹太人向其他语言的转用,复活了希伯来语。美国的语言政策专家费什曼对扭转语言转用进行了较多的理论研究。

21. 语言损耗(Language Attrition)

语言损耗,也叫语言磨蚀或语言流失。语言损耗"就是在某一特殊的活动中,丧失了对曾经掌握的语言(L1或L2)的自我调节水平,短暂地回到了以前的见物不见词的阶段。"[②]语言损耗表现为词汇减少,语言结构简化。语言损耗是语言接触所导致的负面结果。

22. 濒危语言(Endangered Language/Threatened Language/Dying Language/Language at Risk)

濒危语言就是面临灭绝的语言。濒危语言现象已经成为一个全球性的热点问题,然而对于如何判断语言处于濒危状态的标准并没有形成一致的看法。一般来说,语言濒危最直观的表现有两个:(1)语言使用者的人数。(2)语言使用者的年龄分布状况。如果一种语言使用者的绝对人数很少(比如只有一万或者更少),并且语言的使用者只是老年人,中年以下的成员已经放弃了母语而更多地使用,甚至转用其他的语言,那么就可以预计这种语言将会在一定的时期内趋于消失。中国社会科学院民族学与人类研究所研究员徐世璇[③]认为:"处于濒危状态的语言具有不同于一般语言的特征,其中最为明显的是使用人数少、通行地域小、语言功能退化、语言系统不稳定等。"而联合国教科文组织制定的濒危语言的标准更为宽泛,该标准包括:[④](1)使用这种语言的人在整个人口中所占的比例。(2)现存的一些主导语言中这种语言的发展趋势。(3)这种语言对新领域和媒体的反映。(4)有关语言教育和文学方面的材料。(5)政府及教学机构对该语言的态度和政策。(6)本民族人对自己语言的态度。(7)语言文件的数量和质量。

濒危语言的保留者常常是高龄人群,所以,有人认为,对于濒危语言

---

① Spolsky, B. 2000. *Sociolinguistics*. Shanghai: Shanghai Foreign Language Education Press, p. 125.
② Schmid, M. et al. 2004. *First Language Attrition: Interdisciplinary Perspectives on Methodological Issues*. Amsterdam/Philadelphia: John Benjamins Publishing Company, p. 69.
③ 徐世璇:"论濒危语言的文献记录",《当代语言学》,2007年第1期,第45页。
④ 《致联合国教科文组织关于保护濒危语言的行动方案的提案》,巴黎,2003年3月10—12日。

来说,一个老年人的去世就相当于一个图书馆被烧毁。

23. 语言死亡(Language Death/Extinct Language)

语言死亡也叫语言消失(language loss)、语言消亡(language demise)。语言死亡是指某语言因长期无人使用而灭亡。例如,拉丁语、巴利语、高卢语、哥特语和梵语现在都是死亡的语言。造成语言死亡的主要原因是:语言转用、民族灭绝和民族散居。① 德莱斯勒(Dressler 1988)根据语言死亡的性质把语言死亡的原因归类为以下两种情况:一是语言自杀(language suicide),二是语言谋杀(language murder)。②语言自杀是指在两种或两种以上语言共存的言语社区,弱势的语言不断向强势语言借用词汇和语言结构,最终导致自己语言的衰弱死亡。语言谋杀是由于人为的过分强调某一语言而打压另一种语言,而导致一种语言的死亡。

当一种语言消失后,许多文化也随之消失。语言的生命取决于语言的使用者,当一门语言没有使用者时,就意味着语言死亡。③

---

① 李宇明:"论母语",《世界汉语教学》,2003 年第 1 期,第 55 页。
② Cited from McMahon, April M. S. 1994. *Understanding Language Change*. Cambridge: Cambridge University Press, pp. 284—291.
③ Thomason, S. G. 2001. *Language Contact*. Washington, D. C.: Georgetown University Press, p. 223.

第五章　全球化背景下中美强势语言教育政策之比较

语言生活,又称语言状况(language situation),国外则叫语言生态。实际上,语言生活就是指人们使用语言文字的情况。语言生活伴随着人类社会的产生、进步而存在、发展,它受语言本身的演变和社会多种因素(如政治因素、经济因素、文化因素等)的影响,因而不同时期、不同社会、不同国家、不同民族、不同地区常常有不同的语言生活。[①] 在全球化时代的语言生态中,要找到一个纯粹的单语国家是很难的,因此,多语现象是国际语言生态的共性。双语教育或多语教育也就理所当然地成为了各国不得不面临的挑战。中国的语言生活包含汉语(强势语言)、少数民族语言和外语,所以,中国的语言教育生态就包括了汉语教育、少数民族语言教育和外语教育,中国的语言教育政策也就理所当然地包含了汉语教育政策、少数民族语言教育政策和外语教育政策。美国的语言生活包含英语(强势语言)、少数民族语言和外语。美国的移民语言既属于少数民族语言,又属于美国的外语,本书把美国的移民语言归类于外语部分。因此,本书把美国的语言教育生态划分为英语的教育、少数民族语言(即美国土著语言)的教育和外语的教育,把美国的语言教育政策也划分为英语教育政策、少数民族语言教育政策和外语教育政策。

第一节　全球化背景下的强势语言教育与母语教育

一、全球化背景下的强势语言教育

(一)强势语言的定义

强势语言(dominant language)就是指在一定范围内在语言使用者数量和语言地位上都占绝对优势的语言。强势语言可分为国际强势语言、国家强势语言和地区强势语言。例如,英语是国际强势语言,汉语是中国的国家强势语言,维语是新疆的地区强势语言。本书出现的强势语言在没有特定语境时一般都指国家强势语言。

---

① 陈章太:《语言规划研究》,北京:商务印书馆,2005,第85页。

英国社会语言学家沃德霍(Wardhaugh)①说："语言学家都公认,所有的语言在服务功能上是同等的,而且没有哪种语言本身比其他语言更好或更差。"但是,语言在使用人数和习惯地位上还是存在着差异的。有些语言具有通用语的功能,有些语言则不具备这种功能。通用语的使用领域也有不同层次:国际通用语、国家通用语和地区通用语。一个国家或地区的通用语一般只有一种,偶尔也有几种的。全国通用语言一般都是该国的强势语言或优势语言,也只有强势语言才能为大多数的人所接受,并成为一国的通用语言。因此,"强势语言"也叫"通用语"(lingua franca/common language)或"优势语言"(strong language),有时还叫"交际广泛语言"(language of wider communication)。

一个国家的强势语言教育包括国内推广教育和国际推广教育。强势语言的国内推广教育就是国内强势语言的同化教育,强势语言的国外推广就是语言的国际传播,或者叫语言国际传播。一般而言,强势语言的国内教育政策的制定是基于语言工具论、语言身份论和语言资源论的语言观,而强势语言的国外推广政策的制定往往是受到语言软实力论和语言身份论的影响。

(二) 强势语言的标准

在中国的语言实践中,国语、官方语言和全国通用语言都是汉语。而在美国的语言实践中,"英语实际上是起着通用语和官方语言的双重作用",②但是,出于种种原因的考虑,美国在宪法上至今尚未指明美国的国语和官方语言是英语。为了使全书的术语统一化,本书在各级标题中都沿用"强势语言"来代指"国家通用语"。另外,本书想借戴庆夏教授的话在"这里说明一下,我们这里使用'强势语言'与'弱势语言'的名称,是为了区分语言功能的大小,这是属于社会语言学的概念,与语言结构特点的差异无关,因而丝毫不含有轻视弱势语言的意味"。③

由于任何一种语言被选为国家通用语时,其使用者都会获得一种巨大的优势,相反,自己母语未被选为国家通用语的人则要蒙受一些损失,他们最起码需要花时间和精力去学习和使用新选出来的国家通用语。因此,官方决定哪一种语言作为国家的通用语就成为了一个非常棘手的难题。选择国家通用语的标准一般是根据语言的强弱来决定的。

语言本没有好坏之别,但有强弱之差。决定某种语言强弱的多半是

---

① Wardhaugh, R. 1987. *Languages in Competition: Dominance, Diversity, and Decline*. Oxford: Basil Blackwell Ltd., p. 11.

② Zall, B. W. & Stein, S. M. 1990. *Legal Background and History of the English Language Movement*. In K. L. Adams & D. T. Brink. *Perspectives on Official English: the Campaign for English as the Official Language of the USA*. Berlin & New York: Mouton de Gruyter, p. 262.

③ 戴庆夏:"语言竞争与语言和谐",《语言教学与研究》,2006年第2期,第2页。

语言之外的政治、经济、人口、社会、文化等因素。复旦大学的游汝杰和香港城市大学的邹嘉彦(2001,2009)[①]指出,一种语言的综合竞争力主要包括以下五个因素:第一,政治竞争力,即政府和国际组织的语言规划和语言政策是否对某种语言有利以及有利的程度。第二,文化竞争力,即语言所依托的文化是强势还是弱势。第三,经济竞争力,即语言所依存的语言社区的经济发展水平和经济实力。第四,人口竞争力,就是使用和学习该语言人口的多寡。第五,文字竞争力,即某语言有无文字系统及其文字系统的优劣。第六,宗教竞争力,即一种宗教是否有统一的常用语言,以及教徒对这种语言的忠诚度。

此外,周有光先生(2004)[②]认为强势语言的形成有两个基本的标志:一个是有共同的语音,即书同文,语同音。只有书同文和语同音才能进行笔头和口头的交流。二是成为学校的教学语言。只有当一种语言成为了学校的教学语言时,这种语言才能更容易地得到普及。

美国社会语言学家弗格森[③]提出了更加具体的语言优势的三个标志:语言使用者在数量上占优势,也就是说如果一个国家半数以上人口操某一语言,那么该语言就足以压倒其他语言;一个国家里操其他语言的当地人学习某种优势语言的广度;用于服务明显的国家目的,如出版法规的官方文本、公立学校的教学用语和军事通讯。

我们按照上述邹嘉彦和游汝杰提出的五个因素、周有光的两个标志和弗格森的三个标志都很容易证明汉语和英语分别是中美两国的强势语言。汉语在中国的具体数据如下:根据中国2000年和2010年两次全国人口普查资料,汉族人口占中国人口总数的91.59%和91.51%,达到11.59多亿;汉语是汉族的本族语,也是中国的国语、官方语言和学校的教学语言;从汉语在中国各种社会领域中的使用程度来看,汉语不但使用人口最多,而且在行政、文化、教育、经济等各个领域中都被优先使用。英语在美国的具体数据如下:根据美国1980,1990,2000和2010年的四次人口普查结果,美国在家只说英语的人(五岁以上)分别达到89.0%、86.2%和82.0%和80.4%,在工作中使用英语的人数肯定要更高,因为有些移民在家说母语,在外说英语;从世界各地带到美国的语言构成了美国复杂的语言马赛克现象,费什曼[④]对这些语言马赛克的研究记载了美国语言同化进程的结果,他的研究资料显示,大部分从非英语国家来美的移民在两

---

① 邹嘉彦、游汝杰:《汉语与华人社会》,上海:复旦大学出版社,2001。游汝杰、邹嘉彦:《社会语言学教程》,上海:复旦大学出版社,2009,第234页。
② 周有光:《周有光语言学论文集》,北京:商务印书馆,2004,第135页。
③ 查尔斯·弗格森著,周庆生译:"国家发展中的语言因素",周庆生主编《国外语言政策与语言规划进程》,北京:语文出版社,2001,第5页。
④ Spolsky, B. 2004. *Language Policy*. Cambridge: Cambridge University Press, p.93.

三代之间就转向了英语;20世纪的前几十年间,美国各州通过了一些成文法,这些法律都限制本州的公立学校(甚至私立学校)使用英语以外的其他语言作为学校的教学语言。不过,后来美国最高法院基于《美国宪法》第14修正案,解除了私立学校不得使用英语以外的其他语言的禁令。

(三)强势语言教育的作用

世上任何国家都会、而且也必须选定并发展一种语言作为本国的强势语言。即使在采用多种国语或官方语言的国家,这些语言也有主次之分,有时还各有不同的分工。例如,新加坡有四种官方语言,英语却是最强势的;加拿大的官方语言有英语和法语,英语是主要的;瑞士有四种国语,却以德语为主。各国强势语言的培育和发展主要靠教育,因此,强势语言的教育对于一个国家具有非常重要的作用。

1. 有利于国家政治上的统一

美国语言学家萨丕尔和沃尔夫(Sapir & Whorf)在20世纪30年代提出的"语言决定论"(linguistic determinism)认为,语言可以决定人们的思维、决定人们的世界观。该理论虽然遭到不少人的质疑,但是随着时间的推移,有些人发现"语言决定论"也不是一无是处,"语言可以在不同程度上影响人们的思维",[①]因为使用同一种语言的人更容易产生相同或相似的语言意识形态,彼此具有某种认同感。为了便于国家团结和政治统治,所以,世界各国的语言教育政策基本上都是把强势语言的地位和推广放在首位,实行语言同化政策。只有在这个基础上,才能谈其他语言的教育和推广。当人类进入全球化时代后,随着人们对语言本质认识的加深,以及大众对语言人权的觉醒,世界各国的语言教育政策虽然有些改变,但是语言同化政策的基调未变。如果说以前是实行强式的语言同化政策(即被迫同化)的话,那么,现在是实行弱式的语言同化政策(即自愿同化)。例如,美国以前实行"唯英语教育"(English Only Education),强烈遏制本国的印第安人使用自己的母语,同时还严格要求移民学习英语。美国第26任总统西奥多·罗斯福认为,说外语的移民难以忠诚一致。因此,他提议为本国移民建立学校,如果五年内移民还没有学会英语,就把他们遣送回他们的母国。[②] 澳大利亚在1880年和1960年之间实行"白澳政策"(White Australia Policy),即"单一语言政策"(monolingualism)。该政策的宗旨是推广英语,打压土著语言和移民语言。[③] 加拿大过去也一直实行语言同化政策,曾企图要把讲法语的加拿大人同化到讲英语的加拿大人中去。

---

① 桂诗春:《新编心理语言学》,上海:上海外语教育出版社,2002,第563页。
② Spolsky, B. 2004. *Language Policy*. Cambridge: Cambridge University Press, p. 98.
③ Lo Bianco, J. 1987. *National Policy on Languages*. Canberra: Australian Government Printing Service.

2. 有利于国家经济上的发展

经济的发展需要许多条件,其中"交换"、"流通"、"标准"和"语言"是必不可少的。美国社会语言学家普尔(Pool)①指出:一个国家不管其语言统一和分歧到何种程度,都仍可能是不发达国家。一个全民大体使用同一种语言的国家可能或贫或富。但是,一个在语言方面极其繁杂的国家却总是不发达的,而一个发达的国家总是具有高度统一的语言——如果不是在语言起源上统一,就是一种共同语言的广泛传播。例如,西欧各国在300年前就实现了国家的语言统一,日本在100年前的明治维新后就实现了语言统一。可见,凡是实现工业化的国家都以普及本国的共同语作为建国大事。语言的统一性是经济发展必要的但不是充分的条件,而经济发展是语言统一性的充分但不是必要的条件。没有(或甚至有)语言的同化,经济增长可能不会发生,但是,如果经济增长确实发生了,那么语言的统一(首先是通过语言的学习,然后是通过语言转用)也将接踵而至。

国家共同语的建立与应用是国家文明发达的标志。在人类社会发展初期,经济落后,人类生活在一个小小的范围内,大家用自己的母语交流就足够了。但是,在工业化社会,特别是在全球化时代的社会,人们的生活、工作和思维都远远地超越了自己母语所使用的范围。经济的发展需要大量的人流、物流和信息流,而统一的语言可以刺激人口、货物和信息的流通,并可以减少成本。越是经济发达的地区或国家,统一的交际语言就显得越重要。因此,一个国家经济的发展和繁荣一定要有一种强势语言作为大家信息交流的工具。

3. 有利于国家安全

每一个国家都要通过一种强势语言来加强其国家的民族性,语言与民族具有密切的关系。美国加州大学伯克利分校语言文化学教授克拉姆斯(2000)②把一种语言与一国民族之间的联系叫做"语言民族主义"(linguistic nationalism)。例如,尽管中国和法国都还有许多它们各自的少数民族语言,但是,汉语与中华民族的关系,法语与法兰西民族的关系都属于语言民族主义的表现。英国萨利(Surrey)大学的法语和语言学教授加奇(Judge 2000)③认为:"'一个国家、一个民族、一种语言'(one state, one nation, one language)的概念对于大多数法国人民是可以接受的。"她注意到,"在法国法律中,国家与民族是同义词。共同的法律体系、共同的行

---

① 乔纳森·普尔:"国家发展与语言多样性",周庆生主编《国外语言政策与语言规划进程》,北京:语文出版社,2001,第7页。

② Kramsch, C. 2000. Language and Culture. Shanghai: Shanghai Foreign Language Education Press, p. 72.

③ Spolsky, B. 2004. *Language Policy*. Cambridge: Cambridge University Press, p. 68.

政体系和共同的语言一起形成了民族的凝聚力,在法国文件中经常使用民族一词,这是指法语世界。民族主义往往推崇语言同化以便确保言语社区中的每一个人都能使用该民族的强势语言。"①

民族凝聚力是国家的灵魂和核心,是一个国家综合国力的重要组成部分。一个国家的综合国力和国际上发挥作用的能力并不是各个力量要素简单相加,关键是看能不能有效地整合这些要素,是否能将这些综合起来的要素发挥出整体的作用。人心所向,人民意志的统一,是有效地整合各种力量的重要条件。这对国家的安定团结、繁荣发展将起到极端重要的作用,甚至在某种意义上可以说是决定性的作用。在许多时候,强势语言是一个国家和民族的象征,如同美国著名词典编撰家韦伯斯特(Webster)所言:国语(也就是一国的强势语言)是一个国家的标牌。一个国家的强势语言教育将有助于给国民灌输该国的政治意识形态,让大家熟悉该国的文化。文化的强盛、安全不仅可以形成巨大的民族凝聚力和文化认同感,而且由这种认同感和凝聚力所形成的安全屏障可以极大地提高国家整体安全度,由此而赢得良好的国际安全环境,这将成为国家稳定发展的重要力量。

每个国家的生存和发展都要有自己的传统文化,传统文化就是自己的根。而语言是一个国家传统文化的最典型代表,是一个民族文化的重要象征。因此,保护民族语言文化是抵御外来文化入侵的一道重要屏障。为此,许多国家都采取了一些措施来保护和推广自己的民族语言。例如,早在1971年,阿尔及利亚的广播电台和电视台就用阿拉伯语代替法语进行广播,使进口节目比例大大下降;秘鲁和尼日利亚也采取了类似的政策;以色列经济发展后奇迹般地恢复了已经消亡的希伯来语,重新重视犹太教;马来西亚建国后,开始推行自己不太流行的马来语作为官方语言;1994年3月,法国民意调查所就法语的语言态度进行了一次民意测验,其结果是97%的法国人热爱他们的语言。②

当国家越是处于危难时刻,特别是处于来自国外的危难时,一个国家的强势语言就显得尤其重要,它可以使全国人民团结起来,共同对付国家危难。例如,巴拉圭就一直被认为是双语制国家语言功能划分出色的典型案例。该国大多数的巴拉圭人都是双语人——他们懂得西班牙语和瓜拉尼语(Guarani)。每当巴拉圭面临来自外国的压力时,如"三国同盟战争"(War of the Triple Alliance)(1865—1870年)和发生在20世纪30年代早期的查科战争(Chaco War),瓜拉尼语由于具有民族语言的特点而

---

① Cobarrubias, J. 1983. *Ethical Issues in Status Planning*. In J. A. Fishman (eds), *Progress in Language Planning: International Perspectives*. Berlin, New York, Amsterdam: Mouton, pp. 63—64.

② 梁启炎:"英语'入侵'与法国的语言保护政策",《法语研究》,2001,第1期,第78页。

成为了该国总动员中所使用的核心语言。

二、全球化背景下的母语教育

如果说一国实行强势语言教育政策具有刚性色彩的话,那么实施母语教育政策则更具有柔性的特点。强势语言教育是从国家整体和政治经济利益的视角出发,而母语教育则是从个人身份和民族感情的维度出发。从母语的广义概念(详情见本书第四章第四节)来说,其实两种教育的宗旨和本质是一样的,只是用词不同罢了。

(一) 母语教学与母语教育

有些时候,母语教学和母语教育被视为同义词。但严格说来,母语教学不等同母语教育,两者相关而不相同。香港理工大学的苏咏昌①认为,母语教学是用母语授课,母语教育是关注儿童的母语在听、说、读、写方面的发展、教授和学习。而联合国教科文组织认为,母语教学应该包括教授母语和用母语授课。② 这一点被认为是高质量教育中很重要的一个方面,尤其是在人生最初几年的教育中。因为学生不用自己的母语进行学习容易产生双重学习困难:需要学习一门新的语言,还需要学习该语言所包含的新知识。母语教育是指教授母语和用母语授课,以及通过母语的教学来培养学生对国家和民族认同等方面的意识。母语教学是母语教育的主要形式,但是母语教育不只是母语教学,它还包括通过母语教学而进行的潜意识的爱国主义教育、民族认同感和语言身份感等方面的培养和熏陶。母语教学中的"母语"是指狭义上的母语定义,而母语教育中的"母语"还可指广义上的母语含义。本章提到的母语是指广义上的母语,也就是指一个民族国家的共同语。譬如,汉语就是中华民族的母语,不过,"强调汉语这一母语的教育,并不排斥少数民族母语的教育,更不否定中华民族文化是汉文化与各少数民族文化的结合,绝非仅指汉文化。"③

(二) 母语教育的意义

母语教育有两个目的:一是开发语言能力;二是培养民族主义感情和团结精神。④ 第一个目的说明了母语是人类进行思维、交流和获取知识的最好工具,是出于个体认知的驱动,学校有责任帮助学生提高母语能力。第二个目的揭示了语言是"我们的精神家园"的道理。该目的则具有集体和政治倾向,在多语言和多文化的国度里,国家通用语(国语)对于国

---

① 苏咏昌:"母语教学及教育的纵、横观",郭康建编《母语教育》,香港教师会,1998。
② 联合国教科文组织:《多语并存世界里的教育》,巴黎:联合国教科文组织出版,2003,第15页。
③ 成尚荣:"母语教育与民族文化认同",《教育研究》,2007年第2期,第23页。
④ Cited from Renandya, W. A. Indonesia. 2000. In H. W. Kam & R. Y. L. Wong (eds.). Language Policies and Language Education: The Impact in East Asian Countries in the Next Decade. Singapore: Time Academic Press, p. 120.

家的团结起着一定的作用。为此,在各个国家的教育中,从小学起,国语课就开始培养学生的国家认同感,国语课的内容就有意选择一些有利于培养学生国家认同感的文章。例如,在印度尼西亚,小学语文课本就有下列主题的课文:"团结则成,分裂则败"、"民族英雄"、"保卫国旗"、"印度尼西亚,我的祖国",等等。①

总之,母语教育对于个人和国家都是至关重要的。具体而言,母语教育具有以下几个显著意义:

1. 有利于学科知识的发展

在很多情况下,母语教育有益于学生第一语言的语言能力、其他科目的成绩和第二语言的学习。母语对于个人的情感培养和认知发展都是极其重要的。俄国教育家乌申斯基指出,祖国语言在人的成长中应占中心地位,因为祖国语言是教学的语言和知识的源泉,是人民的宝库,是人民全部精神生活中的一朵瑰丽的、永不凋零的鲜花。② 母语教学对于学科知识来说不仅教得很快、很容易,而且还能教得多,这是任何语言都不能做到的。另外,母语对于一个人的第二语言(包括外语)的学习也是有帮助的。"当学习一门课程,包括学习一门第二语言时,在最初的阶段应当用儿童的第一语言(即母语)作为教学语言……第一语言对阅读入门和了解课程的内容是至关重要的。它是认知发展的必不可少的基础,也是学习第二语言的基础。"③

对于母语不是国语的少数民族儿童来说,广义上的母语教育也是应该的,但是出于上述原因,狭义上的母语教育也不能放弃。因此,少数民族儿童的母语教育应该既包括广义上的母语教育,也包括狭义上的母语教育。联合国教科文组织④关于语言与教育的指导方针提出过三项基本原则:第一,教科文组织支持母语教学,因为这可以利用学生和教师的知识与经验,从而提高教育质量。第二,教科文组织支持在各级教育中开展双语和(或)多语教育,以促进社会平等和男女平等,以及作为多语社会的一个重要特点。第三,教科文组织支持语言作为跨文化教育的一个主要内容,以增进不同群体之间的了解和确保对基本人权的尊重。

---

① Renandya, W. A. *Indonesia*. 2000. In H. W. Kam & R. Y. L. Wong(eds.). *Language Policies and Language Education*; *The Impact in East Asian Countries in the Next Decade*. Singapore: Time Academic Press, p.120.

② 转引安方明主编:《社会转型与教育变革:俄罗斯历次重大教育改革研究》,北京:社会科学文献出版社,2006,第118页。

③ Dutcher, N. & Tucker, G. R.:《第一第二语言在教育中的使用:对教育实践的评述》,华盛顿特区:世界银行,1997。

④ 联合国教科文组织:《多语并存世界里的教育》,巴黎:联合国教科文组织出版,2003,第30页。

2. 有利于民族凝聚力的加强

俄国教育家乌申斯基①强调学校必须用祖国的语言进行教育和教学,认为祖国语言包含着本民族的全部精神生活的特色,他把各民族人民都联结为一个生气勃勃的整体。此外,使用祖国语言对于儿童的道德教育也有着同样甚至更为重要的作用。母语教育不仅仅是培养学生的语言能力,它还是培养学生民族情节、民族文化、民族精神和民族认同感的一种重要手段。母语教育有助于培养学生一种民族的文化心理,正是这种共同的民族文化心理决定了文化认同的全部基础,文化认同是民族文化凝聚力的精神来源,是国家的巨大财富。所以,法国作家都德在《最后一课》中借韩麦尔先生之口说:"当一个民族沦为奴隶时,只要牢牢记住他们的语言,就好像拿着一把打开监狱大门的钥匙。"母语成为了各国人民表达国家感情的基本工具,也是民族国家凝聚人心的工具。

3. 有利于爱国主义情怀的培养

爱国主义教育不是通过喊空洞的口号来培养的,培养公民爱国主义的方法很多。但是,最基本的也是最永恒的方法就是母语教育。学校有责任有义务也有条件通过母语教育来加强学生的爱国主义情愫。前苏联教育家苏霍姆林斯基②非常强调学生的语言培养和母语教育。他认为,只有对人、对母亲、对书、对母语的崇拜占据学校的主导地位的时候,学校才能成为真正的精神与文化策源地。一个人对国家的热爱可以体现在母语的学习和应用上,爱国主义是抽象的,母语教育是具体的。当一个人在海外听到自己的母语时,就会自然而然地想到自己的祖国,就会有一种亲切感。设想一下,一国各族同胞,在海外见面不能用国家共同语谈话,这不是一种悲哀吗?

4. 有利于语言身份的树立

成尚荣③在《母语教育与民族文化认同》一文中指出:

> 全球化的进程不是无需认同,恰恰相反,只有认同危机和认同追求的存在才可能保持民族的独立性和独特的价值。非常有意思的是,"民族认同"实际上应该被理解为"民族认异"。认同就是不断地认识自己、发现自己,进而坚守自己;同时,认同也是不断地认识别人、发现别人,进而吸纳别人。因此,在融入多元文化的潮流中,如果没有认同追求,就有可能消退自己,甚至丧失自己,同时不能学习别

---

① 安方明主编:《社会转型与教育变革:俄罗斯历次重大教育改革研究》,北京:社会科学文献出版社,2006,第117—118页。
② 杰尔卡奇著,肖苏、姜晓燕编译:"今天的帕夫雷什学校——苏霍姆林斯基人道主义教育思想的实践基地",《比较教育研究》,2007年第4期。
③ 成尚荣:"母语教育与民族文化认同",《教育研究》,2007年第2期,第23页。

人,也就不能丰富自己、发展自己。母语是民族的元素,是文化的符号。显然,认同母语就是认同民族、认同民族文化,加强母语教育就是强化民族文化的认同感,增强民族的自豪感。

全球化加剧了各国人民的接触,也加强了人们的身份感。在国际大舞台上,一个人往往是代表一个民族,甚至一个国家。语言是树立和判断一个人身份的重要标志。难以想象一个不会国家语言的人能得到该国语言身份的认可。母语教育可使祖国的价值体系得到确认和提高,可以唤醒人们的民族意识,增强人们的身份认同感。"尽管一个人不能改变自己的基因,却可以学习一种新的语言,而且在一个不以种族而以使用语言来确定成员身份的民族里,如加泰罗尼亚,学习新的语言显然具有实践的和象征的双重意义:掌握民族语言就意味着属于本群体和享有成员资格。"①当一个人有了身份认同感后,就会有身份归属感,就知道"我是谁、我从哪里来,又到哪里去"。总之,"母语教育就是让学生在母语中认识自己的民族、自己的祖国,确认自己的民族身份和国家身份,培育民族性格和民族精神"。②

第二节 中国的汉语教育政策

一、中国的汉语国内教育政策

(一)中国汉语教育现状

1. 非少数民族地区的汉语教育

我国从小学一年级到高中三年级都开设汉语文课程,前后持续12年。语文课程的内容主要包括汉语的基础知识、中外文学和写作应用三大块。汉语文作为基础学科在基础教育的各个阶段都占有重要的地位。自20世纪80年代以来,我国的语文教学呈现出新的发展势头。教育部门对汉语文的教学大纲、教学内容、教学方法和教材等方面都进行了一系列的改革,并取得了一定的成绩。

对于汉语母语教育,国家的一些法规和教育政策都有所强调。经过全国各界人民几十年的努力,普通话的教学和推广工作受到社会的广泛重视。中国教育领域在学习、使用和推广国家通用语言文字、汉语拼音和普通话方面都取得了很大的成绩。现在越来越多的学校和课程都使用普通话教学,其"基本情况是,城市学校比农村学校的使用程度高,小学比中

---

① 保尔森著,刘建勋译:"少数民族与语言政策:四种案例分析",周庆生编《国外语言政策与语言规划进程》,北京:语文出版社,2001,第49页。
② 成尚荣:"母语教育与民族文化认同",《教育研究》,2007年第2期,第24页。

学的使用程度高。语文课都力求使用普通话教学,其他课程还有一定差距"。①

2. 少数民族地区的汉语教育

我国少数民族学习汉语具有悠久的历史,1949年以后,对少数民族的汉语教学被纳入正规的教学计划,在基础教育和高等教育阶段开设了汉语课程。少数民族的汉语教学得到迅速的发展。我国对少数民族的汉语教学既不同于我国汉族的母语语文教学,又不同于对外汉语教学。我国少数民族的汉语教学是一种针对母语为非汉语者而进行的教学,这种教学不是外语教学(FLT),而是二语教学(SLT)。因为我国少数民族与汉民族长期生活在一起,来往密切,对汉民族的风俗习惯、民族心理甚至语言表达习惯比较熟悉,受汉文化的影响很深,文化差异对学习汉语的影响小。因此,我国少数民族的汉语教学在教学目的、教学原则、教学内容、教学方法和教学过程等方面有着自己的特点。我国少数民族地区中小学汉语教学可以概括为以下三种模式:一是南方模式,如四川、云南、贵州、广西等省区的中小学,一般是小学以学习本民族语为主,从二、三年级起开设汉语课,到中学后再逐步过渡到全部用汉语授课。二是北方模式,如新疆、内蒙古、青海、延边等地区,中小学全部以本族语为主,从小学三年级开始开设汉语课,要求高中毕业达到民汉兼通。三是西藏模式,西藏中小学的汉语教学有两种情形。一种是与北方模式相同,另一种是在内地办西藏班,学生到内地城市学习,全部用汉语授课。②

尽管汉语教学在民族地区也得到了推广,少数民族学生学习汉语的热情较高,学习的进展较快,少数民族的民汉双语教学进行得如火如荼;但是,不少学生从小学开始学汉语,经过上千小时的汉语教育,到高中毕业时还不具备基本的汉语听、说、读、写能力,实际运用汉语的能力还很差。③ 为此,2001年,中国教育部民族教育司组织开发的全国少数民族汉语水平考试(MHK)开始在我国少数民族地区推广。该考试包括四个等级,分别适用于小学、初中、高中和大学毕业的少数民族学生。

3. 汉语文教学的问题

中国的汉语母语教育在全球化的背景下遇到如下几个主要挑战。

(1) 不少学校缺乏汉语母语教育的意识

在汉语教育和汉语生活中,不少中国人的母语意识不强,在语言态度上重外文(特别是英语)轻母语。在遇到汉语与英语博弈的时候,中国人往往把汉语视为低级语体(low variety),而把英语看做是高级语体(high

---

① 周庆生:《中国语言生活状况报告》(上),北京:商务印书馆,2006,第23页。
② 陈昌来:《应用语言学导论》,北京:商务印书馆,2007,第74—75页。
③ 北京语言大学教育测量研究所:《中国少数民族汉语水平等级考试介绍》,www.blcui-em.cn/shownews.asp?id=4。

variety)。例如,在学校(特别是高校)召开的国际学术会议上,很多组委会都规定会议语言只用英语,或者是遵循英语第一、汉语第二的原则。譬如,2004年在上海某高校落幕的第四届全球华人物理学家大会,聚集的学界精英尽管都是黄皮肤黑头发的华人,但从论文汇编到会议网站,从演讲到提问,甚至会场门口的指南,全是英文。对于这种现象,"这在中国承办的同类科学学术会议中并不稀奇,而且似乎很少有人表示反对。一个使用中国纳税人的钱财并在中国召开的会议,却要一律用英语进行交流,甚至,中国听众连翻译服务都无法享有,岂非咄咄怪事?"①长此以往,汉语就会退出国际学术会议。因为,在中国召开的学术会议都如此,在外国的学术会议就更别说了。难怪美国社会语言学家利伯森(Lieberson 1982)②说:"俄语和汉语未能成为世界交往用语,原因是这些语言的交往层次很低,而不是这些语言本身有问题。"

国家花这么多财力来提高中国人的英语水平,不是要中国人丢弃自己的母语,其实,在这种国际会议上正是宣扬汉语和提高汉语地位的时候。日本人在本土召开国际学术会议时除了特殊情况一般都讲日语。法国则更利害,法律规定法国人在国际会议上要讲法语。这并不是说他们不会英语,在私下里谈论时大家可以使用英语。

中国在改革开放的过程中忽略了母语意识的教育。母语意识的教育对于个人和民族的影响都是深远的,一个人的母语意识可以潜意识地体现在他的言行举止中。例如,美籍华人丁肇中教授的英语水平毋庸置疑,但当他荣获诺贝尔奖发表演说时,却使用汉语。他说,汉语是他的母语。还有,当丁教授出席上文提到的第四届全球华人物理学家大会时,他不顾"禁令",坚持以中文作报告。丁肇中教授的这种母语意识赢得了大家的尊敬,令人敬佩,也值得大家学习。

(2)汉语学习遭受其他学科的挤占

全国著名特级语文教师于漪指出,现在,语文教学面临一个悲哀:不少学生对语文失去了兴趣。在各门学科中,语文已排到了"小四子"、"小五子"的地位。学生家长无论是补课还是请家教,首先想到的会是英语、数学、理化等,却很少想到语文。在全球化时代,科技文化突飞猛进,学生的课业内容也越来越多。特别是在计算机和英语等科目的冲击下,中国学生学习汉语的时间就相对少了。再加上很多学生在汉语学习的语言态度上存在偏见——认为汉语不学也会,或者认为学到目前水平就足够了。因此,学生汉语学习的时间就更少了。例如,表5-1是上海市某示范性重

---

① 刘县书:"汉语将沦为科学看客?",《新华文摘》,2006年17期,第116页。
② 斯坦利·利伯森,常全生译:"影响语言传播的动因:若干基本论点",周庆生主编《国外语言政策与语言规划进程》,北京:语文出版社,2001,第611页。

点高中高三学生每天各科目课外自由学习的时间调查表。

表 5-1 2009 届上海某中学高三学生每天课外各科目平均用时表(单位:分钟)

物理班		化学班		生物班		文科班	
语文	19	语文	22	语文	23	语文	26
数学	71	数学	76	数学	83	数学	108
英语	44	英语	54	英语	59	英语	69
物理	80	化学	44	生物	50	加*	30
总	214	总	197	总	214	总	233

(资料来源:上海市某示范性重点高中教务处 2008 年调查结果,2008 年 10 月。)
(注:加 * 是指历史、地理和政治三门中任选一门。)

中国目前的高三是分成文理科的,理科班又分成物理班、化学班和生物班。从表 5-1 中可以计算出,学生每天课外花在每门课的平均时间是 53.6 分钟。在四门科目中,所有学生花在语文科目上的时间是最少的,日平均时间是 22.5 分钟,占每天课外看书时间的 10%,即使文科班的学生每天花在语文学习方面的时间也是最少的(26 分钟)。总之,学生的语文学习时间远远低于各科目的平均时间。相反,学生花在英语学习方面的时间基本上是所有科目中第二多的(除物理班),日平均时间是 56.5 分钟,占每天课外看书时间的 26%,高于各科目的平均时间。教育部官员王登峰曾说,中国的基础教育强调外语教学,在这样的大环境下,外语,尤其是英语,对青少年的影响正在超越汉语。[1]

此外,中国的语文教育在高中阶段就基本完成了它的历史使命。大学的语文修养被搁置到一边。其结果是,青少年成了崇尚西方文化和价值观的主流,身处母语环境下的中国学生怠慢了母语的学习,对母语文化的精髓浅尝辄止。例如,在上海举办的英语口译资格证书的考试中,经常因不理解汉语的意思而闹出令人啼笑皆非的故事,把"华佗再见"英译为"Goodbye, Huatuo",把"富贵不能淫"翻译为"Be rich, but not sexy"。

(3)学校母语教育的内容和方法都过于单调

全国中小学最不喜欢的课程调查发现,初中生最不喜欢的课程中竟然有语文课。[2] 可见,我国的语文教育面临着巨大的挑战。教育就是生活,教育应该把学生引向生活,把生活带进教育。这是 20 世纪初美国教育家杜威(Dewey)提出来的观点。可是,在如今快节奏多诱惑的全球化时代,中国的语文教育在教材内容、教学方法和考试评价等方面都显得有

---

[1] 新华网:《教育部官员:外语对中国青少年影响正在超越汉语》,http://www.xinhuanet.com,2007-8-23。

[2] 孙云晓:"别让孩子的情感'荒漠化'——中小学生最不喜欢的课竟然是音乐",《人民日报》,2009 年 4 月 16 日。

些落伍僵化。教材内容远离了学生的生活,教学方法难以适应青少年的心理和生理特点,考试评价体系抑制了学生思想的多样性和思维的创造性。这是导致现在的青少年怠慢汉语母语的主要原因之一。陈章太(2005)[①]认为:"加强语文教学,改进语文教学方法,提高语文教学水平,是我们做好语言文字工作的基础。社会上很多人是从学校出来的,社会上的语文水平取决于学校的语文水平,学校语文水平不高,就影响到社会各方面事业的发展。所以,我们要重视语文教学,切实提高语文水平。"

(4) 普通话作为各级学校教学媒介语的地位受到冲击

汉语的各种方言使用者只是进行笔头交流,但无法进行口头交流,只有普通话才能达到双式交流。同时,普通话也是各民族间交流的共同语。普通话是中国各级学校(除少数民族地区的学校)的教学媒介语。可是,普通话的推广受到方言和外语的冲击。全国能用普通话交际的人口比例约为53%(截至2010年已经升为54%),能用汉语方言交际的人口比例约为86%,能用少数民族语言交际的人口比例约为5%。[②] 普通话作为教学用语和校园用语在中国取得了重要进展。教师普通话水平测试取得了很大的成绩,越来越多的教师使用普通话授课。但也存在层级差异,即越是接近基层,普通话的使用越不普及。另外,近年来,对教学语言的选择出现了一种新情况,那就是英汉两种教学语言的选择问题。对于这种现象,主要存在于城市学校和高校,越发达地区选择英语为某些课程的教学语言(即英汉双语教学)的学校就越多。陈章太[③]指出:"学校仍是推广普通话的重要阵地。各级各类学校,特别是中小学,应当把推广普通话工作抓紧抓好,让广大青少年在学校期间就学会普通话,打下良好的基础,这是十分重要的"。

(二) 汉语教育政策

导致上述现象的最根本原因还是汉语教育政策的取向问题。现在,中国各地"在升学、晋升、晋级、就业等领域,存在着轻汉语重外语(主要是英语)的政策规定或心理倾向,损伤了母语的声望"。[④]

1. 中国母语教育政策回顾

语言规划在中国也叫语文建设。近百年来,中国进行了一系列的语言文字改革活动。如废除文言文,启用白话文运动、大众语运动和国语运动。新中国成立后,1955年教育部和文字改革委员会联合召开了全国文字改革会议,讨论并通过了《汉字简化方案修正草案》。1956年1月国务院通过了《关于公布〈汉字简化方案〉的决议》。1956年2月国务院发布

[①] 陈章太:《语言规划研究》,北京:商务印书馆,2005,第207页。
[②] 张宗堂:《调查显示:全国约有53%的人能用普通话交流》,http://www.xinhuanet.com/,2007-12-26。
[③] 陈章太:《语言规划研究》,北京:商务印书馆,2005,第221页。
[④] 李宇明:"强国的语言与语言强国",《光明日报》,2004年7月28日。

了《关于推广普通话的指示》,要求在全国推广普通话。1958年全国人大批准并公布了《汉语拼音方案》。汉语拼音、简化汉字和推广普通话运动是我国建国后汉语语言政策的三大内容,这些内容必然主要是通过学校来实施(例如,学校教授汉语拼音和简化汉字以及学校将普通话用作教学语言)。因此,中国的汉语语言教育政策必然也涉及到这三点。

1975年,中国文字改革委员会提出《第二次汉字简化方案(草案)》,1977年《关于公布〈汉字简化方案〉的决议》。1977年,中国文字改革委员会将《关于〈第二次汉字简化方案(草案)〉的请示报告》送国务院审批。1978年,教育部发出《关于学校试用简化汉字的通知》,决定全国统编的中小学各科教材自1978年秋季起一律试用《第二次汉字简化方案(草案)》第一表的简化字。

2. 全球化时代的汉语教育政策

20世纪80—90年代,为适应国家改革开放和现代化建设的需要,语言规划的具体任务是适时加以调整,除继续执行前一阶段的具体任务外,还增加了语言文字信息管理的任务,并加速推广和普及普通话,加强语言文字的规范化和标准化。

具体而言,中国在改革开放以来所制定的一系列法律法规都对教育领域的语言使用做了明确的规定。1986年中国制定新时期语言文字工作方针任务时,提出到20世纪末,后又调整到2010年,各级各类学校初步实现使用普通话作为教学语言,到21世纪中叶普及普通话作为教学语言的目标。1986年的全国语言文字工作会议提出20世纪普及四用语(即教学用语、交际用语、宣传用语和工作用语),其中排在首位的是教学用语。1992年提出首先要普及乡中心小学以上学校的普通话教学用语。

1986年在国家语言文字工作委员会的请示下国务院于1986年废止了《第二次汉字简化方案(草案)》。

1986年《中华人民共和国义务教育法》第6条规定:"学校应当推广使用全国通用的普通话。"

1988年,国家教育委员会和国家语言文字工作委员会联合公布了修订后的《汉语拼音正词法基本规则》。

1993年国家教委发布了《师范院校"教师口语"课程标准》,课程由普通话训练、一般口语交际训练和教师职业口语训练三部分构成。教师普通话的提高可以确保普通话教学语言的实施。

1994年,国家教育委员会、国家语言文字工作委员会和广播电影电视部联合发布了《关于开展普通话水平测试工作的决定》,这标志着推广普通话进入了一个新阶段。

1995年《中华人民共和国教育法》第12条规定:"汉语言文字为学校及其他教育机构的基本教学语言文字……学校及其他教育机构进行教

学,应当推广使用全国通用的普通话和规范字。"

1999年12月14—16日,中国教育部召开了全国语言工作会议。教育部副部长吕福源提出,要争取在21世纪初3—5年内,使普通话基本成为全国各级各类学校的教学语言和城镇学校的校园语言。

2000年《中华人民共和国国家通用语言文字法》第10条规定:"学校及其他教育机构以普通话和规范汉字为基本的教育教学用语用字。""学校及其他教育机构通过汉语文课程教授普通话和规范汉字。使用的汉语文教材,应当符合国家通用语言文字的规范和标准。"

2003年开始了少数民族汉语水平等级考试(MHK),专门测试母语为非汉语的少数民族考生的汉语学习水平的国家级标准化考试,该成绩经折算计入高考总分。

2004年《中华人民共和国宪法》(修订版)第19条规定:"国家推广全国通用的普通话。"另外,为了便于提高教学效果,中国教育部支持学校教师,特别是给非汉语专业的留学生上课的教师,使用英语作为教学语言。

2004年中国人力资源和社会保障部开始了"国家职业汉语能力测试"(ZHC)。这是我国目前唯一的、具有权威性的、能有效考查一个人在职业活动中实际应用汉语能力的国家级考试。

3. 中国少数民族的汉语教育政策

1982年,中国教育部制定了《全日制民族中小学汉语文教学大纲》(试行草案)。

1984年教育部颁布的《全日制民族中小学汉语教学大纲》指出:"在长期的历史发展过程中,汉语文事实上已成为各民族之间通用的语言文字。少数民族学习汉语文,对于发展和繁荣少数民族的科学文化,为祖国培养少数民族人才,加强各民族之间的交往,都有重要的意义。"

1987年国家教委印发的《全日制民族中小学汉语文教学大纲》指出:在长期的历史发展过程中,汉语事实上已成为各民族之间通用的语言文字。少数民族学习汉语文,对发展和繁荣少数民族地区的科学文化,为祖国四化培养有理想、有道德、有文化、有纪律的少数民族人才、加强各民族之间的交往,都有重要意义。使用民族语言文字教学的民族中小学,首先要学好民族语文,也应当学好汉语文。汉语文课的开设和学习年限,可根据实际情况灵活安排。

1992年,根据《九年制义务教育课程方案》要求,修订了《全日制民族中小学汉语文教学大纲》。

1997年出台了《关于在部分少数民族学校推行中国汉语水平考试试行方案》。经研究决定,国家教委从1998年开始在新疆、内蒙古、吉林、青海、西藏等省、自治区(每个省区设1—2个考试点)进行为期两年的试点。其他省区也可以进行试点。在试点期间主要是测试中小学阶段使用本民族语文教学并加授汉语文的高中毕业生,报考高等学校汉语文授课专业入系学习的汉语水平。由国家汉语水平考试委员会办公室负责考务工作。

1999年,中国教育部颁发了《中国少数民族中小学汉语课程标准》(试行草案)。

2002年,中国教育部颁布《全日制民族中小学汉语教学大纲》(试行)。

2006年,中国教育部颁布《全日制民族中小学汉语课程标准》(试行),宣布2002年发布的《全日制民族中小学汉语教学大纲》(试行)不再使用。

二、中国的汉语国际推广政策

加拿大人大山几年前在中央电视台作英语教学节目的主持人,现在他在中央电视台改为对外汉语教学节目的主持人。由此可见,中国在学习外语(特别是英语)的同时,国外不少人也在学习中国的语言——汉语。

(一)全球化时代中国汉语国际推广现状

根据中国国家汉办统计,全世界已有100多个国家的2500余所学校开设了汉语课程,中国以外学习汉语的外国人近4000万。世界各地兴起了一股"汉语热"。在美国,公立中小学在2006年就有600多所学校和5万余人学习中文。据美国有关机构统计,还有2400所中学希望开设AP中文课程(即大学先修课程)(详情见本书第七章第三节)。在英国,教育技能部和英国文化委员会联合汇丰银行等财团投入巨资,设立上百个英国中学生汉语学习奖学金、资助在华招聘数以百计汉语教师等汉语教学项目。澳大利亚现有100多所中小学开设了汉语课。德国约150所中小学开设了汉语选修课程或者汉语兴趣班,50多所国立名牌大学开设了汉语专业。法国有10所大学开设了汉语课程,中小学学习汉语的人数正以每年30%的速度增长,现有149所学校开设了汉语课,学汉语的中小学生达到8000余人。① 在亚洲,学习汉语的热潮更可以用"喷涌"来形容。日本有200万人在学习汉语,从2004年起,日本中文学校的高中学历首次获得文部科学省的承认,这意味着其毕业生不用通过大学入学资格检定就可以直接参加大学入学考试。韩国学习汉语的人超过100万,现有的142所大学全部开设了汉语课程,韩国教育部正在实施在全国中小学普遍开设汉语课的计划。此外,汉语是日本和韩国除英语之外的第二大外语。印度尼西亚教育部计划2004—2010年全国8939所中学都陆续开设汉语课程。在马来西亚,华语小学常常"爆满"。泰国教育部计划在五

---

① 中华人民共和国教育部新闻办公室:《教育部2004年新闻发布会实录》,北京:高等教育出版社,2005,第159—168页。

年内让至少30%的高中生获得学习汉语的机会。在南美,巴西、阿根廷、秘鲁和智利等国已逐步将中国语言文化教学列入了大学课程甚至学位课程。在非洲,学汉语和用汉语渐成风尚,汉语教育成为中非合作的一项重要内容。① 总而言之,对外汉语教学,正如朝阳般升腾而起。

中国的汉语国际推广可以分两个部分:一是在本国接受来华学习汉语的外国学生,即采取"请进来"方法;二是派汉语教师到国外从事汉语教学,如孔子学院,即采用"走出去"战略。前者属于第二语言教学,即在有汉语使用的社会环境中教学汉语。后者属于外语教学,即在没有汉语使用的社会环境下教学汉语。二语教学效果要比外语教学效果好,但是,学生的成本费用高。外语教学效果不如二语教学效果好,但是,外语教学的办学规模大、影响广。因此,要扩大对外汉语的教学,既要采取"请进来"的方法,也要实施"走出去"的战略。

1. "请进来"方法

中国的"请进来"对外汉语教学是从1950年才开始的。中国政府1950年成立了专门的教学机构和领导机构。北京语言学院(现在的北京语言大学)就是专门为外国留学生提供汉语教学而成立的。语言是各国人民友好交往的桥梁,汉语则是了解中国的最佳途径。随着中国与各国间经济、贸易、科学、技术、文化、教育、艺术、旅游等各方面的交流日益频繁,世界上学习汉语的人越来越多。现在,来华留学情况有以下几个特点:

(1) 留学队伍日益壮大

中国现在已经成为世界第六大留学国。中国的对外汉语办学规模日益壮大,表5-2显示了中国近年来的招收外国留学生的数量,总体发展趋势是平稳上升,而且绝大部分是来自亚洲(每年都占70%以上)。从教育部获悉,2007年来华留学生人数突破19万人次。从2008年起,中国政府决定在"十一五"期间大幅扩大中国政府奖学金来华留学规模,以鼓励接收高层次来华留学生。虽然这些人来华学习未必都是学习汉语专业,但是他们必须掌握汉语,因为汉语是他们主要的教学语言和生活语言。

表5-2 1999—2006年来华留学生总人数及洲别比率统计表

年份	总人数	亚洲(%)	欧洲(%)	美洲(%)	非洲(%)	澳洲(%)
1999	44711	31914(71.4)	5621(12.6)	4938(11.0)	1384(3.1)	854(1.9)
2000	52150	39034(74.9)	5818(11.1)	5144(9.9)	1388(2.7)	766(1.5)
2001	61869	46142(74.6)	6717(10.9)	6411(10.4)	1526(2.5)	1073(1.7)
2002	85829	66040(76.9)	8127(9.5)	8892(10.4)	1646(1.9)	1124(1.3)

---

① 涵宇:"汉语加快走向世界是件大好事",《中国教育报》,2007年3月17日。

续表

年份	总人数	亚洲(%)	欧洲(%)	美洲(%)	非洲(%)	澳洲(%)
2003	77715	63672(81.9)	6462(8.3)	4703(6.1)	1793(2.3)	1085(1.4)
2004	110844	85112(76.8)	11524(10.4)	10695(9.7)	2186(2.0)	1327(1.2)
2005	141087	106840(75.7)	16463(11.7)	13221(9.4)	2757(2.0)	1806(1.3)
2006	162695	120930(74.3)	20676(12.7)	15619(9.6)	3737(2.3)	1733(1.1)

(资料来源：中国教育部年鉴,http://www.moe.gov.cn/edoas/)

(2) 留学专业逐年增加

根据教育部的统计(见表5-3)，每年来华留学的国际学生当中，绝大部分是来学习文科的，该表中的文科包括汉语和部分艺术专业。也就是说，大部分是来学习汉语的。不过，从表5-3第三行可以看出，选文科专业的比例由2000年的86%下降到2006年的71%。这说明中国的其他专业也开始吸引外国留学生。这种走向是正确的，只有各种学科都能吸引外国留学生，来华留学生的总数才会不断攀升。

表5-3　2000—2006年来华留学生学习专业一览表

专业/年份	2000	2001	2002	2003	2004	2005	2006
文科(汉语和艺术)	44689	53750	68438	59059	83266	99816	114846
	86%	87%	80%	76%	75%	71%	71%
医科(中医和西医)	5099	5512	6713	7184	10971	18032	20355
经济	1740	3978	2723	3091	4525	6665	7308
管理	无		1036	1547	2838	3555	5954
工科	无	1888	2442	2693	3519	4455	5803
法学	无	无	1287	2053	2438	2906	3667
教育	无	无	948	725	992	3236	1730
理科	403	无	393	465	555	741	1007
历史	无	无	1375	482	742	755	904
哲学	无	无	207	175	700	546	681
农科	219	225	267	241	298	380	440

(资料来源：中国教育部年鉴,http://www.moe.gov.cn/edoas/)
(注："无"表示没有相关数据。)

(3) 留学生生源国逐年增多

来华留学的国家和地区也逐年增多(见表5-4)，从2000年的166个国家和地区增加到2007年的188个国家和地区。可以说，世界上绝大多数国家都有留学生在中国学习。另外，表5-5说明，在这些来华留学生生源国中，中国周边国家(如东亚和东南亚国家)和主要贸易伙伴国(如美国、法国、德国和英国)是输送来华留学生的主要国家。

表 5-4 2000—2006 年来华留学国家和地区数量统计表

年份	2000	2001	2002	2003	2004	2005	2006	2007
国家或地区数量	166	169	175	175	178	179	184	188

(资料来源:中国教育部年鉴,http://www.moe.gov.cn/edoas/)

表 5-5 1999—2006 年来华留学生最多的前十国家统计表

年份	排名前十位的国家
1999	日本、韩国、美国、印度尼西亚、德国、法国、澳大利亚、俄罗斯、加拿大
2000	韩国、日本、美国、印度尼西亚、德国、法国、新加坡、俄罗斯、澳大利亚、泰国
2001	韩国、日本、美国、印度尼西亚、德国、越南、法国、俄罗斯、澳大利亚、泰国
2002	韩国、日本、美国、印度尼西亚、越南、泰国、俄罗斯、法国、德国、英国
2003	韩国、日本、美国、越南、印度尼西亚、泰国、德国、俄罗斯、尼泊尔、蒙古
2004	韩国、日本、美国、越南、印度尼西亚、泰国、俄罗斯、德国、法国、尼泊尔
2005	韩国、日本、美国、越南、印度尼西亚、泰国、俄罗斯、印度、法国、德国
2006	韩国、日本、美国、越南、印度尼西亚、印度、泰国、俄罗斯、法国、巴基斯坦

(资料来源:中国教育部年鉴,http://www.moe.gov.cn/edoas/)

2."走出去"战略

以前,中国的对外汉语教学主要是在国内接受外国留学生,北京语言大学(原北京语言学院)的成长就是中国 50 余年对外汉语教学的见证。至于"走出去"的汉语教学,其规模很小,可以说是散兵游勇。但是,到了 21 世纪,中国的汉语国际传播政策开始采取有一定规模的"走出去"战略。世界性的"中国热"和"汉语热"催生了孔子学院。2004 年中国在韩国首尔成立了世界上的第一家孔子学院。截至 2010 年 10 月,中国已经启动建设了 322 所孔子学院和 369 个孔子课堂,共计 691 所,分布在 96 个国家和地区。[①]

中国人一直在努力学习外语,吸收大量的外国文化。"来而不往非礼也",现在是该中国语言和文化走出国门的时候了。中国语言和文化完全可以与外国语言和文化进行一场友好博弈,交手于国门之外,以便促进世界语言文化的繁荣和发展。中国汉语教育的国际推广不同于西方列强在殖民时代的语言强制教育。在全球化背景下,随着中国综合国力的增强,汉语国际影响的扩大,国外许多人自愿要求增设汉语课,学习汉语语言文化。这不是语言沙文主义,也不是语言扩张,它是建立在保障各种语言使

---

① 孔子学院,http://www.hanban.edu.cn/content.php?id=3258。

用者语言权的基础上,以扩大各地华人沟通、方便汉语使用者而进行的,不具有强加于人的性质。

(二)全球化时代中国的对外汉语教育政策

1. 成立了"国家汉语国际推广领导小组办公室"(简称为"汉办")

中国政府在1987年成立了"国家汉语国际推广领导小组办公室",专门负责和协调汉语的国际推广工作。这从政策制定上和行政管理上给汉语的国际推广提供了保障,使得汉语的国际推广走上了正规化、规模化和组织化的道路。

2. 设立了中国汉语考试

对外汉语考试既有助于汉语的海外推广也有助于检测来华留学生的汉语水平。1984年中国开始研制"汉语水平考试"(HSK),1991年中国向海内外推广中国"汉语水平考试",①该考试是为测试母语非汉语者(包括外国人、华侨和中国少数民族人员)的汉语水平而设立的国家级标准化考试。它是在语言学、教育测量学、汉语文教学以及语言测试理论的指导下,结合汉语的特点而设计的标准化考试。此外,2007年中国推出了"商务汉语"考试。如果说汉语水平考试激发了外国学生的汉语学习,那么商务汉语考试则促进了外国从业人员的汉语学习。

3. 建立了对外汉语学科

中国教育部把对外汉语教学提升为二级学科,即在汉语言文学项下设一个"国际汉语教学"二级学科。现在中国许多高校成立了对外汉语学院或系,设立了对外汉语的学士、硕士和博士学位。这大大刺激了中国对外汉语的学科发展,保证了对外汉语在理论研究上和教师供给上的科学发展。

4. 成立了孔子学院

中国2004年开始在国外设立孔子学院。孔子学院是中外合作建立的非营利性教育机构,其宗旨和使命是"增进世界人民对中国语言和文化的了解,发展中国与外国的友好关系,促进世界多元文化发展,为构建和谐世界贡献力量"。② 孔子学院的建立为汉语"走出去"战略提供了根据地。

此外,世界各地汉语教学的快速发展和学习汉语人数的迅速增加,使得对外汉语教师的需求与日俱增。为此,国家汉办2004年制定了"国际汉语教师中国志愿者计划"(Volunteer Program for International Chinese Teachers)。

5. 确定了汉语国际推广未来发展的方向

2006年7月4日,在全国汉语国际推广工作会议上,国务委员陈至

---

① http://www.hsk.org.cn/Center_intro.aspx.
② 《孔子学院章程》(试行)第一章总则第一条。

立提出要实现六大转变：一是发展战略从对外汉语教学向全方位的汉语国际推广转变；二是工作重心从将外国人"请进来"学汉语向汉语加快"走出去"转变；三是推广理念从专业汉语教学向大众化、普及型、应用型转变；四是推广机制从教育系统内推进向系统内外、政府民间、国内国外共同推进转变；五是推广模式从政府行政主导为主向政府推动的市场运作转变；六是教学方法从纸质教材面授为主向充分利用现代信息技术、多媒体网络教学为主转变。①

（三）汉语具备国际推广的条件

世界上有6000多种语言，能在国际间传播者为数甚少。语言的国际传播需要具备一定的条件，还需要科学的语言推广规划。但是，在语言的传播中，语言实力是本，语言规划是标。中国各方面的快速发展和各种变革，使中国的国际地位快速提升，促进了本来就有维持中华文化传统的海外华人社会的文化认同，也提升了核心区语主②的语言影响力，其语言规划可以获取更多的社会支持。这为华语视角下中国语言规划提供了有利的外部条件。在"标本兼治"上，充分利用"语主"影响力的可能性已经具备。③

从语言推广的外在要素来分析，语言的国际传播需有两个要素：一是经济，"语言传播的主要因素包括：宗教传播、移民、经济政策和地理位置。"④但是，最重要的还是与经济有关。二是人口，语言的生命力在很大程度上取决于该语言的使用人口。也就是说，人口是语言保持和语言传播的重要因素。在全球化的进程中，中国的经济得到快速发展，中国已经成为世界第二大经济体和第二大贸易体。另外中国有13多亿人口，海外还有5千多万的华侨。因此，汉语的国际推广完全符合上述两个要素。

从二语学习的动机来分析，学习动机一直被认为是第二语言学习的一个关键因素。加拿大语言学家加德纳和兰博特（Gardner & Lambert）⑤把语言学习动力分为融入性动机（integrative motivation）和工具性动机（instrumental motivation）。有融入性动机的学习者更喜欢并欣赏所学的语言以及与所学语言相联系的文化。而工具性动机的学习者则把目标语看作是一种工具，希望目标语能给他们带来实惠。中国有世界上罕见的表意汉字、悠久的历史和灿烂的文化，这些因素可以让部分外国人产生学习汉语的融入性动机。此外，中国经济的高速发展刺激了外国

---

① 许琳："汉语国际推广的形势和任务"，《世界汉语教学》，2007年第2期，第107页。
② 一种语言的主体使用者称为语主。
③ 郭熙："论华语视角下的中国语言规划"，《语言研究》，2006年第1期，第15页。
④ Wardhaugh, R. 1987. *Languages in Competition: Dominance, Diversity, and Decline*. Oxford: Basil Blackwell Ltd. , p. 6.
⑤ Freeman, D. L & Long, M. H. 2000. *An Introduction to Second Language Acquisition Research*. Beijing: Foreign Language Teaching and Research Press, p. 173.

人学习中文的工具性动机。可见,汉语的国际推广具备了激发外国人学习汉语两种动机的条件。

综合上述两个视角,汉语具备国际推广的因素就是经济因素、人口因素和语言文化因素。

1. 经济因素

经过30多年的改革与开放,中国的综合国力得到了很大的提升,特别是经济实力有了很大提高。这是刺激世界各地汉语热的最主要原因。华美协进社(China Institute in America)①院长麦克卡尔萍(McCalpin)女士②说,"当世界上有五分之一的人说同一种语言时,显而易见,学习这种语言是很实用的。25年前,当我获得东亚研究学位时,班上只有三个学生学中文,那时中文的市场不大。现在许多人看到了经济利益的一面。当中国成为一个世界上重要的大国时,我们需要越来越多的人掌握中文。"

国强则语言强,语言强则吸引力大。人类在习得母语时自己不会进行选择也无法选择,但是在学习第二语言之前人人都会进行一番考虑,然后做出选择。因为人们在学习第二语言时需要投入时间和资金。在全球化时代中国综合国力的提升刺激了外国人学习汉语的工具性动机。英国语言学专家克里斯托(Crystal 1997)③认为,一种语言未来的前景还要依赖于这种语言所依附的国家的实力,特别是经济实力。他认为,汉语未来成为"全球语言"并非不可能的事情。

2. 人口因素

中国有13多亿人口,是汉语的母国。而且,海外还有许多华人华侨,到2004年为止海外华人华侨近5000万,他们分布在150多个国家。而且,海外华人华侨人数平均每10年增加一倍。④ 现将海外华人华侨人口排名前20位的国家列表如下(见表5-6):

表5-6 海外华人人口前二十的国家统计表

序号	国家	人数	序号	国家	人数
1	印度尼西亚	7261984	11	俄罗斯	998000
2	泰国	7254261	12	澳大利亚	573468
3	马来西亚	6114900	13	日本	487570
4	美国	2909636	14	柬埔寨	321180
5	新加坡	2505400	15	英国	243258

---

① 华美协进社成立于1926年,是一个非盈利性机构,旨在促进中国文化在美国的推广。
② Cutshall, S. *Strong Partnerships*: *Support Chinese Language Learning*. The Language Educator. Jan. 2008. Vol. 3 Issue 1: 49.
③ http://www.davidcrystal.com.
④ 王铁琨:《中国语言生活状况报告》(下),北京:商务印书馆,2006,第398页。

续表

序号	国家	人数	序号	国家	人数
6	加拿大	1413952	16	法国	227497
7	秘鲁	1300000	17	印度	180984
8	越南	1220566	18	老挝	172933
9	菲律宾	1096169	19	巴西	146180
10	缅甸	1018074	20	荷兰	140182

(资料来源：暨南大学华人华侨研究所网站。)

作为海外华人，他们对母国有着极深的情感，有着割断不了也难以割舍的"母语情结"，不少华侨"乡音无改鬓毛衰"。随着中国经济的日益强大，国际地位的不断提高，海外华人华侨对祖国的认同感日益增强。他们纷纷举办华人华侨中文学校，加强子女对母国语言文化的教育，致力于传承中华优秀文化传统，弘扬中华民族精神。因此，加强海外汉语教育，已经成为广大海外华人华侨的共同心愿。另外，广大的海外华人华侨也是汉语的国际推广者，他们可以影响身边的外国人也来学习汉语。广大的海外华人华侨子弟还是孔子学院的主要招生对象之一。

3. 语言文化因素

汉语蕴含着灿烂的中华文化和旺盛的生命力，中国各族人民享有共同的"大传统"(Great Tradition)——中华文化。中华民族5000年历经磨难而始终生生不息，绵延不绝，就在于它的这种具有普世价值的文化力量。人们只有通过汉语才能原汁原味地了解和欣赏中华文化，因此，中国有责任和义务推广中国的语言和文化，为世界语言和文化的多样性作出贡献。

汉语语言和文化对外国人具有很大的吸引力。首先，汉语在国际上已经有一定的声望。汉语在东亚和东南亚的儒家文化圈里具有很大的影响，汉语还是联合国六种工作语言之一。其次，中华文化还以其独特的魅力吸引着不少外国人来学习汉语。法国汉学家白乐桑(Joel Bellassen)[①]说："在他的经验中，很多外国人是因为喜欢汉字才学汉语的，并没有觉得汉语难学。"汉字是中国文化的第一标志，它蕴含了中国文化和中国人的思维。法国人觉得汉字本身就是一门优雅的艺术，一笔一画都能给人无限的遐想。例如，有些西方人喜欢汉字的表意功能：日+月=明，口+鸟=鸣，门+心=闷(心被囚禁就是闷)。还有些西方人在学习汉字时，有趣地联想到西方文化：船=舟+八+口，一叶小舟装了八个人，这正是《圣经》中"诺亚方舟"的故事；婪=林+女，《圣经》"创世记"中夏娃(女)在

[①] 张以瑾："没有汉字，我就不会选择学汉语"，《中国教育报》，2007年3月31日。

伊甸园(林)不满现状偷吃禁果,这就是贪婪。还有老外说:"我喜欢说汉语的感觉——语调抑扬顿挫,口形放松,仅用几个词就能表达复杂意思。要想说好法语,就需要控制自己的口形;美国人说英语需要张大嘴,但中国人说汉语即使咬紧牙也能说得好。"①

总之,"中文的对外传播不像英语那样得到了军事力量、殖民主义和帝国主义的支持",②中国汉语的国际传播完全是靠自身的经济动力和文化魅力去吸引人。

(四)汉语国际推广的意义

教育部语言文字信息管理司司长兼国家语委副主任李宇明先生在我国第四届社会语言学学术研讨会上指出:汉语在国际上和虚拟世界中还是弱势语言。中国正在昂首阔步走向世界,但是,在整个国际语言生活中汉语并没有与国家相称的地位。走出国门,国人就得用英语或其他语言去同人交际,甚至在中国召开的国际会议,也有不把汉语作为会议语言的。在计算机和网络构成的虚拟世界里,汉语也没有多少地位。各种知识库、网络上的各种重要信息,多数都是以英语为载体。因此,汉语的国际推广对我国来说具有十分重要的意义。

1. 有利于提升汉语的国际地位

历史上,任何政权在控制了一个地方以后,都会制定和实施有利于自己的语言教育政策,以便于管理和统治。例如,帝国主义列强占领一个地方后,就在殖民地强行推广宗主国语言,实行殖民语言教育政策。在全球化背景下,世界主要发达国家依然十分重视本国语言的国际推广,把语言输出作为国家战略,以提高本国语言的国际地位,并通过语言来传播自己的文化和价值观,使本国的文化在世界多语言和多文化的格局中占据重要地位。例如,英美投入巨额资金,通过各种渠道,千方百计地推动英语在全世界的普及;法国坚持把推广法语作为抗衡英语、宣传法国文化的战略重点,在138个国家设立了1000余个法语联盟分部;德国的"歌德学院"在76个国家设立了分部。所以,"在这个构建世界多元文化大格局的背景下,客观上要求我们加快汉语走向世界的步伐,通过汉语在世界各国的普及,有力地推动体现中华民族精神和价值观的优秀文化在世界各国的传播,让中华文化为世界的和谐、和平、稳定与发展作出应有的贡献。"③

---

① 潘文:"我的汉语课——美报记者回忆上世纪80年代的中国",《参考消息》,2007年3月9日。
② Coulmas, F. 2005. *Sociolinguistics*. Cambridge: Cambridge University Press, p. 149.
③ 许琳:"汉语加快走向世界是件大好事",《语言文字应用》,2006年第6期,第9页。

美国社会语言学专家利伯森(Lieberson 1982)[①]指出:"汉语、俄语、印地语和日语虽然在世界上拥有大量的使用者,但它们的影响在某些情况下受到限制,因为这些语言的使用者局限在少数几个国家内。"语言扩散是提高语言地位的另外一种形式。在当今世界,语言文化被称为是一国外交政策中的"第四要素",它与经济、政治和军事三要素并驾齐驱。因此,在全球化时代,各国只要有条件都竭力向外推广自己的语言和文化。在这种背景下,一方面,我们需要学习和掌握英语,以便与世界保持联系。另一方面,我们还要极力地捍卫我们的汉语,并不失时机地推广汉语,参与国际语言推广的竞争。过去我们失去了很多机会,导致"汉语使用人数众多,却没有取得重要的地位,这是因为汉语的政治单位数量有限,因为中国大陆跟世界各地几乎没有交往"[②]。现在不同了,我们的国际政治地位日益提升,改革开放促使大家积极参与经济全球化活动。因此,在汉语的推广方面,我们不能老是被动地捍卫,还需要主动地出击。

2. 有利于提升中国的软实力

在全球化时代,中国的和平崛起必然会引起世界的关注。同时,中国的快速发展遭来一些国家某些人的"不理解"。有些国家还故意丑化和妖魔化中国,抛出"中国威胁论",这使许多不明真相的人信以为真,从而曲解中国,误读中国。出现这种现象不外乎以下三种可能:一是西方对东方,特别是对中国语言文化的不了解,对中国思维的误读。例如,英国《独立报》日前报道了一则新闻:据称一家在学界享有盛名的德国研究机构,为配合其最新一期有关中国专题的学术刊物,特意选了五行看似是诗句的中文繁体字印成封面。殊不知,这几行被不谙中文的德国人当成瑰丽诗句的中国字,其实是来自澳门地区色情场所的传单。[③] 二是一些别有用心的人故意在世界舆论上制造混乱,打压中国的发展,宣扬他们的意识形态,为他们自己国家的利益服务。例如,前苏联解体后,不少美国人的"冷战"思维依然强劲,他们把中国作为美国的主要战略对手,把中国看做是美国未来最可能的潜在"挑战国",亨廷顿认为,"中国的崛起对美国形成了更根本的挑战。"[④]专门研究中国的美国非政府组织"蓝队"(The Blue Team)[⑤]和美国政府政策的智库"兰德公司"(RAND Corporation)都有不少人认为中国会对美国构成重大的威胁。三是任何新生事物的出现都会遭到顽固势力的抵制和打击。从西方国家本身来讲,中国忽然间变得财

---

① 斯坦利·利伯森,常全生译:"影响语言传播的动因:若干基本论点",周庆生主编《国外语言政策与语言规划进程》,北京:语文出版社,2001,第613页。
② 同上,第614页。
③ 杨立群:"欧洲对中国存在误读",《解放日报》,2008年12月12日。
④ 塞缪尔·亨廷顿,周琪等译:《文明的冲突与世界秩序的重建》,北京:新华出版社,2002,第254页。
⑤ Blue Team (U.S. politics), from http://en.wikipedia.org/wiki/Blue_Team。

大气粗,这肯定或多或少地影响到这些国家的利益和地位。而且,他们对于这种变化在思想观念上还没能及时地适应过来。前博鳌亚洲论坛秘书长龙永图就中国在世界舞台上的发展打比方说,舞台中心本来就那么几个演员,现在突然挤进来一个非常优秀的新演员,原来的演员心理不踏实也是一种自然反映。如果新演员再咄咄逼人,大家很自然就会联合起来排斥你,甚至贬低你,妖魔化你。过去,一个新兴国家仅凭硬实力就能把"老演员"推下舞台。但在全球化时代,任何国家都不能仅凭硬实力说话。

面对某些外国人的不解、误解和曲解,中国千万不能患"失语症",而是要争取话语权,多跟他们交流,宣传我们的语言文化,要让更多的外国人来分享中国优美的语言和灿烂的文化,让他们来了解中国的真实情况,同时消解他们对中国的误解和偏见,增强我们的软实力,最终得到他们的支持,从而为国家的发展创造良好的外部环境。

在当今世界,只有软硬实力的同时提高才能保证国家安全。软实力的提高方法有很多,但是最基本的也是最持久的就是推广自己的语言和文化。因为语言的学习过程就是文化的学习过程。语言文化作为一种柔性的力量,它的润物细无声的渗透力可以消除任何形式的刚性抗力。"中国要赢得国家文化安全的主动权,在与国际接轨的同时,应该而且完全有能力充分利用和发挥中国传统文化在国际社会影响力的优势,带动他人接受我们的游戏规则。"[①]

3. 有利于汉语自身的发展

中国汉语的国际推广就是简化汉字的推广,简化汉字的国际推广可为将来世界各国和地区汉字的统一化铺平道路。只有当使用简化汉字的人口越来越多时,提出简化汉字统一化的建议才有分量。也只有使用简化汉字的人越来越多时,体会并宣传简化汉字优点的人才会越来越多。

此外,"不识庐山真面目,只缘身在此山中"。汉语的国际推广也会促进国人从第二语言或外语教学的视角来研究汉语,从而发现汉语的另一种魅力。同时汉语的国际推广还可以增强国人对汉语母语的自信心,民族自豪感和民族凝聚力。汉语的生命力就会更加旺盛。

4. 有利于中国语言文化教育的"出口"

中国在语言文化教育上存在巨大的"逆差"。中国人学习英语的人数远远超过英语国家学习汉语的人数;中国译介外国的文化远远超过外国译介中国的文化;中国对西方的了解大大甚于西方对中国的了解。汉语的国际推广有利于中国语言文化教育事业的"出口",从而带动相关产业的发展,如促进汉语教材的出版、增加相关人员的就业。而且,这种"出口"是非常必要的。正如前中国驻法大使,原外交学院院长吴建民于

[①] 胡惠林:《中国国家文化安全论》,上海:上海人民出版社,2005,第258页。

2008年8月6日在上海举行的第18届世界翻译大会上所指出的：世界对东方文化的了解还远远不够，而这种理解对很多人来说都有重要的意义。①

（五）汉语国际推广的策略

1. 加强汉语的本体规划

打铁还得自身强。汉语在本体标准方面还有一些需要进一步完善的地方，以便更有利于汉语走向世界。不过，任何语言的本体规划都不是一劳永逸的，因为语言本身总在不断的变化中。这里仅述几个比较典型的急待研究和解决的本体规划问题。

第一，简体汉字与繁体汉字的整合问题。目前，中国大陆实行简体汉字，而中国的香港、澳门和台湾地区则主要使用繁体字。中国大陆使用GB码，台湾采用BIG5码，香港澳门各种码都在使用。虽然简化汉字在海外，甚至在台港澳的威信不断提高，但是汉语的简体字和繁体字两种字体多少会给汉语的国际推广带来不便。例如，外国人常问：我想学汉语，学哪一种汉语好呢，是北京汉语（简体汉字和汉语拼音）好，还是台湾汉语（繁体汉字和注音符号）或香港汉语（繁体汉字和粤语）好？甚至外国人在选择汉语简繁字体的过程中还带上了政治色彩。政治动机也是影响语言书写系统选择的常见因素。采用不同的语言书写体系有偏向某一方之嫌。例如，美国俄亥俄州立大学东亚语言文学系兼中文旗舰项目主任吴伟克（Galal Walker）说，采用简体汉字被认为是亲大陆，使用繁体汉字则被看做是亲台湾。所以，外国一些学校采用简繁两种字体，以示保持中立态度。但这无形中就增加了外国学生在时间、金钱和精力等方面的负担。因此，目前要做的是如何协调两种字体的使用，做好长远规划，最后整合为一种。

本人认为，简体字是进步的，是未来汉字发展的方向。因为人的本性是"懒惰的"，使用简体汉字符合人性中的"省力原则"和语言中的"经济原则"。瑞典语言学家泰格奈尔（Tegnér 1874）认为语言是一堆符号，只有"最易于传递、最易于理解"的符号才是最佳符号。② 其实，汉字从问世之时就从未停止过笔画趋简的发展过程。从甲骨文到金文，从金文到篆文，从篆文到隶书，从隶书到楷书，每一次的变革都使得汉字形体笔画更加简洁。如果古人没有这种变革的精神，那么，今天我们还在使用与当今信息化和计算机化格格不入的甲骨文。"有人误以为简化字是50年代一批学者的主观臆造，认为汉字一简化就割断了汉字的历史。其实根本不是这

---

① "中国崛起不会靠损人利己"，《新华每日电讯》，2008年8月6日。
② 转引周庆生："国外语言规划理论流派和思想"，《世界民族》，2005年第4期，第57页。

一回事。"①另外,简体汉字更符合电子信息化的便利。例如,当汉字缩小到六号、七号字体时,简体汉字不管是在电脑屏幕上还是打印出来都还清晰可辨,可是繁体汉字就模糊难辨了。现在联合国、新加坡、马来西亚和泰国等地的华人学校都先后采用了简体汉字的教学。统一规范是历史的必然,删繁就简是文字发展的规律。简化字给初学汉语的外国人放低了门槛,好认好写,便于教学,也有利于汉语的国际推广。

第二,中国大陆、台、港、澳在汉语术语翻译上的统一问题。在全球化时代,新词汇在不断出现,尤其是翻译词汇在出现速度和出现数量上都是首屈一指的。1949年以前,从外语翻译过来的人名和地名在中国大陆、台、港、澳各地都是一样的,如"华盛顿"、"丘吉尔"、"林肯"。但是1949年后,由于政治原因大家割断了或减少了相互间的交流,对于翻译词汇也就各译各的了。如"J. Kennedy"大陆译为"肯尼迪",港台译为"甘乃迪";"John Major"大陆和台湾译成"约翰·梅杰",香港译为"马卓安";"Reagan"大陆译为"里根",台湾译为"雷根",香港译为"列根",Bush大陆译为"布什",台湾译为"布希",香港译为"布殊","Blog"大陆译为"博客",台湾译为"部落格",香港译为"网志";美国的"Silicon Valley"中国大陆译成"硅谷",港台则译成"矽谷","software"大陆译为"软件",台湾译为"软体"。这种翻译词汇的不一致就相当于增加了各地的词汇空缺(lexical gap),它容易引起中国人和学习汉语的外国人的误解。例如,陈凯歌去"戛纳"参加影展(大陆),侯孝贤去"坎城"参加影展(台湾),张曼玉去"康城"参加影展(香港)。不知道的人还以为他们是去三个不同的地方,其实他们是去同一个地方,都是指法国名城"Cannes",只不过中国三地的地名翻译不同罢了。因此,周有光先生②呼吁:"为了全世界华人的方便,使用共同的语言和字母,这是实事求是的科学态度。"

第三,推动汉字国际标准化的问题。除中国大陆外,使用汉字的还有中国香港、澳门、台湾地区以及日本、新加坡、韩国、泰国、马来西亚等国。这些地区和国家使用的汉字并不完全相同。在信息化的今天,汉字的差异给信息交流和文化传承等带来诸多不便,因此,急需研究汉字的国际标准化问题。例如,2010年5月19日日本文化审议委员会国语分科委员会宣布新增196个汉字,删除5个不常用汉字。现在日文常用汉字已经达到2136个。中国是汉字的故乡,是汉字得以孕育、成熟直至国际传播的摇篮,中华民族在汉字国际标准的制定中理应责无旁贷地发挥主导作用,积极参与并推动汉字国际标准化的早日实现。③

---

① 许嘉璐:《未成集——论新时期语言文字工作》,北京:语文出版社,2000,第124页。
② 周有光:《周有光语言学论文集》,北京:商务印书馆,2004,第257页。
③ 周庆生:《中国语言生活状况报告》(上),北京:商务印书馆,2006,第133页。

第四，汉语拼音的正词法问题。汉语拼音方案的出台解决了汉字的读音和拉丁字母书写的问题，但是，其中也有值得完善的问题。例如，汉语拼音方案规定的字母名称无法推广，有人建议不如借用英语的字母名称，既有利于推广，又有利于方便小学生同时学习英语。周有光先生认为这是"切实可行的"。日语罗马字借用英语名称，是成功的先例。何况现在许多中国人在读汉语拼音的字母时都没有使用汉语拼音的读法，而是使用英语字母的读法。

2. 加强国人的母语意识

目前，国人的母语意识有待加强。随着中国30多年的改革开放，外语热，特别是英语热在中国一直"高烧不退"，"烧"得有些人把自己的根——汉语也给忘了。不自尊的人不可能得到他人的尊敬，同样，本族人不喜欢的语言也不可能得到很多外国人的青睐。在这种情况下，谈语言的国际推广只会成为无本之木、无源之水。要外国人学习汉语，首先我们自己要喜爱汉语、掌握好汉语、保护好汉语、使用并推广汉语。所以，我们要加强母语意识的教育，根深才能叶茂，固本方能强末。

虽然学校是加强母语意识和推广母语意识的最主要部门。但是国家的每个公民，特别是政府官员、学者、企业家等有宣传推广母语的义务。事实上，在全球化时代，汉语的推广无处不在，使用好自己的母语就等于在推广母语。在这方面，法国人做得特别好。例如，如果你在法国街头用英语问路，人家即使听得懂英语，首先也会用法语来回答，这是人家对自己母语的一种态度，当问路人听不懂法语时才改用英语。1994年3月，法国民意调查所就法语的语言态度进行了一次民意测验。70%的法国人对法语向国际传播感到自豪。① 法国作家兼法兰西科学院院士德律翁（Druon）说："政府官员、议会议员、公务员、企业家、商人和记者，尤其是小学教师，要有尊重和使别人也尊重法语的意志。"②

许多人只要有一点母语推广意识就能起到很好的作用。例如，海外的中资企业在他们的产品、广告和招聘条件中增加一些汉语母语元素就在无形中推动着许多外国人来学汉语。可是，中国语言生活状况报告课题组（2006）③在他们的绿皮书上说：中国行销世界各地的出口产品，其名称和说明书几乎都不使用汉语，这等于中国自动放弃在世界传播汉语的机会和权利，为此，建议政府相关部门制定相关政策法规，干预这种不正常的"弃权"行为。在国外，许多国家都制定了有关国语的保护和推广方面的法律或语言政策。例如，法国《杜蓬法》规定：在法国行销的所有商

---

① 梁启炎：《英语'入侵'与法国的语言保护政策》，《法国研究》，2001年第1期，第78页。
② 同上，第79页。
③ 周庆生：《中国语言生活状况报告》（上），北京：商务印书馆，2006，第86页。

品,其说明书、标签、广告以及招牌都必须使用法语。加拿大规定,在加拿大出售的任何商品,无论是国产货还是进口货,都必须同时标有英、法两种文字的商标及说明。东非和南非的共同市场支持津巴布韦的政策,即从赞比亚进口的乳制品必须在包装上标有用津巴布韦的官方语言绍那语(Shona)和恩德贝勒语(Ndebele)书写的使用说明书。[①]

3. 充分利用现代媒体

在数字化(digitization)时代,电视、广播、网络都是现代快捷的大众媒体,也是语言学习和语言推广的极好手段,还是语言教学和语言学习未来的发展走向。可是,有外国专家专门指出,在许多国家的酒店里,旅客能看见美国的有线电视新闻网(CNN)、法国的第五电视台(TV5)和日本放送电视台(NHK),却看不见中国中央第四套(国际频道)或第九套(英语频道)的节目。另外,中国的网络提供了多少对外汉语的学习内容呢?屈指可数。相反,英语学习的网站却多如牛毛。

4. 加强对外汉语教师和教材的建设

在汉语走向世界的进程中,中国的对外汉语教学遇到两个亟待解决的瓶颈问题——教师的严重短缺和教材的"水土不服"。教师和教材都关系到汉语国际推广的可持续性发展。

在教师方面,中国的对外汉语教师储备不足,这与中国的人口大国和海外的"汉语热"都极不相称。据中国国家汉办估计,海外"汉语热"导致全球缺乏对外汉语教师100万左右。有些国家,例如美国,虽然兴起了"中文热",但是,由于美国中小学严重缺乏中文教师,所以,在美国能开设中文课的中小学还是很有限的(详情见本书第七章第三节)。另外,熟悉外国当地语言(除英语)和文化的汉语教师不多,能灵活使用适合外国中小学学生的教学方法的汉语教师偏少。

在教材方面,尽管近年来中国在教材编写上加强了国家间的合作,取得了一些突破。但是,总体来说,中国的对外汉语教材缺乏系统性、针对性、实用性和趣味性。而且,针对成人编写的教材多,符合外国教学风格和外国中小学生心理特点的教材少。好的教材有助于语言的推广,例如,全球把英语作为外语或二语学习的人,大多都使用过英国亚历山大(Alexander)编著的《新概念英语》,该教材行销全球几十年,至今尚未过时,成为英语学习的经典教材。汉办主任许琳[②]指出,今后,中国的对外汉语教材应做到三个贴近:贴近外国人的思维、贴近外国人的生活、贴近外国人的习惯。

---

① Spolsky, B. 2004. *Language Policy*. Cambridge: Cambridge University Press, p.3.
② 许琳:"汉语国际推广的形势和任务",《世界汉语教学》,2007年第2期,第107页。

5. 加快和加强孔子学院的建设

许多国家都在利用各种形式来推广自己的语言和文化,最典型的方法就是在国外建立自己的语言文化推广机构(详情见本书第三章第三节)。此外,各国还可以利用本国驻各国大使馆的教育处或文化参赞来推广自己的语言和文化。可喜的是中国也有了自己的汉语语言文化传播机构——孔子学院。但是,孔子学院还非常"稚嫩",孔子学院在数量上和质量上都有许多提升的空间。因此,对孔子学院的研究和调查就显得非常必要。

(六)田野调查:马里兰大学孔子学院①

中国孔子学院在海外的发展情况如何?本人带着好奇心在美国马里兰大学孔子学院进行了半年的田野调查。调查目的就是了解孔子学院的具体实施情况,例如,孔子学院是如何在海外进行汉语语言文化的教学和推广工作的,有什么好的经验,以及还存在什么不足。

1. 基本情况

美国马里兰大学孔子学院成立于2004年。其辐射面主要是美国大华府地区,主要包括华盛顿特区、马里兰州、弗吉尼亚州和特拉华州等。由于马里兰大学优越的地理位置,华盛顿使馆区(包括16个州)的一些活动也经常在马里兰大学孔子学院举行。中国国家汉办选定南开大学与马里兰大学合办孔子学院。马里兰大学孔子学院于2005年开始招生,开设汉语班,并开展各种中国文化活动。美国马里兰大学孔子学院有工作人员5位。一位正院长(男,美籍华人,原马里兰大学副校长,物理教授,熟悉并热爱中国语言和文化),三位副院长(一位美国人,女,略懂汉语,兼职,本校教育学院二语习得教授;一位美籍华人,女,兼职,本校教育学院教授;一位中国人,南开大学派来的,男,专职),一位协调员(女,美国人,懂汉语,专职)。此外,只要有活动,马里兰大学中国学生学者联谊会的志愿者也会前来参与协助。工作语言是英语和汉语。活动中只要有不懂汉语的人就用英语,否则就用汉语。教学中使用英汉双语。

2. 调查内容

美国马里兰大学2008年的春季学期(spring semester)是从2008年1月28日到5月23日,其中3月16至22日是一周的春假(spring break)。暑假(summer session)是从6月2日到8月底。马里兰大学孔子学院在这个学期主要组织了以下语言文化活动:

(1) 汉语教学

现在马里兰大学孔子学院只有一位正式的汉语教师,是南开大学派来的崔教授。孔子学院每学期都提供初、中和高三个级别的无学历(non-credited)汉语教学。因此,马里兰大学的学生因需要学分一般都不会来

---

① 张治国:"美国马里兰大学孔子学院田野调查",《世界教育信息》,2009年第3期。

参加孔子学院的汉语学习,他们在本校的中文系学习。孔子学院的汉语教学主要有以下三类:一是"学期班":晚上教学,地点在孔子学院,招生对象是工作上或多或少地要用到汉语的政府工作人员、商人、律师、教师等。但是,每次每种班招生人数都在个位数。二是"暑期班":白天教学为主,也有晚上教学的。授课地点在孔子学院或校外,招生对象则以中小学生为主,招生人数比"学期班"要多。例如,2008年7月28到8月22日举办了为期四周的汉语强化班。每周5个晚上,每晚7—9点,校内外均有授课地点。此外,每年还为5至13岁的儿童举行为期3—5天的暑期汉语夏令营。三是"周末班":招生对象是中小学生,或者当地中文学校的中小学汉语教师,地点视情况而定。教师培训班是不定期举行的。例如,2007年在马里兰州的希望中文学校盖城校区(Hope Chinese School at Gaithersburg)举办中文教师的培训,时间为8个星期,有42名教师经过培训后获得结业证书。而2008年就未能如期举行。

(2) 学术会议

马里兰大学孔子学院与美国国会图书馆亚洲部于2008年1月24—25日分别在国会图书馆和马里兰大学共同举办了学术会议——"儒家思想的当代意义"。会议的主题是"社会和谐、可持续性发展和世界和平"。与会者包括来自美国和中国的一些大学教授和学者。另外,2008年4月17—19日"全美中文大会"在华盛顿万丽酒店(Renaissance Hotel)举行。中国驻美使馆大使周文重和国家汉办主任许琳都出席了会议并发言,马里兰大学孔子学院也派代表出席了会议,并在美国孔子学院专场上发言。

(3) 文化传播

2008年2月13日在马里兰大学孔子学院大厅举行了鼠年新春庆祝活动。出席活动的有马里兰大学的校长摩特(Mote)、孔子学院的全体老师、马里兰大学的有关院系的代表、大华府地区的华侨代表、还有中国在马里兰大学的访问学者和留学生代表以及志愿者等。里面有中国人、韩国人、美国人等。活动分两部分,第一部分是有关人士讲话祝贺中国新春和简单的中国文艺演出,活动由孔子学院的刘院长主持。第二部分是大家自由交流、或观赏中国书法和剪纸表演。形式非常随意自由,但是整个大厅弥漫着中国的迎春氛围,大家站着边聊边吃,时而中文,时而英语,好不热闹。

2008年3月1日在马里兰州波多马克(Potomac)的丘吉尔中学举办了《周易》讲座。该活动是马里兰大学孔子学院、马里兰州洛城(Rockville)希望中文学校和天津同乡会共同组办的。主讲人是来自南开大学的常务副校长兼文学院院长,中国教育部中文教学指导委员会主任陈洪教授,讲座的题目是《周易的现代价值》。陈教授揭示了《周易》的理念,解读了《周易》的内涵,引导人们如何去正确地认识阴阳八卦。会场上座无虚席,出席的人绝大部分是华人,有少数几个美国人(因为讲座是用中文进行的)。

"孔子读书会"(Book Club)在孔子学院每个星期一晚上举行,时间为两个小时左右。在 2008 年的春季学期共举行了 10 次。每次一个主题,主讲人主要是周博士,另外还有马里兰大学的访问学者(包括本人)以及在附近工作的华人。读书会是大家共同讨论中国文化和教育的地方,研讨方式往往是中美比较,讨论时使用的语言是英汉双语。读书会是开放式的,来参与的人员主要包括马里兰大学孔子学院的几位院长、马里兰大学的访问学者、学生,以及大学周边的华人华侨,此外,也有极少数懂得中文并对中国文化感兴趣的外国人(特别是日本留学生)。同时,读书会也是交友的场所,孔子学院提供点心饮料,或者会员自己带一些自己做的或买的小点心。所以,参加读书会的成员都感到精神物质双丰收。

马里兰大学孔子学院协同该大学的中国学生学者联谊会于 2008 年 4 月 7 日在马里兰大学学生活动中心(Stamp Student Union)展出了中国人民大学人文奥运中心带来的人文奥运图片与录像。4 月 9 号在马里兰大学"外语活动中心"(Language House)举办了名叫"从雅典到北京"的系列奥运讲座,有三位演讲人:马里兰大学李(Lee)博士、马里兰大学斯科尔顿(Scholten)博士和人民大学的金元浦教授。前两位从不同角度回顾了雅典奥运的起源,金教授则阐述了北京即将举行的人文奥运。

马里兰大学孔子学院 2008 年 4 月 10 日在马里兰大学纽布鲁文化中心(Nyumburu Culture Center)承办了第七届华盛顿赛区"汉语桥"汉语演讲比赛,中国驻美大使馆教育处的尤召忠参赞等一行出席。参加的选手共六个,他们来自以下四个大学:特拉华大学(三个选手)、犹他州的杨百翰大学(Brigham Young University)、首都华盛顿的乔治敦大学(Georgetown University)和弗吉尼亚大学(各一个选手)。赛后,中国驻美国大使馆教育处尤少忠参赞向获奖者颁发了奖状和纪念品,并在讲话中勉励选手们和前来观摩比赛的大学生们继续努力学习汉语和中国文化,争当促进中美教育交流合作的友好使者。

马里兰大学孔子学院与马里兰大学艺术史和考古系、东亚研究中心共同举办了中国电影周。2008 年 4 月 22 日起大概每隔两天放一场中国电影,共放了 4 部中国电影。它们是:严浩导演的《天国逆子》,贾樟柯导演的《世界》,娄烨导演的《苏州河》和李安导演的《色戒》。另外,还举行了 2 场影评,影评人是加州大学圣地亚哥分校中国研究和比较文学教授 Yingjin Zhang 和史密森尼亚学院的电影程序编制员维克(Vick)。地点都是在马里兰大学的 Hornbake 图书馆 0302—J 教室。电影是汉语对白,英语字幕。每次来观看的人既有中国人,也有外国学生,但是人数不多。例如,观看电影《世界》的人还不到 20 个,电影从上午 11 点开始放,到了中午吃饭时,有一部分同学陆续离开,坚持到最后的也只有六、七个学生。

首届"汉语桥"世界中学生中文比赛华盛顿赛区预赛于2008年4月25日在马里兰大学纽布鲁文化中心举行。这次比赛由马里兰大学孔子学院承办。来自华盛顿使馆区六所高中的七支代表队共21名中学生选手参加了最后角逐,来自不同地方的大中学校师生代表和家长观看了比赛。赛后,中国驻美国大使馆教育处尤少忠参赞和马里兰大学孔子学院院长刘教授致辞祝贺。

2008年4月26日第十届"马里兰日"(Maryland Day)在马里兰大学校园举行,该大学的许多学院以及一些政府部门(如美国国家档案馆、警察局、银行)都有自己的展台,宣传自己,并寓教于乐,还赠送小礼品,许多小礼品后面还印着"MADE IN CHINA"。孔子学院也有自己的展台,以便展示中国的语言和文化:用毛笔把外国人的中文译名写在书签上并赠送给他们;2008年北京奥运吉祥物以及迎奥运签名活动(signature drive),等等。

马里兰大学孔子学院与大华府地区中国学生学者联谊会和木兰基金会于2008年6月8日在马里兰大学的室内体育馆Cole Field House举行了"手拉手,心连心"(Heart by Heart, Hand in Hand)四川地震赈灾义演。广西桂林刘三姐歌舞团克服没有舞台背景和高温的困难,演出了大型歌舞剧《刘三姐》,宣扬了中国文化。马里兰大学的中国访问学者和留学生、大华府地区的华人华侨,以及一些美国人共同推出了一台表现中国文化的综合文艺演出,并为四川灾区人民筹集善款。

3. 调查分析

马里兰大学孔子学院的主要办学特色:首先,汉语教学采取见缝插针和"走出去"战略。马里兰大学孔子学院充分利用晚上、周末和暑假时间来开展汉语教学。另外,不是坐在办公室等学员,而是主动"出击",外出招收学员。而且,出于需要也可以把上课地点放在外面。汉语教学主要是吸引想学汉语的美国人和第二代或第三代华侨来学习汉语知识。同时,也吸引华人汉语教师来学习汉语的教学方法。其次,马里兰大学孔子学院的学员一般都是带着融入性动机来学习汉语的。马里兰大学孔子学院的崔教授[①]说:"来孔子学院上课的美国学生,都对中国很感兴趣。他们不是为了学分而来,而是来体验中国的语言和文化。"第三,文化活动遵循主动灵活和"请进来"原则。马里兰大学孔子学院的文化活动丰富多彩,频率适当,几乎每个月都有两场或两场以上的中国文化活动。有些活动是每年例行的,例如大学生"汉语桥"中文比赛。有些活动是机动的,例

---

① 《马里兰大学孔子学院介绍手册》,2007,第25页。

如北京2008年奥运宣传周。此外,他们每年从中国邀请一些知名人士在孔子学院进行一些文化活动,例如《周易》讲座。这些文化活动更能吸引在美的华人华侨和在美国学习工作的来自世界各地的人。

然而,马里兰大学孔子学院还有许多提升的空间。对照《孔子学院章程》(试行)"第十一条,孔子学院提供下列服务:面向社会各界人士,开展汉语教学;培训汉语教师,提供汉语教学资源;开展汉语考试和汉语教师资格认证业务;提供中国教育、文化、经济及社会等信息咨询;开展当代中国研究。"在马里兰大学孔子学院成立才四个年头的时候,马里兰大学孔子学院可以非常自信地说:他们完成了章程中所规定的大部分任务。他们克服人员少和资源有限的困难做出了骄人的成绩。但是,与国外的语言文化传播机构(如英国文化委员会、法语联盟、塞万提斯学院、歌德学院、卡蒙斯学院、但丁学院、日本国际交流基金)相比,中国的孔子学院还是一个"婴儿",还非常稚嫩。今后孔子学院可以在以下方面进一步提高自己。

第一,扩大汉语教学和中国文化活动的规模。马里兰大学孔子学院的招生人数非常有限,一个汉语教授足以对付所有的学生,而且有时还"吃不饱"。参加文化活动的人也不能算多。比如,大华府地区中学生组"汉语桥"汉语演讲比赛只有六所中学,共21人参加。大学组才有四所大学,共六人参加。为什么没有多少美国人来参加这些活动?本人认为,主要有三个原因。一是美国人选择接触外国语言和文化的机会太多。汉语言和文化不是他们学习外语的唯一选择。二是马里兰大学孔子学院做的海报宣传力度不大。美国人事事都讲究提前安排,因此提前数周和当天的宣传广告非常重要。否则,很多人就根本不知道有什么活动。例如,大学生组"汉语桥"汉语演讲比赛是在马里兰大学举行,而且该校也有中文系,可马里兰大学竟然没有一个选手参加,观众中也难觅他们的踪影,这可能与宣传不够有关。三是文化宣传活动的准备工作还有提高的空间。例如,电影周的电影选材不精,没能很好地体现中国的文化。而且,电影图像效果不够好,放映的时间也不太合适。

第二,加强建立各种具有本地特色的语言文化资源库。孔子学院可以有目的地开始建设各种语言文化资源库,这些资源库对今后孔子学院的发展很有帮助。例如,建立"美国人汉语学习与教学资源库",可以请每个来孔子学院参加活动的华人把他们在美遇到的美国人学习汉语的笑话和特点写下来,最后全部收集整理起来,这就是一个很好的具有美国特色的教学资源。或者"华人与中国文化资源库",孔子学院已经成为海外华人社区相聚的一个场所。在海外进行汉语教学和文化推广时,华人可以成为很好的助手,要很好地利用这些资源。

第三,增加教学与科研的横向联系。马里兰大学孔子学院可以与本校中文系、国家外语研究中心和高级语言研究中心加强教学和科研的合作,实现优势互补,从而扩大影响。这些机构在汉语言和文化的教学与研究方面都有自己的特点。此外,马里兰大学孔子学院还可以与国内的一些大学和相关机构合作进行教学与科研。例如,现在,国内每年都有许多人以访问学者和交换学生的身份去美国,孔子学院可以接纳一些对外汉语、中文、英语和教育等专业的访问学者和交换学生。一方面,这些人可以在孔子学院完成他们的科研任务,另一方面,他们也可以给孔子学院的各项教学和文化活动带来活力和帮助。

4. 结论

孔子学院自成立以来受到海内外华人华侨和外国友人的欢迎,在推广汉语和宣传中国文化方面作出了巨大贡献。但是,要如何进一步地发挥孔子学院的作用,如何保持可持续性发展,我们还有许多值得研究和改进的地方。孔子学院刚刚起步,我们在不断扩大孔子学院数量的同时,千万不能忽视孔子学院建设的质量和自身的造血功能(如孔子学院今后能自负盈亏吗?孔子学院今后能少些政府元素,多些市场行为吗?),孔子学院的发展任重而道远。

三、中国汉语教育政策主体

(一)中国汉语教育政策制定主体

1. 中国汉语国内教育政策制定的主体

中国制定汉语国内教育政策的主体主要是教育部的以下部门。但是,这种分类不是绝对的,因为有些机构的任务是交叉的,有些机构的目标又有重叠的地方。

(1)教育部语言文字应用管理司(简称语用司)

语言文字应用管理司的职责是:"拟订语言文字工作的方针、政策和中长期规划;组织实施语言文字规范化工作;监督检查语言文字的应用情况;组织推行《汉语拼音方案》,指导推广普通话工作以及普通话师资培训工作;承办国家语言文字工作委员会的具体工作。"

(2)教育部语言文字信息管理司(简称语信司)

语言文字信息管理司的任务是:"研究并审定语言文字标准和规范,拟订语言文字信息处理标准;指导地方文字规范化建设。"

(3)教育部政策法规司

政策法规司的职责是:"研究教育改革与发展战略并就重大问题进行政策调研;起草综合性教育法律法规草案。"

(4)基础教育一司

基础教育一司"承担义务教育的宏观管理工作,会同有关方面拟订义务教育办学标准,规范义务教育学校办学行为,推进教学改革"。

(5) 基础教育二司

基础教育二司"承担普通高中教育、幼儿教育和特殊教育的宏观管理工作;拟订普通高中教育、幼儿教育、特殊教育的发展政策和基础教育的基本教学文件"。

(6) 国家语言文字工作委员会(简称国家语委)

1985年,国务院将中国文字改革委员会改名为国家语言文字工作委员会。国家语言文字工作委员会的主要任务是"拟定国家语言文字工作的方针、政策;编制语言文字工作中长期规划;制定汉语和少数民族语言文字的规范和标准并组织协调监督检查;指导推广普通话工作"[①]。

2. 中国汉语国际推广政策制定的主体

中国制定汉语国际推广的主体主要是教育部的以下机构:

(1) 教育部国家汉语国际推广办公室(简称汉办)

汉办是中国教育部下属的事业单位,为非政府机构。"汉办致力于为世界各国提供汉语言文化的教学资源和服务,最大限度地满足海外汉语学习者的需求,为携手发展多元文化,共同建设和谐世界作贡献。"汉办的职能是:"制订汉语国际推广的方针政策和发展规划;支持各国各级各类教育机构开展汉语教学;指导孔子学院总部建设孔子学院;制定对外汉语教学标准并组织评估,开发和推广汉语教材;制定对外汉语教师资格标准并开展培训,选派出国对外汉语教师和志愿者,实施汉语作为外语教学能力认证;制定对外汉语教学网络建设标准,构建相关网络平台并提供资源;开发和推广各种对外汉语考试。"[②]

(2) 教育部国际合作与交流司(港澳台办公室)

国际合作与交流司的主要任务是"规划、协调、指导汉语国际推广工作"。

(二) 汉语语言教育政策的研究机构

1. 中国汉语国内教育政策的研究机构

同中国汉语国内教育政策的制定主体一样,中国汉语国内教育政策的研究机构也不是绝对的,因为有的机构的任务是交叉的,有些机构的目标也是有重叠的地方。

(1) 教育部语言文字应用研究所(简称语用所)

1984年成立的语言文字应用研究所面向现代语言文字生活的需要,面向应用语言学的学科建设,研究语言文字应用的实际问题和理论问题,研究语言文字的规范化和标准化,研究语言政策和语言规划;开展国家通用语言文字培训、测试及有关的组织规划、教学与科研工作,指导各地的

---

① 国家语委,http://www.china-language.gov.cn/6/index.htm。
② 国际汉语国际推广办公室,http://www.hanban.edu.cn/。

培训与测试工作;为社会各界提供有关语言文字的评测与咨询服务,等等。① 该研究所自1992年开始创办了《语言文字应用》杂志。

(2) 南京大学中国语言战略研究中心

2007年教育部和南京大学共同成立了"中国语言战略研究中心"。该中心主要任务是分析国内外的语言现状、提出语言战略与对策、积累丰富的科研成果与资料数据、构建相关的教育体系和发展学科。该中心自2010年开始创办《中国语言规划》杂志(暂时以书代刊),不定期出版。

2. 汉语国际推广的研究机构

(1) 北京语言大学对外汉语研究中心

北京语言大学对外汉语研究中心成立于2000年,是国家级重点研究基地。该中心主要进行汉语作为第二语言的习得与认知研究、汉语的教学与测试研究和汉语的本体研究,同时研究汉语作为第二语言的教学与学习规律,服务对外汉语教学的学科建设和教学实践。

(2) 暨南大学海外华语研究中心

2005年成立了"暨南大学海外华语研究中心"。该中心是由中国教育部语言信息管理司与暨南大学共建的研究平台。目前,"海外华语研究中心"主要对海外华语语言进行全面的监测与研究,反映海外华语的语言使用状况。包括全球华语语料库、全球华语词典、全球华语研究和全球华语教材,等等。暨南大学的海外华语研究中心为国家有关部门的相关决策提供信息、建议和咨询,同时也为海内外有关机构和个人提供相关的咨询服务,并统筹规划海外华语资源的开发利用。

(3) 世界汉语教学学会

世界汉语教学学会成立于1987年。学会的宗旨是:"促进汉语作为外语教学和研究的国际交流与合作;推动世界汉语教学与研究的发展;加强世界各地汉语教学和研究工作者之间的联系;增进和发展各国人民之间的相互了解和友好合作,为维护世界和平贡献力量。"②

(4) 中国对外汉语教学学会

"中国对外汉语教学学会"是中国对外汉语教学的全国性民间学术团体。其宗旨是"团结全国对外汉语教学工作者,推动本学科的学术研究,促进国内外学术交流。"③该会主要通过举办全国性、地区性及专题性学术讨论会,编印书刊等方式,交流科研成果、教学经验和学术信息,促进对外汉语教学事业的发展。

---

① 语言文字应用研究所,http://www.china-language.gov.cn/74/jianjie.htm。
② 世界汉语教学学会,http://www.shihan.org.cn/shihan/index.do。
③ 对外汉语教学学会,http://www.moe.edu.cn/edoas/website18/53/info12253.htm。

(5) 中国海外汉学研究中心

中国海外汉学研究中心的前身是北京外国语大学中国海外汉学研究中心,成立于 1996 年。该中心目前主要从事以下四个方面的研究:海外汉学研究、海外中国学研究、比较文化视野下的汉学研究和汉语推广战略研究。该中心将定期向国家有关部门提供世界重要国家和地区有关中国政策的研究报告、各国制定中国政策的重要人物的报告,以协助有关部门分析制定对策,发挥国家的"智库"作用。

第三节 美国的英语教育政策

一、美国的国内英语教育政策

(一)美国的英语语言教育生态

1. 多语言的社会和多语言的学生

"美国是一个由来自世界各地具有不同国籍、不同种族和不同民族构成的'移民者之邦'。"① 难怪美国作家梅尔维尔(Melville)说:"美国人血管里的每一滴血,都混合着全世界各民族的血液。"美国的这种复杂人口背景决定了美国多样的语言国情和美国学生中形形色色的祖裔语言(heritage language)。美国 1990、2000 和 2010 年的人口普查都显示,美国国内使用着 300 多种语言,其中英语是全国的通用语言,西班牙语是美国的第二大语言。美国成为了世界语言的交汇处,形成了费什曼所说的"复杂的语言马赛克"现象。

2. 不断增加的 LEP 学生或 ELL 学生或 ESL 学生

由于美国是个移民国家,美国的学校里就相应的出现了许多移民学生。这些学生当中,有相当一部分人的英语水平较差,被列为"英语水平欠缺者"(LEP)。美国的 LEP 学生有三类:第一是出生在美国之外,而且其母语不是英语的学生。第二是出生在美国但成长在主体语言不是英语的环境中的学生。第三是美国印第安人和阿拉斯加土著人。② 不过,近年来,美国教育界有些人更喜欢使用"英语学习者"(ELL)一词来代替"英语水平欠缺者"一词,原因有二:一是"ELL 学生"比"LEP 学生"在内涵上扩大了,二是"LEP 学生"的称谓具有贬义之嫌。另外,还有些人(主要是语言学界的人)称 LEP 学生为"英语作为二语来学习的学生"(ESL)。鉴于对引用文献作者的尊重,本书会出现这三个词,而且,暂且把它们看

---

① [美]菲利普·库姆斯著,赵宝恒等译:《世界教育危机》,北京:人民教育出版社,2001,第 273 页。

② Corson, D. 1990. *Language Policy Across the Curriculum*. Clevedon, England: Multilingual Matters. Ltd., p.146.

成是同义词。下面简述美国 ELL 学生的发展特点：

首先，从 ELL 学生的发展态势来看，自从 1980 年开始，美国的语言少数人口的增长速度是美国人口增长速度的 4 倍。到 1990 年，每 6 个学龄儿童中几乎就有一个小孩的家庭语言不是英语。美国最近三次人口普查结果（见表 5-7）显示，美国中小学里的"英语学习者"（ELL）的人数一直在呈上升态势。而且，随着全球化的进程，这种态势还在继续，这对学校的语言教学来说是一个很大的挑战。

表 5-7 美国最近三次人口普查中家庭语言非英语人口（5 岁以上）的比率统计表

人口普查年份	1980 年		1990 年		2000 年	
内容	人数	百分比	人数	百分比	人数	百分比
数据	2550 万	11%	3200 万	13.8%	4700 万	17.6%

（资料来源：http://nces.ed.gov/programs/quarterly/vol_6/6_3/3_4.asp 和 www.census.gov）

其次，从美国 ELL 学生的数量和地域分布来看，美国 ELL 学生在 1993—1994 学年达到 212.1 万人，到 1999—2000 学年 ELL 学生的总数已经上升到 304.2 万（见表 5-8）。该数字之大，上升之快是没有哪个国家可以比拟的。另外，美国 ELL 学生主要集中在美国的西部、南部和东北部，美国中西部的移民学生就相对要少得多。在美国的西部、南部和东北地区，ELL 学生最多的地方是美国西部，特别是加州。"加州的 LEP 学生总数在全美第一，四分之一的学生在家说英语之外的语言。在洛杉机的公立学校，几乎有一半的学生（小学则有 60%）被列入 LEP 学生的名单。"[①]美国西部的 ELL 学生已经超过美国 ELL 学生总数的一半多，学生中 ELL 学生比例在 2000 年已经达到 16.3%。而且，表 5-9 显示，ELL 学生过半的学校在美国西部已经占 7%。相对而言，美国中西部的移民学生总量不大，但表 5-9 却告诉我们，ELL 学生过半的学校在美国中西部却只占 1.3%，但这一比例高于美国东部和南部的相应数字（分别为 0.7% 和 1.0%），这说明中西部的 ELL 学生喜欢扎堆就读。总之，表 5-8 和表 5-9 显示，美国的 ELL 学生表现出三个特点：一是数量特点，ELL 学生量大；二是地区特点，美国西部 ELL 学生最多；三是学校特点，ELL 学生主要集中在某些学校。对于 ELL 学生来说，集中就读容易体现自己的语言身份和民族身份，但是，对于学校来说，ELL 学生越集中，英语的同化任务就越困难。

---

① Schmid, C. L. 2001. *The Politics of Language: Conflict, Identity, and Cultural Pluralism in Comparative Perspective*. Oxford: Oxford University Press, p.4.

表 5-8　美国 ELL 学生在全国和各地区的人数和百分比统计表

学年	1993—1994	1993—1994	1993—1994	1999—2000	1999—2000	1999—2000
内容	ELL 学生数量	所有学生中的比率	所有 ELL 学生中的比率	ELL 学生数量	所有学生的比率	所有 ELL 学生比率
美国	2,121,000	5.1	100.0	3,042,000	6.7	100.0
东北部	323,000	4.4	15.2	304,000	3.8	10.0
中西部	136,000	1.4	6.4	276,000	2.6	9.1
南部	521,000	3.5	24.6	723,000	4.5	23.8
西部	1,142,000	12.3	53.8	1,738,000	16.3	57.2

（资料来源：U. S. Department of Education, National Center for Education Statistics, Schools and Staffing Survey, 1993—1994 and 1999—2000 "Public School Questionnaire" and 1999—2000 "Charter School Questionnaire." http://nces.ed.gov/pubsearch/pubsinfo.asp?pubid=2004035.）

表 5-9　美国 1999—2000 年公立学校 ELL 学生在全国和地区的百分比分布表

ELL 学生百分比	少于 1% 的学校	占 1—5% 的学校	占 5—15% 的学校	占 15—25% 的学校	占 25—50% 的学校	占 50% 以上的学校
美国	61.7%	17.0%	10.4%	4.1%	4.3%	2.4%
美东北部	66.0%	16.3%	11.8%	3.6%	1.5%	0.7%
美中西部	78.5%	11.6%	5.7%	1.3%	1.6%	1.3%
美南部	62.0%	19.9%	10.2%	4.1%	2.8%	1.0%
美西部	36.5%	20.3%	15.8%	8.0%	12.0%	7.0%

（资料来源：U. S. Department of Education, National Center for Education Statistics, Schools and Staffing Survey, 1993—1994 and 1999—2000 "Public School Questionnaire" and 1999—2000 "Charter School Questionnaire." http://nces.ed.gov/pubsearch/pubsinfo.asp?pubid=2004035.）

第三，从美国 ELL 学生的母语来看，其语种之多是世界所罕见的。例如，美国马里兰州蒙哥马利（Montgomery）县的公立学校从幼儿园到 12 年级（K—12）有许多把英语作为二语来学习的学生（ESL），他们来自 134 个国家，使用 119 种语言。1991 年，有 5742 名 ESL 学生，1998 年则有 7750 名 ESL 学生，增长了 26%。[①] 美国一个县的状况就如此，整个国家就更不得了。现将 1991—1992 学年美国 LEP 学生最多的十大移民语言列表如下（见表 5-10）。

[①] Malagon, M. H. 1998. *ESL Standards Enacted*. In A. T. Lockwood (eds.). *Standards: from Policy to Practice*. Thousand Oaks, Ca: Corwin Press, Inc., p. 48.

表 5-10 美国 1991—1992 年十大 LEP 学生最多的移民语言情况表

序号	语言	学生数	百分比	序号	语言	学生数	百分比
1	西班牙语	1682560	79.9	6	朝鲜语	36568	1.6
2	越南语	90922	3.9	7	老挝语	29838	1.3
3	苗语①	42305	1.8	8	纳瓦霍语	28913	1.3
4	粤语②	37742	1.7	9	他加禄语③	24516	1.1
5	柬埔寨语	37472	1.6	10	俄语	21903	0.9

（资料来源：National Clearinghouse for Bilingual Education,"What are the Most Common Language for LEP Student?". 1995. http://www.ncbe.gwu.edu/askncbel/fact/05toplangs.htm）

3. 不断提高的英语同化率

移民并不意味着他们不会英语,在家说英语之外语言的人也并不意味着这些人不懂英语,其中不少是双语者。例如,1980 年,在家使用西班牙语的人当中,不到 50% 的人能够非常熟练地掌握英语。到 2000 年,该数字涨到 53%,还有 20% 是能够熟练地掌握英语。④ 表 5-11 显示,美国 1990 年的 10 大移民语言中,英语文盲率最高的前三位分别是汉语(9%)、西班牙语(8%) 和葡萄牙语(6%),来自西欧移民的英语文盲率为零。这些数据说明美国的英语同化教育还是非常成功的,他们帮助大多数的 ELL 学生摆脱了英语盲的标签。还有一些移民英语盲是因为他们年纪太大未能或不愿进入学校学习,或者其他原因。根据美国现代语言协会(MLA)的统计,到 2005 年为止,美国使用英语的人占美国总人口的 82%。⑤

表 5-11 美国 1990 年十大移民语言以及这些移民(5 岁以上)的英语水平表

排名	语言	人口	很好(%)	好(%)	一般(%)	不懂(%)
1	西班牙语	17339172	52	22	18	8
2	法语	1702176	72	19	9	0
3	德语	1547099	75	18	6	0
4	意大利语	1308648	67	22	10	1
5	汉语	1249213	40	30	21	9

---

① 苗语(Hmong)是东南亚一带偏僻山村苗人使用的语言。
② 该统计把粤语和普通话分开来计算,若合在一起共有 60302,排序在第三。
③ 他加禄语(Tagalu)是菲律宾国语,现叫菲律宾语。
④ Spolsky, B. 2004. *Language Policy*. Cambridge: Cambridge University Press, pp. 96—97.
⑤ *Number and Percentage of Speakers per Language in the Entire US*, http://www.mla.org/map_single.

续表

排名	语言	人口	很好(%)	好(%)	一般(%)	不懂(%)
6	他加禄语	843251	66	27	7	1
7	波兰语	723483	63	23	12	2
8	朝鲜语	626478	39	31	25	5
9	越南语	507069	37	35	23	5
10	葡萄牙语	429860	55	22	17	6

(资料来源：U. S. Bureau of the Census, Language Spoken at Home and Ability to Speak English for United States, Regional and States：1990CPH-L-96 and 133. Washington, D. C.：U. S. Government Printing Office, 1993. Schmid, C. L. The Politics of Language：Conflict, Identity, and Cultural Pluralism in Comparative Perspective. Oxford：Oxford University Press. 2001：46.)

4. 美国对移民带来的多语现象所表现出的语言教育观

美国1990的人口普查表明，拉美裔人增加了58％，亚裔人口增加了一倍。预测到2020年美国的拉美裔和非洲裔人将达到美国人口的一半，拉美裔将首次成为最大的少数民族群体。① 此外，由于美国和墨西哥领土接壤，墨西哥每年都有许多通过边境河流进入美国的非法移民，美国人称之为"湿背人"(wetback)，美国官方的人口统计往往难以估计这些"湿背人"的准确数量。所以，现在美国社会上出现了一个新词，叫"Hispanophobia"，意思是"恐拉美裔症"。麦卡逊(McCarty)认为，毫无疑问，美国处在全国语言恐慌中，语言成为社会阶层和种族的代理符号。西班牙语使用者成为全国语言歇斯底里者的发泄对象，2001年的9·11事件加剧了美国的"仇外趋势"(xenophobic trends)，使得阿拉伯语使用者，确切地说，所有看上去像来自中东的人都处于极大的危险中。在目前的社会政治环境中，重视种族和语言背景、反双语措施以及新的扫盲运动(New Literacy Movement)都可以被看成是出于同一目的。② 这是美国社会对移民以及移民语言的一般看法。那么，美国的学界和政界对移民和移民语言又是如何看待的呢？

美国威斯康星大学研究双语教育的瑞兹(Ruiz 1984)③认为在语言规划时人们可以把语言看为是"问题"、"权力"和"资源"。把语言视为"问题"，是意识到了语言的不利一面，而把语言当作"权利"和"资源"，是看到

---

① Gonzalez, R. D. & Melis, I. 2000. *Language Ideologies：Critical Perspectives on the Official English Movement.* Mahwah, NJ：Lawrence Erlbaum Associates, Inc. , p. 31.

② McCarty, T. L. 2004. *A Critical-Historical Analysis of Language Education Policies in the United States.* In J. M. Tollefson & A. B. Tsui(eds.). *Medium of Instruction Policies.* Mahwah, NJ：Lawrence Erlbaum Associates, Inc. , p. 87.

③ Ruiz. R. 1984. *Orientations in Language Planning.* NABE Journal, 8(2)：15—34.

了语言的有利一面。"可是,美国对语言的习惯看法是:语言是问题。"对于多语现象,帕塔纳亚克(Pattanayak 1988)①的观点是:"多语就像是莲花上的花瓣,多语也形成一个国家的语言马赛克。假如有些花瓣枯萎并掉落了,或者假如有些马赛克剥落了,那么,这朵莲花或马赛克就很难看了。随着语言的消亡,国家就会变得更穷。"哈佛大学教育学院的斯多斯基(Stotsky 2000)②说:"美国传统上就是一个多元而统一的国家,即合众为一(E Pluribus Unum)。③ 持'学生为中心'观点的人强调个体,多元文化主义者也重视各自不同的族群及其传统。我们的学生如何才能习得一个高效民族国家所必需的共同的知识和共同的理解?英语孕育于美国,是这个国家团结的强大力量,它可以培养学生使用通用语言的能力和增长学生对共同文化的了解,从而把每个个体和族群组合成一个大社会,使各方都受益。我们必须加强这种团结的力量,但是,激进的个体主义和当今的多文化主义削弱了这种力量。"德意奇(Deutsch)④则认为:"语言是一种无意识的信号系统,在鉴别可能的特惠对象或歧视对象方面,它仅次于种族的作用。宪法禁止宗教歧视,语言倒可以轻而易举地取代宗教,从而成为鉴别不受欢迎的移民的标签。"可见,美国学界也是赞同移民要尽快地同化到英语上来。

在美国政界,1981年美国加州参议员早川⑤提出了《英语语言修正案》,其理由是:一种共同的语言能促进统一,而各自独立的语言则会导致社会分裂;掌握英语是每个移民的重要任务;一个移民只有学会英语才能参与我们的民主政治。1889年以前,全美只有三个州规定私立学校要用英语作为教学语言。可是,到了1923年,就有34个州有此要求。⑥

(二) 美国的国内英语教育政策

在美国教育史上"唯英语教育"和"双语教育"很早就出现过,最早是针对美国印第安人(或美国印第安语言)而制定的(详情见本书第六章第三节)。1968年美国出台的《双语教育法》以及在20世纪80—90年代出

---

① Gonzalez, R. D. & Melis, I. 2000. *Language Ideologies: Critical Perspectives on the Official English Movement.* Mahwah, NJ: Lawrence Erlbaum Associates, Inc., p. 34.
② Stotsky, S. 2000. *What's at Stake in the K-12 Standards Wars: a Primer for Educational Policy Makers.* NY: Peter Lang Publishing, Inc., pp. 215—216.
③ 美国国徽和硬币上都印有"E Pluribus Unum"三个拉丁字母,意思是"一出于多或合众为一"。
④ Deutsch, K. A. 1975. *The Political Significance of Linguistic Conflicts.* In J. G. Savard & R. Vigneault (eds.). *Les etats Multilingues.* Quebec: leval, p. 7.
⑤ [美]戴维·马歇尔,袁晶、冉利华译:"美国官方语言问题:语言权利与英语修正案",周庆生主编《国外语言政策与语言规划进程》,北京:语文出版社,2001,第344页。
⑥ Ricento, T. 1996. *Language Policy in the United States.* In M. Herriman & B. Burnaby(eds.). *Language Policies in English-Dominant Countries: Six Case Studies.* Philadelphia: Multilingual Matters Ltd., p. 134.

现的"唯英语运动"和"唯英语教育"都是针对移民和美国印第安人而来的。

1. 美国在全球化时代之前的英语教育政策简要回顾

1958年美国提出"英语工程计划"(Project English Program),旨在加强美国人的英语教育。美国英语教师协会,于1960年发表了《国家利益与英语教学》的报告书。该报告主张英语教学要以语言、文学和作文为中心,提出感性地教英语和学英语。1983年美国"全国优质教育质量委员会"(The National Commission on Excellence in Education)出台了《国家处于危险中:教育改革势在必行》的报告,该报告中有关师资的调查结论是:新教师素质差、教师培训不合理、教师待遇低、教师专业权力小、主课教师严重缺乏。[1] 这里的教师其中包括英语教师。英语教师质量下降,导致学生英语水平随之下降。该《报告》导致了美国在20世纪80年代末的教育改革,为此,美国开始制定系列的教师专业标准,其中包括K—12英语作为语言艺术科目的教师专业标准。美国在全球化时代之前的英语教育政策归结为以下两个:唯英语教育政策和双语教育政策。

(1) 唯英语教育政策

其实,美国的唯英语教育的思想从美国独立之日起就存在,并逐渐突出地表现在各个时期。这取决于美国社会中英语之外语言的发展势头。例如,美国政府针对新英格兰地区欧洲传统语言所进行的遏制措施:美国成立之初,德语是仅次于英语的第二大语言。宾夕法尼亚州有近三分之一的人说德语,德国移民建立了自己的教会,创办了自己的学校,教会布道和学校教育全部都用德语进行。这引起了当时执政者的关注,富兰克林曾经写信给殖民地印刷商帕克(Parker)和英国国会议员柯林森(Kollinson)。他在信中说:"宾州若干年后将成为德国的殖民地;那时,不是要他们学我们的语言,而是我们必须学习他们的语言。否则,我们就会感到好像生活在外国一样。"[2]到了19世纪末,美国政府开始出台教育政策以便遏制德语的发展势头。1889—1890年间,美国许多州都试图通过立法来阻止德语的扩散,从而提高英语的地位。如纽约州、俄亥俄州、伊利诺伊州、威斯康星州、内布拉斯加州、堪萨斯州、南达科他州和北达科他州都相继提出学校用英语教学的法案。

在美国领土西扩的18—19世纪,美国重点打压的语言就是美国印第安语言和移民语言:美国在独立后一直在与操不同语言的印第安人和移民作斗争。美国在国土西扩的过程中,美国政府分别从西班牙、墨西哥以

---

[1] 王英杰等著,《美国教育》,长春:吉林教育出版社,2000年,第248—249页。
[2] Schmid, C. L. 2001. *The Politics of Language: Conflict, Identity, and Cultural Pluralism in Comparative Perspective*. Oxford: Oxford University Press, p.15.

及俄国那里获得土地,尽管生活在这些土地的居民不说英语,但是那里的学校同样只能教英语。美国政府认为要使来自不同民族并说不同语言的杂色人统一化,只有实行"唯英语教育"。通过唯英语教育来实现英语化(Englishization),从而达到"盎格鲁化"(Anglicization),最终就是美国化(Americanization)。美国1868年的《宪法》规定:英语为学校的教学语言。之后,美国许多州法规都明确规定了英语是当地公立学校的教学用语。

20世纪初,反对少数民族的母语教育(包括印第安语的教育)发展成为"美国化"运动中的一个重要组成部分。1919年7月,《纽约时报》发表社论说:少数民族学生家长要求学校教授他们的母语或用他们的母语作为教学媒介语是为了满足他们的民族自尊……这不仅对他们的孩子不利,而且对美利坚民族有害。[①] 第一次世界大战期间美国国内出现的反德情绪,进一步激化了"美国化"这股思潮。1920年,原俄亥俄州州长,民族党总统候选人考克斯(Cox)明确指出:德语以及其他英语之外语言对"美利坚民族主义"是一个明显的威胁。在他的努力下,俄亥俄州把德语赶出了所有小学的大门。1920年,美国有15个州通过法律,规定学校只用英语作为教学语言,1923年,则增加到35个州。[②]

第二次世界大战后,美国掀起了反德反日情绪,德、日裔移民遭到打击,他们的语言也受到歧视。双语教育中,德语和日语一直是这一阶段被排挤和打击的对象。

美国的唯英语教育政策就是"熔炉"政策。事实上,"熔炉"政策就是"同化"政策。他们要把美国印第安人变成"苹果",也就是他们的外表(肤色)是"红色",里面(思想)是"白色",他们说的英语被叫做"Red English"。[③] 把亚裔移民变成"香蕉",外面是"黄色",里面是"白色"。把黑人说的英语叫做"Black English"。大家学习统一的语言必然会受到统一文化的熏陶,逐渐形成统一的思维模式,从而有助于大家形成统一的语言意识形态,增强国民的凝聚力,使社会便于管理、国家更加稳定。早在1917年,美国第26任总统西奥多·罗斯福就说:"我们必须拥有语言,但只拥有一种语言。那就是独立宣言的语言、华盛顿告别演说的语言、林肯葛底斯堡演说以及第二次就职演说的语言。共和国的奠基者把这种语言和文化传到我们手里,我们不能容忍任何反对,或者用任何欧洲国家的语言和

---

① Tyack, D. 1993. *Constructing Difference: Historical Reflections on Schooling and Social Diversity*. Teachers College Record. Fall: 25.
② 转引蔡永良:《语言·教育·同化:美国印第安语言政策研究》,北京:中国社会科学出版社,2003,第222页。
③ Ferguson, C. A. & Heath, S. B. 1981. *Language in the USA*. Cambridge: Cambridge University Press, p. 27.

文化来取代这种语言和文化的企图。我们国家的伟大取决于迅速地同化我们欢迎的外来人。任何试图阻碍同化过程的势力都是与我们国家最高利益敌对的势力。"①

(2) 双语教育政策

美国的双语教育源远流长,发展过程起起落落、实施状况错综复杂,它经历了肇始阶段(1568—1815年)、限制阶段(1816—1957年)、恢复阶段(1958—1967)和发展阶段(1968—2002)。② 美国的双语教育不管怎么变,其最终实现英语同化的宗旨没有变。在美国双语教育的这些不同阶段中,美国除了出台了一些针对少数族群的双语教育计划外,1968年颁布了《双语教育法》。

2. 美国在全球化时代的英语教育政策

美国的双语教育历史悠久,全球化时代的双语教育本应该指美国《双语教育法》从20世纪80年代到2002年这段时间的双语教育。但是,人为地割断《双语教育法》的发展历程不利于全面客观地分析和了解该法的精神,所以,这里的分析囊括了《美国双语教育法》从1968年诞生到2002年终止整个阶段的双语教育。

(1)《双语教育法》

第一,《双语教育法》的起源

1959年美国就成立了"国家双语教育协会"(NABE)。③ 1968年《中小学教育法》(the Elementary and Secondary Education Act)得到修正,就是把《双语教育法》作为《中小学教育法第7条》(Title VII of ESEA)加入进去,旨在解决"英语水平欠缺者"(LEP)的教育问题。鲁宾逊(Robinson 1978)④给双语教育的定义是:"双语教育不同于外语教育或二语教育,包括社区语言的学习。双语教育就是在教育过程的某个阶段把非强势语言(non-dominant language)作为教学媒介语的教育。"

第二,《双语教育法》的性质

兰博特(Lambert 1975)根据教育目的把双语教育分为两类:添加性双语教育(additive bilingualism)和缩减性双语教育(subtractive bilingualism)。前者是在习得二语后,为了保持母语而使用两种语言,这是保持性双语,属于强式双语教育。后者是习得二语后,让二语取代母语(如

---

① Baker, C. 1993. *Foundation of Bilingual Education and Bilingualism*. Philadelphia: Multilingual Matters Ltd., p.154.
② 王斌华:《双语教育与双语教学》,上海:上海世纪出版社和上海教育出版社,2003,第40页。
③ NABE, from http://www.nabe.com.
④ Cited from Corson, D. 1990. *Language Policy Across the Curriculum*. Clevedon, England: Multilingual Matters, Ltd., p.160.

少数民族语言),这是过渡性双语,属于弱式双语教育。① 美国的双语教育属于缩减性双语教育,美国的双语教育项目包括双语过渡模式、完全浸没目标语模式、维持模式和双向浸没式模式(dual-language immersion)。

美国双语教育的对象是土著美国人子弟和移民学生,实施《双语教育法》的最终目的是为了使这些学生从原先使用的土著语言和移民语言转用到英语上来,从而实现唯英语教育。双语教育法案是"一个使不讲英语的人英语化的法案,它不是支持而是反对双语制的法案"。美国人认为双语制是潜在的分裂因素,容易导致"魁北克化"或"巴尔干化"现象。双语教育在美国只是权宜之计,是使不说英语的人顺利过渡到英语主流中的过渡教育。所以,费什曼(1981)②指出,"美国在语言方面最大的投资就是对成百上千万的移民和说其他语言的本土居民所进行的盎格鲁化(Anglification)。"

第三,《双语教育法》的过程

美国联邦政府、州政府通过双语教学资助项目,为超过60种语言的人群提供帮助。③ 美国最高法院(1974)在"刘对尼科尔斯"案(Lau v Nichols)中的裁决促进了美国的双语教育。但是,"甚至在1976年,美国还有12个州禁止双语教育,只有7个州的双语教育是强制性的,但首先要符合一定的条件。"④1978年,美国国会决定只给正在为用英语作为教学语言做准备的双语学校提供资金,但是有些双语项目仍然继续为提高儿童的家庭使用语言而努力,还有些学校把精力花在有关西班牙或中国的古代文明的教学上,例如,为来自西裔和中国的移民学生讲述他们祖先在美国的角色——探索者或铁路建设者。⑤ 事实上,到1980年为止,许多双语教育项目就已经偏离了它们原先的目的。1985年,连时任美国教育部部长的贝内特都对双语教育比其他教育更有效的见解表示怀疑。面对美国社会对双语教育的质疑,同时为了反对"唯英语"运动,1985年"西裔美国人反歧视联盟"(The Spanish-American League Against Discrimination)提出了"英语加"(English Plus)计划。他们认为双语教育不是取消学生接受用英语作为教学语言的教育,而是为了在他们学习英语时有机会保留自己的语言。"英语加"计划强调有必要让所有的美国人都提高至少一种语言以上的语言技能。"英语加"运动的宗旨是"为了国家的利

---

① Corson, D. 1990. *Language Policy Across the Curriculum*. Clevedon, England: Multilingual Matters, Ltd., p. 1601.

② Fishman, J. A. 1981. Language Policy: Past, Present, and Future. In C. A. Ferguson & S. B. Heath(eds.). *Language in the USA*. Cambridge: Cambridge University Press, p. 517.

③ Lunenburg, F. C. & Ornstein, A. C.著,孙志军等译:《教育管理学:理论与实践》,北京:中国轻工业出版社,2003,第220—221页。

④ Spolsky, B. 2004. *Language Policy*. Cambridge: Cambridge University Press, p. 99.

⑤ Lang, p. 1995. *The English Language Debate: One Nation, One Language*. Springfield, NJ: Enslow Publishers. Inc., pp. 62—63.

益,所有的国民完全有机会很好地习得英语,另外再掌握二语或多语"。新墨西哥州是第一个支持这一计划的州。①随后,华盛顿、俄勒冈和罗得岛三州也批准了该计划,以便保护使用英语以外的其他语言,并鼓励学生学习外语。② 1995年,《美国新闻与世界报道》公布的一项民意调查表明,美国只有55%的人支持继续实施双语教育。③事实上,正如美国《新共和国》(The New Republic)杂志的高级编辑兰恩(Lane)所说:"美国是一个移民国家,但是美国人从来没有真正喜欢过移民。"④尽管此话有些绝对,但也反映了大多数美国人内心对移民的态度。

另外,美国最高法院对一些有关语言权利的法庭判决直接左右着美国的语言教育政策。例如,"美国法庭裁定,任何儿童——原则上即使是生于美国的意大利、法国、德国、波兰、苏联、日本或中国裔的第三代或第四代儿童——有权要求学习其祖先的语言,从而保存自己的文化遗产与特征。这使得美国学校的语言问题更加复杂了。由于从拉丁美洲以及其他地方来了大量移民,公立学校除以某些方式进行双语教育外,实际上别无选择。究竟采取什么方式进行双语教育,哪些年级进行这种教育,是把这种教育限于新的移民儿童,还是也施之于本地生的讲英语的儿童,仍是一个在教学上与公众间热烈争论的问题。"⑤总之,美国的双语教育在20世纪80—90年代就已经是"步履蹒跚"了。

第四,《双语教育法》的观点

美国对于双语教育的利弊之争由来已久,双方见仁见智。支持一方认为,移民保持原有的语言和文化有利于发展有益的本体意识。而反对一方则认为,移民保持原有的语言和文化是有害的,这会把这些人与其他人分离开来,会使他们丧失掌握好英语的信心,而掌握好英语又是在美国这个大社会中成功地生活和工作的关键。

实践证明,双语教育有以下好处:掌握双语和双文化的学生更具有认知方面的优势,例如,更具有发散性思维和创造性思维;掌握双语和双文化的学生更了解不同族群间的差异,表现出更多的社会敏感性,从而更能相互了解。⑥另外,双语人在语言分析性取向方面有优势;双语人在思

---

① Lang, p. 1995. *The English Language Debate: One Nation, One Language*. Springfield, NJ: Enslow Publishers. Inc., p. 56.
② 杨寿勋:"官方语言、移民语言与土著语言问题:美国语言政策研究",周庆生编《国家、民族与语言——语言政策国别研究》,北京:语文出版社,2003,第27页。
③ 转引王斌华:《双语教育与双语教学》,上海:上海世纪出版社和上海教育出版社,2003,第165页。
④ Cited from Lang, p. 1995. *The English Language Debate: One Nation, One Language*. Springfield, NJ: Enslow Publishers. Inc., p. 51.
⑤ [美]菲利普·库姆斯著,赵宝恒等译:《世界教育危机》,北京:人民教育出版社,2001,第272页。
⑥ Coulmas, F. 2001. *The Handbook of Sociolinguistics*. 北京:外语教学与研究出版社与布莱克韦尔出版社,第409页。

维清晰性和分析功能性方面也有优势；优质的双语教育会支持和帮助一语的发展。① 尽管双语教育具有上述优点，但是，为了让移民更快地放弃母语，接受英语的同化，许多美国人都反对双语教育。"在双语教育存在的34年中，事实上它经常遭到攻击。其中部分原因可以被看成是美国人出于对自己工作和领土的保护。许多双语教育都存在以下问题：教学目标和教学内容含糊不清以及评价标准模棱两可。由于政府趋向于把这些双语教育项目仅仅用于弱势学生和弱势学校，而发展双语教育项目不足以弥补美国多年来对这些人贫穷和犯罪的忽视以及由此造成的萧条环境。虽然美国不乏一些好的双语项目，它们不但在标准的制订上而且在俗语的选择上都是成功的，但美国也有许多在这两方面都失败的双语项目，这些现象为批判双语教育的书籍源源不断地提供出版素材。"② 尽管世界许多国家的人都会说两种或两种以上的语言，可是，美国却强烈地反对双语教育，或者说反对在学校教授两门语言。许多人的观念是学校教授任何一门外语都会损害英语的教育，因为学生花在英语学习方面的时间就减少了。③ 总之，《双语教育法》虽然有许多不如意的地方，但34年来它为用外语教学的教育计划提供资金，为美国少数族群的双语教学提供了法律保证。

（2）唯英语运动

美国在全球化背景下的唯英语运动与以前的唯英语教育思想在本质上没有什么不同。如果一定要找出差别的话，那就是它们的对象不同。全球化背景下"唯英语运动"的对象是双语教育，"唯英语运动"发起者和支持者竭力反对双语教育，想通过法律的手段一次性地解决美国的唯英语教育问题，即倡导英语官方化（English officialization）。

第一，"唯英语运动"的起源

美国的唯英语立法运动起于1981年，当时作为宪法《英语语言修正案》（Constitutional English Language Amendment）被提出，该措施没有得到国会投票通过。但是，自1991年开始，唯英语的倡导促进了英语官方化的法律形式。美国宪法没有规定英语是美国的官方语言或国语，美国后来的任何联邦法律也没有明确规定英语为官方语言。④

---

① Corson, D. 1999. *Language Policy in Schools: A Resource for Teachers and Administrators*. Mahwah, NJ: Lawrence Erlbaum Associates. Inc., p. 177.
② Spolsky, B. 2004. *Language Policy*. Cambridge: Cambridge University Press, p. 104.
③ Reyhner, J. A. 2006. *Education and Language Restoration*. Philadelphia, PA: Chelsea House Publishers, p. 83.
④ Schmid, C. L. 2001. *The Politics of Language: Conflict, Identity, and Cultural Pluralism in Comparative Perspective*. Oxford: Oxford University Press, p. 14.

第二,"唯英语运动"的过程

"唯英语运动"其实就是"英语官方化运动"。"唯英语运动"的倡导者指出,美国即使在政治上是独立的,可是,美国没能在其宪法上为英语提供保护,这意味着英语尚处在危险中。从 1981 到 1995 年,美国国会接到 14 个英语官方化的提案,但至今一个也未被通过。尽管"唯英语运动"的支持者还在坚持不懈地想在国家层面上获得成功,但是他们开始把精力和资金投入到了州层面上。① 比如以下几个组织都是在州层面获得成功的。

"美国移民改革联合会"(FAIR):这是由坦顿(Tanton)医生于 1979 年创建的一个反移民组织。该联合会的根据地是首都华盛顿,联合会的目的是极力提倡采取更加严厉的移民限制政策,减少移民数量。② 他们认为保持英语的唯一性的最好办法是减少移民。该组织有约 25 万的成员和支持者。

"美国英语组织"(US English Inc):1983 年美国参议员早川一会(Ichiye Hayakawa)和坦顿成立了"美国英语组织"。"到 2000 年为止,该组织会员达到 140 万。"③该组织一直想把英语变成美国的官方语言,反对双语教育。该组织的宗旨是:"美国英语组织相信,如果英语作为官方语言的议案通过,这将有助于扩大移民学习英语和使用英语的机会,英语是美国移民必须继承的唯一的、伟大的和强有力的工具。"在该组织的影响下,1986 年,加州通过了"63 号提案"(Proposition 63),成功地把英语提升为该州的官方语言。

"英语第一组织"(English First):1986 年美国成立了又一个旨在把英语变成美国官方语言的组织——"英语第一组织"。该组织有 15 万成员。他们进行游说活动,支持唯英语立法,反对美国总统"13166 号行政命令"(Executive Order)以及各种支持双语教育的政策。

"儿童英语组织"④(English for the Children):该组织成立于 1997 年,旨在反对双语教育。领导人是一位加州软件业商人翁兹(Unz)。1997 年,该组织成功地游说加州通过了"227 号提案",该提案禁止在加州实施双语教育。后来,该组织在亚利桑那州、科罗拉多州和马萨诸塞州举行了一些类似的运动。2000 年,亚利桑那州通过了结束双语教育的"203 号提案"。

---

① McCarty, T. L. 2004. *A Critical-Historical Analysis of Language Education Policies in the United States*. In J. M. Tollefson & A. B. Tsui(eds.). *Medium of Instruction Policies*. New Jersy: Lawrence Erlbaum Associates, Inc., p. 85.

② Gonzalez, R. D. & Melis, I. 2000. *Language Ideologies: Critical Perspectives on the Official English Movement*. Mahwah, NJ: Lawrence Erlbaum Associates, Inc., p. 71.

③ Schmid, C. L. 2001. *The Politics of Language: Conflict, Identity, and Cultural Pluralism in Comparative Perspective*. Oxford: Oxford University Press, p. 44.

④ Gonzalez, R. D. & Melis, I. 2000. *Language Ideologies: Critical Perspectives on the Official English Movement*. Mahwah, NJ: Lawrence Erlbaum Associates, Inc., pp. 30—33.

2002年,马萨诸塞州也通过了结束双语教育的"问题2提案"。这几个州是美国移民学生较多的一些州,其总数超过美国移民学生总数的一半多。这就意味着进入21世纪,美国的双语教育事实上已经奄奄一息了。

上述组织的任务就是要颠覆在他们看来是鼓励英语向西班牙语或其他外语转用的语言政策。美国至今已有28个州通过了英语为官方语言的法律(见表5-12),这也算是"唯英语运动"的"丰硕成果"吧。

表5-12 美国通过了英语为官方语立法的各州一览表(按通过时间排序)

序号	州名	立法时间	序号	州名	立法时间
1	内布拉斯加州	1920年	15	科罗拉多州	1988年
2	伊利诺伊州	1969年	16	佛罗里达州	1988年
3	夏威夷	1978年	17	亚拉巴马州	1990年
4	弗吉尼亚州	1981年	18	路易斯安那州	1991年
5	肯塔基州	1984年	19	新罕布什尔州	1995年
6	田纳西州	1984年	20	蒙大拿州	1995年
7	印第安纳州	1984年	21	南达科他州	1995年
8	加利福尼亚州	1986年	22	佐治亚州	1996年
9	北卡罗来纳州	1987年	23	怀俄明州	1996年
10	北达科他州	1987年	24	阿拉斯加州	1998年
11	阿肯色州	1987年	25	密苏里州	1998年
12	南卡罗来纳州	1987年	26	犹他州	2000年
13	密西西比州	1987年	27	衣阿华州	2002年
14	亚利桑那州	1988年	28	亚利桑那州	2006年

(资料来源:Crawford, J. 2000. *At War with Diversity: US Language Policy in an Age of Anxiety*. Clevedon: Multilingual Matters Ltd, p. 28; Reyhner, Jon Allan. 2006. *Education and Language Restoration*. Philadelphia, PA: Chelsea House Pulishers. P. 84)

从表5-12可以看出,美国的"唯英语运动"或"英语官方化运动"还是有一定的影响力的,大部分州是在该运动的影响下,于20世纪80和90年代制定并通过了英语为官方语言的法律,规定英语为唯一的教学语言。

第三,"唯英语运动"的理论基础

正如斯里兰卡害怕被印度化,柬埔寨害怕被越南化,亚美尼亚人和巴尔干半岛国家害怕被俄罗斯化一样,美国也害怕移民未能同化。所以,美国不时有人提出英语语言官方化的提案,制定唯英语教育政策。"自古以来人们就认为,说不同语言的人难以和谐地居住在一起。"[①]因此,美国要

---

① Lang, p. 1995. *The English Language Debate: One Nation, One Language*. Springfield, NJ: Enslow Publishers. Inc., p.15.

通过唯英语运动来树立"一个国家,一种语言"的信念,从而可以建立自己的"巴别塔"。"唯英语运动"反对双语教育的所谓"信条"是:美国早期的新移民都接受英语;唯英语可以使现状规范化;现在的移民拒绝学英语;双语教育没用。① 此外,还有人认为:英语一直是美国的"社会黏合剂"(social glue),是美国最重要的"共同纽带"(common bond),它使不同背景的美国人克服差异相互了解;政府实行的双语教育阻碍了新移民学习英语;语言多样性不可避免地带来语言的冲突、民族间的敌视和政治的分裂;语言的学习最好是在被逼无奈而且毫无退路的残酷现实中进行,双语教学给了学生有一种"退路";少数民族的领导提倡双语教育具有自私的目的:不鼓励这些人学习英语,为他们提供工作并使他们产生一种依赖性。②

(3)《不让一个孩子掉队法》

第一,《不让一个孩子掉队法》的起源

由于美国唯英语教育思想的根深蒂固,从 20 世纪 80—90 年代开始就有众多迹象表明:美国的《双语教育法》难以支撑多久,2002 年《双语教育法》终于走到了它的生命终点。取而代之的就是《不让一个孩子掉队法》,该法强调学校要迅速提高学生(尤其是移民学生)的英语水平,促使他们早日进入唯英语课堂,而不是以前先用学生的母语作为教学语言然后再过渡到英语作为教学语言的做法。

第二,《不让一个孩子掉队法》的过程、理论基础和评论

由于《不让一个孩子掉队法》才诞生没几年,其过程还在进行中,其理论基础与"唯英语运动"的是一样的。但是,目前已有不少对《不让一个孩子掉队法》的评论,总体是褒贬不一。

二、美国的英语国际推广政策

美国的英语国际推广与其他老牌西方殖民列强的语言国际推广在性质上没有两样,它们都具有雷同的语言意识形态。正如丹麦英语研究专家菲利普森(Phillipson)③一针见血地指出:语言是国家的工具,单语制一直是大多数西方国家追求的目标,单语制现象只是最近才有所改变。库尔马斯④对英语的国际传播做过这样的精辟总结:"英帝国把英语推广到世界许多地方。当英帝国衰落时,美国的商业、军事和大众文化继续

---

① Villanueva, V. 2000. *On English Only*. In R. D. Gonzalez & I. Melis (eds.). *Language Ideologies: Critical Perspectives on the Official English Movement*. Mahwah, NJ: Lawrence Erlbaum Associates, Inc., pp. 333—341.

② Crawford, J. 2000. *At War with Diversity: US Language Policy in an Age of Anxiety*. Clevedon: Multilingual Matters Ltd., p. 6.

③ Philipson, R. 1994. *English Language Spread Policy*. In International Journal of the Sociology of Language. Vol. 107, p. 8.

④ Coulmas, F. 2005. *Sociolinguistics*. Cambridge: Cambridge University Press, p. 222.

把英语推广到世界各地。尽管英语的推广不是靠一个中央机构或一个语言规划机构来进行的,但是,其非凡的传播却得到了各种蓄意的帮助,这些帮助是由政府、特别利益团体、大众媒体、经济代理人和基督教堂提供的支持。"

(一) 美国英语国际推广政策回顾

英语在1600年还只是一个小语种,但是在不到四个世纪的时间内发展成为现今国际间交往的重要语言。如此惊人的进步应归功于17、18、19世纪英国在征战、殖民和贸易方面取得的巨大成功。英国老牌帝国在第二次世界大战后元气大伤,廉颇老矣。此时,年轻而又充满活力的美国接过了扩大英语国际影响的"接力棒"。美国二战后成为军事强国和技术盟主,这一身份也极大地推动了英语的发展。这种发展还得益于1950至1970年间政府和个人对推广一种语言所进行的巨额投资,其数目之大是史无前例的(Troik 1997)。[①]

1. 对殖民地实行强制的英语教育政策

像其他欧洲老牌殖民主义国家一样,美国在其不多的殖民地国家也是实行强制的英语教育政策。例如,在美国控制东萨摩亚(Samoa)以后,当地语的生存情况就变得糟糕了。因为自1903年起美国就强迫当地的学校全部改用英语为教学语言。到了1949年,萨摩亚语(Samoan)在当地学校只当作一种辅助语言来使用。再如,自从美国在1900年接管菲律宾的统治后,英语就取代了西班牙语在当地学校的地位。

费什曼(1977)等人对英语传播做过研究,结果表明:在选择英语作为教学语言方面,贫穷国家表现出更大的依赖性。只有少数几个老牌殖民地国家(主要是印度、马来西亚和坦桑尼亚)才认真发展本土语言。尽管这些努力代表了一股争取权力和社会民主化的力量,但是英语仍然高居庙堂之上。这显然符合当地权贵的利益,他们能够出人头地,部分原因在于他们掌握了殖民地时期的通用语言。同样明显的是,继续使用英语对英美国家也有好处。实际上,保持英语的地位一直就是外国"援助"的中心任务,"英语语言教学"(ELT)和"英语作为第二语言"(ESL)的源起充分说明了这一点。[②]

2. 对非殖民地国家实行英语援助的教育政策

美国至少有七个政府机构参与了国际推广英语教学的活动。它们是美国国务院(富布赖特项目)、国际发展署、教育部(国际教师交流项目)、国防部、和平队、负责国内印第安人学校及海外托管领地英语教育的内政

[①] 转引[丹麦]罗伯特·菲利普森,曹其军译:"英语传播政策",周庆生主编《国外语言政策与语言规划进程》,北京:语文出版社,2001,第709页。

[②] 同上,第710页。

部等。① 1939—1945年,美国奉行的更为主动的对外文化政策,主要以拉美地区为对象,旨在抗衡法西斯国家的宣传。20世纪50年代,美国政府逐渐扩大对全球范围内各种教育和文化事业的投入。截至1964年,出现了至少40多个政府机构,年均费用为2亿美元。②

(二) 全球化背景下的美国英语国际推广政策

美国在全球化时代其实没有显性的英语国际推广政策,但是,美国英语对世界各国的影响可以说是无处不在,无时不有。非英语国家的语言教育没有不受美国英语影响的。美国主要通过以下两种方法来推广美国英语。

美国在英语的国际推广方面其实早就在实施"引进来"和"走出去"的战略,其历史比中国的长,其规模比中国的大,其影响比中国的深。

1. "引进来"策略

在"引进来"方面,美国是世界上最大的留学教育目的国,2007—2008学年接待外国新生达17.3万人,到该学年为止美国有62.38万在读外国留学生。③ 从表5-13可知,近11年来到美国留学的国际学生总体呈上升趋势。而且,2007—2008学年以7%的高增长率在发展,国际学生在美国所有学生中的比率平均每年都有3.4%。

表5-13 美国近十一年国际留学生数量情况表(单位:人)

学年	国际学生总数	变化率	占美国总学生的比率
1997—1998	481280	5.1%	3.3%
1998—1999	490933	2.0%	3.4%
1999—2000	514723	4.8%	3.5%
2000—2001	547867	6.4%	3.6%
2001—2002	582996	6.4%	3.7%
2002—2003	586323	0.6%	3.5%
2003—2004	572509	−2.4%	3.4%
2004—2005	565039	−1.3%	3.3%
2005—2006	564766	−0.05%	3.2%
2006—2007	582984	3.2%	3.3%
2007—2008	623805	7.0%	3.5%

(资料来源:Opendoors 2008 Fast Facts from http://opendoors.iienetwork.org)

---

① Marckwardt, A. H. 1967. *Teacching English as a Foreign Language: A Survey of the Past Decade*. Linguistic Reporter, supplement 19: 2.

② [丹麦]罗伯特·菲利普森,曹其军译:"英语传播政策",周庆生主编《国外语言政策与语言规划进程》,北京:语文出版社,2001,第710—711页。

③ http://opendoors.iienetwork.org.

表 5-14 显示了近两年来在美留学生最多的前 10 个国家和地区,在这些国家中,除了日本和中国台湾地区在留学人数上略有下降外,其他国家和地区都是大幅度增长,沙特学生以 25% 的增长幅度留学美国。

表 5-14　2006—2008 年在美留学生最多的前 10 个国家和地区一览表(单位:人)

排名	1	2	3	4	5	6	7	8	9	10
国家	印度	中国	韩国	日本	加拿大	台湾地区	墨西哥	土耳其	沙特	泰国
2006—2007	83833	67723	62392	35282	28280	29094	13826	11506	7886	8886
2007—2008	94563	81127	69124	33974	29051	29001	14837	12030	9873	9004
变化率	12.8%	19.8%	10.8%	−3.7%	2.7%	−0.3%	7.3%	4.6%	25.2%	1.3%

(资料来源:Opendoors 2008 Fast Facts from http://opendoors.iienetwork.org)

在留美的国际学生中,2007—2008 学年学习"商务与管理"专业的人数最多,占 19.6%,而学习"英语"专业的国际学生在 2006—2007 学年有 22417 人,2007—2008 学年有 25856 人,占总留学人数的 4.6%。所有去美国留学的国际学生,不管是学什么专业,都必须通过 TOEFL 或 GRE 的考试,这自然刺激了海外英语的推广。只有 4.6% 的国际学生在美国以英语作为专业,但是,这批人大多数归国后是从事英语的研究和教学,也就是说,他们是英语的传播者,这些人的数字背后还有一个庞大得多的数字。

2."走出去"战略

美国在"走出去"战略方面,主要采取以下两种方法。

(1) 对世界各国实行全面的语言文化攻略

据 1998 年《华盛顿邮报》题为《美国流行文化渗透到世界各地》的文章称:美国最大的出口产品不再是地里的农作物和工业品,而是批量生产的流行文化产品,包括电影、电视节目、音乐、书籍和电脑软件等。[①] 美国控制了世界 75% 电视节目的生产与制作,许多第三世界国家的电视中,美国的节目高达 60—80%,成为美国电视的转播站。而美国自己的电视节目中外国节目仅占 1—2%。[②] 另外,据联合国开发计划署(UNDP)2000 年发表的《人文发展报告》披露,美国大众文化主导了世界。1997 年,好莱坞影片在全世界的票房收入超过 300 亿美元,《泰坦尼克号》一片独占 18 亿美元以上。据 2001 年 8 月以来的报道,《珍珠港》、《蜘蛛侠》、《超人》、《变形金刚》以及《哈利·波特》等在中国各地上映以来,均创中国进口片票房新高。英语还在互联网上享有独特的优势,90% 以上的网络内容都是英语的。由于美国的这些文化产品使用的语言全是英语,因此,美国各种文化产品的出口无形中带动了全球英语的推广。

[①] 张骥等著:《国际政治文化学》,北京:世界知识出版社,2005,第 387 页。
[②] 李希光、刘康:《妖魔化与媒体轰炸》,南京:江苏人民出版社,1999,第 156 页。

(2) 对非英语国家实行英语援助的教育政策

在全球化时代,美国的各种基金会、英语协会和相关组织都像以往一样发挥各自的特长对世界各地的非英语国家进行英语的海外援助计划。例如,美国之音英语教学节目,和平队和世界教学组织的英语教学援助计划。

三、美国英语教育政策主体

(一) 美国国内英语教育政策主体

1. 美国国内英语教育政策制定主体

(1) 联邦政府

由于美国是分权制国家,按照美国《宪法》,联邦政府通常无权干涉各州的教育。因此,美国联邦政府只有通过两个渠道来影响各州的教育:一是通过联邦政府的教育拨款,凡接受了联邦政府拨款的学校就要遵守联邦政府的指令,因此美国在语言教育方面有许多资助性的"计划"、"项目"、"工程"等等。二是通过制定联邦法律。例如,美国为了全国实行双语教育通过了《双语教育法》;为了实行唯英语教育,美国联邦政府颁布了《不让一个孩子掉队法》。此外,美国教育部有一个专门负责全国英语教育的"英语习得办公室"(Office of English language Acquisition),该办公室的级别相当于中国教育部下面的司。该办公室负责制定有利于提高 ELL/LEP 学生英语水平的教育政策。

(2) 州政府

美国各个州的州政府或地方政府有权规划本州或本地的英语教育,并制定相应的政策。正如上文英语官方化运动所提到的,美国已有一半的州通过了英语为官方语言的立法。

2. 美国英语国内教育政策的研究机构

美国有各种英语教育的团体和组织,现把几个具有代表性的研究机构列举如下:

(1) 美国英语教师协会

美国英语教师协会(AELTA)[①]旨在为从教的英语教师搭建交流经验和互相学习的平台,同时加强与教育专家、教育组织以及教育机构的合作以便促进美国的英语教育。他们也参与美国英语教育政策的研究与制订,如课程设计、教师专业培训。

(2) 美国全国英语教师委员会

全国英语教师委员会(NCTE)[②]成立于1911年,旨在促进和提高美

---

① The American English Language Teachers' Association, http://www.aelta.org/about.html.

② National Council of Teachers of English, http://www.ncte.org.

国各教育阶段英语的教与学,使学生能够通过英语完全融入社会。

(3) 美国双语教育协会

美国双语教育协会(National Association for Bilingual Education)[①]是美国唯一的全国性的为双语学习者(即 ELL 学生)和双语教育专业人员服务的机构。该协会在政策的制订、项目的组织、教学法和专业发展的培训等方面提供支持。

(二) 美国英语国际推广政策的主体

1. 美国英语国际推广政策制定主体

美国英语国际推广政策制定的主体还是美国政府的相关机构,但是,这些机构制定的政策只是指导性的方针,而且往往具有显性不足、隐性有余的特点。

(1) 教育部

美国教育部[②]成立于 1979 年,主要负责制定全国中小学的英语教育政策,统筹管理联邦教育的援助计划。美国教育部从政府层面加强国家教育高层互访和国际合作,为英语的推广做好政策工作。例如,美国教育部与中国教育部就英语和汉语在对方国家的教育达成了合作计划——"乘风"(chengo)。

(2) 国务院

美国国务院下设有"英语语言项目办公室"(The Office of English Language Programs),美国国务院 1938 年还设立"文化关系处"。这些机构的工作之一就是负责英语的国际援助和推广。此外,美国国务院还通过富布赖特项目(Fulbright program)[③]等来推广英语。

富布赖特项目始于 1948 年,这是美国政府出面管理的一个庞大的全球性对外教育、文化交流项目。富布莱特项目的发起者富布莱特指出:"富布莱特项目的宗旨是对世界大事多一点了解、多一点理性、多一点同情心,并以此促使各国最终学会和平而友好地生活在一起。"它的规模和影响是任何其他西方国家的文化交流活动所无法比拟的。当前,富布赖特项目每年所能利用的资金近 2 亿美元,合作国家和地区有 140 多个,每年有近 4600 人获得富布赖特项目的资助。截至 1997 年,该项目的参加者已经达到 24.5 万余人。曾任美国国务院负责对外文化关系的助理国务卿本顿[④]说:"从长远来看,培养外国留学生是一种最有前景、一本万利的推销美国思想、文化的有效方式。"富布赖特项目不但资助外国留学生

[①] http://www.nabe.org.
[②] http://www.ed.gov.
[③] http://us.fulbrightonline.org/thinking_type.html#lang.
[④] 转引李青、杨小洪:"略论美国学和美国文化",《杭州师范学院学报》,1999 年第 2 期,第 27 页。

来美学习英语,它也资助美国人出国学习外语(详情见本书第七章第三节)。

(3) 美国新闻署

美国新闻署(United States Information Agency)①成立于1953年,1999年并入国务院,这是美国联邦政府的宣传机构。它在142个国家建立了190个办事处,共6千多员工。该机构通过大量的海外信息来解释和支持美国的外交政策,促进跨语言跨文化的理解。其主要任务之一就是在海外推广英语,其中包括编写海外英语教材,举办英语教师培训班,筹建英语教学顾问团。该团中不乏世界著名的美国语言学家,如布龙菲尔德(Bloomfield)、弗里斯(Fries)、拉多(Lado)、里弗斯(Rivers)和海姆斯(Hymes)。②

美国新闻署利用广播、新闻出版、影视等各种媒体,宣传美国的对外政策和意识形态。其中最为大家所熟知的就是被视为"民主利器"的美国之音(VOA)。③美国之音每周用53种语言(包括英语)向海外广播660小时。美国之音先用当地语言来吸引当地人来收听节目,扩大影响后,就会增加针对当地人学习英语的特点来播出英语学习节目。例如,中国听众非常熟悉的节目有《英语九百句》、《中级英语》、《走遍美国》、"特别英语"等。据估计,美国之音每周拥有世界各地约8600万听众。④ 不过,鉴于中国的美国之音听众人数的减少,美国之音于2011年取消了其对华广播的任务,并将重点转向数字媒体(如互联网广播)。此外,美国Marte电台(Radio Marte)每天24小时用西班牙语向古巴"轰炸"。由美国国会资助的"自由欧洲电台"(Radio Free Europe)用28种语言对中欧、东欧、中亚和中东国家广播。同样由美国国会资助的"自由亚洲电台"(Radio Free Asia)则用普通话、粤语、藏语(包括三种藏语方言)、维吾尔语、缅甸语、越南语、老挝语、高棉语和朝鲜语等九种语言对这些地区的人民"洗脑"。

(4) 美国国际发展署

美国国际发展署(The Agency for International Development)⑤是基于美国的《援外法》(the Foreign Assistance Act)于1961年成立的,是属于美国国务院下设的独立的联邦政府机构。其总部在美国首都华盛顿,世界各地也设有许多地区办公室。它善于与美国的其他政府机构、公司、国际组织、当地大学等进行合作。其宗旨就是援助受灾、贫困或正进行民

---

① http://dosfan.lib.uic.edu/usia.
② Carey, K. 2000. *Language Policy and Planning*. New York: Newbery House, pp. 54—67.
③ 美国之音,http://www.voatour.com/。
④ 美国国际发展署,http://www.usia.gov。
⑤ 美国国际发展署,http://www.usaid.gov/about_usaid。

主改革的国家。其工作主要是对教育、经贸、民主等方面进行援助。在教育方面又突出英语的教育或用英语作为教学语言的学科教育。

2. 美国英语国际推广政策研究与实施主体

菲利普森认为,美国的语言传播机构主要是该国的出版社和大学。因为出版社出口英语书籍,而大学则接受外国留学生。除此之外,美国还有许多机构在20世纪60年代后期开始从事英语教学的活动。事实上,美国英语国际推广政策研究与实施主体非常多,大多数是各种民间基金会、协会和团体。美国政府对这些个人和团体资助的英语传播活动进行协调指导,然后放手让他们去大显身手。由于美国的民间团体数量很多,本书仅介绍几个比较有影响的。

(1) 各种基金会

这些基金会资金雄厚,经常资助各种英语的国际推广项目。卡耐基国际和平基金会(the Carnegie Endowment for International Peace)成立于1910年,该基金会积极支持英语的国际推广。此外,洛克菲勒基金会(Rockefeller Foundation)和福特基金会(Ford Foundation)对于英语的国际推广也是出手大方。如福特基金会和洛克菲勒基金会早在20世纪50年代初就开始赞助开发国外英语教学资源。到60年代中期,仅福特基金会就在38个国家建立了开发项目。此外,它们还向众多美国大学提供奖学金,用于创建把英语当作外语教学的师资培训课程。1959年成立并一直活跃于华盛顿的"应用语言学中心"主要受惠于福特基金会的赞助,其初衷是想通过鼓励研究、出版教材和搜集信息等方式来促进已经起步的作为一门外语的英语教学。[1]

(2) 美国应用语言学中心

美国应用语言学中心(Center for Applied Linguistics)[2]成立于1959年,是非赢利性组织,目的是通过了解语言和文化促进人类交流。它在双语教育、英语作为二语的教育、外语教育、语言政策等方面贡献突出。为美国英语的海外推广提供理论支持,并培训和指导了大量的英语教师。

(3) 美国和平队和世界教学组织

美国和平队(Peace Corps)[3]成立于1961年,是由志愿者组成的美国政府代表机构。美国和平队向世界各地派遣了数目可观的青年志愿者,到2008年9月,已有19.5万美国人参与了这一计划,世界上有大约139个国家接受了美国和平队。和平队的援助性工作主要是教育,教育中又主要是英语教育。另外,和平队也从事卫生健康、商务、环保等援助性工

---

[1] [丹麦]罗伯特·菲利普森,曹其军译:"英语传播政策",周庆生主编《国外语言政策与语言规划进程》,北京:语文出版社,2001,第711页。
[2] 美国应用语言学中心,http://www.cal.org/。
[3] 美国和平队,http://www.peacecorps.gov。

作,但均通过英语媒介来运作,尽管有些志愿者们也接受了一些地方语的培训。因此,和平队所从事的工作是直接的或间接的、正式的或非正式的英语教学工作,起到了国际推广的作用。

世界教学组织(WorldTeach)①是美国哈佛大学于1986年成立的非盈利非官方组织,该组织安排志愿者到发展中国家去当教师(主要是英语教师或以英语为教学语言的其他科目教师)。志愿者只要有学士学位就能申请一年期的海外教学计划,没有学士学位的,但母语是英语的人可以申请短期的暑假计划(约2个月)。至今已经有4千多名志愿者被派往世界各地教授英语。

(4) 美国现代语言协会

美国现代语言协会(Modern Language Association)成立于1883年,现有来自100多个国家的3万多会员。该协会主要为世界各地的英语和外语教师搭建一个共享研究成果、相互交流教学经验、共同讨论未来英语和外语发展趋势的平台。同时,该协会还每年举行年会以及各种专门的研讨会,定期出版几种刊物,如著名的《美国现代语言协会学报》(PMLA)。美国现代语言协会在研究以及参与制定美国的语言教育政策、在英语的国际推广和外语的教学等方面都是显著的。

(5) 世界英语教师协会

世界英语教师协会(TESOL)②成立于1966年,总部在美国的弗吉尼亚州的亚历山大利亚市(Alexandria)。其使命是提高和保持全球英语作为外语的教学。现有会员6万多,他们都是来自世界各地的英语教师或相关人员。世界英语教师协会的主要任务是培训英语教师,出版英语教科书和英语杂志,交流教学经验,还专为海外英语教学精心设计课程内容、提供教学理论指导,等等。现在,世界英语教师协会在促进美国英语的国际推广方面可以说是首屈一指的。

(6) 美国国家留学生事务协会

美国国家留学生事务协会(NAFSA)③旨在促进美国的国际教育,吸引更多的外国留学生来美就读,为国外教师提供专业发展机会。

(7) 美国政策和项目咨询机构

美国兰德公司(RAND Corporation)④是美国一个非营利性国际战略研究机构,研究人员的基本目标是向政策制定人提供有足够情况作为依据的政策建议,使决策优化。世界银行(WB)和国际货币基金组织(IMF)的总部都在美国首都华盛顿,这些组织在很大程度上受美国政府的影响,

---

① 世界教学组织,http://www.worldteach.org/aboutus。
② 世界英语教师协会,http://www.tesol.org/s_tesol/index.asp。
③ 美国国家留学生事务协会,http://www.nafsa.org/。
④ 美国兰德公司,http://www.rand.org/about/glance.html。

它们在英语的海外教学计划中也做了一些促进英语国际推广方面的事情。

第四节 中美强势语言教育政策比较

一、中美强势语言教育政策评析

(一) 中美国内强势语言教育政策

1. 中国国内汉语语言教育政策评析

姚亚平[①]认为中国的汉语语言规划具有以下特点：第一，带有很强的运动性，如"五四白话运动"、"国语统一运动"、"拼音化运动"、"推广普通话运动"；第二，带有很强的政府主导性，不过，在改革开放下的语言规划，政府职能部门从语言规划的具体事务中解脱出来转为对语言的宏观规划、调控和管理；第三，带有很强的政治性，与政治紧紧挂钩。除此之外，中国的汉语教育政策还有以下几个特点：

(1) 推广普通话的教育政策意识超前，方向正确

任何国家政府都会制定和实施一种国家强势语言，同样，中国政府推广普通话具有本章第一节所提到的作用。除此之外，推广普通话还有一个意想不到的作用，就是有利于全球化时代中国电子信息通信技术的发展。现在绝大部分人在使用电脑和手机等电子产品时都是使用汉语拼音法来输入汉字。如果20世纪50—60年代中国没有规划汉语拼音，或者没有普及普通话，今天很多人就不会或很难使用电子产品的汉语拼音输入法。这将大大地阻碍中国的科技发展，后果不堪设想。本人就汉语拼音与电子产品的汉字输入法对一百名学生做过问卷调查，结果是98%的人在电脑输入汉字时都使用汉语拼音法。57%的人认为汉语拼音输入法的最大困难是自己发音不准而输错，41%人认为有时由于汉字不认识而无法利用拼音法。由此可见，汉语拼音对现代人的生活与工作的影响是巨大的。21世纪是信息时代，未来的信息通信在很大程度上都依赖电脑等电子技术来进行，因此，推广普通话和夯实汉语母语基础知识对于国家未来的信息发展具有难以预料的国家战略上的意义。中国政府当初在制定汉语普通话的语言政策上具有超前的意识，在语言政策的实施上选择学校为突破口也是非常正确的。"推广普通话，首先要在学校，尤其是在广大师生当中进行，然后让一届一届的学生影响和带动全社会使用好汉语。如果学校做不好，整个社会推广就谈不上；如果学校工作做得好，一

---

① 姚亚平：《中国语言规划研究》，北京：商务印书馆，2006，第176—178页。

二十年、二三十年之后,所产生的效果就会显现出来。"①

(2) 汉语母语教育缺乏人文性

在我国学生的所有科目中,语文课本应该是最贴近生活,也是对人生的影响最长、最深的科目。语文几乎代表着一个人的全部生活经验。世界有多大,语文就有多大;人生有多长,语文就有多长。因此,语文教育应该是最具有人性化的课程。我认为,语文教育的最基本任务是培养学生娴熟的口头和书面的语言理解和语言表达能力,通过语言来了解生活、反映生活、热爱生活,从而形成良好的公民素质。语文教育应该培养一种正确的语言观,语言教学应摆脱"工具化"倾向,把人文精神的培育与语言教育结合起来,把现实生活、人生感悟与语言教育融合起来,唤醒青少年的心灵,维护民族的语言,也守护我们的精神家园。但是,我国教师和学生在语言的教学和学习中都受到很大的体制和观念束缚。教师被动,缺乏自主性;学生被动,缺乏主动性。所有语言的教与学都是为了考试,因为它关乎学生的升学和就业等人生大事。那么,语言考试的内容和方式就决定了语言教学的内容和方式,即出现"考什么教什么"和"考什么学什么"的现象。可是,我们的语言考试是否科学呢?前国家语委主任柳斌说:"考试已异化为一种僵化的框框,一种绳索,一种'管、卡、压'的工具。"华东师范大学课程与教学研究所倪文锦教授认为,"语文考试应注重综合性,而不是考太多、太零碎的局部知识……不能过分强调标准答案。"这种过于强调死记硬背知识的考试内容必然会使我国的语言教育过于重视知识性,疏远了人文性。这种过于重视统一性和唯一性的评价体系必然会桎梏语言教师和学生的灵活性和个体性,也必然会泯灭语文学习的生活性和趣味性。北京大学的陆俭明②认为,中国语文教育失败的根本原因是语文教育一直没有定好位,这致使语文教材的编写者、语文课的老师对语文教育的目的、任务都比较迷茫。语文教育该定位在"逐步培养学生全面综合的语文能力"上。可见,语文教育要最大化地体现多样性(如内容的多样性、观点的多样性和教法的多样性)、包容性、长期性和实用性。所有这些的改变只有从中国的语文考试的内容和评价体系开始,而考试的内容和评价体系只有通过语言教育政策来引导和实施。

2. 美国国内英语语言教育政策评析

(1) 以教学媒介语为焦点,以英语同化为根本

回顾美国的国内英语教育政策,不管是"唯英语教育"、《双语教育法》,还是《不让一个孩子掉队法》,它们的焦点都是关于 ELL/LEP 学生

---

① 中华人民共和国教育部新闻办公室:《2004 中国教育新闻大事记》,北京:人民大学出版社,2005,第 92 页。

② 陆俭明:"语文教学定位应定在哪里?",《语言文字应用》,2007 年第 3 期,第 2—5 页。

教学媒介语的选择问题。有人认为,美国只有通过英语来加强美国多民族间的联系和国家的统一,双语教育只会延缓甚至阻碍土著儿童和移民儿童向英语的过渡。还有人认为,如果学校只用英语进行教学,土著儿童和移民儿童在学习时就可能受到影响,因为他们无法用英语来接受知识。为此,在采取何种语言作为教学媒介语的问题上产生了两种不同的看法:第一,强调用英语进行教学,取缔土著儿童和移民儿童的母语,即唯英语教育思想。第二,建议在儿童的初级教育阶段用他们的母语作为教学媒介语来进行教育,以后再过渡到英语教育,即双语教育思想。

在美国的教学媒介语之争中,不管是用英语作为教学媒介语还是先用土著儿童或移民儿童的母语作为教学媒介语然后再转向英语媒介,英语同化思想是美国语言教育政策的核心。美国的国情决定了它必须坚决地实施"熔炉论"的语言教育政策,也就是只提倡英语教育,打压和排挤英语以外的任何其他语言的教育。

美国人的语言同化思想根深蒂固,许多人认为,非我族类,其心必异。语言不统一,社会身份就不统一。社会身份不统一,思想也就不统一。思想不统一,国家就处于危险中。因此,一个国家一定要有大家的共同点,才有凝聚力,才能把国家建设好。这个共同点就是民族精神、爱国主义。可是,民族精神和爱国主义都是空洞的概念,它们都要归结到某一个具体方面,语言就是其中一个。只要有了共同的语言,他们就能进行沟通,就能进行教育,就能进行洗脑,最后达到同化的目的。长期以来,美国一直实施英语同化的语言教育政策,导致很多美国人只会英语。所以有人开玩笑说,懂得多种语言的人叫"multilingual"(多语人),懂得两种语言的人叫"bilingual"(双语人),只懂一种语言的人叫"American"(美国人)。这是对美国过度英语同化教育的莫大讽刺。

(2)联邦政府通过法律来实施其语言教育政策

美国的英语同化教育政策往往体现在法律上,现以比较典型的《双语教育法》和《不让一个孩子掉队法》为例来剖析美国对 LEP 学生的英语教育政策。[①] 在《双语教育法》时代,1994 年美国修订了《中小学教育法》第 7 条,即"美国学校发展法"。在《不让一个孩子掉队法》时代,2002 年美国制定了《中小学教育法》第 3 条,即"英语水平欠缺者和移民学生的语言教学"法。这两部法对于 LEP 学生的英语教育和他们的母语教学采取了不同的语言政策,前者把 LEP 学生单独分开来进行双语教育,而后者只是在理论上把 LEP 学生分开了,但是,在实际上 LEP 学生在英语教育上是与其他非 LEP 学生同样对待的。这就是这两部法在对待英语教育方面

---

① 张治国:"美国 LEP 学生英语教育政策探析——以《双语教育法》和《不让一个孩子掉队法》为例",《外国中小学教育》,2010 年第 9 期。

的最大差异。为了更加详细地区分两部法的语言教育政策内涵,现列表如下(见表 5-15)进行对比分析。

表 5-15 《双语教育法》与《不让一个孩子掉队法》中的语言教育政策比较一览表

内容	《双语教育法》	《不让一个孩子掉队法》
资金获取	学区和学校通过竞争直接向基金项目申请以便获得资金,资金数量因校而异。虽然获得联邦政府资金的学校数量更少,但是每位学生获得的资金数量相应更大。	资金下拨给各州,所有招收了 LEP 学生的学校都能获得资金,用于这些学生的教学服务。但是,分配给各州每个学生的资金总额还不到 150 美元。
母语作用	认为学生的母语有利于促进英语的学习,允许学生在习得英语时保持母语。	认为英语水平是学生学科发展的必备条件,而学生的母语对英语的习得作用不大,甚至起阻碍作用。
学习时间	允许学生有不同的时间长度习得英语,认为学生要花几年的时间才能掌握好英语,以便能用英语学习学科知识。	认为学生一般只要花 3 年或少于 3 年的时间就能掌握好英语,而且水平能达到英语为母语学生的水平,已经能用英语学习其他学科知识。
英语活动	有好几类活动:综合双语、英语作为二语(ESL)、和其他 LEP 学生的教学项目;为教师和其他工作人员提供在职培训;课程和教学资料的开发;家庭教育。	有两类活动:必需活动(required activities)和授权活动(authorized activities)。必需活动强调提高 LEP 学生的英语水平和核心课程的学术成就。授权活动基本上是过去《双语教育法》中除双语教育活动以外的活动。
责任和处罚	只有获得了资助款的学区和学校有责任要满足联邦政府的项目要求。否则索回所有资金。	所有招收了 LEP 学生的学区和学校都必须符合联邦政府的规定要求。否则除索回所有资金外,还需要解聘人员、重建机构、校方要提供资金让学生参与私人项目以便他们提高英语。

(资料来源:Evans, B. A. & Hornberger, N. H. *No Child Left Behind. Repealing and Unpeeling Federal Language Education Policy in the United States.* In Language Policy. 2005(4).)

从表 5-15 可知,《双语教育法》给予双语学校更多的自由、资金发放更具有针对性,师生都在宽松的环境中进行双语的教和学,这些对于 LEP 学生的母语学习和英语学习都是裨益匪浅。而《不让一个孩子掉队法》有点像是"吃大锅饭",给了政策,但是政策的倾向性不大,而且附带条件还比较苛刻,这些既不利于 LEP 学生的母语保持,也不利于 LEP 学生的英语习得。此外,两部法所体现的语言观也不同,《双语教育法》肯定了母语对英语学习的正迁移作用,而《不让一个孩子掉队法》强调母语对英语学习的负迁移影响。可是,卡明斯(Cummins 1981)[①]认为学生在双语教学课堂上习得的英语水平与从唯英语教学课堂上习得的英语水平是一样的。摩特森(Mortensen 1984)[②]甚至认为在前者环境下习得的英语水平还高于在后者环境中习得的英语水平。

(3) 美国语言教育政策主体间的层级关系

里森特和霍恩博格(Ricento & Hornberger)[③]把美国语言教育政策的制定与实施比喻成"剥洋葱"。语言教育政策的制定和实施需要经历几个层次,这些层次就相当于洋葱的结构。外层是由国家层面的立法机构或高等法院所制定的笼统的但具有指导性的语言教育政策;中层是由学校、企业或政府部门等机构对上述语言教育政策所进行的诠释和实施;内层就是不同背景的个体之间所产生的各种关系。各个层面的人对语言教育政策的观点都不是中立的,都受他们内在的语言意识形态的影响。因此,在语言教育政策的实施过程中,各个层次的人容易出现同床异梦的现象。而且,同一个层次的人在不同时期对语言教育的观点也不一样,如一届政府提出的指导方针可能不被下一届政府所采纳。总之,这些结构的层级性和人员语言教育观念的多变性构成了美国的语言教育政策。

第一,外层:国家层面——政策话语与基本的意识形态

瑞兹(Ruiz 1984)[④]把语言取向(language orientation)定义为人们对语言、语言使用者以及语言的社会角色三方面的态度。美国语言教育政策的取向有以下三类:把语言视为"问题"、"权利"和"资源"。在美国《双语教育法》实施的 34 年里,美国语言教育政策的取向是:语言是"权利"和"资源"。《双语教育法》在要求学生学习英语和学科知识的同时,学生可以使用母语,并肯定了学生母语对英语和学科知识学习的促进作用,提倡国家多语制,肯定了学生的母语和母文化对美国社会的作用。但是,在美国《中小学教育法》第 3 条,即"英语水平欠缺者和移民学生的语言教学"中,语言教育政策的取向是:语言是"问题"。该法把"双语"一词给去

---

① Cummins, J. 1981. *Age on Arrival and Immigrant Second Language Learning in Canada: A Reassessment. Applied Linguistics*. 11(2): 132—149.

② Mortensen, E. 1984. *Reading Achievement of Native Spanish-Speaking Elementary Students in Bilingual vs. Monolingual Programs. Bilingual Review*, 11(3): 31—36.

③ Ricento, T. K. & Hornberger, N. H. 1996. *Unpeeling the Onion: Language Planning and Policy and the ELT Professional*. In TESOL Quarterly, 30(3): 416.

④ Ruiz, R. 1984. *Orientations in Language Planning*. In NABE Journal, Vol. 2, No. 8: 15—16.

掉了,取而代之的是"英语习得"、"语言提高"、"学业成就"等词条。美国教育部原先的"双语教育和少数民族语言事务办公室"改名为"LEP学生英语习得、语言提高以及学业成就办公室"。此外,该法根本没有提到"多语制"对国家、对学生的英语习得和学业有任何价值,只强调学生英语的发展,至于学生母语对英语习得过程的作用只是轻描淡写。

在《不让一个孩子掉队法》中,美国对多语现象是"资源"的语言观避而不谈,而一味强调在学校实行单语制——唯英语教学,这与全球化背景下的语言观是格格不入的。因为在全球化时代,越来越多的人认识到多语制和多语言教育政策的重要性,有关学者也不断呼吁语言教育政策的生态法(ecological approach),即如果教育的目的是要让所有的人都接受教育,那么就要让所有的语言都处在一个生态系统中。"但是,《不让一个孩子掉队法》却忽视了这个关键点。"[①]

第二,中层:机构层面——学校责任与科学研究

里森特和霍恩博格(Ricento & Hornberger)[②]认为:"在美国,双语教育经常遭到反对。因为美国社会一直认为美国的团结统一与文化完整不能容忍文化的多样性,其中包括语言的多样性。"导致美国人产生这种语言信仰或语言意识形态的根本原因还是美国的"语言文化"。美国宾夕法尼亚大学的希夫曼(Schiffman 1996)[③]把人们对语言的信仰体系、观点和思维方式统称为"语言文化"(linguistic culture),并认为,语言政策的制定最终是以"语言文化"为基础的。英语同化思想就是美国"语言文化"的灵魂,《不让一个孩子掉队法》充分体现了这种英语同化思想。该法给学校、教师和LEP学生都带来很大的压力。例如,根据《不让一个孩子掉队法》,如果一个学校未能完成对LEP学生英语水平的达标百分比,该学校就被列入"整改学校"的名单,倘若一个学校连续两年以上被列入"整改学校"的名单,该学校就要受到处罚,而且处罚的力度逐年增加。如为学生校外补习英语埋单、送学生到外校学习英语、解聘不合格教师、最终重组学校。由于生怕学校被列入黑名单,学校所有的人都开始关心和研究LEP学生的英语学习。另外,《不让一个孩子掉队法》体现出的语言政策取向是:语言是"问题"。因此,对英语学习者采用单语制的教学,并认为学生只要三年就能学好英语,但是,有些学生事实上需要5年,甚至10年才能达到这个要求。

---

① Evans, B. A. & Hornberger, N. A. 2005. *No Child Left Behind: Repealing and Unpeeling Federal Language Education Policy in the United States*. In *Language Policy*. (4): 87—106, p. 93.

② Ricento, T. K. & Hornberger, N. H. 1996. *Unpeeling the Onion: Language Planning and Policy and the ELT Professional*. *TESOL Quarterly*, 30(3): 401—428, p. 416.

③ Schiffman, H. F. 1996. *Linguistic Culture and Language Policy*. New York: Routledge.

第三,内层:个人层面——ESL 教师和主要参与者的作用与感知

尽管美国政府不支持双语教育,但是许多英语教学专业人员在经过培训和实践后认识到,对于 LEP 学生来说双语教育是一种有效的方法。因为双语教育有助于 LEP 学生的英语习得,同时又能保证这些学生的认知能力的发展和学业的进步。"ESL(英语作为二语)教师在大学里学到的知识,或者从在职培训中获得的知识以及在教学实践中体会到的知识可能会与联邦政府在《不让一个孩子掉队法》里制定的语言教育政策相冲突。"[①]以前,双语教师和 ESL 教师都把语言看成是"权利"和"资源"。可是,鉴于美国不少 LEP 学生,特别是西裔移民学生在学校不想学英语,加之,在猖狂的恐怖主义背景下,双语教师和 ESL 教师也不得不把语言视为"问题",于是他们最终还是支持了《不让一个孩子掉队法》。

3. 中美双语教育比较

双语教育说到底就是一个教学媒介语的问题。双语与多语教育是指在学生的求学生涯中使用两种或两种以上的语言作为教学媒介语。在许多涉及这一问题的文献中,这两种类型统称为双语教育。但是,联合国教科文组织 1999 年大会的 12 号决议(《实施以语言多样化为基础的世界语言政策》)中采用了"多语教育"一词,是指至少使用三种语言:一门母语、一门地区语言或民族语言和一门国际语言进行教育。该决议赞成这样的观点,即要参与全球和全国的事物以及特定文化和语言群体的特殊需要只有通过多语教育来解决。在学习者的语言不是该国的官方语言或民族语言的地方,双语和多语教育既能使母语教学成为可能,同时,又能使学习者掌握本国和世界上更大范围内使用的语言。对待双语使用的加式原则不同于所谓的减式原则,后者的目的是使孩子过渡到用第二语言为教学语言。[②]

美国的双语教育属于过渡性的缩减性双语教育(subtractive bilingualism),目的是为了让 LEP 学生更快更好地掌握美国的强势语言(英语)和学科知识,最终是让英语代替 LEP 学生的母语。因此本书把美国的双语教育内容归入第五章——强势语言教育政策。中国的双语教学是添加性双语教育(additive bilingualism),目的是为了让学生更快更好地掌握外语(英语),最终是让学生可以自由使用汉语和英语,因此本书把中国的双语教育内容归入第七章——外语教育政策。可见,中美的双语教育政策在不同的两条线上,它们的教学目的是完全相反的,因

---

① Evans, B. A & Hornberger, N. A. 2005. *No Child Left Behind: Repealing and Un-peeling Federal Language Education Policy in the United States.* In *Language Policy.* (4): 87—106, p. 100.

② 联合国教科文组织:《多语并存世界里的教育》,巴黎:联合国教科文组织出版社,2003,第 18 页。

此,它们之间的比较意义不大,最多就是借鉴一些他们有效的双语教学方法。双语教育对于提高学生的第二语言能力是有帮助的,因此,中国需要对双语教育的研究,中国的语言教育政策也应该对双语教育有所长远的规划。

(二)中美强势语言国际推广政策的比较

中国的对外汉语教学作为一项专门的事业来做是从1950年才开始的,而且是在国内进行的。中国真正大规模从事汉语国际推广工作,或者说开始有规模地实施"走出去"战略,是从最近十几年才开始的,2004年中国才开始建立第一所孔子学院。因此,中国的汉语国际推广政策也是非常薄弱的。不过,中国政府高度重视孔子学院的建设。中国国家主席胡锦涛、国务院总理温家宝等党和国家领导人,先后多次对孔子学院建设作出重要批示,要求孔子学院建设要"统筹规划,扎实推进,力求开办一所就办好一所"。另外,孔子学院没有机械照搬歌德学院等政府与政府的单一合作模式,而是独具一格地采取灵活多样的办学模式:一是和大学、中学合作,如南开大学与马里兰大学合办孔子学院;二是和企业合作,如清华大学与汇丰银行、伦敦经济学院等公司和院校合办孔子学院。三是与政府或社团合作,如与芝加哥公立教育局合办的芝加哥孔子学院、纽约华美协进社孔子学院。

相比之下,美国很早就开始了英语的海外推广,积累了丰富的经验。美国在英语国际推广政策的制定、研究和实施方面都有很多机构,而且他们的工作已经做得非常完善了。例如,美国光把英语的教学就分好几种:把英语的教学统称为ELT,把英语作为第二语言的教学叫ESL,把英语作为外语的教学叫EFL,把专门用途英语的教学叫ESP。在向海外推广英语的过程中,美国的民间机构比政府更为主动,它们出钱也出力,并起到了决定性的作用。"在历史发展的基础上,目前美国的对外英语教学基本上形成了官方负责管理,民间机构负责派遣教师,大学负责培养教师这样一个三位一体的模式。"[①]

二、美国强势语言教育政策对中国强势语言教育政策的启示

不管是汉语的国内普及还是汉语的国际传播,中国制定出有利于提高和保护汉语声望的语言教育政策是最根本的前提,这可以保证汉语在多语社会和多语人群中具有高级语体的地位。一旦汉语在语言接触中有了高级语体的地位后,国人和外国人在语言的选择、语言的学习和语言的使用中就自然会对汉语倍感重视。

---

① 顾钧:"美国",张西平等编《世界主要国家语言推广政策概览》,北京:外语教学与研究出版社,2008,第60页。

(一) 在国内强势语言教育政策方面

1. 树立科学的语文观

语文观的问题影响到语文教育政策的走向。当前我国教育界对语文教学目的和性质的看法存在较大的分歧,主要观点可以归纳为工具论、人文论、素质论和语感论。工具论者认为,语文是学习和工作的基础工具,工具性是语文教学的本质属性,语文课的目的是进行语文知识教育,培养听说读写等运用语言的能力。人文论者认为,语文这个工具与其他工具不同,这个工具具有人文性,语文教学的目的是培养中华民族的人文精神。素质论者认为,语文教学的目的是培养和提高学生的语文素质,主要培养语言运用能力,同时也要培养学生的思维能力、文学鉴赏能力,进行道德品质教育和审美教育。语感论者认为,语感是语文教学的首要任务,语感是中小学语文教学的轴心,语文教学应该以语感为支点;语文学习要接受汉语的听说读写的训练,在训练的过程中逐渐获得熟练运用汉语的感悟——语感。近年来,不少专家不赞成工具论或语感论,素质论占据了主导地位,他们认为,"语文学科是培养语文素质的基础人文学科,是工具性和人文性的统一。素质论已为大多数语文教学工作者所接受。"[1]例如,2001年教育部颁布的《全日制义务教育语文课程标准(实验稿)》在"课程性质与定位"里指出:"语文是最重要的交际工具,是人类文化的重要组成部分。工具性与人文性的统一,是语文课程的基本特点。语文课程应致力于学生语文素养的形成与发展。语文素养是学生学好其他课程的基础,也是学生全面发展和终身教育的基础。语文课程的多重功能和奠基作用,决定了它在九年义务教育阶段的重要地位。"在该标准的"课程的基本概念"部分更加明确指出:"九年义务教育阶段的语文课程,必须面向全体学生,使学生获得基本的语文素养。"此外,2003年教育部颁布的《普通高中语文课程标准(实验)》在"课程性质"中也指出:"语文是最重要的交际工具","高中语文课程应该进一步提高学生的语文素养,使学生具有较强的语文应用能力和一定的审美能力、探究能力。"素质论有利于人们树立科学的语文观,避免语文教学偏重工具性、忽略人文性。

2. 加强汉语教育政策的研究

近年来,中国许多语文教师对于语言教学也感到很困惑,不知道如何教好语文,学生也感到语文学习很乏味,特别是到高年级更是如此。这在一定程度上是与语文教育政策有关。因为学生跟着教师走,教师跟着学校走,学校按照政策走。可是,目前我国的语文测试的模式、内容和标准,语文的教学方法和教材都是根据语文教学大纲来实施的,而大纲是根据语文教育政策来制定的。因此,语文教育政策的研究是基础,语文教育政

---

[1] 陈昌来:《应用语言学导论》,北京:商务出版社,2007,第59—60页。

策的制定是关键。中国有很多人在研究语文的教学,但是很少人在研究语文的教育政策。语言政策的制定非常需要大量的前期研究和调查。

3. 加强汉语母语的教育

国内强势语言教育政策是世界各国语言教育政策的基础。也就是说只有在国内强势语言教育政策得到根本保证的情况下,才能充分发展少数民族语言教育政策和外语教育政策,否则就是本末倒置。在美国,只有当英语的教育得到保障的前提下,才可以拯救和发展少数民族语言以及外语。因为国内强势语言教育是保证国家安全和国家发展的基础,若国家安全和国家发展不存在,其他语言的教育何从谈起?正如周有光[①]指出:"推广普通话主要是汉族的任务。少数民族学习普通话以自愿为原则。但是为了能走出本地区,到全国各地去发挥才能,少数民族也必须学习普通话。"另外,在面对全球化的浪潮时,中国要保持自己独特的语言和文化,要规避全球语言文化趋同性的危机。汉语母语教育是保持中华民族语言和文化的根本。周有光指出,古代中国能做到"书同文"是进步,今天如果满足于"书同文"就是落后了。现代中国既要"书同文",又需要"语同音"。[②]

中国作为汉语的故乡有责任也有义务使汉语在中国的教育中得到加强,使其固本强体,使国人懂汉语、爱汉语和用汉语。如果连中国人自己都不愿意学习汉语,或者汉语水平极差,这怎么去国外传播汉语呢,如果外国人反诘一句"己所不欲,勿施于人",我们会感到哑巴吃黄连——有口难言。

但是,中国的汉语语言教育近年常受到外语教育的冲击,这说明中国的汉语语言教育政策在制定和实施方面还需要加以改善和加强,外语教育政策制定主体和汉语教育政策制定主体之间需要进行沟通协商以便制定出和谐的有利于汉语和英语教育的政策,外语教育政策制定的前提必须是不冲撞汉语的教育政策。

4. 处理好少数民族地区汉语和少数民族语言的教育关系

目前,中国普通话的推广重点和难点在农村和少数民族地区。随着我国经济和城市化的发展,普通话在农村的普及率越来越高。因此,少数民族地区(特别是经济欠发达的地区)的推普工作就成为当地汉语教育的重中之重。

就像推广普通话不等于废除方言一样,只是要求每一个汉族中国人除了会说方言之外还能掌握普通话,同样,我们在强调汉语教育的同时,并不是要消除少数民族语言,只是要求少数民族在掌握自己的母语外还

[①] 周有光:《周有光语言学论文集》,北京:商务印书馆,2004,第65页。
[②] 同上,第28页。

要学习汉语,成为母语和普通话的双语言公民。推广国家强势语言是"国家意识的抬头,现代教育的起点"。①

从语言身份论来说,每个人的集体身份都包含了以下三个维度:族群认同、民族认同和国家认同。例如,一个说维吾尔语方言的人对该方言区的人有一种族群认同感,对使用各种维吾尔语变体的人有一种民族认同感,对使用汉语的人则有一种国家认同感。一个人的族群认同是最亲近的认同,而国家认同是最高层次的认同。在国际舞台上,没有族群或民族认同的人就像没有兄弟姐妹的小孩会有孤独感,没有国家认同的人就像没有父母的小孩会觉得缺乏归属感。族群或民族认同首先要接受本族群或民族的亚文化,掌握本族群或民族的语言。国家认同就意味着认同国家主流的和核心的价值观,学习并掌握国语。

(二)在强势语言的国际推广政策方面

美国把语言和文化的国际推广提高到国家安全的高度。它要在全球各地培植亲美派,使他们美国化。凡事预则立,不预则废。在全球化的今天,一切皆有可能。我们一定要看到全球化中的玄机,提高国家语言和国家文化的安全意识,在全球化的语言和文化博弈中,我们要有所准备,需要对语言进行规划,制定汉语国际推广的相关政策,让世界更了解中国的语言和文化,让中国的语言和文化更好地服务世界,丰富世界。这是每一个中国人对中国语言文化发展的历史责任,也是在全球化时代中华民族对世界文化发展的历史责任。

1. 在引进来方面,语言的推广要以整体的发展为基础

现在不少发达国家都在推广自己的语言,因此,世界各国的人们在选择外语学习时有多种选择。很多人在选择一门外语时主要是根据该语言将来对自己是否有利来决定的,也就是语言的"有用性"(utility)。语言的有用性取决于一个国家的综合国力。因此,汉语的国际推广还需要以中国的经济和科技为基础。目前来中国留学的外国学生一半多是来学汉语的(以2006年为例,学习汉语的留学生占来华留学总数的71%),来学习其他科目的学生就相对较少。而在美国以英语为专业的国际学生只占总留学人数的4.6%(以2007—2008学年为例)。在国际学生中学习语言毕竟是少数,只有多学科都发展起来,"蛋糕"才会做大,国际学生的总数才会多起来。只要外国学生来中国学习,不管学习什么专业,他们一般都会想学好汉语,并接触到中国的文化。因此,中国的汉语国际推广政策还需要全国各个行业的配合,最基本的还是要以国家的综合国力为基础。

2. 扩大汉语国际推广政策的研究、制定和实施主体

在全球化时代,世界各强势语言都在海外极力地推广自己的语言,以

---

① 周有光:《周有光语言学论文集》,北京:商务印书馆,2004,第63页。

便增强自己的软实力。中国也应该把汉语的国际推广工作做大做强,汉语要争雄而不争霸。美国有许多成功的经验值得我们借鉴。从上文我们知道:美国有许多机构来共同进行有关英语国际推广工作政策的制定、研究和实施,形成一个百舸争流的景象。有学术研究机构潜心钻研,从而保证了政策制定的科学性和理论性;有政府机构进行宏观规划和管理,从而确保了语言推广的方向性和系统性;有民间机构进行具体操作,从而减少了语言推广活动的政治性,增加了语言推广活动的亲和性;有基金会慷慨解囊,从而保证了英语推广工作的资金来源;有志愿者"冲锋陷阵",从而保证了语言推广活动的教师来源。

具体而言,在走出去方面,中国汉语的国际推广政策的研究机构、制定主体、实施机构都需要多样性,减少其中的政治色彩。

(1) 加强政策的研究主体

为了保证政策的科学性和完善性,任何一项政策的制定都必须以调查研究为前提。政策的研究既要有固定的专门研究机构,也需要社会各个层面的业余研究人员。这样的研究结果才具有广泛性和代表性。在美国,有许多英语国际推广的研究机构,例如,世界英语教师协会、美国现代语言协会和美国应用语言学中心等。其他国家的语言国际推广机构(如英国文化委员会、歌德学院和法语联盟)也都有自己专门的海外推广的政策研究机构,为其语言的传播提供专业的分析和基本的数据。日本每年都出版专门的海外日语推广和传播的书籍,总结经验,研究问题。[①] 因此,中国要建立并大力资助汉语国际推广政策的研究机构。不过,近年来,中国目前建立了几个相关研究的机构,虽然这些机构人员不完备,跨学科研究人员少,研究成果很单薄,研究经验不足。但是,有总比没有好,而且,万事开头难。

(2) 加强政策的制定主体

在汉语国际推广政策的制定方面中国还显得非常单薄,中国的汉语国际推广政策制定主体太少。目前,中国的汉语国际推广似乎多了一些政治色彩,少了一些民间元素。美国在向海外推广英语的过程中,美国的民间机构在政策的制定方面也是重要的一部分。只有政策制定主体的多元化才能保证政策制定的合理性和科学性。

(3) 加强政策的实施主体

只有多元化的推广方式才能满足学习者多元化的要求,才能保证语言推广活动的可持续性发展。构建多样化的汉语国际推广形式可以从以下三个方面考虑:

[①] 张西平:"总结各国语言推广经验,加强语言推广政策研究",张西平等编《世界主要国家语言推广政策概览》,北京:外语教学与研究出版社,2008,导言:第11页。

第一,建立多样化的汉语国际推广机构。美国在英语的国际推广方面,政策的实施主体多种多样。有官方的(如美国教育部和国务院),也有民间的(如"和平队"和"世界教学组织");有教会的(如美国摩门教的语言推广),也有非教会的。中国也要朝这种多元的方向发展。

第二,同样一个机构可以进行多样化的内容。美国很少有专门从事英语国际推广一项内容的机构。这些机构都是综合性的,如美国之音既用当地语言广播(如汉语),又用英语广播。用汉语广播可以扩大影响,吸引听众,这有助于英语的广播和英语的推广。"和平队"提供医疗、环保、农业和教育等方面的帮助,真正的英语教学只是和平队从事项目的一部分,但是由于他们的工作或教学语言都是英语,这也可以间接地刺激当地人来学英语,而且这种方式使得语言推广的目的具有隐蔽性,当地人也乐于接受。再如,美国现代语言协会既研究英语的国际推广政策,也研究美国的外语教育政策。

第三,建立灵活多样的志愿者聘用时间制度。美国的志愿者在时间选择方面有很多余地:有短期的(利用暑假两三个月),有中期的(半年),还有长期的(一年以上)。目前中国的汉语国际推广政策的实施主体主要是国家汉办,他们筛选教师或志愿者然后派往海外,这种形式有限,难以满足海外大量的教师需求。中国需要多一些的机构来遴选志愿者,特别是刚毕业的大学生(未必一定要对外汉语专业的学生)可以派往国外教一年的汉语,这既解决了部分大学生就业难的问题,又解决了海外汉语教师不足的问题,可谓是一举两得。

(4) 减少汉语推广中的政治色彩

美国在英语的国际推广方面体现出多元化,使人觉得英语的国际推广少了几分政治元素,多了几分民间色彩。语言的国际推广也可以商业化和民间化,中国的企业在汉语推广方面意识不强,其实,里面商机无限。《环球时报》2010年7月12日报道:美国迪斯尼公司计划今后五年内在中国建立近150所连锁式英语学校,采用唐老鸭、米老鼠等卡通形象辅助教学活动,预计每年将吸引约15万中国儿童参与学习。迪斯尼英语学校的办学模式与中国孔子学院的办学模式有一个很大的不同。前者是企业行为和民间行为,不仅具有自我利益驱动的本能,而且可以使美国传播英语文化的战略意图更为民间化和隐藏化,从而降低了因语言文化传播而带来的政治风险。

第六章 全球化背景下中美少数民族语言教育政策之比较

中国人民大学语言学教授胡明扬(2004)[①]认为少数民族的语言教育政策实际上涉及到两个问题:"一是少数民族是否有接受本民族语言教育的权利和义务。二是少数民族在各级教育机构中使用哪一种语言来接受教育。"近年来不少语言学家的调查研究表明,不用少数民族母语的语言进行教学,对少数民族学生是十分不利的,特别是在中小学阶段。不解决少数民族学校教学媒介语这一问题,少数民族即使获得法律上的平等,也很难享用民族平等所赋予他们的权利。少数民族语言教育政策应该本着语言人权论、语言资源论和语言身份论的语言观来进行制定和实施。同时,少数民族语言教育政策的研究、制定和实施,不能不考虑少数民族语言的生态环境,正如挪威裔美国社会语言学家豪根(Haugen 1985)[②]所说:"语言的发展、维持或死亡取决于在一定的语言生态中语言间的相互影响以及它们所处的环境。"

第一节 全球化与少数民族语言

一、世界语言的基本状况

(一)世界语言生态很不平衡

生态环境中出现差异是正常的,只要能够保持一个生态平衡就行。但是,如果生态中的差异过于悬殊,就会出现不平衡现象,从而破坏生态。在世界语言生态中就出现了过于悬殊的语言差异,从而导致了语言生态的极不平衡现象,其主要表现如下:

第一,倘若我们根据语言的使用人数来划分语言大小的话,那么世界上大小语言之间存在着很大的差异。表6-1和表6-2分别从两个角度显示了世界上使用人数最多的前十组语言。根据联合国教科文组织(2003)报告,现在世界上有6000余种语言和60多亿人口。也就是说,每一种语言平均大概有100万人的使用者,但实际情况远非如此。世界上96%的

[①] 胡明扬:《语言和语言学》,北京:语文出版社,2004,第89页。
[②] Cited from Zhou, M. L. 2003. *Multilingualism in China: the Politics of Writing Reforms for Minority Languages* 1949—2002. New York: Mouton de Gruyter, p. 27.

人使用世界上4％的语言。换句话说，世界上4％的人使用世界上96％的语言。① 具体而言，全球大约5000种语言的使用人数不到10万；大约3000多种语言的使用人数不到1万人；大约1500种语言的使用人数不到1千人；大约500种语言的使用人数不到100人。②

表6-1 全球使用人数最多的前十组语言一览表（单位：百万）

序号	语言	人数	序号	语言	人数
1	英语、汉语	1000	6	葡萄牙语	200
2	印地语、乌尔都语	900	7	马来语、印尼语	160
3	西班牙语	450	8	日语	130
4	俄语	320	9	法语、德语	125
5	阿拉伯语、孟加拉语	250	10	旁遮普语	85

（资料来源：The UNESCO Courier, April, 2000。）

表6-2 全球作为母语使用人数最多的前十组语言一览表（单位：百万）

序号	语言	人数	序号	语言	人数
1	汉语	845/800	6	孟加拉语	181/170
2	西班牙语	329/358	7	葡萄牙语	178/150
3	英语	328/350	8	俄语	144/160
4	印地语，乌尔都语③	182/200,60/40	9	日语	122/126
5	阿拉伯语	221/150	10	德语	90/100

（资料来源：Ethnologue 和 Encarta, 2009年，http://en.wikipedia.org/wiki/list_of_language_by_number_native_speakers）

（注：每种语言的前一组人数为Ethnologue所提供，而后一组则为Encarta所提供）

第二，假如我们根据语言使用的领域和地域来划分语言的大小的话，那么在语言使用人数上所谓的"大"语言中，也存在很大的差距。从表6-1和表6-2不难看出，这些"大"语言可分两类：一类是欧洲发达国家的语言，如英语、西班牙语、法语、德语、葡萄牙语等。这些语言以前都曾经是殖民地的宗主国语言，现在它们的使用领域多、地域广，属于实强性语言。另一类是亚洲发展中国家的语言，这些语言使用人数多，但使用领域不多，地域也不广。语言的使用人数多是因为这些国家的人口多（如中国、印度、印度尼西亚和孟加拉国）。因此，这类语言属于虚强性语言

---

① Crystal, D. 2000. *Language Death*. Cambridge: Cambridge University Press, p.14.
② Skutnabb-Kangas, T. *Sign Languages: How the Deaf and Other Sign Language Users Are Deprived of Their Linguistic Human Rights*. http://www.terralingua.org/DeafHR.html#top, 2007-5-28.
③ 印地语和乌尔都语有许多相同之处，因此，有人认为它们是属于一种语言，此处也是出于这个原因而把它们俩放在一起。

(endemic language)。

如果说语言使用的人数表现了语言大小的话,那么语言使用的领域和地域则说明了语言的强弱。语言的"生存"(survival)在很大程度上取决于该语言的使用者人数,而语言的"活力"(vitality)在很大程度上则取决于该语言使用的领域和地域。大而强的语言可以"群雄逐鹿",目的是为了增强语言的"活力",大而弱的语言只有"自力更生",目的是为了"强身固本"以便发展语言的潜在"活力",而小而弱的语言只能是"苟且偷生",目的只是为了语言的"生存"。鉴于世界语言生态的严重不平衡事实,联合国教科文组织预言世界上至少一半的语言将在本世纪末消失。美国语言学专家克劳斯(Krauss 1992)①则更悲观,他认为当今世界上的语言仅有10%是安全的,也就是约600种语言将来不会受到灭绝的威胁。有人甚至认为只有5%左右的语言是安全的,因为这些语言的使用者都在百万以上,而且都得到国家的支持。

(二)全球化和城市化加剧了世界语言生态的恶化

1. 全球化和城市化使得大语言更大,小语言更小

在世界人口不变的情况下,怎么会出现大语言更大,而小语言更小的现象呢?那是因为部分人由于种种原因而放弃了自己的小语言,从而转向使用大语言,即语言转用。在大小语言的接触和竞争中,往往是小语言的使用者或主动或被动地放弃自己的语言而转用大语言。也就是说,小语言的使用者若要一方面保持自己的语言,另一方面又想要走向全国,奔向世界,那么,他们就得学习至少三门语言——母语,国家通用语和国际强势语。而使用国家通用语为母语的人则至少要学习两门语言——国家通用语和国际强势语(特别是英语)。而英语国家的人(学习外语专业的人除外)只要学习一门语言,即自己的母语,也是国家通用语,还是世界强势语。显然,这给不同语言的使用者带来了不平等的语言学习压力,这让少数语言使用者在某种程度上就"输在了起跑线上",而英语国家的学生则可以凭借得天独厚的语言优势"养尊处优"。但是,就像人无法选择自己的母亲一样,人们也无法或很难选择自己的母语。抱怨无济于事,适应或改变才是出路。

全球化增加了各种语言接触的机会,确切地说是增加了强势语言和大语言介入弱势语言和小语言的机会,这必然会加剧世界语言生态的不平衡。语言的生态与动植物的生态一样,一旦遭到破坏,就会出现难以弥

---

① Brenzinger, M. *Language Contact and Language Displacement*. In F. Coulmas(ed.). *The Handbook of Sociolinguistics*. 北京:外语教学与研究出版社与布莱克韦尔出版社,2001,第273—274页。

补的语言转用现象。澳大利亚社会语言学专家武尔姆(Wurm)①指出:

> 语言生态环境的变化不那么强烈,但可能同样产生灾难性结局,造成动植物物种消亡的环境与造成语言消亡的环境有很多共同之处。由于暴力或灾难导致的灭绝在动植物与语言中都有相似的例子。生态环境的变化也是同样:一个动物或植物的物种会由于生存空间骤然缩小或发生剧变,或其他强大物种的介入而丧失继续生存的能力。像猫、狗等食肉动物进入一个本地动物对他们根本没有抵抗能力的地区,就是外来物种介入的例子;一块荒地变为农业区就是生存空间变化的例子。这两者都能导致原有动植物数量减少到它们生存和繁殖所必需的数量以下。所有这些都容易变作语言的可比较的环境:环境的变化意味着,某种语言曾长期发挥作用的文化和社会环境,在不可抵御的文化接触和碰撞中,不能恰当地表达新文化而被其取代。堪与上述新介入的危险的动植物物种相比的是,由于引入新文化和新语言而对传统语言所持的否定性和破坏性态度,这种现象众所周知。那些前殖民地语言就是一个很好的例子。说殖民地语言的人认为土著语并不是真正的语言,仅仅是原始的、连最简单的思想都不能表达的、像动物的叫声似的声音罢了,必须辅以大量动作来传递意义。

语言生态的破坏是从言语社区开始的。如果一个言语社区同另一个言语社区进行政治、经济和文化上的接触,而后一个言语社区在政治上更强大、在经济上更发达、在文化思想上更具侵略性。那么,更弱小的言语社区往往容易出现语言转用,甚至语言消亡的可能。例如,武尔姆②举了下面这样一个例子:

> 在一些由生态变化而引起的语言消亡的事例中,发生变化的不是语言生态本身,而是一个小言语社区赖以生活的基本生态环境。例如几内亚地区的许多非常小的历来比较稳定的言语社区只有几百或更少的人。在现代社会的影响下,与世隔绝的言语社区的大多数年轻男性成员离开部落搬到市镇或其他一些人口聚集中心去寻求改善经济条件。他们娶了说其他语言的妻子,自己部落的语言没能传给后代。由于本民族的小伙子流失,那些流在本部落的年轻姑娘就嫁给从别的部落来的说其他语言的小伙子。也许她们的孩子会说两

---

① 斯蒂芬·武尔姆著,陈昌盛、梁昊译:"语言的消亡与消失:原因与环境",周庆生主编《国外语言政策与语言规划进程》,北京:语文出版社,2001,第82—83页。
② 同上,第83页。

种语言,但她们本部落的语言却最终消失了。离开的年轻人与原来流下来的言语社区的成员很少接触,最多只是偶然地联系一下,并且虽然他们也同其他从原来言语社区出来的人(其中多为男性)保持联络,但这种联系不能使本族语言在他们死后继续流传。留在部落的老人们死后也不能把语言流传下去,最终这种语言已不是人们,哪怕只是一小部分人日常使用的语言了。它仅仅存留于那些嫁到别的言语社区的妇女的后代的记忆里并随着这些人的死亡而死亡。

总之,由全球化和城市化而引起的人口流动使一些弱势语言和小语言处于不利的境地,甚至有遭受灭亡的可能性,从而破坏了世界的语言生态。语言生态的破坏加速了语言转用和语言濒危。根据联合国教科文组织的《今日教育》[①]报道,全球每年至少有10种语言消失。此外,"濒危语言不同于濒危动物、濒危植物,后者可以放在人为的一个保护圈内使其免于消亡,而对待濒危语言则不能这么做,谁也不能人为地限定一个民族去保持面临濒危的母语。"[②]

2. 全球化和城市化使得强势语言更强,弱势语言更弱

没有全球化的时候,国与国之间的交流较少,大家难以享受到别国的资源和发展成果,但是,也不易遭受外来的威胁。语言也是如此,全球化和城市化给语言的多样性带来机遇,也带来挑战。全球化和城市化使得许多语言有了相互接触的机会,全球化和城市化把一些强势语言变得越加强势,强势语言侵噬弱势语言的速度也在加快,全球语言财富(linguistic wealth)面临着极大的挑战。这些语言的强势主要表现在语言态度、语言使用领域和语言使用地域三方面。

全球化和城市化改变了人们的语言态度,现在出现了两个极端化的语言态度。很多人,特别是强势语言的使用者对别的语言都存在语言偏见和语言主义态度,认为自己的语言是最好的,少数民族语言是落后的。在没有全球化和城市化之前,使用弱小语言的人不受外界影响,对自己母语的态度还是非常忠诚的。但是,在与别的强大语言比较以后,他们从实用的角度认为自己的母语使用领域小,作用不大,不利于在外求学和求职。这就导致学习和使用弱小语言的人越来越少,而学习和使用强大语言的人就越来越多。

另外,语言的使用范围越广,语言的使用价值就越大。全球化和城市化还扩大了强势语言的使用领域和使用地域。当使用弱势语言的族群调到使用强势语言族群的人时,往往都是前者主动放弃自己的语言,转而学

---

① UNESCO. *Languages in Danger*. *Education Today of UNESCO*. 2003, (6): 7.
② 戴庆厦:《中国濒危语言个案研究》,北京:民族出版社,2004,第22—23页。

习和使用后者的语言,这等于扩大了强势语言的使用领域和地域,缩小了弱势语言的使用领域和地域。况且,现在许多国际会议、学术书刊、网络媒体、国际通讯、大学教学等领域都不约而同地使用屈指可数的那几种世界强势语言。"显而易见,世界上只有一小部分的语言得到了人们的认可,而大多数的语言在政治上都处于较低的地位。"[1]在这一小部分语言当中,英语的地位是首屈一指的。

3. 全球化致使英语变得更大更强

全球化使得英语如虎添翼。现在,全球使用英语的人数之多是史无前例的,英语使用的领域和地域之广是任何语言无可比拟的。可以说,在全球化时代英语无处不在,无时不有。在生态环境中,任何一个物种过于强大,这对其他物种,对整个生态都是致命的。同样,在全球化进程中,英语对各国的语言都构成了威胁。"由于全球化导致了日益严重的文化同质性(cultural homogenization),在许多场合中,这威胁着教育以及其他领域中当地语言的继续使用。"[2]英语成为了世界通用语(international lingua franca),在全球化的世界语言竞争中,英语与许多弱小语言之间的竞争就像是大象与蚂蚁之间的搏斗,这些弱小语言非常脆弱,根本就不堪一击。英语已经"侵入"了各国的教学课堂,学校提供的弱小语言教学就相对地减少了。例如,在肯尼亚,边远地区的小学教育从地方语言开始,逐步过渡到斯瓦希里语(即该国国语),到高年级时则使用英语。至于城市的学校,小学教育开始时就使用斯瓦希里语,中等教育则用英语,大学教育都用英语教学。[3] "在教育上,特别在研究生这一层次,即使在一些法语国家,英语已日益必不可少。"[4]

4. 全球化加速了濒危语言的出现

虽然费什曼[5]认为"政治上的独立能给语言提供额外的安全保障",但是,斯波斯基[6]认为,"法国或者任何觉得自己本国的语言受到英语威

---

[1] Coulmas, F. 2001. *The Handbook of Sociolinguistics*. 北京:外语教学与研究出版社与布莱克韦尔出版社,第443页。

[2] Tollefson, J. W. & Tsui, A. B. 2004. *Contexts of Medium-of-Instruction Policy*. In J. W. Tollefson & A. B. Tsui(eds.). *Medium of Instruction Policies*. Mahwah, New Jersey: Lawrence Erlbaum Associates, Inc., p.291.

[3] 卡罗尔·伊斯门著,傅勇寿译:"分离:肯尼亚统一语言政策的结果",周庆生主编《国外语言政策与语言规划进程》,北京:语文出版社,2001,第116页。

[4] [美]菲利普·库姆斯著,赵宝恒等译:《世界教育危机》,北京:人民教育出版社,2001,第270页。

[5] Fishman, J. A. 1991, *Reversing Language Shift: Theoretical and Empirical Foundations of Assistance to Threatened Languages*. Cleveton, England: Multilingual Matters Ltd., p.107.

[6] Spolsky, B. 2004. *Language Policy*. Cambridge: Cambridge University Press, pp.189—190.

胁的其他民族国家也许都会认为,政治上的独立不足以抵挡全球化的力量。"如果偌大的法国对全球化都有这种感觉,那么,世界上还有众多的小国家对于自己的语言在面临全球化时就更感到束手无策了。其最终结果只能是加速濒危语言的出现。

(三)拯救世界语言生态的措施

1. 培养良好的语言态度和制定科学的语言政策

在人类的语言生态进程中,语言的濒危和消亡是正常的。例如,在人类历史上,已经至少有三万种语言已经消失。具有2000年以上历史的语言只有寥寥几种,例如,汉语、希腊语、希伯来语和梵语(UNESCO 2003)。① 但是,在经济全球化的今天,语言被"谋杀"的速度是人类历史上最快的(Skutnabb-Kangas 2007)。②

似乎全球化是语言消亡的罪魁祸首,其实不然。我们在注意到全球化给语言生态带来负面影响的同时,也要看到它的正面作用,况且全球化是不可改变的。事实上,在全球化进程中导致语言生态不平衡的真正原因在很大程度上是与人们的语言态度和各个国家的语言政策有关。

语言态度影响人们的语言学习、语言保护和语言推广。例如,也许有人会想:全社会乃至全世界最好只用一种共同语,不允许存在其他语言或方言。这样,人们对语言的学习、掌握与使用,就省时省力,经济高效。各语言集团也没有自己的语言情感与态度,对国家通用语乃至世界通用语无条件地表示赞同,那么各民族或各国间的交流就没有任何语言障碍了,也不存在民族语言教学、双语教学和外语教学了。这种观点看似简单,其实是非常幼稚的,也是根本做不到的。一是因为我们不能也不可能消灭丰富多彩的民族语言,人类的语言就像是自然界的生物一样需要多样性。二是因为语言是民族的灵魂,人人都希望自己民族语言成为世界上唯一的语言,谁都不愿意让自己的民族语言消亡而去使用别人的民族语言。三是因为这种想法与语言政策和语言规划学科的精神实质是背道而驰的。

语言政策影响语言的生存。不科学的语言政策给弱小语言的生存带来致命的危险。例如,在非洲许多国家的语言政策中都有"语言排外"现象。现在非洲不少国家的语言规划就是强调了精英阶层的利益,继续使用进口的欧洲语言作为官方语言,而把非洲本土语言的使用限制在一些无关紧要的领域。对少数民族语言和移民语言的歧视,以及缺乏社区人员参与语言政策制定的行为必将恶化语言排外现象。因此,班博斯

---

① UNESCO. *Languages in Danger*. In *Education Today of UNESCO*. 2003,(6):7.
② Skutnabb-Kangas, T. *Sign Languages: How the Deaf and Other Sign Language Users Are Deprived of Their Linguistic Human Rights*. from http://www.terralingua.org/DeafHR.html#top.

(Bamgbose 2000)①认为,语言政策制定者的主要挑战就是如何制定和实施科学的语言政策,使得"语言排外"现象最小化。在全球化的大潮中,人们逐渐认识到世界语言多样性的重要性,并发现语言是一种人类共同的资源。于是,各国的语言政策有所改变:各国都开始实施弱式(weak form)的语言同化政策,也就是在强调强势语言的前提下,同意提倡其他语言的存在、教育和推广。例如,美国20世纪末开始意识到印第安语出现了许多濒危语言,于是,1990年出台了《美国土著语言法》。再如,加拿大也出台了类似的保护弱势语言的政策:1982年加拿大公布了作为宪法一部分的《加拿大权利与自由宪章》,该《宪章》对少数民族语言教育权利做了规定,这是加拿大首次考虑到少数民族的语言教育权利;1988年出台的《加拿大的多元文化政策》明确规定:"有鉴于加拿大宪法与官方语言法规定,英语和法语是加拿大的官方语言,但不会取消或贬低其他任何语言所享有的权利和特权;在加强加拿大两种官方语言的地位与使用的同时,加拿大保护和促进英语和法语以外的各种语言的使用。"②

因此,我们要做的就是树立人们正确的语言态度和制定科学的语言政策。如何让人们知道弱小语言的存在价值以及如何制定有利于少数民族语言发展的政策,让全球化给弱小语言带来的负面影响最小化,让全球化给弱小语言带来的正面作用最大化。

2. 营造多语社会和加强多语教育

在全球化时代,营造多语社会是必要的,也是可能的。"多样化的语言环境有各种不同的情况。不过,一般而言,要么是历来就存在多种语言,一个地方很长时间以来就讲好几种甚至好几百种语言。例如,印度尼西亚有700多种语言,巴布亚新几内亚有800多种语言。要么是因为全球化的影响,大量的移民使有些城市的学校里的学生的母语可能多达30或40种之多。"③总之,在当今世界,社会中出现多语现象是不可避免的,关键是要营造一种让每种语言都有生存空间的社会。也就是说,语言多样性原则并不排斥国际通用语,而是主张在使用国际通用语的同时还不应该放弃非国际通用语。我们应该形成通用语为主导,其他多种语言并存的世界多元化的语言格局。

施密德(Schmid 2000)④注意到"语言多样性、语言接触和语言竞争是

---

① Bamgbose, A. 2000. *Language and Exclusion: the Consequences of Language Policies in Africa*. London: Lit Verlag Munster, p. 5.
② 阮西湖:"加拿大语言政策考察报告",《世界民族》,2001年第3期,第47页。
③ 联合国教科文组织:《多语并存世界里的教育》,巴黎:联合国教科文组织出版社,2003年,第13页。
④ Schmid, R. Sr. 2000. *Language Policy and Identity Politics in the United States*. Philadelphia: Temple University Press, p. 39.

当今世界许多国家语言生活中的共同事实。"因为多语社会必然带来语言接触和语言竞争(如图 6-1 所示)。在全球化的进程中,语言竞争后出现的结果不外乎三种情形——语言霸权、语言维持和语言消亡。另外,班博斯和费什曼也有类似的观点:班博斯①认为"不同语言的族群在持久接触后可能出现三种语言结果:保持原有语言、双语(或多语)和语言转用"。费什曼(1989)②指出:"语言间的相互影响会出现以下三种可能:侵入性语言(intrusive language)亡,本土语言存;侵入语言存,本土语言亡;侵入语言和本土语言共存。"事实上,上述三种观点只是表述不同,宗旨是一样的。人类语言在竞争中的最好结果是语言并存,用上述三种表达就是:"语言维持"、或"双语(或多语)"或"侵入语言和本土语言共存"。总之,只有多语社会才能保持人类语言的多样性,要形成多语社会就必须进行双语或多语教育。

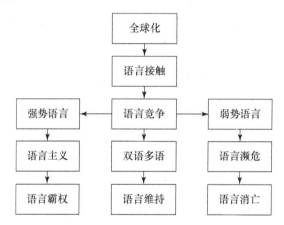

图 6-1　全球化背景下语言接触后的走向图

二、世界少数民族语言状况

一般而言,人们根据语言使用人数的多少把语言分为多数人语言(majority language)和少数人语言或少数民族语言(minority language)。多数人语言往往是强势语言,少数民族语言则一般是弱势语言(subordinate/dominated language)。但是,情况并非总是如此。那么,到底什么是少数民族语言?

---

① Bamgbose, A. 2000. *Language and Exclusion: the Consequences of Language Policies in Africa*. London: Lit Verlag Munster, p. 5.

② Cited from Zhou, M. L. 2003. *Multilingualism in China: the Politics of Writing Reforms for Minority Languages 1949—2002*. New York: Mouton de Gruyter, p. 27.

(一) 少数民族语言的界定

"少数"或少数民族(minority)这个词难以界定。用数字含义来界定"少数"一词并不一定恰当。事实上,少数民族与其他人的关系可以是支配地位,也可以是被支配地位。波尔斯顿(Paulston)[①]指出,有些少数民族在国语和官方语言的选择上具有支配地位(如南非的英语使用者),有些(如黎巴嫩的基督徒)则与其他民族基本上没有什么不同。在分析"少数民族"一词时,除了要考虑相对的权力外,还有两个维度似乎也是重要的:第一,少数民族是否得到了法律上的认可。第二,少数民族是本土少数民族还是移民少数民族。而斯里瓦斯塔瓦(Srivastava 1984)[②]试图通过操作两个变量给"少数民族"定义:一是"量"(quantum)的大小,另一个是"权"(power)的大小(如图 6-2 所示)。

斯里瓦斯塔瓦把少数民族这一术语限定为在一定政体或地区中具有一定复合特征的一个群体。通过组合这两个变量,可以得出四类语言。若一语言被多数民族使用并享有权力,在民主社会中,该语言便获得多数民族语言的地位(即 A)。若一语言由少数民族使用并享有权力,它便是精英语言,有时经过一段时间可能成为多数民族语言(即 C)。若一语言被少数民族使用且没有权力,除非发生社会经济和政治力量带来的变化足以使之成为精英语言,否则该语言无法成为多数民族语言(即 D)。以此类推,我们可以说若一语言由主体民族使用但无权力,则称为"百姓"语言(即 B)。

图 6-2 少数民族语言变量表

(注:"+"表示具有这种特征,"-"表示没有这种特征,前一个符号表示权利,后一个表示数量)

在强势群体和弱势群体之间的语言关系中,权力是一个重要的变项。用美国语言学大师乔姆斯基[③]的话说,"语言的问题根本上是权力的问

---

① Paulston, C. B. 1998. An Introduction. In C. B. Paulston and D. Peckman (eds.). *Linguistic Minorities in Central and East Europ* Clevedon, England: Multilingual Matters Ltd., pp. 1—18.

② 转引雷克什·莫汉著,武立红译:"语言规划与语言冲突:以克什米尔语为例",周庆生主编《国外语言政策与语言规划进程》,北京:语文出版社,2001,第 92 页。

③ Chomsky, N. 1979. *Language and Responsibility*. Sussex, Eng.: Harvester Press, p. 191.

题"。所以,在图6-2中,A类和C类两种语言都拥有权利,它们就很可能成为强势语言。而B类和D类语言都没有权利,它们就更难成为强势语言。

因此,布任辛格(Brenzinger)①认为"少数民族语言就是在一个不利的环境里生存的语言,学校、媒体和行政等领域都被其他语言所支配着。"而库尔马斯②则认为少数民族语言就是指在任何一个国家都不作为标准语或国语使用的小语言。

(二) 少数民族语言教育的发展阶段

在世界语言生态中,少数民族语言一般都属于弱势语言,它们往往处于劣势地位。也就是说,较小的民族语言和民族文化显然要受到周围较强语言和文化的影响。正如荷兰语使用者畏惧荷兰语被英语同化一样,一些弗里斯兰人也害怕弗里斯兰语(Frisian)被荷兰语同化,斯泰林沃斯克人担心斯泰林沃斯克语(Stellingwarfs)被弗里斯兰语同化。③另外,在全球化进程中,一国弱势语言还面临着外来强势语言的威胁,例如,在非洲,这些问题表现得尤为突出。那里的社会精英都愿意接受欧洲语言(特别是英语和法语)的教育,他们让自己的后代也接受英语和法语等强势语言的教育。而且,他们掌握着社会的主要权利,他们认为非洲的本地语言不够发达,难以适应社会各个领域的应用需要,学校如果不使用欧洲语言教学,非洲的学校就会垮掉,非洲的本地语言就遭到排斥。④

面对这种"弱肉强食"的语言生态,各国都会制定不同的少数民族语言政策和少数民族语言教育政策。胡明扬⑤教授认为:"任何一个多民族国家都有自己的民族语言政策。所谓民族语言政策,主要是关于国境以内少数民族的语言政策,也就是如何对待少数民族语言、如何规定少数民族语言的社会政治地位的政策。"尽管各国少数民族语言的教育政策不尽相同,但是,这些少数民族语言教育政策的发展路径大同小异。加拿大多伦多大学的荣誉教授丘吉尔(Churchil 1986)⑥根据经济合作与发展组织国家的少数民族语言教育状况以及这些国家相应的语言教育政策,把少

---

① Brenzinger, M. 2001. *Language Contact and Language Displacement*. In F. Coulmas (ed.). *The Handbook of Sociolinguistics*. 北京:外语教学与研究出版社与布莱克韦尔出版社,p. 276.

② Coulmas, F. 1984. *Linguistic Minorities and Literacy*. In F. Coulmas(ed.). *Linguistic Minorities and Literacy*. Berlin: Mouton, p. 10.

③ 费什曼:"论民族语言的民主限度",周庆生主编《国外语言政策与语言规划进程》,北京:语文出版社,2001,第287页。

④ Bamgbose, A. 2000. *Language and Exclusion: the Consequences of Language Policies in Africa*. London: Lit Verlag Munster, p. 2.

⑤ 胡明扬:《语言和语言学》,北京:语文出版社,2004,第88页。

⑥ Cited from Corson, D. 1990. *Language Policy Across the Curriculum*. Clevedon, England: Multilingual Matters. Ltd., pp. 144—145.

数民族语言的发展分为以下六个阶段:

第一,语言学习匮乏阶段(learning deficit):少数族群学生缺乏使用强势语言的能力。语言教育政策要为少数族群学生提供强势语言的补充教学,使少数族群学生能快速地过渡到强势语言中来。

第二,联系社会的语言学习匮乏阶段(socially-linked learning deficit):少数族群学生缺乏使用强势语言的能力,这与他们的家庭地位有关。语言教育政策是要采取特别措施,如为这些人提供辅导教师、心理咨询师、社会工作者和职业咨询师等,以便帮助少数族群学生适应主流社会。

第三,由社会文化差异而导致的语言学习匮乏阶段(learning deficit from social cultural differences):少数族群学生缺乏使用强势语言的能力,是由于少数族群文化与主体文化受到的尊重不同。语言教育政策要为所有的学生提供多文化的教学项目,让教师提高对少数族群学生需求的敏感性,修改课本,消除种族成见。

第四,因母语被剥夺而导致的语言学习匮乏阶段(learning deficit from mother tongue deprivation):少数民族学生过早失去了自己的母语,这阻止了他们向强势语言过渡的时期,并影响到学生的认知和情感动因。语言教育政策要在学校为少数民族学生提供少数民族语言学习的机会,也许在教育早期可以把少数民族语言作为教学媒介语。

第五,私下使用语言与语言保持阶段(private use language maintenance):少数民族语言如果得不到扶持就会有濒危的可能。语言教育政策要提供以少数民族语言作为教学媒介语的教育,特别是在教育早期。

第六,语言平等阶段(language equality):少数民族语言和多数民族语言是平等的,在社会上享有同等的权利,政府要为弱势语言提供特别扶持。语言教育政策要认可少数民族语言的官方地位,并让它们具有独立的教育机构,儿童可以自愿地学习两种语言。

根据上述少数民族语言发展阶段的划分,丘吉尔认为,世界上只有几个历史悠久的双语制或多语制国家,如比利时、芬兰和瑞士能够达到上述的第六阶段。美国由于颁布了《双语教育法》,美国的少数民族语言发展可算是处于第四阶段。但是,在美国的语言实践中,美国的少数民族语言发展实际上是处于第一和第二阶段。

三、保护少数民族语言的意义

少数民族语言往往都是小语种语言,小语种的消亡是人为灾难还是自然规律,对于小语种的消亡人类是应当努力挽救还是听之任之,人们对这两个问题有不同的观点。我认为小语种的消亡有人为的因素,也有自身的原因。但是,全球化背景下的语言消亡具有更多的人为因素,因此,我们应该采取人为的措施来挽救小语种。因为它们对人类最起码有以下显著的作用。

1. 有助于保证全民教育

所谓"全民教育"(EFA),就是说所有的人都能接受良好的基本教育。达喀尔全民教育的目标是在2015年之前,使所有的儿童接受高质量的小学教育和把成人识字率提高50%。要实现全民教育,关键是要保证弱势群体的教育。而弱势群体当中很大一部分是来自使用少数民族语言的群体。因此,少数民族语言的保护以及少数民族语言作为学校(尤其是小学阶段)教学媒介语的使用对于提高全人类的基础教育是非常有帮助的。联合国儿童基金会(UNICEF)[①]指出:"如果家长不识字,学校里的教学语言又不是家里使用的语言,穷孩子的学习困难就会加重,辍学的可能性也会相应增加。在这方面,取得巨大成就的国家的做法是一致的:在任何情况下,母语一律作为小学的教学语言……许多研究表明,用学生母语教阅读,学生就学得快,其次已经学会用母语阅读的学生在学习用第二语言阅读时要比那些一上来就用第二语言学习阅读的学生学得快。第三,就学习技能而言,用母语学习阅读的学生能较快地掌握这些技能。"总之,基础教育阶段使用少数民族语言作为教学媒介语可以降低少数民族儿童的辍学率,从而提高全民的基本素质。这也正是整体教育(holistic education)所追求的目的,也是联合国教科文组织一向所倡导的全民教育的宗旨。

在当今世界上,各个国家的教育都要考虑到现代社会中所存在的众多语言和文化。我们面对的挑战是要保护每个语言群体和每个民族群体的有所差异的权利。2008年专程来沪参加18届世界翻译大会的联合国助理秘书长曼加沙说:"联合国的语言政策是多种语言共存,鼓励所有的语言和文化能够得到保存、尊重和发展。"[②]

2. 有助于保持世界语言文化的多样性

全球化的加速发展使保护、促进和保存所有语言的必要性变得更加迫切。他们强调保护各种语言及其复杂的特征和社会联系具有很高的全球和地区战略意义。语言多样化不是全球化的绊脚石,全球一体化也不尽然导致语言、文化的单一性。只要方法得当,二者是并行不悖的,是一种互动的关系。每一种民族语言,不论其使用人数的多少、使用范围的大小,都是那个民族灵魂的源泉、创造力的钥匙以及文明的承传载体;失去一个语种,就意味着伴随这个语种的民族文化和传统的消失,也意味着断送了一种人类的文明。

语言生态的多样性与物种生态的多样性的确有可比性。树种单一化

---

① Mehrotra. S.:《全民教育:学习成绩卓著的国家的政策——联合国儿童基金会工作人员工作文件》,纽约:联合国儿童基金会,1998年。
② 宋玲:"不会让英语成为世界语——联合国助理秘书长约翰尼斯·曼加沙访谈",《文汇报》,2008年8月6日。

对物种生态的影响是不言而喻的。例如,日本的森林虽然很多,但是单一的人工林中,动物种类比例往往失衡,造成单一种群异常发达,时常与人类冲突。一些森林害虫因缺乏天敌而大量繁衍,为防止病虫害的大面积蔓延,喷洒除虫剂又对生态产生不良影响。① 同样,语言的消亡不仅对使用该语言的群体来说是一种无法弥补的损失,也是人类共同财富的损失。因为,有了语言文化的多样性才使得这个世界变得丰富多彩。例如,若全世界只用英语唱歌,那么,再美妙的音乐也显得有些乏味。现在,全世界有印度歌曲(用印地语唱)、中文歌曲、粤语歌曲、法语歌曲、日语歌曲等,这极大地丰富了世界音乐。其中一个原因是用各种语言丰富了人们的耳朵。

维因斯道克(Weinstock 2003)②为了说明语言的价值举了一个令人深思的例子:某人有一件珍贵的木雕艺术品,价值不菲,显然这种价值指的是内在价值或文化价值。在一个寒冷的冬夜,只有将这件木雕烧掉才能保命的时候,是该选择木雕的实用价值(工具价值)还是它的内在价值?维因斯道克认为语言有内在价值,也有工具价值。二者的高低既不能一概而论,也不是一成不变的,而应视具体的环境而定。因此,当我们只从语言工具论的观点来看待弱势语言的话,我们只能看见弱势语言作用不大的工具价值,而忽视了它们的内在价值或文化价值。相反,当我们从语言资源论的观点来看待弱势语言的时候,我们就不会因为弱势语言的交际功能的减弱而忽视它们的文化价值。

世界上许多国家的教育都是在多语环境中进行的。教育系统的难处在于如何处理这种复杂的情况并提供既考虑到学习者的需要,同时又兼顾社会、文化和政治需要的高质量的教育。尽管在多语社会中采取统一的语言教育政策在行政和管理上可能更为简便,但却忽视了语言和文化的多样性。不管语言的大小,也不管语言是有文字还是没有文字,它们都是人类经过长期积累而形成的,都是人类智慧的结晶,是人类的文化资源。显而易见,加强母语教育正是为了推动民族文化的发展,而加强民族文化的影响力,又将推动全球化时代文化丰富性的发展。

各民族通常都把语言的使用看做是他们之间最重要的识别特征。大多数民族都认为本民族的语言是保护和表达本民族文化传统的最好媒介。俄罗斯语言学家彼戈尔金③说:"语言是每个民族的宝贵财富。它历

---

① 岳光:"植树造林,日本有教训",《环球时报》,2010年3月26日。
② 转引刘海涛:"语言规划和语言政策:从定义变迁看学科发展",教育部语用所社会语言学与媒体语言研究室编《语言规划的理论与实践:第四届全国社会语言学学术研讨会论文集》,北京:语文出版社,2006,第58页。
③ 彼戈尔金著,杨艳丽译:"俄罗斯联邦的语言法:经验和发展问题",周庆生主编《国外语言政策与语言规划进程》,北京:语文出版社,2001,第267页。

经许多个世纪才被创造出来并逐步完善。它不只是交际的工具,而且是一个民族数千年之经验,是其文化的保存者。对语言的关心、保护和发展是一个民族集团民族自我意识程度的标志。"语言是一种文化、是一种思维方式、是一种世界观。一种语言的消失,就意味着人类少了一种文化、少了一种思维方式、少了一种世界观。一种语言的消失,就像自然生态中少了一种物种一样,它容易引起负面的连锁反应,最后就会破坏自然生态的平衡。因此,保护少数民族的语言就是保护少数民族的文化,也就是保持世界语言文化的多样性。保持世界语言文化多样性有利于人类的发展。众所周知,许多诗人、作家、艺术家在思维枯竭时,都会从少数民族的语言文化中去寻找灵感。如果世界没有了这些多样的少数民族语言和文化,那么我们的未来也就少了不少色彩,多元共存的思维意识、开放包容的理念规范、协商一致的游戏规则也就不复存在了。没有人愿意接受只有一种语言和一种文化的沙漠般的世界。保护少数民族语言就是保护世界的语言生态,语言生态同自然生态一样具有不可逆转性,即使可以逆转,也只是部分的逆转,而且逆转的成本巨大。斯波斯基[1]指出:

> 捍卫语言权的强硬派之所以有这种论点,是因为他们坚信维持语言的多样性是极其重要的。这种论点不是由民众自由论者或个体民族语言的发言人所提出来的,而是由语言学家所提出来的。因为对于民众自由论者或个体民族语言的发言人来说,他们往往更关注他们自己的语言的个体价值,而不是人类所有语言的普遍价值。对于语言学家来说,他们通常都是语言保护主义者。这种论点一般可以分为五大类。例如,克里斯托(Cristal 2000:32页以及以后的几页)对"假如语言消亡了,我们为什么要介意?"这个问题提供了五种解答:第一,语言和生物系统(biosystem)一样,它们都需要生态多样性。这种观点已经被广泛地接受。生态系统中任何一个成分的损害都可能会殃及到其他成分,假如我们接受语言和生物的这种类比,那么我们就要保护每一种语言,这是至关重要的。当然,倘若我们不知道要保护生物多样性的哪个方面,并且在语言维持的原则应用方面没有确凿的数据,那么,这种观点就难以站得住脚。基因多样性是物种进化的基础,所以,语言多样性应该得到保持,特别是因为语言多样性可以保护从前人传承下来的人类知识。另外,克里斯托还补充了其他四个相关的理由:语言代表身份;语言反映历史概貌;从单一

---

[1] Spolsky, B. 2004. *Language Policy*. Cambridge: Cambridge University Press, pp. 128—129.

语言来说,每一种语言都用"一种独特的方式概括和阐释了人类的存在"(Cristal 2000:44),从所有的语言整体来说,语言就构成了人类知识的总和;最后,语言本身魅力无穷。比起"语言公正论"来,格林(Grin 1995:34)他自己更赞同"语言多样论",一是因为"语言多样论"可以避免任何一种语言"由于法律地位问题而产生争论不休的模式问题和各种政治问题",二是因为"语言多样论"似乎不光是给语言少数民族,而是给所有语言的使用者都带来实惠。

此外,澳大利亚的语言学教授迪克森(Dixon)①认为,每一种语言都概括了使用者的世界观,即他们的思想、价值观、信仰、对世界的划分方式以及组织生活的方式。一旦一种语言死亡了,一部分人类文化就永远丧失了。

3. 有助于尊重语言权

维持语言的多样性有利于保证世界的民主性,有利于构建一个公平健康的全球化。语言立法可以提高少数民族语言在行政和司法事务中的地位,也可以提高少数民族语言在教学中的地位。语言权是一种基本的人权。语言作为文化的要素,是许多民族内部认同的标准。民族语言平等,是民族关系和民族工作方面的一个十分敏感的问题。它不但是体现政治上的民族平等的一个重要内容,而且也是一个涉及教育科学和民族情感的问题。

对弱势族群而言,语言权的目的就是在于要求族语在社会生活中享有使用的权利,借以继续发扬族群的语言和文化。语言权的立法通常是为了保障弱势语言使之免于强势语言的威胁。但是,语言权也不是解决少数民族语言教育的灵丹妙药,因为"语言权问题是少数民族的问题……对语言权的认可总是面临着来自国家和多数民族的挑战,因为他们更愿意把语言权之类的问题边缘化"。②

斯古纳伯-康格斯和菲利普森(1994)根据一个国家对本国少数民族语言的教育政策以及语言政策的制定和实施情况把语言权的实施从坏到好分为以下五类(见图6-3)。第一类(即"严禁"型)是最野蛮的,第五类(即"促进"型)是最理想的。另外,体现语言权的这些语言政策的实施可以表现为"显性"和"隐性"两种形式。

---

① Dixon, R. M. W. 1997. *The Rise and Fall of Languages*. Cambridge:Cambridge University Press, p. 199.

② Zhou, M. L. 2004. *Minority Language Policy in China:Equality in Theory and Inequality in Practice*. In M. Zhou(ed.). *Language Policy in the People's Republic of China:Theory and Practice since 1949*. Boston:Kluwer Academic Publishers, p. 74.

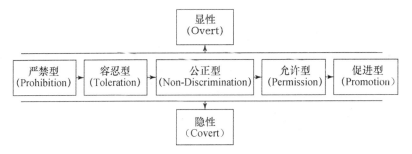

图 6-3 有关语言权法律的类型取向图

根据上图,斯古纳伯-康格斯和菲利普森(1994)认为,加拿大联邦政府的语言政策被认为是"促进"型的,因为政府积极倡导英语和法语的共同生存和发展。而美国的语言政策被认为是"容忍"型的,鉴于美国最近采取了一些措施来保护少数民族语言,其语言政策充其量也不过是"公正"型的。①

四、保护少数民族语言的措施

现在对于少数民族语言的保护问题有两种截然相反的观点。一种是认为人类对语言最好的保护就是什么也不要做,让语言自生自灭和适者生存。另一种观点是人为干涉能减缓语言衰退或灭亡的过程。两种观点都没有有力的证据,但是,一些国际组织和国家已经在进行一些积极的人为干预行动。

(一)国际组织对少数民族语言的保护措施

1. 联合国

联合国于1992年12月18日通过了《联合国关于国民、种族、宗教和语言少数民族人权宣言》。《宣言》前言指出:"提高并保护国民、种族、宗教和语言少数民族的权利,有利于这些民族所在国政治与社会的稳定。"联合国的这些决定正是为了促进并尊重世界语言和文化的多样性。联合国认为各种语言,无论大小都是平等的。因此,联合国不会去鼓励或推广任何一种语言成为世界语。

2. 联合国教科文组织

联合国教科文组织对语言的多样性和濒危语言的保护非常重视,并采取了一些有效措施。例如,联合国教科文组织把1993年定为"抢救濒危语言年"(Year to Save the Endangered Languages);1999年,联合国教科文组织第30届大会决定将每年的2月21日确定为"世界母语

---

① Zhou, M. L. 2004. *Minority Language Policy in China: Equality in Theory and Inequality in Practice*. In M. Zhou(ed.). *Language Policy in the People's Republic of China: Theory and Practice since 1949*. Boston: Kluwer Academic Publishers, p.76.

日",旨在增强人们的母语意识,保护语言的多样性,提倡多语教育;联合国教科文组织把 2008 年定为"国际语言年"(an International Year of Languages)。2001 年联合国教科文组织通过了《世界文化多样性宣言》,这是联合国教科文组织在 21 世纪之初所倡导的新规范的基础法案。该《宣言》首次为国际社会提供了一个广泛的标准,同时也强化了人们的一种信念,即尊重文化多样性和在不同文化间开展对话是和平与发展的重要保证之一。联合国教科文组织早在 1945 年就提倡保护"丰富多彩的文化"。在当今世界全球化步伐加快所带来的压力下,联合国教科文组织为维护文化多样性的长期性提供了优先保障。大会还宣布将每年的 5 月 21 日定为"世界文化多样性对话和发展日"。世界文化多样性对话和发展日为我们加深理解文化多样性的价值和了解如何更好的共存提供了一个机会。2003 年通过了《促进并使用多种语言和普及利用电脑空间的建议》。

3. 欧洲委员会

为了保护欧洲语言的多样性,欧盟制定了一系列的语言保护政策和项目,在都柏林设立了"欧洲少数语言办事处"。

欧洲委员会于 1992 年 11 月开始采用《欧洲地区语言或少数民族语言宪章》(the European Charter for Regional or Minority Languages)。该宪章是处理少数民族语言权问题的一个重要条约,它在序言中就强调了许多"理想和原则",其中包括:"各国要保护具有历史意义的欧洲地区语言或者少数民族语言","人们有权在个人生活和公共生活中使用地区语言或少数民族语言","人人重视多文化和多语言的价值"。当然,对这些少数民族语言的保护和鼓励有一个前提,那就是少数民族语言的保护"不应该损害官方语言以及人们学习官方语言的需求"。

2008 年 9 月 18 日,欧洲委员会通过一份题为《语言多样性:欧洲的财富与共同的义务》的政策文件,目标是提高公众对欧洲语言多样性价值和机会的认识,鼓励社会扫除文化间对话的语言障碍。欧委会新的政策举措将集中在以下五个方面:(1)语言多样性对于文化间对话及社会团结的意义。(2)语言多样性与社会繁荣。(3)语言教育与终生学习:在终身学习体系中贯穿语言教育,让民众有更多选择并接触多语言教育的机会。大学生无论学习何种专业,都应具备较好的语言技能;职业教育应该提供与学生未来从事职业有关、以实用为主的语言学习;在成人语言教育中,应该注意运用媒体、新技术以及文化娱乐活动提高成人学习者的积极性。请成员国采取以下行动:为所有社会成员实现"一门母语加两门外语"的目标提供切实可行的机会;为学生提供更多的语言选择,并满足地方需求;加强对语言教师及其他教学人员的培训;增加语言教师的流动性以增强其语言及跨文化技能。(4)媒体、新技术与翻译。(5)语言多样性的外部空间。[①]

（二）各国对本国少数民族语言的保护政策

世界上对待少数民族语言的教育有三种态度:一是积极的态度,制定扶植和促进少数民族语言教育的政策。二是中立的态度,对待少数民族语言的教育不闻不问,任其自生自灭。三是消极的态度,采取压制和禁止少数民族语言教育的政策。

语言的地位一般是由国家的宪法和（或）语言法来确定和保障的。而赋予不同语言特定的地位,即它们是"国语"或"官方语言"还是仅仅是"民族语言"、"地区语言",可以说是语言法最重要的使命。[②] 在全球化背景下,各国从语言资源论、语言人权论和语言身份论的角度认识到少数民族语言保护和维持的重要性,制定了有利于本国少数民族语言发展的双语或多语教育政策。例如,澳大利亚在制定《国家语言政策》（NPL）时所提倡的4E策略:丰富（Enrichment）、经济（Economics）、平等（Equality）、对外（External engagement）,其采取的语言政策都是基于折衷的解决策略,而非通过强硬的手段来消灭其他小语种。美国1990年通过了《美国土著语言法》来拯救美国的少数民族语言——美国土著语言。

（三）全球对于保护少数民族语言的措施雷声大雨点小

尽管一些超国家组织（如联合国、联合国教科文组织、世界银行和欧盟）和不少国家都制定了保护少数民族语言的政策和法规,而且这些语言政策和法规的话语中都充满了诸如此类的短语:"尊重语言多样性"、"保护母语教育权"、"提倡多语制"等。同时,它们还都指出维持世界所有语言的重要性,并声称要促进本国语言文化的多样性,提供母语教育的机会。但是,在这些优美文字的后面却没有多少致力于保护教育中语言人权的行动（Skutnabb-Kangas & Phillipson 1994）,母语教育权也没有得到很好地保护。制定这些政策和法规的国家在政策文件中却没有具体的实施时间和措施,也没有提供足够的社会资源来表示支持。[③]

[①] 转引柯常青:"欧委会通过新的语言政策文件",《世界教育信息》,2008年10月,第24页。

[②] 何俊芳:"关于语言法基本理论的若干问题",周庆生、王杰和苏金智主编《语言与法律研究的新视野》,北京:法律出版社,2003,第28页。

[③] Tollefson, J. W. & Tsui, A. B. 2004. *Medium of Instruction Policies*. Mahwah, NJ: Lawrence Erlbaum Associates, Inc., p. 5.

第二节 中国的少数民族语言教育政策

一、中国少数民族语言教育生态

(一)中国少数民族语言的使用现状

中国少数民族语言作为世界少数民族语言的一部分,跟世界其他地方的少数民族语言一样,具有共同的一些不利于少数民族语言发展的特点。

1. 少数民族语言的数量多和使用情况复杂

中国是一个多民族多语言的国家。中国有56个民族,除汉族外的其余55个民族都叫少数民族。其中53个少数民族(满族和回族都通用汉语)有自己的语言。由于有同一民族使用两种或两种以上语言的现象(例如,景颇族使用五种语言,瑶族和怒族使用三种语言,裕固族使用二种语言),因此,50多个少数民族使用的语言在80种以上。具体有多少种少数民族语言,说法很多。例如,有的说中国有80多种语言[①],也有的说中国有近100种语言[②],甚至还有人说中国有100多种语言[③]。最近,中国社会科学院民族学与人类学研究所的孙宏开指出"现在经过长期调查研究,我们已经识别了130多种语言"。[④] 这些语言分属汉藏、阿尔泰、南亚、南岛、印欧等五大语系。在这80种以上(暂且用这个数字)的语言中,这些语言本身发展状况也颇不均衡。例如,只有33种语言有现行文字,其他的语言只有口头表达的功能。这些文字字母的来源有古印度字母、叙利亚字母、阿拉伯字母、拉丁字母以及独创字母等。

根据中国2010年第六次全国人口普查主要数据公报,中国各少数民族人口约为1.137亿人,占全国总人口的8.49%。同2000年第五次全国人口普查相比,中国各少数民族人口增加约736万人,增长6.92%。但他们分布在全国64%左右的土地上。另外,并非所有的少数民族成员都使用本民族语言,而使用民族语言的人口约占少数民族总人口的60%左右。可见,中国少数民族语言的分布和使用情况非常复杂。

2. 少数民族语言之间存在着使用人口极不平衡的现象

(1)少数民族人口的不平衡导致少数民族语言之间的不平衡

中国的少数民族在人口数量上相差甚大(见表6-3),它们呈现出两极

---

① 郭熙:《中国社会语言学》,南京:南京大学出版社,1999,第139页。
② 魏丹:"语言立法与语言政策",王洁、苏金智、约瑟夫G图里主编《法律、语言、语言的多样性》,北京:法律出版社,2006,第419页。
③ 道布:"中国的语言政策和语言规划",《民族研究》,1998年第6期,第42页。
④ 孙宏开:"族群关系与语言识别",戴昭铭主编《人类语言学在中国——中国首届人类语言学国际学术研讨会论文集》,哈尔滨:黑龙江人民出版社,2007,第41页。

性：人口最多的达到1500万，而少的只有几千、几百，甚至几十人。众所周知，语言保持和人口数量关系密切。各少数民族的人口数量的不平衡导致语言的不平衡。一些大的少数民族语言（如蒙古语、藏语、维吾尔语）有几百万以上的使用者，而一些小的少数民族语言（如满语和赫哲语）的使用者还不到百人。

表6-3 中国少数民族人口状况表

人口数量	人口最多的（约1500万）	百万以上的	介于百万和十万的	介于十万和一万的	一万以下的	人口最少的（约2300人）
民族数量	1个(壮族)	18个	15个	15个	6个	1个(珞巴族)

（资料来源：道布：《中国的语言政策和语言规划》，载《民族研究》1998年第6期。）

总之，正如中国社会科学院民族与人类学研究所副所长黄行所说，中国的少数民族语言使用人口极不平衡。使用人口在5万人以上的语言只有35种，使用人口在1万以上的语言也只有近50种，而约90％的少数民族语言使用人口集中在壮语、维吾尔语、彝语、苗语、藏语、蒙古语、布依语、朝鲜语、侗语、哈尼语、白语、哈萨克语、傣语、黎语、瑶语15种语言中，80％以上的少数民族语言使用人口集中在前10种语言中。①

（2）少数民族语言中出现濒危语言

少数民族人口的不均衡，导致人口少的少数民族语言后继乏人，这对语言是致命的，于是，中国出现了濒危语言。例如，赫哲语的使用者只有十几个，满语不到50人，仙岛语大约100人，塔塔尔语不足1000人。随着这些人的离去，这些语言也会被带走。中央民族大学戴庆厦教授（2004）②做过满、赫哲、土家、仡佬、仙岛等五种濒危语言的个案研究。他说中国的濒危语言究竟有多少？说法不一。有的认为有20多种，有的认为有10多种，甚至还有更多的说法。说法不一的原因，主要是所用的标准不一，此外还与研究者对濒危语言的情况未能全面掌握有关。认为造成语言濒危的因素是多方面的，既有语言外部的因素，如使用人口少、分布杂居、族群分化、民族融合、社会转型等；又有语言和语言使用者本身的因素，如语言表达和语言功能不能适应社会需要、没有书面文字等。此外，还有语言使用者对本民族语言态度的问题。根据联合国教科文组织的《今日教育》③报道：1999年，美国北达科他大学的统计显示，语言学家认为，当一种语言的使用者不足10万人时，该语言就面临消亡的危险。

---

① 黄行："少数民族语言分类指导的语言规划"，教育部语用所社会语言学与媒体语言研究室编，《语言规划的理论与实践：第四届全国社会语言学学术研讨会论文集》，北京：语文出版社，2006，第387至392页。

② 戴庆厦：《中国濒危语言个案研究》，北京：民族出版社，2006，第47页。

③ UNESCO. *Languages in Danger*. Education Today of UNESCO. 2003，（6）：7.

如果按照这种说法,再对照表6-2,那么,认为我国有20种语言属于濒危语言是有根据的。

3. 少数民族语言中存在不少跨境语言

跨境语言就是指分布在不同国境中的同一语言。狭义的跨境语言是指相接壤的不同国家中的同一语言,例如,我国吉林延边的朝鲜语与朝鲜和韩国的朝鲜语(或韩语),我国新疆的哈萨克语与哈萨克斯坦的哈萨克语是一样的语言。广义的跨境语言还包括非接壤国家中的同一语言,如英国英语和美国英语,中国的境内的汉语和新加坡境内的华语。跨境语言是由于历史上的民族迁徙和国界划分等因素而形成的。①

在中国56个民族中,有28个民族的语言是跨境的。例如,蒙古、藏、维吾尔、朝鲜、哈萨克、苗、瑶、壮、傣、哈尼、景颇、怒、独龙、佤、京等民族的语言都属于跨境语言。有些跨境语言所涉及的国家还不止两个,例如,拉祜语是中国、缅甸、泰国、越南和老挝五国的跨境语言。

(二) 中国少数民族语言的教育现状

中国少数民族的语言教育是中国语言教育的一部分,在民族学校实行民族语文教学和双语教学,关系到如何贯彻党的民族平等政策和民族语言文字政策,党和国家对这一问题高度重视,在一系列法律和法规文件中对此做了明确规定。中国少数民族地区中小学实行的民族语言和民汉双语教学发展较快。为了与世界接轨,目前中国有些地方还开展了民族语、汉语和外语的"三语"教学。

1. 中国少数民族的语言教育状况

中国各少数民族的人口数量的不平衡导致语言的不平衡,而且少数民族的居住地非常分散。这两个特点给少数民族语言的教学带来了很大的难度。中国社会科学院民族研究所道布研究员(1998)②根据少数民族语言的使用情况把中国少数民族的语言教学分为三类:第一,教学中全面使用少数民族语言。蒙古语、藏语、维吾尔语、哈萨克语和朝鲜语都是本地小学、中学甚至大学的本民族语言教学。他们的特点是有大片聚居区,人口在百万以上,文字历史悠久,语言在家庭、社会、政治、文化教育、经济等领域中广泛使用。而且,他们有用本民族语言的出版、新闻、广播、电视等媒体。第二,教学中部分使用少数民族语言。这类语言主要有壮族、彝族和傣族、傈僳族、景颇族、载瓦族和拉祜族。这些民族语言一般只在小学作为一种教学语言使用。本民族语言的方言差异大,本民族语言主要用于家庭内部、邻里之间、或本村本镇。有本民族语言的书写文字,但是使用不广,用本族语出版的读物也不多。第三,教学中几乎不使用少

---

① 戴庆厦:《社会语言学概论》,北京:商务印书馆,2004,第71页。
② 道布:"中国的语言政策和语言规划",《民族研究》,1998年第6期,第43页。

数民族语言,只在日常生活中使用。在学校教育中主要使用汉语,在政治生活和集市贸易中往往使用汉语或其他少数民族语言。主要原因是这些语言没有书写文字。这一类约占中国少数民族语言总数的四分之三以上,使用人口占少数民族总人口的一半以上。

戴庆夏[①]则采用二分法把中国少数民族的语文教育大致分为以下两种类型:一种是从初等教育到高等教育全部使用汉语文教学,另一种是开展本族母语和汉语文双语教学。前一种的教学主要用于无本民族文字的民族、虽有本民族文字但文字不通用的民族和杂居地区的民族。双语教学一般是先学本民族语文,后学汉语文,这有利于儿童智力和普及初等教育。双语教学分以民族语文为主兼学汉语文和以汉语文为主兼学民族语文两类。

2. 中国少数民族的双语教学状况

我国在少数民族地区实行双语政策,例如,在内蒙古地区,汉语和蒙古语都是官方语言,也是当地学校的教学媒介语。中国少数民族的双语教学,通常是指少数民族母语和国家的通用语汉语的教学,即少数民族既学习本族语文又学习汉语文。双语教学的根本问题实质上就是教学媒介语的选择问题。"我国各少数民族语言依照相关法律得到保护和发展,在少数民族学校教育中作为教学媒介语广泛使用,蒙古族、藏族、维吾尔族、哈萨克族、朝鲜族从小学至高中甚至到大学都用本民族语言教学。"[②]近些年来,国内对少数民族双语的教学和研究也逐步重视起来。1979年成立了中国少数民族双语教学研究会,并出版了《双语教学与研究》论文集。

少数民族对双语教学的语言态度是肯定的。形成这种语言态度的原因主要有两个:一是历史原因和客观现实造成的,即汉语文长期以来所发挥的重要社会交际功能和由此带来的高声望优势。另一个是实用目的的驱使,诸如教育、工作、旅游等都离不开汉语文。[③]

根据中国少数民族地区的语言实际情况,中国少数民族的双语教学可以分为以下四种主要形式:第一,以少数民族语言为主,汉语为辅的双语教学。学校所有课程(除汉语课)的教学语言是民族语言,汉语只是一门课程,汉语的授课时间一般从小学三年级一直到小学或中学毕业。这种类型的学校主要是在一些有传统文字、人口较多而又聚族而居的少数民族,如蒙古族、藏族、维吾尔族、哈萨克族、朝鲜族、柯尔克孜族和锡伯族。内地在北京、兰州和成都所办的三所西藏学校(1986年开始)属于这种模式。第二,以汉语为主,少数民族语言为辅的双语教学。学校所有课

---

① 戴庆夏:"中国少数民族双语教育体制的建立和实施",马丽雅等编《中国民族语文政策与法律述评》,北京:民族出版社,2007,第124页。
② 黄宗植:《西方多元文化教育理论及其实践》,延边:延边教育出版社,2005,第207页。
③ 于根元主编:《应用语言学概论》,北京:商务印书馆,2003,第190页。

程（除民族语言课）的教学语言是汉语，民族语言只是作为一门语言课程来进行教学，其教学时间一般从小学一年级到小学或中学毕业。这类学校主要位于我国北方城镇中已经失去本民族语言的民族学生和南方一些使用新创和改进文字的民族小学。另外，内地所办的西藏班（1985年开始）和新疆班（2000年开始）也是采用这种模式。第三，以汉语和少数民族语言享有均等地位的双语教学。部分课程（主要是文科课程）使用民族语言作为教学语言，部分课程（主要是理科课程）使用汉语作为教学语言的双语教学。在中小学，主要是因为缺乏理科民族语言师资造成的。如西藏的一些初中、高中，延边的一些高中，数学、物理、化学等课程均用汉语讲授。第四，以汉语授课，民族语言辅助的双语教学。学校的全部课程全用汉语讲授，但在教学过程中（特别是在学前班或小学低年级教学中），视情况不同程度地使用民族语言进行辅助教学。另外，学校还开设汉语课，但没有少数民族语言课（由于这些语言没有文字无法进行）。采用这种双语教学形式的一般是只有本民族语言而没有本民族文字的民族。第五，对少数民族学生实施的以汉语和民族语言（但不是学生的母语）授课的双语教学。这类学生主要是指生活在强势少数民族语言地区的弱势少数民族语言学生。这种双语教学不利于学生的语言和学科发展，反而增加了学生的负担，因为两种教学语言都不是学生的母语。产生这种双语教学的原因是该少数民族学生的数量太小或语言识别不清，例如，四川阿坝藏族羌族自治州的藏语和嘉戎语是两种不同的语言，那么在嘉戎藏区的小学里开设了汉语和藏语，这些都不是当地儿童的母语。[①]

目前，中国少数民族地区使用汉语和当地少数民族语言的双语学校已超过一万所。在校生约600万人，使用的民族语言达60余种，每年编印29种文字的少数民族教材共3000多种，总印数超过一亿册。由于各地少数民族的人口、语言等情况不同，各地开展的民汉双语教学有不同的特点。新疆民汉双语教学的范围已从高中延伸到学前教育，从城镇扩展到边远农牧区，全区双语教学班约达5000个，就读学生约15万人。新疆维吾尔自治区的各级学校分别用维吾尔语、哈萨克语、蒙古语、柯尔克孜语、锡伯语和汉语六种语言文字授课。内蒙古自治区对蒙古族中小学规定：小学阶段凡懂蒙古语的儿童用蒙古语文授课，加授汉语文；不懂蒙古语的儿童用汉语文授课，加授蒙古语文。广西壮族自治区1980年决定，恢复自治区少数民族语言文字工作委员会和广西壮文学校，并在北部方言和南部方言区各选一个县作为重点恢复推行壮文，用壮文扫盲，在小学开展用壮文教学的试验。西藏自治区规定，小学藏文班从四年级开汉语

---

① 孙宏开："族群关系与语言识别"，戴昭铭主编《人类语言学在中国——中国首届人类语言学国际学术研讨会论文集》，哈尔滨：黑龙江人民出版社，2007，第34页。

课,汉文班从四年级开藏文课,学生到高中毕业时兼通藏汉两种文字。目的是更好地维护少数民族受教育权利,培养更多"民汉兼通"的双语人才。①

中国在少数民族地区实行的双语教学取得了喜人的成绩。例如,内蒙古自治区(见表6-4)在1949年成立以前,民族中小学仅有几所,蒙古族学生10488人。现在已发展到3585所中小学,有学生534万多人,其中以蒙语授课为主的学生343万人,占蒙古族学生的72%。自治区刚成立时,仅有一所以蒙语授课的中专,现在全区93所中专中有27所是以蒙语授课的学校或蒙语授课的专业,共有蒙语授课生4662人。

表6-4 内蒙蒙语作为教学语言的发展情况表

学校	中小学		中专		大学	
	蒙语学校	蒙语学生	蒙语学校	蒙语学生	蒙语学校	蒙语学生
数量 (1949年)	几所	10488	1	无	1	无
数量 (1987年)	3585	3430000	27/93	4662	15	3405
比例	无	占蒙族学生总数的72%	无	无	无	占蒙族学生总数的51%

(资料来源:舍那木吉拉:《蒙古语文繁荣发展的四十年》,载《民族语文》1987年第3期。)
(注:"无"表示没有相关数据)

二、中国少数民族语言教育政策

1. 历史回顾

中国在建国初期就制定了有利于保护少数民族语言的教育政策。譬如,1951年政务院批准了《关于第一次全国民族教育会议的报告》。该报告指出:"关于少数民族教育中的语文问题,会议规定凡有现行通用文字的民族,如蒙古、朝鲜、维吾尔、哈萨克、藏族,小学和中学的各科课程必须用本民族语文教学。有独立语言而尚无文字或文字不全的民族,一面着手创立文字和改革文字;一面得按自愿原则,采取汉语语文或本民族所习用的语文进行教学。""各少数民族的各级学校按照当地少数民族的需要和自愿设汉文课。"1954年《中华人民共和国宪法》第3条规定:"各民族都有使用和发展自己的语言文字的自由。"

但是,我国历史上对少数民族语言的教育政策出现过几次重大错误。一次是1958年起受左的思想干扰而出现的"语言融合风"。"民族文字无

---

① 《中国少数民族地区双语学校已逾万所》,http://news.sina.com.cn/c/2006-11-20/160911567562.shtml 2009年1月20日。

用论"的语言态度曾一时占了上风,把民族语文从小学教育中排挤出去,扫盲也不许用民族文字。其结果,使民族语言文化教育事业和民族的发展进步受到了难以估量的损失。① 另一次是"文化大革命"对民族语文工作的破坏,认为民族语文"无用"、"落后",学生没有必要学习,不如直接学习汉语。② 此外,我国新疆维吾尔族原用阿拉伯字母形式的传统维吾尔文,1965年改用拉丁字母形式的维吾尔文。因为时间过于匆促,准备不足,条件不成熟等原因,这次书写字母的改写给社会,特别是学校,在语言文字的教学和使用上造成不少麻烦,政府不得不在1982年又决定恢复使用原有的传统文字。而社会上,在一段时间里实际是新老维文并存并用,这不可避免地会遗留一些复杂的问题。

2. 全球化背景下的少数民族语言教育政策

1984年颁布的《中华人民共和国民族区域自治法》36条规定:"民族自治地方的自治机关根据国家的教育方针,依照法律规定,决定本地方的教育规划,各级各类学校的设置、学制、办学形式、教学内容、教学用语和招生方法。"第37条指出:"凡是招收少数民族学生为主的学校,有条件的应当采用民族语文课本,并用少数民族语言讲课;小学高年级或者中学设汉文课程,推广全国通用的普通话和规范汉字。"

1984年,中共中央22号文件,以及教育部、国家计委关于落实中央关于在内地为西藏办学培养人才指示的通知:内地的"西藏学校要积极创造条件,初中逐步实行以藏语文教学为主,加授汉语文;高中以汉语文授课为主,加授藏语文,同时学习一门外语"。内地的"西藏班以汉语文教学为主,也可以视情况加授藏语文和英语"。

1986年颁布的《中华人民共和国义务教育法》第6条规定:"学校应当推广使用全国通用的普通话。招收少数民族学生为主的学校,可以用少数民族通用的语言文字教学。"

1987年国家教委印发的《关于九省区教育体制改革进展情况的通报》指出:随着国内经济建设的发展,各地区之间的交流日益广泛,大量的政治、经济、文化、科学技术等信息主要是靠汉语传播的。学好汉语文是少数民族人民的共同愿望,也是发展繁荣民族经济文化的需要。同时,按照国家有关法律规定,又要充分尊重少数民族使用和发展自己语言文字的权利。因此,在中小学阶段,既要学好本民族语言文字,又要学好汉语文。有民族语言文字的民族地区,先以学好本民族语言文字为主,逐步过渡到学习汉语文。有民族语言而无文字的,在小学阶段,以民族语言辅

---

① 张贡新:《民族语文·民族关系》,昆明:云南民族出版社,1992,第155页。
② 戴庆夏:"中国民族语文政策概述",马丽雅等编《中国民族语文政策与法律述评》,北京:民族出版社,2007,第5页。

助教学,加强"汉语拼音学话、注音识字、提前读写"的试验,逐步学好汉语文。

1991年,国家民委向国务院上报了《关于进一步做好少数民族语言文字工作的报告》,提出了新时期民族语文工作方针和任务,其任务包括"搞好民族语文的规范化、标准化和信息化处理,促进民族语文的翻译、出版、教育、新闻、广播、影视、古籍整理事业,推进民族语文的学术研究、协作交流和人才培养,鼓励各民族互相学习语言文字"。

在1992年国家教委、国家民委印发的《关于加强民族教育工作若干问题的意见》中,提出了教学用语的标准。发展民族教育要在继承发扬本民族优秀文化传统的同时,积极扩大民族间、地区间的交流,大胆吸收和借鉴人类社会所创造的一切文明成果。在使用民族语言文字教学的地区,要因地制宜地搞好双语文教学,大力推广普通话。民族学校的教学语言文字政策的具体实施,主要由各省(区)遵照《宪法》、《民族区域自治法》的有关规定和有利于民族的长远发展、有利于提高民族教育质量、有利于各民族的科学文化交流的原则,根据多数群众的意愿和当地的语言环境决定。

1995年《中华人民共和国教育法》第12条规定:"少数民族学生为主的学校及其他教育机构,可以使用本民族或者当地民族通用的语言文字进行教学。"

2000年我国通过了第一部语言文字的专项法律——《中华人民共和国国家通用语言文字法》。该法不涉及少数民族语言的问题。因少数民族语言的问题由《中华人民共和国民族区域自治法》早已说清楚了。但是,《中华人民共和国国家通用语言文字法》第5条规定:"国家通用语言文字的使用应当有利于维护国家主权和民族尊严,有利于国家统一和民族团结,有利于社会主义物质文明建设和精神文明建设。"

2001年全国人民代表大会对1984年通过的《中华人民共和国民族区域自治法》进行修改,重申了对少数民族语言教育的重视。

2002年,中国少数民族聚集地方制定了自治区语言文字法规。如《西藏自治区学习、使用和发展藏语文的规定》、《新疆维吾尔语自治区语言文字工作条例》和《内蒙古自治区蒙古语言文字工作条例》。

2002年,国务院发布的14号文件明确指出:"大力推进民族中小学'双语'教学。正确处理使用少数民族语和汉语教学的关系,部署民族中小学'双语'教学工作。在民族中小学逐步形成少数民族语和汉语教学的课程体系……按照新的《全日制民族中小学汉语教学大纲》,编写少数民族学生适用的汉语教材。要积极创造条件,在使用民族语授课的民族中小学逐步从小学一年级开设汉语课程。"

2005年5月,国务院发布了《实施〈中华人民共和国民族区域自治法〉若干规定》,其中第22条规定:"国家保障各民族使用和发展本民族语言文字的自由,扶持少数民族语言文字的规范化、标准化和信息处理工作;推广使用全国通用的普通话和规范汉字;鼓励民族自治地方各民族公民学习语言文字。国家鼓励民族自治地方逐步推行民族语文和汉语文授课的'双语教学',扶持少数民族语文和汉语文教材的研究、开发、编译和出版,支持建立和健全少数民族教材的编译和审查机构,帮助培养通晓少数民族语文和汉语文的教师。"

2007年国务院印发了《少数民族事业"十一五"规划》。该规划提出支持民族自治地区改善中小学办学条件,建立校舍维修改造长效机制;加大"双语"教师培训力度,编写适合当地实际的"双语"教材;适当扩大全国普通高等院校少数民族预科班、民族班的招生规模;加强少数民族语言文字翻译队伍建设,建立少数民族语言文字翻译资格认证制度。

三、中国少数民族语言教育政策主体

(一) 中国少数民族语言教育政策的制定主体

1. 中国国家民族事务委员会

中国国家民族事务委员会(简称民委)的政策法规司和教育科技司对于中国少数民族语言的教育政策方面"贯彻执行党中央、国务院关于民族工作的方针、政策,组织开展民族理论、民族政策和民族工作重大问题的调查研究,提出有关民族工作的政策建议。起草民族法律法规和政策规定,负责督促检查落实情况,保障少数民族的合法权益,联系民族自治地方,协调、指导民族区域自治法的贯彻落实"。

2. 中国国家语言文字工作委员会

中国国家语言文字工作委员会(简称国家语委)的主要任务是"拟订国家语言文字的方针、政策;编制语言文字工作中长期规划;制定汉语和少数民族语言文字的规范和标准并组织协调监督检查;指导普通话工作"。

3. 中国教育部民族教育司

教育部民族教育司的主要职责是"指导、协调少数民族教育的特殊性工作;统筹规划少数民族'双语'教育工作;指导中小学生民族团结教育;负责协调对少数民族和少数民族地区的教育援助"。[①]

4. 中国教育部语言文字信息管理司

语言文字信息管理司(简称语信司)的任务是"承担少数民族语言文字规范化工作,指导少数民族语言文字信息处理的研究与应用"。

(二) 中国少数民族语言教育政策的研究机构

1. 中国社会科学院民族学与人类学研究所

中国社会科学院民族学与人类学研究所系多学科、综合性国家级研

---

① 中国教育部,http://www.moe.edu.cn/。

究机构,以人类社会民族现象及其发展规律为研究对象,以民族学、人类学为平台,通过田野调查和文献搜集以及相关技术手段开展民族语言方向的研究。该研究所下设南方民族语言、北方民族语言、研究室。

2. 中国各民族高校

中国全国各地有13所民族高校——中央民族大学、中南民族大学、西北民族大学、青海民族大学、西南民族大学、广西民族大学、云南民族大学、贵州民族学院、大连民族学院、内蒙古民族大学、西藏民族学院、湖北民族学院、北方民族大学。这些高校结合自己的人才优势和地理特点着重研究某些少数民族语言的教育以及教育政策。

第三节 美国的少数民族语言教育政策

一、美国少数民族语言教育生态

美国的少数民族语言广义上是指除英语之外的语言,也就是说包含了美国土著语言和移民语言,那是一个庞大的数字,因为美国的移民语言很多。从狭义上说,美国的少数民族语言是指美国土著语言,即美国印第安语言、夏威夷语言和阿拉斯加语言,其中主要以美国印第安语言为主。本章只以狭义上的美国少数民族语言为研究对象,也就是说,美国的移民语言(如汉语和日语)就不算作美国少数民族语言。因为美国的移民语言也是美国的外语,因此,美国的移民语言教育政策并入在美国的外语教育政策(即本书第七章)中论述。

美国土著人大约占美国总人口的1%。美国土著人子弟的上学情况可以分为以下三类:以1989—1990学年美国印第安学生为例,在美国印第安事务局资助的学校读书的美国印第安学生有39791名(占美国印第安学生总数的10%),上私立学校的美国印第安学生有9743名(占美国印第安学生总数的3%),上公立学校的美国印第安学生有333494名(占美国印第安学生总数的87%)。[1]从这些数字可知,美国印第安学生绝大多数还是就读美国的公立学校,与其他美国人在一起读书。而且,这种现象有增无减。现在只有美国印第安人事务局资助的学校才提供以美国印第安语作为教学媒介语的教学,但是,在这类学校读书的学生数量不大,只占10%。因此,美国印第安人还在不停地被同化,与以前不同的是,以前是被迫同化,现在是自愿同化。因此,美国土著人语言的前景不容乐观。

1. 美国印第安语言

在哥伦布发现新大陆时,美洲有2000种以上的印第安语言,北美大

---

[1] Reyhner, J. A. 2006. *Education and Language Restoration*. Philadelphia: Chelsea House Publishers, pp. 74—75.

约有500种印第安语言。关于美国现在印第安语数量的说法有不同的版本。克劳斯(Krauss 1996)[①]说,美国现在有大约175种土著语言。雷纳(Reyhner 1995)[②]说,美国的印第安语有约155种,而且其中不少还处于濒危状态之中。美国印第安语中最大的语言是纳瓦霍语(Navajo),说纳瓦霍语的人比说其他印第安语的人的总数还多,但其使用人口在2005年也只有178014人。[③] 可见,美国土著语言是很脆弱的。导致这种现象的主要原因是美国政府以前一向对印第安语言实施打压政策。美国政府在20世纪30年代以前对印第安语言的教育政策是建立在白人对印第安语言的偏见和歪曲之上,以全面同化和消解印第安语言和文化为目的。当时语言教育政策的制定者以及执政者的语言观是狭隘的,他们考虑的只是政治稳定和国家统一。美国政府在20世纪30年代才开始意识到印第安土著语言文化在教育中的作用,60年代开始推行双语教育政策,90年代开始主张保护土著语言。

2. 夏威夷语言和阿拉斯加语言

美国在兼并夏威夷之前,就已经通过传教士和甘蔗种植庄园主开始对夏威夷进行语言文化的渗透。随着美国势力在夏威夷的增大,美国当局给当地教育部门施压,要求当地人英语化。1853年,英语教学被引进夏威夷学校。1896年,根据所谓的夏威夷共和国法令,夏威夷的公立学校开始实施"唯英语教学"。后来,夏威夷引进了大量的劳工移民,他们主要来自日本、中国、波多黎各、葡萄牙、西班牙、朝鲜和菲律宾等国家。因此,真正地道的夏威夷人只占夏威夷总人口的20%还不到。居住在夏威夷的这些人为了便于交流,于是大家使用掺杂了各自母语的夏威夷洋泾浜英语(Hawaiian Pidgin English),他们的儿童便习得了夏威夷克里奥尔英语(Hawaiian Creole English),这就是现在夏威夷的当地语——夏威夷语言。然而,这种语言的教学却遭到当地使用英语的白人的强烈反对。尽管这些人在数量上不多,但是他们掌握实权,影响力大。于是,1920年美国联邦教育局(现在的教育部)建议当地学校根据学生的英语水平建立两种教育制度:英语好的学生在一起上学,使用标准英语教学;英语不好的学生在一起就读,使用当地语(即夏威夷语)教学。这样,自然而然就形

---

① Krauss, M. 1996. *Status of Native American Language Endangerment*. In G. Cantoni(ed.). *Stabilizing Indigenous Languages*. Flagstaff, AZ: Center for Excellence in Education, Northern Arizona University, pp. 16—21.

② Reyhner, J. & Tennant, E. 1995. *Maintaining and Renewing Native Languages*. In *Bilingual Journal*. Vol. 19, No. 2: 270—304.

③ *Number and Percentage of Speakers per Language in the Entire US*, http://www.mla.org/map_single.

成了种族隔离的现象。20世纪50年代,这一体制被解除。① 在全球化时代,随着移民语言的增多,夏威夷语言继续退化。美国殖民语言政策在夏威夷进一步得到加强,即英语化程度越来越高。

阿拉斯加语言主要包括爱斯基摩语(Eskimo)、阿留申语(Aleut)和其他部族语言(clan language)共20种。根据阿拉斯加大学阿拉斯加土著语言研究中心(the Alaska Native Language Center)的调查,阿拉斯加爱斯基摩语大概有五种。② 这些语言的使用者人数本来就不多,而且过着散居的生活,在全球化时代的语言接触冲击下,这些语言的使用人数呈现出逐年下降的趋势。

二、美国少数民族语言教育政策

美国在联邦政府和州政府层面上对待少数民族语言的教育政策基本上都是同化政策(assimilationist policies)。③ 同化有两种,一种是强制性同化,另一种是随意性同化或自愿同化。在语言强制性同化过程中,印第安人与其他移居美国的少数民族存在本质上的不同。美国移民少数民族虽然同样处于寄人篱下的境况,但一方面迫于生存的需要,另一方面,自愿移居美国的人们一般都具有背离母体文化的倾向,同时由于母体文化在远离美国的地方还存在和发展着,无须担心它们会消失,因此,他们对待美国主流社会的教育通常采取主动适应的态度,即随意性同化或自愿同化。而印第安人的语言和文化一旦消失就不复存在了,所以印第安人不愿看见自己部落的语言和文化消失,他们以前都是被强制同化的。但是,随着时间的推移,以及与外界的频繁接触,美国印第安人的年轻一代对自己母语的态度不像他们的祖辈那样忠诚了,他们愿意同化到英语上来。

(一)全球化时代以前美国少数民族语言教育政策简要回顾

1. 唯英语教育政策

1880年美国制定了《印第安人学校规则》:无论是教会学校,还是政府学校,一律用英语教学,学校里不得用印第安语,如有违反,停止政府的拨款。后来美国又陆续推出《1884年法令》、《1887年法令》、《1889年印第安人学校规则》等。这些"规则"和"法令"实质上就是美国政府对印第安人实施"唯英语教育"政策的开端。美国政府的语言态度是,如果要把印第安人改造成对美国社会有用的公民,他们就必须掌握这个国家的共同语言。

---

① Crawford, J. 2000. *At War with Diversity: US Language Policy in an Age of Anxiety*. Clevedon: Multilingual Matters Ltd., pp. 18—19.

② Leap, W. L. 1981. *American Indian Languages*. In C. A. Ferguson & S. B. Heath (eds.). *Language in the USA*. Cambridge: Cambridge University Press, p. 120.

③ Ibid, p. 135.

在19世纪下半叶,美国政府规定印第安人学校不准使用印第安语,要实施"唯英语教育"政策。印弟安儿童被迫送往远离父母亲人和家乡的寄宿学校里,并被迫与印第安语言和文化彻底隔绝。这群儿童在学校不准说印第安语,只能说英语,学校的教学语言也只有英语。总之,学校的一切话语交际都是用英文进行。而且,学校"唯英语"的制度执行得非常严格。若有学生违反禁令就要受到精神和肉体的惩罚。例如,有的印第安儿童被发现说了母语,学校就会用鞭子打他们的屁股,或用肥皂水洗他们的嘴巴,等等。另外,有一位苏族女学生因为说了一个印第安语单词,就写了以下深刻的"检讨书":

亲爱的普拉特中尉先生:
我怀着极其悲痛的心情给您写这封信,告诉您我说了一个印第安语的单词。我告诉您,事情是这样发生的:昨天晚上,我在餐厅里,爱丽斯·维恩用苏族语和我说话,当我觉得我在说话之前,我就发现我已经说出了一个印第安语的单词。我感到非常难过,连晚饭都吃不下,始终忘不了我说了那个单词。当我坐在桌子旁边的时候,眼泪从面颊上淌了下来,我曾非常努力地只说英语。

内莉·罗伯特逊[①]

19世纪美国对印第安人的语言同化教育采取三种基本形式:一种是保留地走读学校(the reservation day school),另一种是保留地寄宿学校(the reservation boarding school),第三种是保留地以外寄宿学校(the off-reservation boarding school)。印第安人寄宿学校实施的"唯英语教育"给印第安人年轻一代的母语能力和对母语的感情造成了极大的破坏,摧毁了印第安语的社会心理基础,构成了印第安语的传承断层,促使印第安语走上了衰亡的道路。1928年的梅里亚姆报告(Meriam Report)深刻揭露了印第安人寄宿学校的谬误和弊端,开启了"唯英语教育"向"双语教育"的转机。[②]

(2)有关少数民族基本教育权的政策

美国少数民族基本教育权的获得为少数民族的语言教育提供了一些保障。1924年美国政府通过了《印第安公民法》,该法授予所有出生于美国境内的印第安人美国公民的头衔。该法虽然听起来荒谬,但是却影响到美国联邦政府对少数民族语言政策的实施,因为该法规把印第安人变

[①] 转引蔡永良:《语言·教育·同化:美国印第安语言政策研究》,北京:中国社会科学出版社,2003,第133—134页。

[②] 同上,第172页。

成了与美国外来移民地位相等的少数民族。① 因此,美国印第安人与移民享有同样的语言教育政策。1964年美国通过了《民权法》,该法要求学校取消种族隔离,"学校机构有责任保证来自于特殊种族、具有特殊肤色和不同母国的学生在学校享有与其他学生同样的受教育机会,这种权利不能被剥夺"。1970年美国人权办公室制定的备忘录,决定为少数民族人数超过5%的学区提供特别教育服务,学区必须采取措施来弥补学生语言方面的不足,以便帮助少数民族学生获得平等的教育权。②

（3）双语教育政策

1968年美国国会通过了《双语教育法》,这是一项关于少数民族语言（包括移民语言）及其教育的政策。全称是《中小学教育法》第7条（Title VII of the Elementary and Secondary Education Act）。双语教育的目的是为了解决美国移民子弟中英语欠缺学生（LEP）的英语问题。《双语教育法》允许教师在学校先后使用少数民族学生的母语和英语来作为教学媒介语,以便提高学生的认知能力,最终提高他们的英语水平。

1972年,美国国会通过了《印第安人教育法》（Indian Education Act）,这是美国第一个支持印第安人双语教材开发和双语教师培训的联邦立法。1975年,美国通过了《印第安人自决与教育扶助法》（Indian Self-Determination and Educational Assistance Act）,该法制定了印第安人自己管理自己学校的程序。

美国印第安人的双语教育也纳入了《双语教育法》的资助范围之内。《双语教育法》使得美国大部分州相继废除了"唯英语教育"的政策,这对美国少数民族的语言教育还是起到了一定的积极作用。《双语教育法》使得美国印第安人双语教育首次出现了生机和兴旺的景象。

（二）全球化时代少数民族的语言教育政策

1.《双语教育法》

美国1968年通过了《双语教育法》,这场母语不是英语的学生争取平等教育机会的运动转化成国家强制实行的双语教育政策。该政策一直执行到2002年才被《不让一个孩子掉队法》所替代。立法可以提高少数民族语言在行政和司法事务中的地位,也可以提高少数民族语言在教学中的地位。在实践中,双语教育遇到很多困难,诸如缺少合格教师、教学方法不当、缺少教学辅助设备、儿童语言背景千差万别、学生家长态度冷漠等。

---

① 蔡永良:《语言·教育·同化:美国印第安语言政策研究》,北京:中国社会科学出版社,2003,第217页。
② Lyons, J. J. 1995. *The Past and Future Directions of Federal Bilingual-Education Policy*. In O. Garcia & C. Baker (eds.). *Policy and Practice in Bilingual Education: A Reader Extending the Foundations*. Bridgend, UK: WBC Ltd., pp.1—14.

对于美国的双语教育,美国政府有两种意见,一是赞成的观点,认为双语教育纯粹是一个教育问题,少数民族语言(包括移民语言)是美国社会不可多得的一笔文化遗产,不仅对少数民族有益,而且对整个国家也有利。二是反对的观点,他们认为双语教育并不是一个简单的教育问题,而是一个政治问题,双语教育会强化少数民族的民族认同,延缓他们融入美国社会的同化进程,甚至损害美国语言的统一,导致美利坚民族的分裂。其实这两种观点各有道理,它们反映了两种不同的语言观。第一种观点反映了语言资源论,认为语言是个人和社会的财富,是国家的资源,应该得到保护。第二种观点则反映了语言身份论,认为语言会改变并体现一个人的身份,包括民族身份和社会身份,讲同一种语言的人具有相同的认同感。

美国《双语教育法》自 1968 年以来进行过多次修改(1974 年、1978 年、1983 年和 1988 年),每次听证会都围绕着上述两种观点展开辩论。以 1993 年 7 月 22 日美国众议院的一次听证会为例,听证会主席吉尔迪(Kildee)说,双语教育的目的是通过母语教育帮助英语欠缺学生提高英语运用能力,进而使他们在业务学习中保持与其他同学同步前进,取得好的成绩。纽约州众议员塞拉诺(Serrano)则强调说:这些少数民族的孩子是不可多得的宝贵资源……他们把世界各地的语言带进了美国学校的课堂里……遗憾的是美国每年花费数百万美元让说英语的美国人去学习各种各样的外语,同时又花同样的美元去教育少数民族的孩子忘记自己的母语。威斯康星州众议员罗斯(Roth)则反对上述观点,他认为我们是来自世界各个角落的人民,我们的语言和文化背景各不相同,但是现在我们都是美国人。为什么?因为我们有一条叫"英语"的精妙绝伦的共同纽带。然而,今天我们正在失去这条纽带。双语教育阻碍了美国少数民族融入美国的主流社会。①

美国的双语教育是一种过渡手段,通过双语教育使少数民族学龄儿童从他们的母语迅速有效地过渡到英语。保护和维持少数民族的语言和文化并不是《双语教育法》的初衷。于是,自 20 世纪 80 年代起,美国政府对双语教育的态度产生了变化。社会上又掀起了对双语教育的利弊之争。美国社会能够容忍"过渡性双语教育",让少数民族的孩子尽快掌握英语以便能够融入美国社会。但是,美国社会决不允许"维护性双语教育",如果少数民族想利用双语教育的政策来发展和保护少数民族的语言和文化,这是与美国的"熔炉"理念背道而驰的。事实上,这一时期有不少

---

① Hearing Before the Subcommittee on Elementary, Secondary and Vocational Education of the Committee on Education and Labor House of Representatives, One Hundred and Third Congress, First Session, Serial No. 103—152. Washington D. C.: US Government Printing Office. 1994, pp. 1—7.

拥护双语教育的政治家和少数民族者都把双语教育视作是一种民权、一个保护和发展民族语言和文化的机会。印第安人也不例外地把双语教育视为挽救和保存他们正在急剧衰亡的语言和文化的唯一机会和途径。①

芬兰语言学家斯古纳伯-康格斯②指出,土著居民和外来移民的儿童入学读书的学校和幼儿园里通常没有懂他们语言的老师,没有用他们母语开设的课程和科目,他们的母语用不上。相反,他们必须学习英语,学校的一切活动都使用英语,学生沉浸在这种语言之中……学校的教育经历成了学生抛弃母语、习得英语的过程。这一过程是一个典型的语言人权的剥夺过程。

2.《美国土著语言法》

1990年10月老布什总统签署了《美国土著语言法》(Native American Languages Act)。美国土著居民是指美国印第安人、夏威夷人、阿拉斯加人以及太平洋诸岛上的土著人。该法承认美国印第安人、夏威夷原住民、阿拉斯加原住民,以及美国托管的太平洋群岛原住民的语言权,并以法律的形式加以保护。

美国国会③宣称:"美国土著语言和文化是独一无二的,美国有责任与美国土著居民一道确保这种独特的语言和文化能够幸存下来。"该法的目的是:"保存、保护和促进土著美国人使用、实践和发展土著语言的权利和自由。""美国印地安人和其他美国土著管理机构有权在所有得到内政部资助的学校使用土著语言作为教学媒介语。""不应限制美国土著人在任何公共事务程序(包括得到公共资助的教育项目)中使用土著语言来表达的权利。"

《美国土著语言法》采取了一些具体措施来挽救土著语言,如学校在招聘土著语言教师时可以降低他们的教师资格标准;鼓励学校把土著语言作为教学用语,支持给土著语言课程教学中获得相应流利程度的学生颁发与外语教学相等的水平证书;鼓励各级学校开设土著语言课程,并把他与其他外语一样来看待。当下,不少印第安人自己对本族语言的消亡处于麻木不仁的状态中。另外,从实用主义考虑,印第安人小孩的父母,包括小孩自己都认为,在全球化的时代,花这么多时间和精力去学习使用范围非常有限和使用功能不大的土著语实在是不值得。因此,尽管政府出台了非常优惠的政策,但这些政策也只是可以减缓土著语言灭亡的步

---

① Cruz, J. 1998. *The Case Against Bilingual Education*. In *The Atlantic Monthly*, Vol. 281, No. 5: 29—39. http://www.theatlantic.com/issues/98may/biling.htm.

② 转引蔡永良:《语言·教育·同化:美国印第安语言政策研究》,北京:中国社会科学出版社,2003,第294页。

③ Reyhner, J. A. 2006. *Education and Language Restoration*. Philadelphia, PA: Chelsea House Publishers.

伐,而土著语言走向衰亡的趋势是难以阻止的。

尽管该法的出发点是为了保护这些语言,但是,"对于这些语言的未来,人们难以乐观起来。尽管不少部落在20世纪80年代已经自己行动起来,把这些语言采纳为当地的官方语言。可是,没有当地学校(包括私立学校)的支持,而且只要以盎格鲁为中心的政策还起作用,美国的土著语言和文化就依然是脆弱的。"①

3.《美国土著语言法修正案》

美国参议院于2000、2001、2003和2006年又先后多次接受并审议了《美国土著语言法修正案》,支持印第安人学校的印第安语教育。美国在全球化时代对印第安语的教育政策可以说是美国历史上前所未有的"仁慈"。所以,现在不少美国人不喜欢用"熔炉"理论来解释美国的语言和文化政策,而更愿意使用"色拉碗"理论来解释美国的语言和文化政策。

20世纪80年代,美国印第安人开始在许多领域有了自主权,其中包括实施双语教育和复兴美国印第安语言政策。例如,1984年,"纳瓦霍部落委员会"通过了"纳瓦霍部落教育政策"(Navajo Tribal Education Policies),该教育政策规定,所有当地学校的所有年级都必须为纳瓦霍人提供纳瓦霍语的教育,允许学校用纳瓦霍语教育年轻的一代纳瓦霍人,该政策要求学校要用纳瓦霍语教授纳瓦霍部落的历史和文化,该政策还支持学校的地方自治和父母参与(parental involvement)行为,在劳动雇佣时采取土著语言优先的政策。一年后,美国"北方尤特部落公务委员会"(The Northern Ute Tribal Business Committee)也通过了一项决议,决议宣布:尤特语是北方尤特民族的官方语言,它可以用于所有的政府公务中——立法、执法和司法;为了尊重英语使用者,政府公务人员也可以使用英语。北方尤特民族学校要从幼儿园到12年级(K—12)都提供以尤特语为课堂语言的教学。②

三、美国少数民族语言教育政策主体

美国少数民族语言(即土著语言)教育政策的制定主体是美国内政部印第安人事务局(Bureau of Indian Affairs)。③ 该事务局成立于1824年,是美国内政部历史最悠久的一个下属机构(这也说明美国联邦政府对美国土著语言的"管制"历史悠久),主要为美国印第安人和阿拉斯加土著人(共约170万人)制定各种语言教育政策,并提供教育资助。该事务局下

---

① Ricento, T. 1996. Language Policy in the United States. In M. Herriman & B. Burnaby(eds.). Language Policies in English-Dominant Countries: Six Case Studies. Philadelphia (US), Multilingual Matters Ltd., p.145.

② Reyhner, J. A. 2006. Education and Language Restoration. Philadelphia, PA: Chelsea House Publishers, p.71.

③ 美国内政部,http://www.doi.gov/bia/。

设美国印第安人教育处(BIE),专门负责管理在印第安人事务局资助的学校里就读的土著学生的教育,这些学生大约有4.4万。

美国少数民族语言(即土著语言)教育政策的研究机构不多,主要有阿拉斯加大学阿拉斯加土著语言研究中心(the Alaska Native Language Center)。[①] 该中心成立于1972年,研究阿拉斯加20种左右的土著语言(其中一部分是属于印第安语言)。另外还有美国加州大学戴维斯分校土著语言研究中心(Native American Language Center)[②]和美国犹他大学印第安语言研究中心(The Center for American Indian Languages)。[③]

第四节 中美少数民族语言教育政策的比较

一、中美少数民族语言教育政策的比较

(一)中美少数民族语言教育政策的评析

1. 中美两国都曾经出现过偏激的少数民族语言教育政策

中国少数民族的语言和文字将和汉语长期并存,共同发展,在各自不同的使用领域发挥不可替代的作用。几十年来,我国的民族语言的教育有成绩,也有失误,但成绩是主要的,失误主要表现在"文革"期间的一些极"左"做法。[④]在20世纪50—70年代,中国曾经出现过"语言融合风",有些人错误地把少数民族语言教育问题简单化,甚至想统一汉化简单了事。这种想法是幼稚的,也是短视的。幸亏后来得到纠正。美国华裔学者周明朗[⑤]指出:中国的少数民族语言政策在理论上很重视,但在实践上还有待于提高。

美国在对待少数民族的语言教育政策上犯了更大的过错,美国自从开始领土西扩时就一直在与印第安人作斗争,进行印第安语的灭绝行动,企图把印第安语彻底消灭掉,美国对待印第安学生曾经采取寄宿学校的手段实行"唯英语教育政策",这对美国印第安语的生存是致命的。鉴于美国印第安语出现了越来越多濒危语言的恶化现象,美国政府到20世纪初才开始逐渐实施"双语教育政策"。

可见,政府确立的少数民族语言教育思想和制定的少数民族语言教育政策对少数民族语言生存和发展的影响是极其巨大的。

[①] 阿拉斯加大学,http://www.ufa..edu/anlc。
[②] 美国加州大学戴维斯分校土著语言研究中心,http://nas.ucdavis.edu/NALC/home.html。
[③] 美国犹他大学印第安语言研究中心,http://www.cail.utah.edu/。
[④] 于根元主编:《应用语言学》,北京:商务印书馆,2003,第43页。
[⑤] Zhou, M. L. 2004. *Language Policy in the People's Republic of China: Theory and Practice Since 1949*. Boston/Dordrecht/New York/London: Kluwer Academic Publishers.

2. 中美两国都是在保证国家强势语言的基础上发展少数民族语言教育

任何国家少数民族语言的教育发展都是要在确保该国国语或官方语言或国家强势语言得到发展的前提下进行的。中美两国在制定两国的少数民族语言教育政策中已经充分体现了这一点。例如，在1982年颁布的《中华人民共和国宪法》中有两个条款直接规定了中国的少数民族语言教育政策，那就是第4条（即"各民族都有使用和发展自己语言文字的自由"。）和第19条（即"国家推广全国通用的普通话"。）。前一条非常恰当地规定了各民族的语言文字享有平等的法律地位，同时也保障了各民族都有选择自己需要的语言的权利，为少数民族语言的学习、使用和发展创造了条件，提供了法律保障。后一条则把普通话作为全国通用语来推广，使普通话成为全国各民族之间的共同的交际工具，这不仅有利于消除各民族间的语言隔阂，还有利于国家各亚文化间的交流和经济的发展。因此，每个国家都需要有这样一种强势语言。《中华人民共和国宪法》中的这两条规定相辅相成，体现了国家语言的多样性和统一性的结合，构成了符合中国国情的少数民族语言教育政策。在《中华人民共和国宪法》的指导下，中国后来又制定了一系列关于少数民族语言教育的具体政策，但是，其基本精神未变。

美国虽然在联邦法律上没有明文规定英语为官方语言或国语，但是在半数以上的州法律上指明了英语的官方地位（详情见本书第五章第三节），所有的少数民族学生只有在英语化的前提下才可以学习和使用自己的民族语言、部落语言或祖裔语言。

尽管中美两国的少数民族语言教育政策不同，但是，在全球化背景下中美两国在少数民族地区推广国家强势语言时基本上都是采取了自愿同化的语言政策，充分尊重少数民族的语言权利。不过，严峻的现实和恶劣的语言生态环境迫使许多少数民族成员自动放弃自己的母语教育，从而选择了使用范围更广和经济价值更大的强势语言。这给少数民族语言的保持带来了严峻的挑战。

3. 中美两国都制定了保护少数民族语言的教育政策

为了保持社会语言的多样性以及保护少数民族语言的发展，中美两国都制定了保护性的少数民族语言教育政策。如中国出台的《中华人民共和国民族区域自治法》、《中华人民共和国教育法》、《西藏自治区学习、使用和发展藏语文的规定》和《新疆维吾尔语自治区语言文字工作条例》等都规定：少数民族学生为主的学校及其他教育机构，可以使用本民族或者当地民族通用的语言文字进行教学，促进少数民族语言的发展。美国在《双语教育法》和《美国土著语言法》中也允许土著语言成为当地学校的教学语言。

现在,两个国家政府都允许比较大的少数民族语言成为当地的官方语言。如汉语和蒙古语都是内蒙当地的官方语言,新疆维吾尔自治区除实行汉语和维吾尔语的双语教育政策外,还实行汉语和维吾尔语的双官方语言政策。美国的纳瓦霍语是美国印第安语中最大的语言,也是当地保护区的官方语言。但是,中国和美国对少数民族语言教育的立法或规定大多数只是倡议性和建议性的条款,这容易导致理论与实践的脱节。要真正实施这些有关少数民族语言教育的法律、法规和政策还有很长的路要走。

(二) 中美少数民族语言教育政策都面临着巨大的挑战

1. 中美两国少数民族语言本身都存在许多不利的发展因素

中美两国的少数民族语言都具有以下一些明显不利的特点(见表6-5):人口少、人口散居或杂居、语言种类多、语言开发少和经济欠发达。这些不利因素都影响到少数民族的语言维持和语言传播。从表6-5来分析,美国少数民族语言(不包括移民语言)的教育状况比中国少数民族语言的教育状况更加严峻。因为,美国少数民族的人口以及少数民族人口在全国总人口的比例都比中国的少,而美国少数民族语言的种类却比中国的多。也就是说,美国的少数民族语言的使用者人数普遍比中国的要少,而语言使用者人数少对语言的生存是致命的。

表6-5 中美少数民族基本情况对比一览表

内容项目	人口	占全国人口比	少数民族语言总数	居住情况
中国	约11379万	8.49%	80—100	散居+聚居
美国	约410万	不足1%	160—180	散居+聚居

(资料来源:《2005年全国1%人口抽样调查主要资料公报》(中国部分)和Native Americans in the US, from http://en.wikipedia.org(美国部分))

此外,中美少数民族语言的使用者大都分散在经济和交通比较落后的地区,而少数民族语言的教育以及少数民族的双语或三语教育都需要花费大量的资金用于教师的聘用、教材和教辅材料的编写和购买等。况且,合格的少数民族语言教师普遍匮乏,也难以招聘到。与强势语言的教育相比,少数民族语言的教育还有以下不足:教材和教辅材料的成本更高,它们的数量和种类都更少。这些因素都给少数民族语言的教育带来了很大的困难。

2. 双语教育政策或多语教育政策的实施遇到不少瓶颈

世界上6000多种语言不可能都用作学校的教学媒介语,它们也不可能都用于法院、司法等公共服务事业。[①] 而且,即使有幸被选作学校教学

---

① Skutnabb-Kangas, T. & Phillipson, R. 1994. *Linguistic Human Rights: Overcoming Linguistic Discrimination*. Berlin/NY: Mouton de Gruyter, p.71.

媒介语的少数民族语言在实施过程中(如在双语教育中),它们也同样会遇到各种各样的困难,诸如缺少合格教师、教学方法不当,缺少教学辅助设备、儿童语言背景千差万别、学生家长态度冷淡等。在多语社会中,人们必然要面临着语言的选择问题。人们在选择语言时,不可避免地会考虑到语言的实用性、政治性和经济性。当一门语言在国家或国际范围上使用,或者是政府部门语言,或者是商业贸易语言,或者是教育语言,那么,这些语言的使用者就处于强势地位。因此,在不平衡的双语环境中,弱势语言群体中双语人所占的比例肯定要大于强势语言群体中双语人所占的比例。所以,母语是弱势语言的人就得面临着两种或三种语言学习所带来的压力。例如,中国的少数民族学生需要学习自己的母语、国家通用语(即汉语)和(或)国际通用语言(即英语),而美国的少数民族成员则需要学习自己的母语和国家通用语(即英语)。

要把少数民族语言作为教学语言会遇到很多困难。在中国,少数民族学习使用国家通用语言(即普通话)的人越来越多,国家也鼓励民族地区的汉族干部群众学习使用少数民族语言。中国政府提倡并鼓励各民族互相学习对方的语言,社会双语生活发展较快,双语人越来越多。但是,在少数民族地区实行双语或多语教育政策会遇到很多棘手的困难:在全球化时代,中国的改革开放政策带来了中国经济的繁荣,具有中国特色的社会主义经济促进了人口的流动和信息的传递。这些变化带动了少数民族地区的语言生态变化,学习汉语和外语的人增加,懂得双语或多语的人也开始有用武之地。于是,少数民族地区出现了"以招收少数民族学生为主、使用少数民族语文教学的学校生源减少的现象"。[①] 儿童父母都希望自己的小孩掌握好汉语和外语,而忽视了本民族语的学习。美国的少数民族出于语言实用性的考虑也出现了类似的现象。

3. 少数民族语言教育政策的制定主体和研究主体都偏少

在中国,少数民族语言教育政策的制定是由教育部的基础司、民族教育司和民委等几个部门来负责的。而在美国,内政部的印第安人事务局和联邦政府的教育部负责少数民族语言教育政策的制定。美国在强势语言和外语的教育政策方面都有许多机构组织热衷于参与和研究,唯独少数民族语言的教育政策少。这显然对美国土著语言的教育发展很不利。因为语言教育政策的科学性需要大量的语言教育政策的研究做基础。中美两国在面临少数民族语言种类多研究人员少的情况下,如何制定科学有效的少数民族语言教育政策是一个难题。

此外,中美少数民族语言政策的制定主体对少数民族语言教育政策的制定只有纵向的管理,没有横向的合作。这给少数民族语言的教育带

---

① 道布:"中国的语言政策和语言规划",《民族研究》,1998年第6期,第52页。

来了不少困惑。中国社会科学院民族学与人类学研究所研究员及中国少数民族语言中心副主任孙宏开教授指出:"现在是教育部抓少数民族的汉语文教育,国家民委抓双语教育,前者有硬指标,后者连软指标都不很具体。现在已经有人担心英语热替代了汉语文学习水平的提高,如果站在少数民族的立场上想一想,双语教育关系处理不好,难道我们不担心汉语文会彻底替代少数民族语文吗?"①

二、美国少数民族语言教育政策对中国少数民族语言教育政策的启示

1. 吸取美国对待印第安语言实施先破坏后挽救的教训

美国对土著语言是采取了先破坏后保护的政策。美国对待土著语言经历了毁灭期、放任期(lassez-faire)和拯救期三个阶段。美国对待土著语言的这种教育政策值得我们深思和警惕。少数民族语言本来就处于非常不利的语言生态环境中,有些使用人数特别少的少数民族语言在生存能力方面非常脆弱。一旦一项不利的语言教育政策出台,就会导致大量的少数民族发生语言转用,随之而来的就是语言濒危和语言消亡。此后,想要扭转语言转用和阻止语言消亡是非常困难的,而且付出的代价比语言维持要更大。如果让一种语言自然消失,这对人类语言文化的损失也是巨大的。因此,制定科学合理的少数民族语言教育政策对于少数民族语言和国家的语言文化等都极其重要。实践证明,学校教学语言的使用和语言的教育是挽救语言的最有效手段和方法之一。另外,对于实在无法通过语言教育政策而挽救的濒危语言要进行濒危语言的记录和研究工作,并为今后的研究提供材料。例如,近来黑龙江大学成立了满语研究所。这些对于保护、维持和研究满族人的历史和文化是非常重要的,具有很高的学术价值。

2. 扩大对少数民族语言教育政策制定和研究的视角

中国对少数民族语言教育政策的制定和研究更强调政治和经济因素(如民族团结,国家稳定和社会发展)。而外国的则更重视法律因素(如语言人权)和语言生态因素(如少数民族语言被看做是语言生态中的组成部分)。中国从法律上制定了有关少数民族语言教育的内容,但是,在法律实施和从法律角度的研究方面都还有改进的地方。此外,中国在少数民族语言教育政策的生态研究方面还比较薄弱。从政治方面来制定和研究的政策容易随着政治方面的变化而变化。从法律和语言生态方面制定和研究的语言政策不容易受到政治因素的影响,这有利于人们从长远的角度来保护和教授少数民族语言。

---

① 孙宏开:"少数民族语言规划的新情况和新问题",《语言文字应用》,2005年第1期,第15页。

3. 逐渐扩大少数民族语言教育政策的研究主体

误解往往源于无知和沟通的缺乏。在美国，制定和研究英语和外语教育政策的机构都很多，唯独制定和研究美国土著语言教育政策的机构最少、最弱，这反映了土著语言在美国人心目中无足轻重的分量。也正是对少数民族语言的错误语言观和偏激行为才导致今天美国出现了众多的濒危土著语言。中国应该引以为戒，进一步加强对少数民族语言教育政策的研究、开发和利用。目前，中国对少数民族语言教育政策的研究有两大特点：一是研究机构主要集中在大都市（特别是中国社会科学院民族与人类学研究所），二是研究队伍大都是汉族人。为了更加有效地研究少数民族的语言教育，中国应该加强少数民族语言使用地区的研究机构，这样研究人员就可以更加直接和更加持久地进行田野调查，从而获得更有信度的第一手资料。此外，在研究队伍中，要吸纳和培养更多会使用本民族语言的少数民族研究人员，他们可以从另外一个角度来发现问题、观察问题和解决问题，从而拓宽政策制定和政策研究的思路。

4. 提高大家对语言观的认识

观点影响甚至决定人类的行为。同样，语言观影响和决定着人类的语言行为。对于政策研究和政策制定部门来说，他们对少数民族语言有什么样的语言观就会研究和制定出什么样的语言教育政策。对于少数民族的老百姓来说，他们对自己弱小的民族语言有什么样的语言观就会做出什么样的语言选择和语言行为。若把语言仅看成是工具，那么，少数民族语言的工具性肯定是不大的。按照这种语言思维，少数民族的语言就不值得教育和学习。若把语言看成是权利、身份和资源，那么，少数民族语言就必须得到无条件的尊重和传承，同时，少数民族语言也是人类文化的一部分，它们也值得教育和学习。

此外，从国家的角度来说，在解决国家"语言统一性"的同时也要注重保护国家的"语言多样性"。走向任何一个极端的语言教育政策都会给人类、国家、民族和个人带来不可估量的灾难。社会的每个方面都充满矛盾，同样，在语言教育方面也是矛盾重重。我们不要害怕矛盾，也不能逃避矛盾，而要积极地化解矛盾。在思想上了解和接受矛盾，在行动上重视和解决矛盾。提高大家（特别是政策指定者）的语言观，是解决这一矛盾的前提和关键。

5. 坚定不移地贯彻执行少数民族地区有关双语和多语教育的政策

我国少数民族的语言和文字将和汉语文长期并存，共同发展，在各自不同的使用范围内发挥其不可替代的作用。我国的国情决定了双语是我国少数民族语言使用的最佳选择。少数民族能成为既懂母语又能兼用汉语的双语人，对他们的发展繁荣、不断适应社会的变化，是一个必不可少的条件。因而,中国的双语教育已成为人们所关注的一项重要工作。它的理论意义在于:怎样根据不同民族的语言实际和社会实际,认识少数民族兼用国家通用语的规律,怎样解决好少数民族的双语关系。其应用价值在于有助于国家制订适合少数民族发展的双语规划和双语政策,有助于少数民族的团结合作和各民族的共同繁荣发展。正因为如此,提倡双语是中国政府的一贯主张,各级政府一直关注少数民族的双语教育。①

对少数民族双语的重要性,一直存在两种不同的认识。一是忽视母语的应有作用,认为少数民族应该加快掌握汉语,这样才能适应现代化的步伐,甚至认为强调母语的作用就会削弱汉语的学习,不如直接学习汉语。持这种认识的人虽具有良好的动机,但不切合少数民族的实际。他们看不到母语的重要作用,也看不到母语除了应用价值外,还具有民族感情的价值和潜在的文化学术价值。二是对少数民族掌握汉语文的重要性估计不足。他们担心汉语普及了会削弱母语的作用,甚至担心汉语会逐渐代替母语。他们只看到母语与通用语相互竞争的一面,而看不到互补的一面;他们只看到保护的一面,没有看到交流与发展的一面;他们只看到本民族的一面,没有看到国家整体的一面。概而言之,两种偏激的认识都是不科学的,也是难以解决问题的。我们应该本着科学务实的态度坚定不移地完善和实施民汉双语和民汉外多语的教育政策。正如戴庆厦(2007)②所说:"对我国少数民族的双语关系应坚持语言和谐的理论,既看到母语与通用语相互竞争的一面,又要看到二者互补的一面,做到母语与通用语的和谐是有可能的。语言和谐有利于民族和谐,有利于少数民族文化教育、科学技术的发展。双语理论建设,是当前双语教育研究必须强调的一个重要问题。"

在全球化进程中,语言接触、语言竞争和语言濒危是不可避免的,而少数民族语言与其他强势语言的接触往往都处于劣势。另一方面,少数民族如果不参与全球化就只能孤立自己,难以适应新时代的发展,也难以享受到现代文明的成果。周有光先生③认为:"每一个人都珍视自己从母亲怀抱里学来的语言,甚至跟自己的生命一样宝贵。同时每一个人又都想在学问上和事业上争取发展,走出原来的小圈子,进入国际的大环境,成为一个世界公民。怀旧情绪和发展要求相互矛盾,这是小语种问题的症结所在。二者兼顾的办法是,实行双语言制度。"

双语和多语教育是指使用两种或两种以上的语言作为教学语言。有些文献把这两种类型统称为双语教育。但是,联合国教科文组织在1999

---

① 戴庆厦:"中国少数民族双语的现状及对策",《语言与翻译》(汉文),2007年第3期,第61页。
② 同上,第63页。
③ 周有光:《周有光语言学论文集》,北京:商务印书馆,2004,第143页。

年的大会的12号决议中采用了"多语教育"一词,就是至少使用三种语言:一门母语、一门地区或民族语言和一门国际语言进行教育。必须实行民族语文教学为主和汉语教学为辅的两条平行的双轨教育体制。总之,实行民族语言教学,使用民族文字课本,用民族语言讲课,这些政策贯彻于整个小学和中学的学程,是我们党和国家一贯的最主要、最根本的民族教育政策,是民族教育政策中的一条总纲。

民族学校是传授和发展民族语言文字的重要阵地。在民族学校中使用本民族语言文字进行教学,有利于贯彻落实党的民族语言平等政策,有利于增进民族团结。多年的实践证明,在少数民族学校中使用本民族语文教学,学好本民族语文,有利于普及小学教育,发展中学教育,有利于提高民族教育质量,发展少数民族文化。实践还证明,学好本民族语文,也有助于学好汉语汉文。就是那些只有民族语言而无民族文字的少数民族学校中,特别在小学阶段,对汉语毫无基础的学生,使用本民族语言辅助教学,比单纯用汉语授课,效果也好得多。因此,少数民族学生应在小学和中学阶段首先学好本民族语文,同时要学好汉语汉文。民族学校最好在小学入学时使用民族语言,在小学高年级时开始学汉语,即双语教学。在初中时开始学外语,即三语教学或多语教学。

6. 少数民族地区的语言教育政策必须与经济建设双管齐下

通常,低级语体的跨族传播要比高级语体的跨族传播难得多。因此,少数民族语言的维持和传承主要是在少数民族的内部进行。对于语言保护,最重要的措施是创造一切有利条件使人们有使用该语言的空间,并使该语言的使用者愿意向下一代传授该语言,保证该语言的自然代际传承(intergenerational transmission)。而语言的保持、使用和推广与该国或该地区的经济是密切相关的。无论是少数民族语言的对内教育还是对外推广,还是少数民族对本民族语言的自信心都与本国或本地区的经济有密切关系。经济发达,当地政府可以有更多的资金用于少数民族语言的教育,人们对本民族语言学习的自信心也会变得更强,同时,也更能吸引外族人来学习这种语言。例如,中国社会科学院民族与人类学研究所研究员徐世璇[①]指出,中国少数民族地区的许多年轻人都觉得说自己的地方语言很土。他们虽然对本民族语言有感情,但在与现代社会的接触中却因为经济的落后而对本民族的语言失去自信,进而选择放弃自己的语言。再如,中国与朝鲜的政治与外交关系一直都不错,可是原先学习朝鲜语的中国人不多,因为朝鲜的经济比较落后。现在,韩国的经济发达,"韩流"风靡中国,"韩语热"也接踵而至。总之,文明与理智是建立在物质基础之上的。专家调查表明,经济发达和比较开放的民族(如白族、壮族、纳

---

① 转引"一种语言的消失不亚于一个物种的消亡",《中国青年报》,2004年2月21日。

西族等），人口受教育程度高，使用双语的人数也高。因此，少数民族语言的教育必须与当地的经济发展结合起来，使得两者相互补充，相互促进，共同发展。另外，学习国家通用语和国际强势语也有利于少数民族地区的经济发展。

第七章　全球化背景下中美外语教育政策之比较

本章的理论基础是基于语言资源论和语言软实力论的语言观。在全球化时代，人们利用外语作为一种工具与外国人进行交流，学习他们的先进科技和优秀文化，从而获得外国的信息，信息就是一种资源。同时，在全球化时代的各国频繁接触和交流中，外语就像是一座桥梁把来自不同语言文化背景的人连接起来，增加你我间的了解，最后促进双方的合作和发展，这就是外语作为一种软实力的表现。于是，各国都越来越认识到外语教育政策的研究和制定的重要性。

第一节　全球化时代加强外语教育的必要性

一、全球化时代更需要国际沟通和国际理解

全球化使得偌大的世界变成了小小的地球村。在这个小小的"村庄"里，各国人们间的接触日益增多，彼此间的依赖性日益加大，相互间的合作程度也日益提高。但是，随着各国合作的增多，大家的分歧和摩擦也在增多。而且，在当今科技高速发展的时代，微小的分歧就会造成重大的损失。因此，各国都想在全球化进程中要做到趋利避害，也就是要增加合作，减少分歧。综观当今的国际交流，各国高层间会晤接二连三地出现，国际会议和地区论坛一个接着一个地举办。因为人们间的这些沟通和交流在某些程度上可以增加彼此间的了解和理解，从而减少分歧。总之，没有什么时代比全球化时代更需要国际沟通和国际理解。

但是，来自不同国家人们之间的沟通和交流大多是跨语言和跨文化的国际交流。为了更快更好地进行国际交流，外语能力和全球意识就显得格外重要，多语人才起着至关重要的作用。

二、全球化时代更需要多语人才

全球化经常把来自不同国家说不同语言的人聚集在一起，因此当今时代更需要多语人。按照哈佛大学的一份研究表明，世界200强跨国公司的首席执行官（CEO）大多能讲多种语言，当然来自英美的除外。其中瑞典、比利时和荷兰的能讲三种以上的语言，法国、德国的也差不多会三种左右的语言。

全球化需要多语教育。传统的"一个国家,一种语言"的社会模式已经在全球化过程中摇摇欲坠,取而代之的是"多语言多文化"的社会构成。全球化导致社会的语言结构发生变化:单语社会变成多语社会,多语社会变得更加多语。在全球化的今天,不懂外语将不同程度地影响到个人的工作发展和生活质量,严重地影响到国家的国际活动和在国际事务中的地位。因此,在全球化背景下,许多国家都实行了双语制或多语制的语言教育政策。从1990年代开始,欧盟国家就致力于通过自己的学校教育让学生能够掌握至少两种以上的语言。例如,芬兰的学生要学习芬兰语(Finnish)和瑞典语(Swedish);比利时的学生要学习荷兰语(Dutch)和法语;瑞士的学生要学习法语和德语;爱尔兰的学生要学习爱尔兰语(Irish)和英语;西班牙(主要是民族自治地区)的学生要学习西班牙语和加泰罗尼亚语(Catalan)或巴斯克语(Basque);法国《杜蓬法》要求本国学生精通法语和掌握其他两门外语,自2000年1月起,所有的法国小学生在10岁时就开始学习第二语言。① 可见,培养具有国际视野并且懂得外语的专业人才是各国学校未来发展的趋势。

三、全球化时代更需要外语教育

1. 在外语学习方面,电脑不能代替人脑

在全球化时代,人类科技日新月异。有些人幻想有朝一日人类可以发明一种会翻译不同语言的电脑。但是,科技的发展只能辅助人类的语言学习,而不能代替人类的学习。研究证明,世界上电脑翻译的研究可以说是进展缓慢。美国外语教学委员会(ACTFL)主席克利福德(Clifford 2008)②在《语言教育者》(Language Educator)杂志上发表文章指出:"电脑会使外语学习没有必要吗?1998年《华尔街日报》预言10年内,电脑能快速准确地翻译语言,所以人们无需学习外语了。可悲的是,不少人信以为真。现在10年过去了,预言无法成为现实。预言专家不是没有准确地预测到电脑技术的发展,而是低估了人类语言的复杂性。"

不可否认,机器翻译(machine translation)有的时候在某些方面在一定程度上可以为不懂外语的人提供一些方便。但是,机器翻译只是非常死板地直译单词、部分短语和简单句子。它很难处理语言中变化无穷的词汇搭配、歧义和长句等现象,也很难准确地翻译出人类微妙的语言表达。我们可以断定,在可预见的未来,机器翻译不可能代替人脑翻译,电脑只能辅助人类的外语学习,但不能代替人类的外语学习。

---

① Eurydice. 2000. *The Position of Foreign Language in European Education Systems* 1999—2000. from http://www.eurydice.org/Documents/langues.
② Clifford, R. *Will Computers Make Language Learning Unnecessary?* The Language Educator. Apr. 2008. Vol. 3 Issue 3: 7.

2. 外语学习可以丰富思想、开阔眼界和加强国与国之间的联系

外语可以丰富自己的母语表达和思想内容。姚小平[①]在研究了洪堡特的语言思想后指出:"一种语言的表达毕竟是有限的,允许外来语与本族语共存,有利于本族语扩大表达范围,增强表达能力。此外,学习一门外语,用外语进行思维,是最适当不过的精神操练,由此人们将能获得一种不局限于某一具体语言的'更一般、更正确的语感'。而更有意义的是,掌握了一门外语,就是获得了一种观察世界的新途径。通过语言认识世界,通过比较各种语言来比较人们对世界的不同认识。"

语言的学习就是文化的学习。学习外语可以使人开阔眼界,接受更多的人类文明成果,启发我们对人类共性和异性的思考,更好地了解别人的思维和思想。"琼斯是在了解了梵语、波斯语等东方语言之后,才提出了语言亲属关系的设想,从而奠定了历史比较语言学的基础。西方许多汉学家是在了解了汉语之后,才发现中国有这么悠久灿烂的东方文明。"[②]

马克思有一句名言:外语是人生斗争的一种武器。在当今世界,各国合作与接触如此的密切与频繁,外语的确是当今人们学习、工作和生活中的"武器"。语言可以拉近人与人之间的关系。特别是当你用外语和外国人进行语言交流的时候,谈话双方的感触和通过翻译进行交流时候的感触是完全不一样的。前者使双方立即有了一种心灵和思想的沟通,使人倍感亲切,后者却如隔靴搔痒,难以尽情交流。例如,澳大利亚前总理陆克文(Kevin Rudd),中文水平很不简单。他在与中国央视国际频道主持人芮成钢之间的对话中,中英文穿插自如。他们相互以"老陆"和"小芮"来称呼彼此,这让中国观众倍感亲切。仅凭汉语带来的亲和力就让陆克文在中国公众中的好感指数扶摇直上。老外懂中文的本来就不多,稍微懂一点就已经让中国人欢喜不已,有外国领导人懂中文,自然更是"高看一眼、厚爱一分",由此而来的多情畅想也在情理之中。正因为外语具有这种软实力作用,所以联合国教科文组织 1995 年通过的(决议 28C/5.4)《和平教育、人权教育与民主教育宣言及综合行动纲领》写道:"学习外语有助于深入了解其他文化,从而可在不同社会群体之间和不同民族之间建立更加和睦的关系。"此外,联合国教科文组织 2003 年在《多语并存世界里的教育》中进一步指出:"学习另外一门语言能打开了解其他价值系统和世界观的通道,促进文化间了解并有助于减少仇外现象。这一

[①] 姚小平:《洪堡特——人文研究和语言研究》,北京:外语教学与研究出版社,1995,第 144 页。

[②] 张公瑾:"语言的生态环境",赵蓉晖编《社会语言学》,上海:上海外语教育出版社,2005,第 242 页。

点同样适用于讲少数人语言和多数人语言的人。"①

3. 英语作为外语的作用日益加大

语言学习中有一条"滚雪球"规律，语言的使用功能越大和使用领域越多，来学习这门语言的人就越多。反之亦然，学习一门语言的人越多，该语言的用途就会越广。由于英语在全球化时代变得越来越强势，所以许多非英语国家都把英语作为第一外语来对待。斯波斯基②认为，英语成为世界第一语言，英语的国际传播正在产生一个新的社会语言现实，一是英语威胁着其他各种语言，它正在各个领域接管其他语言的作用。二是英语加速了世界的语言转用现象。首先，我们从以下几个数字来看英语在世界各个领域的重要性：全世界约85%的国际组织使用英语作为官方语言，其中足足有三分之一的国际组织把英语作为是唯一的官方语言；世界上大约三分之一的报纸是英语国家发行的；世界上几乎一半的无线电台是在英语国家；美国大约控制了世界电影制作的85%；英语是国际航空交通控制的语言(international air traffic control)；至少四分之三的国际学术刊物是用英语发行的。③ 其次，我们从英语的世界普及性来看英语的重要性。美籍印度语言学家卡其鲁(Kachru)④把全球英语学习和使用情况分成三个圈：内圈(inner circle)、外圈(outer circle)和扩展圈(expanding circle)。内圈是以英语为母语或主要使用语言的国家，如美国、英国、加拿大、澳大利亚、新西兰及爱尔兰等。其使用人口约介于3.2至3.8亿。外圈指的是主要以英语为官方语言的国家，如印度、巴基斯坦、新加坡、菲律宾、加纳等。这些国家在过去曾为英国或美国的殖民地。这一圈国家的英语使用人口约介于1.5至3亿。扩展圈指的是以英语为外语的国家，如中国、日本、韩国、俄罗斯、东欧及中南美洲诸国等。其英语使用人口则介于1至10亿人不等。英语作为母语、官方语言、第二语言和外语活跃于世界各国，这说明英语越来越被视为一种国际交流的工具，它不再为一国或一个民族所专有，而成了一种中性的信息媒介语。承认不承认英语成为最重要的国际通用语言，这是目前的现实所决定的，而不是哪一个人或一些人的感情可以决定的。正如英国语言研究学者克里

---

① 联合国教科文组织：《多语并存世界里的教育》，巴黎：联合国教科文组织出版社，2003年第17页。

② Spolsky, B. 2000 *Sociolinguistics*. Shanghai: Shanghai Foreign Language Education Press, p. 77.

③ Talbot, M., Atkinson, K. & Atkinson, D. 2003. *Language and Power in the Modern World*. Tuscaloosa: The University of Alabama Press, p. 258.

④ Kachru, B. B. 1985. *Standards, Codification, and Sociolinguistic Realism: The English Language in the Outer Circle*, In R. Quirk and H. G. Widdowson(eds.). *English in the World: Teaching and Learning the Language and Literatures*. Cambridge: Cambridge University Press.

斯托(Crystal)①在《英语即全球通用语言》一书所说的那样：英语是全球通用语言，不管喜欢还是不喜欢，人们对此是无可奈何的。

于是，世界上许多非英语国家都非常重视英语作为本国外语的教育。但过多和过重的英语教育又给这些国家带来了不少负面影响。所以，各国逐渐认识到语言教育政策是规划和管理语言教育的关键。

四、全球化时代更需要外语教育政策

在全球化时代，世界各国都更加重视外语的教育，这主要表现为各个国家都扩大了外语语种的教育和增加了外语学习的课时。在这种情况下，外语教育政策就显得更加必要和重要。因此，世界各国都针对外语教育制定了符合本国社会语言特点和需求的外语教育政策。例如，欧盟鼓励其候选成员国在加入欧盟的过程中要加强本国官员和专业人员学习其他欧盟成员国的语言。此外，为了阻止英语的威胁，欧盟要求成员国的各级学校开设两门或两门以上的外语课，以免很多学校都只把英语作为唯一的外语课。另外，欧盟还鼓励成员国学校实施海外参观的外语学习计划，以便提高学生的外语应用能力。美国在9·11事件后，更加意识到外语学习的重要性，提出了一系列的外语教育计划。澳大利亚联邦政府于1984年发表了《国家语言政策》，提出将日语、印度尼西亚语、汉语、法语、德语、西班牙语、阿拉伯语以及土著语言等14种语言作为"优先语言"（priority language），澳大利亚认识到这些语言对于本国政治和经济贸易发展的重要性。新加坡在新世纪强调英语教育的同时，也制定了重视马来语、华语和泰米尔语的多语教育政策。

第二节　中国的外语教育政策

一、中国外语教育现状

在近30年来，外语教育在中国受到了特别的重视，这是和中国的对外开放和世界经济全球化的趋势分不开的。中国各级政府高度重视外语教育，中国各级学校大力开展外语教育。其目的无非是为了让国人掌握一至二门外语，为我所用，以便学习国外先进的科学技术和了解国外灿烂的文化，顺应国际化的趋势，实现富民强国的梦想。上海外国语大学前校长戴炜栋教授在总结中国改革开放30年来的外语教育时指出："改革开放30年来，中国外语教育改革突飞猛进，其基本特点可用十六个字概括：

---

① Crystal, D. 1997. *English as a Global Language*. Cambridge: Cambridge University Press.

持续升温、飞速发展、成就巨大、问题犹存。"① 随着中国进一步地参与全球化活动,如中国加入世贸组织、举行亚太经合组织(APEC)会议、申奥成功并成功举办、申博成功并成功举办等举世瞩目的国际活动,这更加刺激了全国人民学习外语的热情。随着中国的进一步改革开放,中国教育部和中国社会更加注重外语教育。

20世纪80年代末90年代初,我国一些沿海发达地区和国内的一些一线和二线城市在小学相继开始开设外语课(英语)。2001年开始,全国城市和县城小学逐步开设了英语课。教育部制定了《小学英语课程教学基本要求(试行)》。外语课程一直是我国中学的一门主要课程(一般从初一开始),教育部于2000年颁布了《九年义务教育全日制初级中学英语教学大纲(试用修订版)》和《全日制高级中学英语教学大纲(试用修订版)》。2001年,颁布了"全日制义务教育、普通高级中学《英语课程标准》"。

(一) 中国的英语教育现状

英语是中国最大的外语语种。在某种程度上,特别是在基础教育阶段,提到"外语"基本上就是指"英语"。可见,英语在中国教育界和外语界的分量。另外,中国人在求职、职称晋升、出国进修等方面也都要考英语。难怪有人在媒体上宣称:"在中国你要是考不好英语,你就什么也不是!"

1. 英语热

全球化加速了英语对其他语言的扩张和取代,特别是借助美国的经济扩张与大众传媒的力量,甚至形成了英语霸权。世界各国的语言教育政策不得不考虑英语的教育,到处兴起英语热,能说英语往往意味着身份、地位与前途的上升。这种现象在中国表现得淋漓尽致和无以复加。

(1) 在各个教育阶段中英语地位节节攀升

据新华社消息,中国约有3亿多大中小学生在学英语(包括英语专业和非英语专业的学生),约占全国总人数的四分之一。其中,大中小学学习英语人数加在一起超过2亿,中小学生学习英语的人数有1.3亿。② 有专家预测,再过几年中国学英语的人数,将超过英语母语国家的总人口数。英国前首相布朗在2005年担任财政大臣时就说,20年之内,中国会说英语的人将超过全世界所有的母语为英语的人。

目前在中国,双语幼儿园等于高质量的幼儿园、好的学前班要学英语。全国小学三年级开始学英语,上海等一些发达地区从小学一年级就开始上英语课。英语课一直延续到大学,甚至到博士研究生都要学英语。一句话,在中国只要在上学就要学英语。可以说,英语的分量超过任何其

---

① 戴炜栋:《改革开放30年来,中国高校外语教育回顾与展望》,http://edu.sina.com.cn/en/2008-09-02/103043809.shtml。

② *Education in China: Lesson for U.S. Educators*. P.5. from http://www.asiasociety.

他课程,中国没有什么课程要延续这么长的,即使汉语母语课到中学高三也就基本结束了,充其量有的大学还会在大一时开一年的大学语文课(中文专业除外)。另外,在人生求学的生涯中,在每一关的升学考试中——小学考初中、中考、高考、考研、考博,英语都是关键课目。英语专业的队伍越来越庞大,目前,中国高校的英语本科教学点多达 900 多个,英语语言文学硕士点已达到 200 多个。除了正规学校外,各种民办学校中也出现了不少的外国语学校或学院。

中国如此面积大、时间长的英语教学需要花费个人和国家大量的人力、物力和财力。根据英国《经济学人》周刊 2006 年 4 月 15 日报道,"中国的英语教育开支每年预计为 600 亿美元,早已是世界上最大的英语语言服务市场。"①

(2) 社会上英语培训机构如雨后春笋

许多学生及其家长都觉得学校的英语课"吃不饱"或"吃不好",或者他们认为学校的英语课"对于各种考试针对性不强"。于是,不少学生纷纷转向社会上的各种英语培训机构"开小灶"。另外,学校的课堂不对社会上的人开放,社会上的许多人由于种种驱动也要学英语。因此,中国具有一个庞大的英语培训市场。据北京新东方学校校长周成刚介绍,1994 年在新东方学习的学生是 3558 人,2003 年有 45 万人,而 2004 年的人数总和已经达到 75 万人。仅仅 10 年,新东方的学生就比当初上蹿 210 倍。另外,据中国国际广播英语中心、新浪外语、择校网联合发布的《2004 年知名外语机构调查报告》透露,中国的英语培训机构总量超过 5 万家,国内英语培训的市场总价值达到 150 亿元人民币。

哪里有市场,哪里就有投资人。中国庞大的外语市场也吸引了许多外国的外语培训机构进驻中国参与竞争。在中国的外国英语培训机构五花八门,例如,英孚英语、华尔街英语、韦博培训中心、安博上海英豪学院、凯恩英语培训中心、迪斯尼英语、朗阁培训中心等等。

(3) 英语类书籍的出版火爆异常

中国的英语热必然会引起中国的英语出版热。现在随便走进中国任何一家书店,最显眼的地方都是摆放着各类英语书籍,英语类书籍也是数量最多的。《世界华文出版业》一书的作者、新闻出版总署辛广伟也指出,英语教材是中国教育图书市场增长最快的领域,占图书零售市场份额的 8%。北京的外语教学与研究出版社和上海的外语教育出版社的茁壮成长完全是靠中国巨大的英语出版市场。同样,中国的英语热也吸引了外国众多的出版社登陆中国,如麦克米伦(Macmillan)公司、朗文(Longman)公司、牛津大学出版社(OUP)、剑桥大学出版社(CUP)、英国企鹅出

---

① 李慧译:"中国开始流行讲英语",《国外社会科学文摘》,2006 年 9 月,第 31 页。

版社(Penguin)、柯林斯(Collins)公司、汤姆森(Thomson)公司、德国的斯普林格(Springer)出版社等。中国英语出版业的火爆反过来又刺激了中国的英语学习和英语教学。

(4) 英语类考试报考人数居高不下

中国是考试的故乡,古代的科举考试早已废止,但是,考试的形式依然存在。而且,中国人对考试似乎情有独钟。中国的英语考试种类齐全,本土的考试有学校的各级英语升学考试,特别是中考、高考、硕士和博士入学考试。此外,还有专业职称英语考试,公共英语等级考试(PETS),大学英语四、六级考试(CET),英语专业的四、八级考试(TEM)、英语中高级口译考试,等等。另外,不少国外英语考试也被引进到中国,如"托福"(TOEFL)、"雅思"(IELTS)、"美国研究生入学考试"(GRE)、"美国工商管理研究生入学考试"(GMAT)、"商务英语考试"(BEC),等等。在上述所有的英语考试中,要算大学英语四、六级考试"最牛"、"最火爆"、"争议也最多"。大学的四、六级考试规模也越来越大,从1987年第一次考试(仅四级)的10万多人到2004年(四、六级)的1100多万人。

毫无疑问,英语考试推动了英语教学,但同时仅凭成绩判断能力的考试也带来了诸多弊端,使古代科举考试的种种奇闻怪事有了"现代版",例如,屡禁不绝的大学英语四、六级考试作弊现象以及容易培养高分低能的英语应试教学。"英语在学校教学中的错位,其症结主要出在各种不合理的英语考试上,这种片面突出英语单科考试和人才考核的畸形标准,已严重影响到国家教育的科学布局和人才培养战略的实施!"[①]

2. 英语教学水平不高

不可否认,中国的英语教育取得了很大的进步。但是,投入与收成相比,中国的英语总体效率不高。所以,1996年,当时负责教育工作的李岚清副总理对中国英语教学的总结是"费时较多,收效较低"。尽管中国英语界有些人对这种"费时低效"的评价耿耿于怀,但是,这是不争的事实。中国绝大多数学生从小学三年级(有些从小学一年级甚至幼儿园)就开始学英语,一直学到大学(至少两年)、硕士研究生(一年)和博士研究生(一年)。若一个人从小学一年级一直读到博士毕业,学英语的时间长达16年。一般的大学本科毕业生学习英语的时间也长达14年。此外,学生课外花在英语科目上的学习时间也是所有科目中名列前茅的。以大学生为例,中国外语教育研究中心2004年曾对4000多名非英语专业在校生做过一个调查:您在大学期间,花在英语上的时间有多少?结果显示:几乎

[①] 刘焕辉:"我国新时期的语言规划断想",教育部语用所社会语言学与媒体语言研究室编《语言规划的理论与实践:第四届全国社会语言学学术研讨会论文集》,北京:语文出版社,2006,第64页。

全部的有19%;大部分的占56%;正常学习时间的是16%;很少的仅9%。可见,说中国人学习英语"费时"一点都没有夸张。至于英语学习的效率要看实际应用能力和相关的英语考试成绩。许多中国学生在国外学习和生活中使用英语与人交流时都感到力不从心。例如,前美国约翰·霍普金斯大学校长布罗迪说,该大学的自然科学专业中,有60%的学生来自外国,其中大部分又来自亚洲。有一段时间里,所有的数学专业的学生都来自中国。其中一部分中国学生担任助教,这些人中有些人的英语讲得不够好。一名学生家长还发来投诉信,说小孩听不懂微积分的课,因为老师的发音实在太差,并操一口浓重的中国口音。① 至于中国人的英语考试成绩,我们不能简单地看大学英语四、六级考试的通过率。这里不是说大学英语四、六级考试没有信度和效度,而是由于大学英语四、六级考试是中国人自己开发的试卷,也是针对中国人的考试,因此,凭这个成绩无法比较中国学生的英语水平与其他非英语国家学生的英语水平。在此,美国的托福和英国的雅思更具有国际性和可比性。美国教育考试服务中心(ETS)发布的《托福考试及成绩数据汇总报告》显示,中国考生历年托福平均成绩总是在全球托福平均成绩之下或持平的程度上波动(详情见表7-2)。根据英国雅思官方网站发布的成绩,中国考生近年雅思平均成绩一般位于世界雅思平均成绩之下,口语则处于垫底的位置(详情见表7-3)。另外,英语的"高分低能"现象在我国也屡见不鲜。据海外媒体报道,不少中国学生的托福和GRE成绩都很高,可他们在国外的英语实际应用能力不怎么样(所以,托福和GRE近来都在改革:减少词汇语法等方面的选择题、增加阅读和写作等方面的应用题)。可见,中国的英语教育可算是"低效"。

(二)中国的小语种教育现状

1. 社会需要小语种的发展

随着中国参与全球化活动的增多,以及来中国参加商务、会议、工作和旅游的外国人数量的增加,中国对小语种的需求越来越大和越来越迫切。例如,联想集团政府事务部总监马健荣先生②说,联想在全球的发展需要不同语种的外语人才,比如我们需要懂西班牙语的技术人才到联想在墨西哥的基地去工作,需要懂印地语的技术人才到印度去工作,需要懂斯洛伐克语的技术人才到我们设在斯洛伐克的欧洲基地去工作,最近我们在俄罗斯的工厂发展很快,就需要懂俄语的技术人才去工作,但我们缺乏这样的专业人才;近日,中国最大的电子商务企业阿里巴巴创始人兼首

---

① 托马斯·弗里德曼著,何帆等译:《世界是平的》,长沙:湖南科学技术出版社,2007,第382页。

② "外语在企业发展中的重要性——联想集团政府事务部总监马健荣先生访谈录",《外语战略动态》,2009年第3期,第6页。

席执行官马云坦言,语言成为阿里巴巴在拉美扩张的障碍;每年约有30万人次商人来往于阿拉伯国家与中国义乌之间,阿拉伯语翻译在这里成为紧俏职业;据报道,由于受国际经济形势的影响,浙江很多做外贸的乡镇企业的出口方向开始由原来的欧美市场转向中东、拉美、非洲等地,小语种也因此成为他们工作中的重要语言;另外,我国东南数省区是吸引东南亚旅游的主要地方,可是小语种的导游数量却难以满足游客的数量。

2. 外语语种不多

小语种也就是非通用语种。每个国家的小语种是不一样的,如西班牙语在中国属于小语种,但是在美国却不是小语种。中国的小语种主要分两类:一类是欧洲语言;另一类是亚非语言。到2010年为止,中国大学里开设的外语语种达45个,更重要的是每个语种的教学点在大量增加(如日语有300多个,西班牙语有50多个)。总之,我国非通用语种进入新世纪后获得了跨越式发展,教学点布局不断拓展,已在全国建立了九个本科教学基地。根据有关部门的发展规划,国家重点扶植的非通用语种教学点将达到30多个。① 尽管中国教育部自2001年以来先后批准设立了一批国家非通用语种本科人才培养基地,国家对非通用语的重视程度大大提高。但是,对于具有13多亿人口的大国来说,这些还远远不够,这难以适应一个经济正在高速发展的国家在各方面对小语种人才的需求。

中国小语种教育的情形是:教学点、语种数量和招生人数有限。中国的小语种教学主要集中在几所外语院校进行,其中语种最多的高校是北京外国语大学,该校目前提供以下43种语言的教学:英语、日语、德语、法语、俄语、乌克兰语、瑞典语、意大利语、西班牙语、葡萄牙语、阿拉伯语、波兰语、捷克语、罗马尼亚语、匈牙利语、保加利亚语、阿尔巴尼亚语、塞尔维亚语、芬兰语、斯洛伐克语、荷兰语、克罗地亚语、挪威语、丹麦语、冰岛语、希腊语、柬埔寨语、老挝语、僧伽罗语、斯瓦希里语、马来语、印尼语、越南语、缅甸语、泰国语、豪萨语、土耳其语、韩国语、印地语、希伯来语、波斯语、乌尔都语、菲律宾语。其他外语院校的语种就不多了(见表7-1),而且这些外语院校的小语种主要集中在以下七种语言上:日语、法语、德语、俄语、西班牙语、朝鲜语和阿拉伯语。然后,各个外语院校再根据自己的地方特色增加几种邻国的语言。不过,现在有些重点高校开设的语种也在逐步增加。但是,作为一个地理上的大国,我国小语种的教学布点还不够;比起世界语言总数或美国的外语教育数量来,我国的语种还太少;比起我国的英语招生人数来,我国小语种的招生人数还非常小,而且有些小语种由于师资和生源问题并非常年招生,而是隔年或数年才招一次。

---

① 戴炜栋:《改革开放30年来,中国高校外语教育回顾与展望》,http://edu.sina.com.cn/en/2008-09-02/103043809.shtml。

表 7-1　中国外语院校语种数量对比表（详情见附录 2）

大学	北外	洛外	上外	广外	西外	川外	天外	大连外
语种	43	23	19	13	11	11	11	6

（资料来源：各高校的网站，2009 年）

3. 小语种的教学师资和科研都比较薄弱

首先，小语种的教学师资单薄。小语种最多的无疑是北京外国语大学，但是这种语种比较齐全的高校全国才一所。许多高校目前的小语种师资显得非常薄弱。有些系只有 5—6 个教师就设立系，有的甚至只有 2—3 名教师就胆敢开设小语种专业。目前，国内解决小语种的手段一般有以下三种：从小语种的对象国引进语言教师；把英语教师送到国内某高校或小语种的对象国接受短期培训；从有限的高校中招揽小语种毕业生。此外，小语种的教材、参考书和课外阅读材料都非常有限。

其次，小语种的学科发展比较薄弱。大部分的小语种教师都是本科毕业，全国小语种的硕士点和博士点屈指可数，小语种的专门学术期刊或杂志则寥若晨星，小语种的研究人员和研究成果也比较匮乏。

（三）中国外语教育争鸣

1. 外语教育重要性的辩论

外语是我国当前国民教育体系中的一门重要学科，然而，外语也是我国当前受到批评最猛烈的学科。[①] 外语的教学、学习和考试不仅影响到中国的各级学校，而且还影响到中国的许多行业，甚至不少家庭。例如，中文系的老师普通话不过关可以当教授，但是外语考试不合格即使专业能力再强也不能评教授；有些高校规定学生大学英语四级不过就不能拿学士学位；硕士和博士研究生的入学考试有外语最低分的限制；医院、工厂等单位的技术人员职称外语考试不过关不能晋升职称。尽管最近中国有些单位开始制定了更加符合实际的外语政策，降低了某些领域对外语的硬性要求。但是，国内的外语（尤其是英语）学习、外语教学和外语考试中出现的种种怪现状还是不断地引发人们的争鸣。比较突出的反对意见有两类：第一类认为与时间成本、费用成本、机会成本相比，中国人学习英语得不偿失，世界上没有哪个国家在学习外语上花如此大的代价；第二类观点则从中国文化的角度出发，对英语"入侵"进而带来的文化入侵表示担忧，认为中文遭受着来自英语的破坏性威胁和侵蚀。但是，也有不少人认为，对这些复杂的外语教育现象，我们应该采取辩证的态度。因为英语的强势在短期内不会改变，并非"英语殖民"可以简单概括的。而且，过

[①] 鲁子问："我国外语考试政策的偏失与改革建议"，《湖北招生考试》，2004 年 12 期，第 66 页。

去30多年来我们一直在有效的利用强势英语这个工具,否则哪有今天和国际社会的有效交流?这是不得不作出的选择,否则我们会再度孤立于国际社会之外。

无论如何,外语教育的争鸣反映了中国外语教育中的确存在许多不科学的地方。正如2006年9月21日在北京外国语大学举行的"亚太地区外语教育高端论坛"中与会的外语院校校长们所指出的那样:中国的外语教育在教育观念、学科布局、教材、办学经费等多方面都与国外存在较大差距。[①] 但是,在全球化时代,外语教育是中国不可忽视的领域,培养跨文化人才、走国际化道路是中国外语院校的发展方向。

2. 中国人的价值观与语言学习观和教学观

在中国,不光是外语(英语)教育,汉语教育也同样存在费时低效的现象,而且由来已久。吕叔湘[②]指出:"中小学语文教学效果很差,中学毕业生语文水平低……十年上课总课时数是9160课时,语文是2749课时,恰好是30%。十年的时间,2700多课时,用来学本国语文,却是大多数不过关,岂非咄咄怪事!"中国的外语教学"费时低效",于是,有大量的学术文章在论述这个问题。中国的语文教学也是效果不佳,于是,语文教育界也出现了许多探讨其中原因和解决办法的文章。可是,很难发现把英汉语的教与学两种现象结合起来进行研究,并从中发现问题和解决问题的研究。

中国人的语言教学费时低效,这肯定与我们中国人的语言教学方法和学习方法有关,但这只是表象,其根本原因是与我们的语言价值观有关。虽然大家都指摘外语教师重"教"轻"学",可是,要是教师真正地退出"主导"地位,以学生为中心,采用国外的语言教学方法让学生在有说有笑或者是在嘻嘻哈哈的氛围中上完一节课。学生和家长又来抱怨了:认为学生没有学到任何"知识",如果是这样上课还不如在家里玩。许多中国学生(包括家长)就喜欢教师能够讲解非常"有用"的知识,例如,难题讲解、考试答疑、知识传送。我想这无疑跟我们的语言价值观有关。许多中国人看重"有形"的知识,却忽视"无形"的能力。例如,大多数家长都愿意花重金送自己的小孩去学舞蹈、学钢琴、学唱歌,却不太重视儿童生活能力、创新能力和抗挫能力的培养。许多家长都这样教育自己的小孩:你只好把学习搞好了(也就是分数考得高),其他的都不用管了。这种价值观必然要影响人的语言学习观和语言教学观,所以,不少学生学习外语(英语)只要能通过考试或获得证书就行,不在乎是否真的掌握了这门语

---

① 北外建校65周年校庆系列活动:亚太地区外语教育高端论坛隆重举行,http://www.bfsu.edu.cn。

② 吕叔湘:"当前语文教学中两个迫切问题",《吕叔湘文集》(第4卷),北京:商务印书馆,2004。

言。然而,知识易忘,能力难丢。于是,"高分低能"的现象在中国屡见不鲜,"费时低效"的外语教育也就在所难免。

中国人的这种语言价值观是由于长期以来受到我国相关语言教育政策的影响而逐渐形成的。秦始皇的"书同文"、从隋朝到晚清的科举制度、现在的高考制度,这些都包含了我国国家层面的语言教育政策。这些政策强调的是"文",即书面语言和语言知识,而忽略了"语",即口头语言和语言技能。吕叔湘[①]认为,"在语言文字问题上,不得不用两条腿走路。可是自从有了文字,一直就有重文轻语的倾向。为了写文章,人们不吝惜十年窗下的工夫,而说话则除了小时候自然学会的以外,就很少人再有意去研究。""学校的'语文'课实际上仍然是只教'文',不教'语'。"中国人民大学的胡明扬教授[②]也指出:中国长期以来,"言"和"文"脱节,读书识字的又只是极少数人,所以实际上重视的只是"文",也就是书面语,"言"或者说是口语是从来不受重视的。中国人重"文",实际上是把语言只当作是工具来看待,学好"文"是为了考出好成绩,有了好成绩才能有好出路。中国人过分看重语言工具论,而忽略了语言的其他属性。杨自俭[③]认为:"把外语当工具来教来学,结果就是既没学到知识,更没学到思想。"看来,只传授知识,不培养能力,是我国传统教育的痼疾,任何新观点、新内容,一教就成了知识课,实践课受人轻视,谁也不愿意学,谁也不愿意教。这种风气不改变,任何教学改革都很难取得预期的效果。

人们的语言价值观是受身边的语言教育政策影响而形成的,现在要彻底改变人们的这种语言学习观和语言教学观只有从改变语言教育政策开始,解铃还须系铃人。首先,我们要认识到外语教育政策的重要性。外语教育政策是解决许多外语教学和外语学习怪现象的根本良方,但科学的外语教育政策的制定需要科学的研究为基础,因此,外语界需要加大对外语教育政策的多维研究,为外语教育政策的制定提供各种数据和理论依据。其次,我们应该普及科学的语言价值观,逐渐纠正大众的外语教学观和外语学习观。进入21世纪,语言教育理念发生了变化,人们普遍认为:培养语文能力比传授语文知识重要,课外语文学习比课内语文教学重要,学生自主作用比教师主导作用重要,教学方式以学生的学习为主、教师的指导为辅,语文教学应该走出课堂等。[④] 此外,在某种程度上说,语言不是教会的,但是,语言教学是必不可少的,外语教育更是如此。学校教育要为学生的外语学习指明学习的方向和解答学习的疑惑,营造支

[①] 吕叔湘:《吕叔湘文集》(第5卷),北京:商务印书馆,2004,第13页。
[②] 胡明扬:"语言观和语言教学",《语言文字应用》,1994,第4期,第2页。
[③] 杨自俭:"关于外语教育的几个问题",李力、文旭主编的《中国外语教育——理论、方法与实践》,北京:中国社会科学出版社,2006,第4页。
[④] 陈昌来:《应用语言学导论》,北京:商务出版社,2007,第64页。

持性的外语学习氛围,制定重能力的外语测试政策。中国的学生缺少外语生活,因此,学校更需要提供学生外语生活的环境。此外,语言教学是一门实践性很强的课程,外语的习得更需要大量的课外实践的辅助。可是,中国的实际情况是:学生很少甚至没有外语生活。也就是说,他们的外语接触时间就是课堂上有限的一些时间,而这些时间又被外语教师占去大部分,因此,学生真正使用外语的时间就更少了。但是科学的语言教育政策可以弥补外语教育环境之不足:首先,制定和实施外语教师专业标准,强调外语教师的口头表达能力。外语教师必须具备很强的口头表达能力。语言教学本身就是一门语言的艺术,语言表达能力强的老师不仅能传授给学生完整的知识,还能通过语言特有的魅力来吸引学生和影响学生。其次,整个社会应该改变"重文轻语"的传统思想。外语教育应当重视朗诵和朗读能力,重视口语交际的训练。从发言到演讲,从对话到辩论,口头表达的敏锐性、应变性和情感性是其他交流方式所无法替代的,口头表达能力也是书面表达能力的基础。

3. 从托福和雅思来验证中国人的语言学习观和语言教学观

为了具有国际比较性,本人根据托福和雅思官方网站提供的数据制定了以下两表(表7-2和表7-3)。

表7-2 中国在2006—2009年亚洲国家和地区的托福成绩排名表(详情见附4)

年份	国家数	阅读	听力	写作	口语	总分
2006	28	3/2①	15/6	4/7	17/3	15/0
2007	30	1/3	13/2	9/6	19/4	9/2
2008	30	4/2	15/6	10/7	18/7	13/0
2009	30	4/4	20/4	12/5	23/3	14/3

(资料来源:http//est.org/Media/Tests/Toefl)

表7-3 中国在2007—2008年世界主要雅思参与国成绩排名表(详情见附录5)

年份	国家数	考试种类	阅读	听力	写作	口语	总分
2007	20	学术类	14②	18	14	18	18
2007	20	一般类	15	8	15	15	13
2008	40	学术类	30	35	35	40	35
2008	40	一般类	17	20	29	36	26

(资料来源:http://www.ielts.org/researchers/analysis_of_test_data.aspx)

---

① 成绩栏中两个数字分别代表比中国考生平均分数高的国家数和与中国考生平均分数相等的国家数。例如,3/2,表示比中国考生平均分数高的国家有3个,与中国考生平均分数相等的国家有2个。

② 该数字表示中国考生平均分数在这些国家中的排名,如"14"表示:在20个国家中,中国排名第14位。

从表7-2和7-3来看,中国考生的平均托福成绩总体属于中等,而雅思处于偏低的位置。中国考生的平均托福成绩处于中等是因为:中国人对托福题型比较熟悉;托福有比较多的客观题(即提供几个备选答案让学生选择)。此外,美国教育考试服务中心(ETS)提供的数据是根据洲来归类的,因此,确切地说,中国考生的平均托福成绩在亚洲国家中属于中等。如果放在世界范围内,中国的托福成绩排位则还要低些。中国考生的平均雅思成绩比较低是因为:中国考生对雅思还不是很熟悉;雅思有比较多的主观题(即要考生自己写出答案来,而不是选择题);各国平均成绩是放在世界范围内进行排列的。总体而言,中国的英语水平不高是不争的事实。

从表7-2和7-3来看,中国考生在输入性知识(即阅读和听力)方面好些,特别是阅读部分是最好的。而中国考生在输出性知识(即写作和口语)方面差些,口语成绩是听说读写四项中最差的,特别是雅思中的口语成绩几乎每次都处于主要参与国成绩排名的最后方阵甚至是最后一名(如2008年学术类考试)。可见,中国人的语言输入性知识(即阅读和听力)比输出性知识(即写作和口语)更好,书面语言能力(即阅读和写作)比口头语言能力(即听力和口语)更好。所以,阅读成绩最好,口语成绩最差。这些都反映了中国人的语言学习观:第一,重知识轻技能——重视输入性知识,忽略输出性知识。教师能教的也只能是输入性知识,而输出性知识是要靠学生自己大量的实践才能提高的。这与中国的语言教学中教师讲得多学生练得少的现象是相符的。第二,重"文"轻"语"——重视书面语言(阅读和写作),忽略口头语言(听力和口语)。这与中国历代的语言考试、语言教学和语言学习观也是相符的。

4. 客观公正地看待中国外语界的费时低效现象

不可否认,中国的外语教育的确存在费时低效的现象。但是,中国外语(英语)教育的"费时低效"不能说明中国外语(英语)教师的无能,更不能抹杀中国外语(英语)教师的辛勤劳动。相反,我们应该对中国外语(英语)教师在如此沉重的教学和科研双重压力下所做的工作表示敬意。中国的外语(英语)教师自己也面临许多困惑:许多学生愿意"学"英语,但是不愿意"说"英语;英语教师常常感到自己的教学方法难以满足"英语学习经历丰富"的学生;许多学校都把本校学生参加各种英语考试的通过率作为学校招生和扬名的一个指标或卖点,这给英语教师带来了一种无形的压力;英语教师为了达到自己的岗位要求以及为了各种评奖和晋升,还要进行科研,可是,在资料有限和对别人的语言和文化知晓有限的条件下进行"生产",这种"无病呻吟"和"无米之炊"的痛苦只有经历过的教师才能切身体会到。

分析中国外语(英语)教育"费时低效"的原因不能脱离中国教育的大

背景。这里有三个主要的原因不能忽视：一是中国自古以来的语言学习观和语言教育观问题。在中国的语言学习观和语言教育观中"重文轻语"现象严重，自古以来中国只强调"书同文"，没有重视"语同音"。所以，中国学生的英语水平在听说方面比读写方面差；教师和学生都只强调书面语的知识教授和学习，而忽视了口语的表达，口语的表达又影响到写作的发挥。二是中国英语教育政策的问题。归根结底，所有的语言学习观和语言教育观都是由于长期的语言教育政策所形成的。科学的语言教育政策可以逐渐地纠正人们的语言学习观和语言教育观。三是中国的社会语言环境问题。倘若语言的教学和学习与生活脱离了关系或相差甚远，这是很难把语言教好和学好的。中国人的语言生活中外语（英语）成分很少，农村的语言生活中外语（英语）元素就更少，学生走出外语（英语）课堂就几乎没有外语（英语）生活的环境。不过，在全球化、城市化和网络化的进程中，我国的外语生活逐渐增多，外语教学更加科学合理，外语学习也逐渐地变得更便捷。我相信，只要有大家共同努力，我们就能把"费时低效"的外语教育现象变成"过去时"。

二、全球化时代中国的外语教育政策

（一）从新中国成立到开始改革开放的外语教育政策简要回顾

以史为鉴，可知兴衰。新中国的外语教育政策历史不长，但是却经历了许多坎坷。大体上可以划分为以下四个阶段：①

1. 1951—1956年：重俄语教育削英语教育阶段

1951年，中国教育部、中共中央宣传部联合召开第一次全国俄文教育工作会议，政务院于次年颁发了会议的文件《关于全国俄文专科学校的决定》。1952年，教育部颁发《中学暂行规程》，该规程重申中学以俄语课为主、英语为辅助。1953年，教育部颁发《关于高等师范学校教育、英语、体育、政治等系科的调整设置的决定》，该决定要求削减大学的英语专业，增设俄语专业。1954年《教育部关于从1954年秋季起中学外国语科设置的通知》规定："从1954年秋季起初中不设外国语科；二、三年级原已授外国语科的一律停授。"

新中国刚成立不久，政治挂帅的风气影响到中国外语教育政策的制定。这种外语教育政策的结果就是："片面发展俄语、削弱英语等西方语言教学的做法，使一方面的人才浪费，另一方面的人才则青黄不接，外语水平长期上不去，长期消极被动，教训是很深刻的。"②

2. 1956—1966年：恢复英语教育阶段

1956年7月中国教育部发出《关于中学外国语科的通知》："1956年

---

① 何东昌：《中华人民共和国重要教育文献》，海口：海南出版社，1997。
② 付克：《中国外语教育史》，上海：上海外语教育出版社，1986，第323页。

秋季起,凡英语师资条件较好的地区,从高中一年级起应增设英语课。"1957年又发出《关于俄语、波语、捷语、东语各专业学生转学、转专业的具体办法》。1962年中国教育部颁发《对小学开设外国语课的有关问题的意见》。1964年中共中央、国务院批转《国务院外事办公室、国务院文教办公室、国家计委、高教部、教育部关于外语教育七年规划问题的请示报告》。该报告提出了"外语教育七年规划纲要"。

七年规划纠正了前段时期中国外语教育政策的错误。"这是首次在我国的正式文件中提出英语为我国学校教育的第一外语。七年规划是一个好的规划,但是由于'文化大革命'的开始而未能真正贯彻执行。"[①]

3. 1966—1976年:外语教育被压制的阶段

这十年由于"文化大革命"的影响,中国的外语教育不但没有发展,反而是处于下降的状态。"四人帮"鼓吹"不学ABC,照样干革命"的口号深入人心。而且,当时中国严厉打击与外国的接触与交流,"崇洋媚外"的思想和"里通外国"的行为都要受到严厉的打击。在这种情况下,根本就没有任何外语教育政策,更谈不上外语教育了。不过,在20世纪70年代初期,为了适应外交形势的发展,周恩来的外交政策和外语教育政策对外语人才的培养起了很大的作用。例如,1970年,周恩来作了《关于外语教学的谈话》;1971年起,一些外语院系相继恢复招生;1972年起,恢复派送一批年轻人出国学习外语的工作。

4. 1976—1989年:外语教育恢复繁荣的阶段

1978年6月6日教育部下发《关于1978年高等学校和中专学校招生工作的意见》。该意见规定:高考全国统一命题,考外语科目。当时规定外语科目成绩虽然暂不记分、仅作参考,但从此外语成为高考必考科目之一。

1978年8月28日至9月10日在北京召开了全国外语教育座谈会。会议总结了新中国成立以来外语教育的经验教训,讨论了加强外语教育,会议提出了《加强外语教育的几点意见》。

1979年5月3日教育部下发《关于1979年高等学校招生工作的意见》。该意见规定:报考重点院校的考生,外语考试成绩按10%算分,报考一般院校的则不算分。

1980年4月24日,教育部下发《关于1980年高等学校招生工作的意见》。该意见规定:今后逐年提高外语成绩在高考成绩中的记分比例:1980年30%、1981年50%、1982年70%,1983年起按100%计入总分。随后,硕士、博士研究生入学考试也将外语列为必考科目。

[①] 胡文仲:"我国外语教育规划的得与失",《外语教学与研究》,2001年第33卷第4期,第249页。

1982年7月,教育部下达《关于加强中学外语教育的意见》的文件。该文件主要是提出了以下六点意见:明确中学外语教学的要求;语种设置要有战略眼光和长远打算;建立一支合格的师资队伍;加强教材建设,改进教学方法;积极改善教学条件和切实办好外国语学校。

1983年9月,邓小平同志为北京景山学校题词:"教育要面向现代化,面向世界,面向未来。"我国的教育要做到"三个面向"绝对少不了外语教育这支重要的方面军。"三个面向"向外语教育提出了更高的要求,赋予了我国的外语教育工作者以特殊的、既艰巨又光荣的重大任务。[①] 从此,中国的外语教育开始复苏,并走向繁荣。

(二)全球化背景下的外语教育政策

中国的外语热与中国外语教育政策不无关系。现从基础教育、大学教育和职后教育三方面来回述近30年中国的主要外语教育政策。

1. 外语在各种考试中的地位刺激了中国中小学生的外语学习热情

1978年全国高考恢复外语(主要是英语)科目,1983年将外语科目的比值升到100%,这一举措极大地促进了全国中学外语(特别是英语)的教学。到20世纪90年代,英语在中小学已成为与语文、数学并驾齐驱的三大主课之一。

中国教育部的相关文件推动了全国小学的英语教学。2001年1月18日中国教育部颁发了《教育部关于积极推进小学开设英语课程的指导意见》。中国教育部决定从2001年秋季开始,全国城市和县城小学逐步开设英语课程。此外,2001年中国教育部基础教育司颁布了《英语课程标准(3—12年级)》,2002年秋季开始,乡镇所在地小学逐步开设英语课程,这标志着中国的英语教学将进入一个新的时代。

2. 各种外语政策促使大学生的外语学习热情不减

(1)大学英语考试促进了全国大学英语的发展

1987年9月和1989年1月开始实施全国大学英语四、六级考试(CET)。大学英语四、六级考试也经历了不断变革的过程:考试内容逐步增加了写作和口语;中国教育部2005年宣布自2005年6月实行考试改革试点,大学英语四、六级考试将全面改革计分体制和成绩报道方式。

21世纪初双语教学开始在我国高校快速发展,并成为教育改革的热点。教育部在2001年发布的《关于加强高等学校本科教学工作提高教学质量的若干意见》是我国高校双语教学政策支持的开端,提出了"本科教育要创造条件使用英语等外语进行公共课和专业课教学"。2001年中国教育部对大学本科阶段的双语教学提出要求:在三年内开设5—10%的双语课程。教育部2001年在加强高校本科教学工作中提出"开展双语教

---

① 付克:《中国外语教育史》,上海:上海外语教育出版社,1986,第321页。

学,引用原版教材"。

2003年中国教育部进行了新一轮的大学英语教学改革,制定了《大学英语教学基本要求》,给大学英语教学重新定位。2004年成立了全国高校英汉语言教学工作协作组。

2004年,教育部高教司成立了高等学校双语教学协作组,并委托协作组开展双语教学研究、双语课程建设、双语教学资源中心建设,并合作编写双语教材或引进国外优秀教材。同年年底,教育部高教司在浙江大学举办了高等学校双语教学研讨会。会议讨论了双语教学工作协作组草拟的《关于本科教育进一步推进双语教学工作的若干意见》、《关于使用原版教材进行双语教学课程改革立项办法》、《高等学校双语教学工作协作组2005年工作计划》等文件。

2004年,教育部颁布《普通高等学校本科教学工作水平评估方案》,把开展双语教学的情况作为评估指标之一,规定本科教学要达标必须实施双语教学。

2004年,教育部提出了《关于本科教育进一步推进双语教学工作的若干意见》,指出"开展双语教学工作,是加快我国高等教育国际化进程的需要,更是培养具有国际竞争力的高质量人才和提高我国综合国力的迫切需要"。并且提出了双语教学的具体实施方案。

2005年,教育部《关于进一步加强高等教育本科教学工作的若干意见》中强调"要提高双语教学课程的质量,继续扩大双语教学课程的数量"。

2007年,《教育部、财政部关于实施高等学校本科教学质量与教学改革工程的意见》提出从2007年至2010年,共支持建设500门双语教学示范课程。"各高等学校要充分利用示范课程的资源和经验,不断提高本校的双语教学质量,逐步形成与国际先进教学理念和教学方法接轨的、符合中国实际的双语课程教学模式,为全面提高我国高等教育教学质量做出新成绩"。

(2) 全社会的外语热刺激了中国外语专业的迅速发展

高校英语专业的四、八级考试(TEM)分别于1990年和1991年正式开考。该考试促进了英语专业的水平发展,提供了英语专业的评价手段。

从2006年5月起,教育部将正式开始对全国高校英语专业本科教学水平施行标准化评估,并在以后的五年里,全国累计600多所本科学校将陆续接受英语专业教学评估。这将整顿全国英语专业的发展,促进英语专业水平的提高。

2006年,中国教育部批准全国高校新增25个专业,其中包括五个小语种专业,它们是塞尔维亚语、克罗地亚语、挪威语、丹麦语和冰岛语。①

---

① "今年高考新增25个专业",《人民日报》(第11版),2006年3月24日。

3. 职称评定与外语的挂钩推动了全国专业技术人员的外语学习

1991年中国人事部印发了《关于在专业技术职务评聘工作中严格掌握外语条件的通知》,通过外语考试成为全国职称评定的必备条件。从此,中国技术专业人员的职称评定开始与外语(主要是英语)挂钩。不可否认,这一政策极大地刺激了成人的外语学习,同时,也刺激了学生的外语学习。但是,这也带来了不少负面影响,如考试的舞弊风、对某些人的专业发展的阻碍。于是,职称外语招来了不少人的质疑。最近,人事部对这一政策开始有所修改,免除了某些根本用不上或极少有机会用得上外语行业技术人员的外语考试,并增加了某些具备一定条件人员的外语免试条款。

三、中国外语教育政策的主体

(一)中国外语教育政策的制定主体

中国中小学的外语教育政策由中国教育部基础一司和二司制定;大学外语和外语专业的教育政策由中国教育部高教司负责;专业技术人员的职称外语考试政策由中国人事部专业技术人员管理司制定。

1. 教育部基础教育一司

教育部基础教育一司承担义务教育的宏观管理工作,会同有关方面拟订义务教育办学标准,规范义务教育学校办学行为,推进教学改革;指导中小学校的德育、校外教育和安全管理。中国义务教育阶段的中小学英语教育政策由中国教育部基础教育一司负责。

2. 教育部基础教育二司

教育部基础教育二司承担普通高中教育、幼儿教育和特殊教育的宏观管理工作;拟订普通高中教育、幼儿教育、特殊教育的发展政策和基础教育的基本教学文件。中国的幼儿英语和高中英语的教育政策由中国教育部基础二司负责。

3. 教育部高等教育司(简称高教司)

教育部高等教育司承担高等教育教学的宏观管理工作;指导高等教育教学基本建设和改革工作;指导改进高等教育评估工作;拟订高等学校学科专业目录、教学指导文件;指导各级各类高等继续教育和远程教育工作。

4. 中国人事部专业技术人员管理司(简称专技司)

中国人事部专业技术人员管理司研究拟定专业技术人员继续教育政策法规;负责专业技术人员职称改革工作。职称外语统一考试由人事部统筹规划、指导并确定合格标准。考试考务工作的组织与实施由人事部人事考试中心负责。考试每年举行一次,时间一般安排在4月中旬,一般只在地级以上城市设立考点。

(二)中国外语教育政策研究机构

1. 中国外语教育研究中心

该中心依托北京外国语大学成立于2000年,被教育部正式批准为"普通高等学校人文社会科学重点研究基地"。中心以外语教育理论研究和外语及双语对比研究为两大基础研究方向,以外语的教育、学习和评测为应用研究的重点。中心的主要任务是:除承担科研、培养人才和学术交流外,还就中国外语教育的改革和发展为国家相关决策机构提供咨询服务。

2. 中国英语教学研究会

中国英语教学研究会成立于1981年,是教育部高教司直接领导的。研究会的主要任务是组织并支持会员从事应用语言学研究,尤其是研究英语教学的理论和实践,并开展与此有关的各类活动,并为英语政策制定者提供理论支持。

3. 教育部高等学校大学外语和外语专业教学指导委员会

教育部高等学校大学外语教学指导委员会负责大学外语的教学指导和教育政策的研究制订。教育部高等学校外语专业教学指导委员会负责全国外语专业的教学指导和相关教育政策的研究和制定。

4. 中国外语战略研究中心

2007年上海外国语大学成立了"中国外语战略研究中心"。上外中国外语战略研究中心和上外语言研究院已确定并已着手开展包括国内外语言战略的基本理论和实践、中国崛起与语言文化战略、中国外语教育现状调查等在内的国家外语发展战略、外语教育战略研究等研究领域的专题调研与学科研究课题。

第三节 美国的外语教育政策

一、美国的外语教育现状

(一)美国的外语教育生态

1. 美国人的传统外语学习观和教育观

许多美国人认为在美国使用外语是一种"低人一等"(inferiority)和"处境劣势"(disadvantage)的象征。他们没有把学校的外语学习看成是对优质教育或生涯教育特别有用的东西。[①] 第一次世界大战时期,美国

---

① Ferguson, C. A. & Heath, S. B. 1981. *Language in the USA*. Cambridge: Cambridge University Press, pp. 27—28.

学校的外语课都被砍掉,因为外语知识被认为是"明显有害"的东西。①
在美国的一些正式文本中甚至把"外语"都称为"英语之外的世界语言"
(world languages other than English),这种以"英语为中心"的语言态度
拒其他语言于千里之外。塔克(Tucker 1994)②认为"尽管在美国有许多
人使用外语,但是美国公民对于开发第二语言能力甚至了解其他民族以
及他们的价值观、世界观和基本的传统知识都毫无兴趣"。在这种外语教
育观的影响下,美国的外语教育之差是可以想象的。例如,1990年,美国
大学生学习外语的比例只有8.5%,中学生有40%,小学生还不到5%。③

尽管美国有来自世界各地说各种语言的移民,按理说美国不缺外语
人才,"一种不幸的后果就是一些西方国家一面过分贬低,甚至是消灭移
民语言,另一方面又在学校里教外语。而且他们在前一方面远比在后一
方面成功得多"。④ 难道美国的语言教育政策制定者没有意识到这一点
吗?其实,这些人看得更远和更深。因为在移民没有被同化以前,他们是
不会被招聘到涉及到国家重要情报和安全的部门工作。只有移民先被同
化,即只有在确保国家强势语言教育的前提下,再提移民语言的保护,或
外语的教育。换句话说,美国需要培养忠于美国的外语人才。

美国人为什么会有这种"单语情结"呢?原因主要有以下几点:首
先,鉴于移民国家的背景,美国政府向来就把通过英语教学来实施同化教
育的政策放在首位,这使得不少美国人逐渐形成了"唯英语"的单语意识
形态。例如,"19世纪末到20世纪初,'美国化运动'(Americanization
campaigns)给美国大众在双语教育和外语教学方面带来了负面影响。"⑤
早在20世纪初,美国就有几个州开始制定了法律禁止向儿童教授英语之
外的语言。如内布拉斯加州规定:"英语是该州的官方语言,所有的官方
行为、文字记载和出版都要用英语。一般学校,包括公立的和私立的、宗

---

① Heath, S. B. & Mandabach, F. 1983. *Language Status Decisions and the Law in the United States*. In Cobarrubias, J & Fishman, J. A. *Progress in Language Planning*. The Hague: Mouton, pp. 95—101.

② Cited from Ricento, T. 1996. *Language Policy in the United States*. In M. Herriman & B. Burnaby(eds.). *Language Policies in English-Dominant Countries: Six Case Studies*. Philadelphia(US): Multilingual Matters Ltd., p. 149.

③ Ricento, T. 1996. *Language Policy in the United States*. In M. Herriman & B. Burnaby(eds.). *Language Policies in English-Dominant Countries: Six Case Studies*. Philadelphia(US): Multilingual Matters Ltd., p. 149.

④ 罗纳德·沃德华著,雷红波译,《社会语言学引论》(第五版),复旦大学出版社,2009,第122页。

⑤ Ricento, T. 1996. *Language Policy in the United States*. In M. Herriman & B. Burnaby(eds.). *Language Policies in English-Dominant Countries: Six Case Studies*. Philadelphia(US): Multilingual Matters Ltd., p. 134.

教的和教区的,全部都要使用英语教学。"①正因为这条法律才导致了美国外语教育史上有名的"梅耶对内布拉斯加"(Meyer v. Nebraska)案(详情见本书第八章第一节)。其次,学习外语是为了学习别国健全的社会体制、先进的科学技术和灿烂的文化知识等。可是,由于美国是世界政治、经济和军事的第一强国,因此,很多美国人认为没有哪个国家值得他们学习,学习外语也就没有必要了。第三、英语是世界第一强势语言。世界上很多国家都在开展外语教育,尤其是英语教育,因此,只要掌握英语,美国人在世界很多地方都没有语言障碍。许多美国人习得了英语,有一种"语言自足"的骄傲观念,认为天下第一语言都掌握了,其他语言就不值一提了。荷兰社会语言学教授德斯万(de Swaan)②认为:"以英语为母语的人得天独厚,因为英语已经成为唯一的世界族际通用语。这不仅替他们省了不少力气,还给了他们很多机会。"

2. 美国人在新世纪的外语学习观和教育观

在全球化背景下,美国人的外语学习观正在发生改变。美国外语教学委员会③2007年就以下三个问题进行过调查:第一,您认为美国学生应该花更多的时间来学习其他国家的语言和文化吗?美国人已经花了足够的时间吗?第二,您认为美国所有儿童学习英语以外的语言重要吗?第三,您认为外语课应在小学、初中和高中的哪个阶段开始?对于第三个问题,70%的人回答是应该从小学开始(公立学校的比例更高,达到72%)。对于第二个问题,85%的人回答非常重要或有些重要。对于第一个问题,57%的人回答应该,并认为目前的学习时间不够。从这个问卷调查来看,大部分美国人开始认识到在全球化时代外语学习的重要性。于是,美国外语教学委员会主席克利福德(Clifford 2008)④在《语言教育者》的"新年与语言学习的新观点"一文中指出:"现在是二语学习的好时代!生活中的全球化迹象越来越明显,美国公众过去的封闭观点似乎在发生变化。"

尽管美国人在全球化时代对外语学习的观点有所改进,但是根据美国外语教学委员会⑤2008年的调查统计,50%多的外语教师认为教学中

---

① Zall, B. W. & Stein, S. M. 1990. *Legal Background and History of the English Language Movement*. In K. L. Adams & D. T. Brink(eds.). *Perspectives on Official English: the Campaign for English as the Official Language of the USA*. Berlin & New York: Mouton de Gruyter, pp. 264—265.

② 德斯万著,乔修峰译:《世界上的语言——全球语言系统》,广州:花城出版社,2008,序。

③ *Foreign Language Annals*, Language Educator. Vol 3, Jan. 2008.

④ Clifford, Ray. *A New Year and Some New Attitudes Toward Language Learning*. Language Educator. Jan. 2008, Vol 3, Issue 1: 7.

⑤ 2008 ACTFL Student Survey Report, p. 20. http://www.discoverlanguages.org/i4a/pages/index.cfm? pageid=4216.

的最大挑战是选修外语的人数问题。而且,大多数学生学习外语的动机还是为了顺利毕业和升学。这与美国政府制定的外语教育政策的目的似乎不一样,美国高级语言研究中心主任布莱希特(Brecht 2007)①指出,美国在全球化时代的外语教育政策有三个目标:第一,教育公民认识到语言和文化对世界和人类认知的作用。第二,培养学生毕业后掌握功能性的外语技能。第三,培养具有最高语言文化水平的高级语言专家。

3. 美国中小学校的外语教学情况

美国是一个移民国家,移民来自世界各地。正如美国知名诗人惠特曼(Whitman)所说:"美国不只是一个民族,而是一个由多民族构成的混合民族。"②美国的移民语言种类很多,例如,加州学校学生使用的语言多达300余种。但这些语言不是学校提供的教学课程,而是学生的家庭语言,因为他们是来自世界不同的地方。③ 这些移民语言其实也就是美国的外语。但是,这些移民语言未必都能成为美国教育中的外语课程。美国只有31%的小学(公立小学只有24%)提供外语教学。而且,其中79%的学校只是介绍性地学习些外语,而不是全方面地学习外语。44%的美国高中生学习外语,其中69%学西班牙语,18%学法语。④ 总体而言,美国中小学教授的外语可以分成以下几类:

(1) 古典语言

古典语言就是指希腊语和拉丁语。这两种语言有助于美国学生更好地了解西方文化的根源——古希腊和古罗马文化。学生可以用古典语言与古希腊和古罗马的哲学家、诗人和剧作家等进行"对话"。此外,学习古典语言还有助于英语的学习。因为英语中有很大一部分词汇来自希腊语和拉丁语,特别是英语中的词缀几乎都是来自古典语言。对于古典语言的学习要求,美国学校只强调学生的阅读能力和解释能力。

(2) 欧洲传统语言

美国的传统语言是指美国最早的移民语言,即来自西欧的语言,如法语、德语和西班牙语。这些语言在美国的影响可以说是根深蒂固。而且,这些语言在世界上也是强势语言。这些语言与英语都属于印欧语系,学生学起来简单些,教师也容易被招聘到。因此,美国的学校(尤其是中小

---

① Brecht, R. D. 2007. *National Language Education Policy in the Nation's Interest: Why? How? Who Is Responsible for What?* In *Perspective—The Modern Language Journal*. 2007(91), ii: 264.

② The United States is not merely a nation but a teeming nation of nations.

③ California Department of Education. 2003. *Foreign Language Framework for California Public Schools (Kindergarten through Grade Twelve)*, Sacramento, p. 3.

④ US Department of Education. 2006. *Teaching Language for National Security and American Competitiveness*, http://www.ed.gov/teachers/how/academic/foreign-language/teaching-language.html.

学)基本上是提供这些语言作为学校的外语课。根据美国外语教学委员会①2008年调查统计,美国学生最喜欢学的三门外语从高到低分别是法语、意大利语和西班牙语。但是,由于师资等原因,美国外语教学中实际上教得最多的三门外语从高到低分别是西班牙语、法语和德语。

(3) 祖裔语言

祖裔语言(heritage languages)是指移民、难民和原住民祖先所使用的语言。美国是一个移民国家,祖裔语言种类繁多。祖裔语言的传承主要得依靠当地语言社区和家庭的语言活动,如祖裔语言学校。这些语言的教学经常是放在周末或假期进行。如美国很多的中文学校是在周末或寒暑假上课,来上课的学生绝大部分是华裔和华人子弟。"祖裔语言的教学有利于加强学生与家庭、语言社区、甚至母国的联系。"②这种外语教学可以满足众多移民家长的不同需要,又可以减轻公立学校的负担。

(4) 美国手语

美国手语的教学在美国由来已久,而且也得到人们的重视,这也表现了美国对聋哑人的尊重。在美国,学习美国手语的人未必都是聋哑人,不少健康人也在学。因为有些大学规定,美国手语也算是一门外语课,也有学分。

(5) 小语种

美国在20世纪90年代开始实施小语种教学计划(less commonly taught languages program),该计划罗列了一些在世界上重要的但美国学校很少或没有提供教学的语言。祖裔语言与小语种有重叠之处,但前者使用范围和所指的内涵比后者的要大。有些语言在政治、经济或反恐上对美国具有重要的战略意义,如汉语、俄语、阿拉伯语、朝鲜语等。这些语言在语系上与英语相差甚远,因此,学习这些语言的时间要长些,过去美国学生不太愿意学习这些费时的语言。但是,现在由于政府的大力渲染和重视,开始开设这些小语种的学校越来越多,学习这些小语种的学生也越来越多。原先,在美国的高中生中,学习阿拉伯语、中文、法尔西语或现代波斯语(Farsi)、日语、朝鲜语、俄语、乌尔都语(Urdu)的学生全部加起来还不足学生总数的1%。③

(6) 关键语言

关键语言(critical languages)是指美国政府于2006年在"国家安全

---

① 2008 ACTFL Student Survey Report, p. 11. http://www.discoverlanguages.org/i4a/pages/index.cfm?pageid=4216.

② California Department of Education. 2003. *Foreign Language Framework for California Public Schools (Kindergarten through Grade Twelve)*, Sacramento, Ca., p. 35.

③ US Department of Education. 2006, Teaching Language for National Security and American Competitiveness, http://www.ed.gov/teachers/how/academic/foreign-language/teaching-language.html.

语言计划"中所提到的对美国的政治、经济、安全等有重大影响的语言。"关键语言"开始在美国的学校得到重视。但是,比起上述几类语言来,"关键语言"的教学规模和普及率还是较低。另外,"小语种"与"关键语言"有重叠的地方。前者提出的时间早,后者晚。前者是由学界提出,后者是由联邦政府提出。"关键语言"的语种数量比"小语种"教学计划的语种数量小。也就是说,"关键语言"也是"小语种",但是,"小语种"未必都是"关键语言"。而且"关键语言"计划资助的对象主要是美国的高中生、大学生和研究生。

4. 美国高校外语教学情况

美国的中学后(post secondary)外语教育政策不同于中小学的外语教育政策,其特点是强烈的自由市场取向,美国高校外语教育政策体现了两个特点:一是体现了教育机构和个人在选择外语语种时往往是根据自己的利益来进行的。二是反映了联邦政府和州政府不愿意也没有能力为了成人的外语学习而提供大量的财政或教学支持。[①] 美国联邦政府对高等学校的外语教育基本上是采取"放任自由"的政策,它没有制定任何"自上而下"的语言政策。[②] 因此,美国的大学生不学任何外语也能获得学士学位。此外,二年制的社区大学没有外语学习的要求。不过,75%的综合性大学和90%的博士授予机构有外语学习的要求(Huber 1992)。现在许多大学生选择外语学习是把外语学习作为整个职业生涯培训的一部分,他们意识到现在的国际经济和政治需要学生掌握某些外语。在硕士阶段,许多教学项目都是把外语与国际商务结合在一起,并不是因为美国政府相关政策的转变,而是由于商务世界一直在变化,变得越来越国际化,例如,《北美自由贸易协定》(NAFTA)刺激了美国的外语学习。[③]

(1) 美国现代语言协会的调查结果

美国现代语言协会近期在美国教育部的资助下进行了有关美国外语学习的调查。结果发现,美国高校自2002年后语言学习的兴趣开始大范围地大幅度地提高。"美国2006年秋季高等教育外语招生调查"(见表7-4)发现,美国校园里开设的主要外语课程的招生量都在增加。根据调

[①] McGroarty, M. 1997. Language Policy in the USA: National Values, Local Loyalties, Pragmatic Pressures. In W. Eggington & H. Wren(eds.). Language Policy: Dominant English, Pluralist Challenges. Philadelphia: John Benjamins Publishing Company, p. 83.

[②] Roca, A. 1999. Foreign Language Policy and Planning in Higher Education: The Case of the State Florida. In T. Huebner. & K. A. Davis(eds.). Sociopolitical Perspectives on Language Policy and Planning in the USA. Amsterdam/Philadelphia: John Benjamins Publishing Company, p. 297.

[③] McGroarty, M. 1997. Language Policy in the USA: National Values, Local Loyalties, Pragmatic Pressures. In W. Eggington & H. Wren(eds.). Language Policy: Dominant English, Pluralist Challenges. Philadelphia: John Benjamins Publishing Company, p. 82.

查,美国校园里最流行的三门外语是西班牙语、法语和德语。这三门语言在学校开设的所有外语语种中所占的比例达70%多。不过,近来由于人们对阿拉伯语(增长126.5%)、汉语(增长51%)、韩语(增长37.1%)等语言越来越感兴趣,学习这三大传统语言的人数有所下降。

表7-4 2006年美国高校外语学习情况表

序号	语言	总招生人数	语种招生人数比率	2002年以来的变化
1	西班牙语	822985	52.2%	+10.3%
2	法语	206426	13.1%	+2.2%
3	德语	92264	6.0%	+3.5%
4	美国手语	78829	5.0%	+29.7%
5	意大利语	78368	5.0%	+22.6%
6	日语	66605	4.2%	+27.5%
7	汉语	51582	3.3%	+51.0%
8	拉丁语	32191	2.0%	+7.9%
9	俄语	24845	1.6%	+3.0%
10	阿拉伯语	23974	1.5%	+126.5%
11	古希腊语	22849	1.4%	+12.1%
12	圣经希伯来语	14140	0.9%	−0.3%
13	葡萄牙语	10267	0.7%	+22.4%
14	现代希伯来语	9612	0.6%	+11.5%
15	韩语	7145	0.5%	+37.1%
16	其他语言	33728	2.1%	+31.2%
	总计	1577810	100%	+12%

(资料来源:Foreign Language Enrollment in Higher Education Increases. *The Language Educator*. Jan. 2008. Vol. 3 Issue 1. p. 8)

(2) 美国"门户开放"组织有关外语的统计结果

根据美国"门户开放报告"(Opendoors Report)的统计,美国2005—2006学年到海外学习的学生总数是22.3534万人,2006—2007学年则有24.1791万人。[①] 其中学习外语的人分别是1.7547万和1.7306万人(见表7-5)。在2006—2007学年中,虽然出国学习外语的人数似乎减少了1.4%,但这只是暂时现象,这不能代表美国出国学习外语的发展势头。在美国政府的一些外语学习计划刺激下,从2007年秋季开始,美国出国学习外语的人数又开始增长。

---

① 美国"门户开放"组织,http://opendoors.iienetwork.org。

表 7-5 美国近年学生出国学习外语专业情况一览表(单位：人)

专业	2005—2006 学年		2006—2007 学年		变化率
	出国人数	占出国总数的比率	出国人数	占出国总数的比率	
外语	17547	7.8%	17306	7.2%	1.4%

(资料来源：Opendoors 2008 Fast Facts from http://opendoors.iienetwork.org)

表 7-6 美国近年学生留学的十大目的国一览表(单位：人)

排名(以07年为标准)	留学目的国家	留学国家语言	2005—2006 留学人数	2006—2007 留学人数	占总数比率	变化率
1	英国	英语	32109	32705	14.6%	+1.9%
2	意大利	意大利语	26078	27831	12.5%	+6.7%
3	西班牙	西班牙语	21881	24005	10.7%	+9.7%
4	法国	法语	15602	17233	7.7%	+10.5%
5	中国	中文	8830	11064	4.9%	+25.3%
6	澳大利亚	英语	10980	10747	4.8%	−2.1%
7	墨西哥	西班牙语	10022	9461	4.2%	−5.6%
8	德国	德语	6858	7355	3.3%	+7.2%
9	爱尔兰	英语	5499	5785	2.6%	+5.2%
10	哥斯达黎加	西班牙语	5518	5383	2.4%	−2.4%

(资料来源：Opendoors 2008 Fast Facts from http://opendoors.iienetwork.org)

从表 7-6 来分析,美国学生青睐的十大留学目的国中,除了英国、澳大利亚和爱尔兰没有语言障碍外,其他七个国家是讲意大利语、西班牙语、法语、德语和汉语的国家。这一结果与美国外语教学委员会有关美国外语教学的调查结果非常吻合,前面四种欧洲语言正是美国学生最喜欢,也是提供教学最多的外语。汉语则是美国发展势头最快的外语之一,其增长率达 25.3%,这正反映了美国的"中文热"现象。

5. 美国社会对外语教育的需求情况

美国《高等教育法》第 6 条是关于美国外语教育与国际研究的问题,美国国会在 2005 年 5 月 23 日对该法进行了修改,国会就外语教学与社会需求问题做了报告,[①]该报告指出美国社会,特别是美国政府机构急需大量的外语人才。其具体数据如下：近年来,美国联邦政府对外语的需求骤然增长,原因是更加广泛的安全威胁,新民族国家的出现以及美国经济的全球化;美国企业越来越需要具有跨文化国际经历的人员来参与经济全球化,以及管理文化多样化的员工;2005 年美国联邦政府的 70 个机构共需要熟悉外语的员工达 3.4 万人;美国联邦政府机构的官员说,这些年来,外语人才的短缺负面地影响到这些机构的工作,阻碍了美国军队、

① 109th CONGRESS, http://www.theorator.com/bills109/s1105.html.

法律、情报、反恐以及外交等方面的工作;据2002年美国财务总署(General Accounting Office)报道,美国军队报道说在六种关键语言(阿拉伯语、中文、朝鲜语、波斯语、现代波斯语和俄语)中就有五种语言出现外语人才荒;2003年"外语学习"和"地区研究"专业奖学金比历史上最高的1967年的要少30%;在2000—2001学年,本科生中获得外语专业学位的人数仅占毕业生总数的1%,硕士学位中占0.5%,博士学位中占1%;2004年"全国学生情况调查"发现,只有三分之一的本科生选修了外语课程,11%的学生到过海外学习;根据美国教育委员会(American Council on Education)的调查结果显示,在调查中有一半的学生在2000—2001学年中选修了不少于一门有关国际研究的课程,但是选修外语的人数没有增加。

(二) 美国的中文教育

中文是美国社会中的第三大语言(仅次于英语和西班牙语),美国有大约200万的中文使用者,占美国总人口的0.77%左右。① 但是,在这200万的中文使用者当中,85%都是华人华裔。不过,随着中国综合国力的上升,世界上兴起了一股"汉语热",美国也出现了"中文热"。在此仅举几例以便管中窥豹。2007年1月9日美国《密尔沃基卫报》报道:"威斯康星州密尔沃基语言学校今年增加了中文作为部分浸没式教学的课程。马歇尔—蒙台梭利国际文凭(IB)中学开始设立中文课程。密尔沃基中文学院拟在秋季开学时,为四岁儿童开设每天至少半个小时的中文教学课程。"② 2008年2月7日中国农历年时,美国推出英汉双语动画片《你好,开兰》(Ni Hao,Kailan),让儿童学习汉语。③ 美国亚洲协会中文教育执行长王淑涵博士说:"现在美国人对中文学习的兴趣之浓和渴望之强是史无前例的。我们对美国的中文教师情况非常了解。每天我们都接到许多电话和电子邮件。他们都是说:'我们将开设中文课,您能提供帮助吗?'"王博士太忙而无法逐一回复,所以她只好通过网络来提供常遇问题的解答。④

1. 美国中小学的中文教学

根据美国现代语言协会⑤的统计,2000年美国有大约5000名中小学生在学习中文,但是,现在大约有5万名中小学生在学习中文,大学生则超过5.1万名。自2002年以来,美国学习中文的增长率是51%。美国外

---

① *Number and Percentage of Speakers per Language in the Entire US*,http://www.mla.org/map_single.
② *Milwaukee Journal Sentinel*,Jan. 9,2007.
③ 《人民日报海外版》,2008年3月21日。
④ *San Jose Mercury News*,Jan. 2,2007.
⑤ Cutshall,S. *Strong Partnerships:Support Chinese Language Learning*. *The Language Educator*. Jan. 2008. Vol. 3 Issue 1:48.

语教学委员会于2000年做过一个全美外语学习的问卷调查,结果显示:在美国公立中小学中,2004年只有200余所学校的2万名学生学习中文,但到2006年已经分别达到了600多所学校的5万名学生学习中文。①2003年,以中文列入美国大学理事会的"大学先修课程"或"AP课程"(Advanced Placement Programme)课程为标志,中文教学在美国取得了重大进展。该项目的启动,标志着中文课程将更加广泛地在美国高中得到推广,并带动美国中小学和大学的中文教学的发展。AP中文课程于2006年开始授课,2007年开始举办考试。2005年3月18日,中国驻美使馆公使衔教育参赞刘川生代表国家对外汉语领导小组办公室与美国犹他州教育厅长签署了关于在中文教学领域开展合作的谅解备忘录。犹他州是美国第一个通过立法在公立学校开设中文课的州,备忘录的签署将为犹他的中小学生提供学习中文、接触中国历史文化的机会。

美国计划到2015年有5%的高中生学习中文。因此,美国要加大与中国教育部的合作,进行教师和教材方面的交换,促进美国的中文教育和中国的英语教育;增加从小学开始提供中文教学的学校数量;培养合格的中文教师;使用教学软件和远程教育方式来增加中文学习的渠道。②

2. 美国大学的中文研究与中文教学

美国汉学开始于1840年以后新教传教士的入华,入华传教士卫三畏返回美国后创立了耶鲁大学汉学系,从此拉开了汉学研究的序幕。美国的"汉学"叫"中国研究",19世纪哈佛大学所创立的"哈佛燕京学社"在美国汉学史上具有重要的地位和影响。美国现在为国外汉语研究中的第一大国,研究机构从第二次世界大战的5所增长到200所左右,职业汉学家1000余人,每年的中国学博士生约有1000人。③

20世纪70年代,美国700所大学中约三分之一的大学开设中文课程,各大学学习中文的学生在60年代约1800人,到70年代初增加到5000人。讲授中国学课程的专职教授有600人。④ 2006年美国制定了"国家安全语言计划",建立了以国家安全为目标的"国家旗舰语言项目"。现在设立了八个关键语言的旗舰项目,其中中文旗舰项目由美国杨柏翰大学(BYU)承担。该项目主要培养高水平的中文人才。另外,美国弗里曼基金(Freeman Foundation)资助美国六所大学培训中文教师。这六所大学是乔治·梅森大学、纽约大学、莱斯大学(Rice)、罗格斯大学(Rutgers)、夏威夷大学和宾夕法尼亚大学。⑤

---

① 涵宇:"汉语加快走向世界是件大好事",《中国教育报》,2007年3月17日。
② *Education in China:Lesson for U. S. Educators*, p.19.
③ 青草:"美国的'中国学研究'",《中国教育报》,2007年3月31日。
④ 转引何演,许光华:《国外汉学史》,上海:上海外语教育出版社,2002,第426页。
⑤ www.askasia.org/chinese/programs/teachers/Freeman_Teacher_Prep.htm。

3. 美国学习中文的原因分析

美国大学理事会(College Board)主席开普顿(Caperton)[①]说:"中国将是美国的主要同盟国,也是美国的主要竞争对手。我们相互之间越了解,我们相互之间就越能沟通,我们相互之间就会有越多的机会从事和平和繁荣之事。展望未来,学习外语对于我们大家都是非常重要的。"事实上,美国人学习中文的原因千奇百怪,有政府从国家安全的高度提出的缘由,也有百姓从实用角度提出的原因,还有学生从实践感悟的维度提出的理由。以下是美国三个组织调查分析后总结出的理由:

(1) 美国亚洲协会(Asia Society)[②]所总结出的中文学习理由

中国的和平崛起展现出新的经济、政治和社会面貌,为此,美国需要在各个层面加强与中国的交往和合作,交往和合作的基础就是要培养许多懂中文的美国人;中国经济的巨大增长为美国的商业带来了许多机会和提出了许多挑战,从1978到2002年,中国的年均GDP都在9.4%,是世界平均增长速度的三倍;中国是美国商品和服务的一个巨大市场,也是美国制造业和消费品的重要提供者,2004年中美贸易额超过2450亿美元,仅次于美国与加拿大和墨西哥的贸易总和;中国在亚太地区的政治地位越显重要,特别是9·11事件以后,美国在反恐、核扩散、朝鲜问题和环境问题等方面都需要中国的合作;中国具有悠久的历史,灿烂的文化,中国在文学、烹饪、音乐、电影、舞蹈、艺术、宗教、哲学、绘画等方面都有深厚的底蕴,丰富的遗产;中文是联合国的官方语言,是世界上使用广泛的语言之一,中文除在中国使用外,还在印度尼西亚、泰国、马来西亚、新加坡、文莱、菲律宾和蒙古等国家使用。

(2) 全美中小学中文教师协会(CLASS)[③]所总结出的中文学习理由

中国有近14亿人,是世界人口最多的国家,中文的使用者有10亿之多,世界上每五个人,就有一个是说中文的,中文(从使用人数说)是世界上头号语言;中国大陆和台湾、印度尼西亚、泰国、马来西亚、文莱、新加坡、菲律宾和蒙古等国家和地区都使用中文;中国具有五千年的历史,是世界上最古老的文明国家之一;中国是世界上第二大经济体,掌握中文将会给学生在未来的全球经济中增添竞争力;中国是美国最大的贸易伙伴之一;许多美国公司,如摩托罗拉、可口可乐和福特公司在中国都有业务;掌握中文将是择业中的一个优势,商务对中文的需求与日俱增;美国《新闻周刊》2006年5月有篇文章说:"在美国本土,中文已经超过法语、德语和意大利语,成为继英语和西班牙语之后的第三大语言";中国在国际事

[①] Cutshall, S. *Strong Partnerships: Support Chinese Language Learning*. The Language Educator. Jan. 2008. Vol. 3 Issue 1: 49.
[②] 美国亚洲协会, http://www.askasia.org/chinese/whychinese.htm。
[③] 全美中小学中文教师协会, http://www.classk12.org。

务中担任着重要的角色,而且该角色还将继续下去;美国学生学习中文可以掌握并欣赏中华文化和历史;学习二语有助于开发人的批判性思维和创造性思维。

(3) 美国俄亥俄大学所总结出的中文学习理由①

这些理由都是收集于学习中文的美国学生,他们没有大道理,却道出了儿童的外语学习心理。理由如下:

第一是中文简单有趣:"汉字具有艺术性,锻炼大脑。例如'危机'就是'危+机'。""中国文化是世界上最古老的文化之一。""只要掌握1000个常用汉字,就能认识报刊上90%的汉字。""中文是我上过的课程中最有趣的课。""大家相聚说中文、庆祝中国节日、做中国食品、看中国电影。中国食品好吃,中国人友好。"

第二是中文魅力无穷:"中文是特别的语言。我的朋友会几种语言,但是他们却羡慕我会中文。""在申请重要岗位时,简历上写上'懂中文'是一个优势。""中文是使用人口最多的语言。"中文没有以下复杂的语法现象:动词的形态变化、词汇的阴阳性、形容词和副词的比较级和最高级、冠词的选用、数词与名词的一致性(如"五本书",其中的"书"无需像英语一样变成复数)、数词的复杂表达(如中文的"20"就是"2"和"10",中文的星期和月份表达简单,而英语的表达却更复杂)。此外,中文没有大小写之分。

第三是中文实用性大:"学好中文有利于到中国旅游。""懂中文的商业人士需求量猛增。""到中国教授英语市场巨大。""中国在将来的国际事务中将担任重要角色,中国人口多,中国对外开放,就职机会多。"

二、全球化时代美国的外语教育政策

(一) 美国在全球化时代之前的外语教育政策简要回顾

1. 1958年美国颁布的《国防教育法》

1957年,当前苏联第一个人造卫星"Sputnik"上天后,美国朝野震惊,顿时感到美国落后于前苏联了。当时在任的总统艾森豪威尔立即组织班子调查研究美国落后于前苏联的原因,发现关键是美国在教育制度上落后于苏联,具体表现在数学、自然科学和外语三门学科上。为此,在总统领导下专门成立了一个外语教育咨询委员会,为总统出谋划策。美国1958年通过了《国防教育法》(The National Defense Education Act),《该法》倡导教育改革:中学课程改革,制定了各科新的教学大纲,编出了新的教科书,其中就包括外语科目。《国防教育法》规定政府要为大学培训外语教师提供资金,再次培训时集中在提高外语的听说能力,这样学生就

---

① 美国俄亥俄大学,http://oak.cats.ohiou.edu/~tao/why.htm。

可以用外语与目标语国家的人交流。

2. 1979年推出的《美国总统委员会关于外语和国际研究的报告》

20世纪70年代末,美国总统委员会研究了美国的外语教育和国际教育问题,并在1979年推出《美国总统委员会关于外语和国际研究的报告》。该报告指出,90%的美国人不会说和阅读或理解外语,全国外语技能的缺乏已经成为一个严重的趋势。《报告》呼吁加强美国的外语教育以便增强美国在全球经济中的竞争力。

(二) 全球化时代美国的外语教育政策

美国政府意识到外语教育在全球化时代的特殊作用,于是制定了一系列的外语教育政策,并为这些计划或项目提供资助。现把美国近期一些主要的外语教育政策简述如下:

1. "外语援助计划"

1988年美国政府制定了"外语援助计划"(the Foreign Language Assistance Program)。该计划是美国《中小学教育法》第5条的内容,旨在为美国中小学设立外语教学项目而提供资金援助。

2. 外语教师专业标准运动

20世纪80年代末,美国教育界开始了一场教师专业标准运动。美国的四大全国性教师专业标准[①]机构陆续制定了外语教师在不同教学生涯中的教师专业标准。例如,"美国国家教师专业教学标准委员会"(NBPTS)[②]制定的《美国外语教师专业标准》的"导言"中说:"学习一种外语和外国文化就是为将来做好基本准备。美国在经济、社会、政治和文化等方面都不可能脱离世界。21世纪的公民想要加入环球社区、进入国际市场和住入世界小区,学习外语并获得外国语言和文化的洞察力,这是必不可少的。美国必须把会说外语并了解外国文化的美国公民看做是国家的财富。"

3. "小语种"教育计划[③]

美国的"小语种"是指除了美国四大外语——西班牙语、法语、德语和意大利语之外的外语。由于美国人的传统外语学习观念和"小语种"教师的匮乏,这些"小语种"是美国各级学校不教或很少教的语言。全美大约91%的学生都选择西班牙语、法语、德语和意大利语,只有约9%的学生学习这些"小语种"。而且,即使选修了这些"小语种"的美国学生,他们的外语水平也还很低。美国政府和学界逐渐认识到这些"小语种"在21世

---

① 美国全国教师教育认证委员会(NCATE)、美国州际新教师评估与支持联合会(INTASC)、美国国家教师专业教学标准委员会(NBPTS)和美国优质教师证书委员会(ABCTE)。

② NBPTS. World Languages Other than English Standards. From http://www.nbpts.org/the_standards.

③ http://www.councilnet.org.

纪对美国的政治、外交、经济和军事等都很重要。于是,1990年在福特基金会的资助下和美国国家外语研究中心(NFLC)的大力支持下,成立了国家小语种委员会(NCOLCTL),总部设在威斯康星大学麦迪逊分校(UW-Madison),该委员会定期举行年会,现在还开发了CouncilNet网上服务:为学生、教师提供语言、文化以及语言教育政策等方面的问题解答。该计划近几年发展迅猛,在美国校园里"小语种"的数量从2002年的162种发展到2006年的204种,增长了55.9%。提高幅度最大的是中东语言和非洲语言。但是,大多数学生的"小语种"水平还处在初级阶段。①

4. "国家安全教育计划"

1991年,根据《国家安全教育法》,美国政府制定"国家安全教育计划"(NSEP)。该计划的使命是培养国民对外国语言文化的理解能力,从而提高美国的经济竞争能力,加强国际合作和国家安全。政府要为此提供奖学金、助学金和发展资金等资源。

5.《外语学习标准:为21世纪做准备》②

1993年美国政府资助美国外语教学委员会(ACTFL),美国法语教师协会(AATF)、美国德语教师协会(AATG)、美国西班牙语和葡萄牙语教师协会(AATSP)等几个机构历经三年共同完成了《外语学习标准:为21世纪做准备》(Standards for Foreign Language Learning:Preparing for the 21st Century)。该标准的核心就是学生在学习外语时要掌握5C:交流(communication)、文化(cultures)、连接(connections)、比较(comparison)和社区(communities)。《标准》的制定目的就是为了在全球化时代美国学生能够"在多元化的国内外成功地进行交流","所有的学生能习得并保持使用英语和至少一门外语的能力"。③

6. 外语类"大学先修课程"④

2003年美国大学理事会增加了外语类"大学先修课程"。这些外语包括中文、日文、俄语和意大利语。所谓"大学先修课程",是指让优秀的高中生选修相当于大学一年级或二年级程度的课程。"大学先修课程"成绩不仅可以作为申请大学的有效证明,还可以直接抵大学的学分。"大学先修课程"可以促进美国中学生以及教师和家长对这些外语的重视,其影响力很大。

---

① Cutshall, S. *Strong Partnerships: Support Chinese Language Learning*. The Language Educator. 2008. Vol. 3, No. 1: 48.

② 美国外语教学委员会,http://www.actfl.org/files/public/standardsforLLLexecsumm-rev.pdf。

③ Statement of Philosophy of Standards for Foreign Language Learning。

④ 美国大学理事会,http://www.collegeboard.org。

7. "全国语言大会"①

2004年6月,美国国防部和马里兰大学高级语言研究中心联合主办了"全国语言大会"(the National Language Conference),出席会议的有联邦政府和州政府、企业领导、学界权威和语言专家等。会议的目的是"要通过提高外语能力增进美国对世界文化的了解和尊重,改善美国在全球的领导地位"。会议共同讨论了美国如何在21世纪满足国家的语言需求,寻找国家外语发展战略,并于2005年1月发布了《全国语言大会白皮书》。

8.《国际教育和外语教育法》

2005年美国通过了《1965年高等教育法第6条:关于国际教育和外语教育的修正案》,《高等教育法第6条》指出:在复杂的全球化时代,美国的安全、稳定和经济活力都依赖于美国专家对世界地区、外语和国际事务的扎实研究以及民众对这些领域的熟悉。②

9. "国家安全语言计划"③

2006年1月5日,美国国务院、教育部、国防部联合召开全美大学校长国际教育峰会,美国前总统布什在会上发起"国家安全语言计划"(National Security Language Initiative),并拨款1.14亿美元资助以国家安全为目标的国家旗舰语言项目——"关键语言"教学。"关键语言"主要是指对美国政治、经济和军事等方面很重要的国家或地区的语言,这些语言主要是亚洲和中东地区的语言。美国政府提供关键语言奖学金,每年选拔派送高中生、本科生和研究生到海外学习关键语言。2006年,有40名学生获得机会到海外学习以下六种语言:阿拉伯语、孟加拉语、印地语、旁遮普语(Punjabi)、乌尔都语和土耳其语。2007年,名额增加到145人,语言也增加了汉语、朝鲜语、俄语、波斯语。2008年在学生名额和语种方面都保持不变。2009年增加了阿塞拜疆语(Azerbaijani),学生名额增加到505个。2010年增加了印尼语和日语,学生总数达到572人。

"国家安全语言计划"有三大目标:一是扩大美国掌握国家"急需语言"(critical need languages)的人数,其培养要从娃娃抓起。二是增加高级外语人才数量,特别是高级关键语言人才的数量。三是增加外语教师的数量,并为他们提供更多的外语教学资源。

---

① 全国语言大会,http://www.nlconference.org。
② Brecht, R. D. & Rivers, W. P. 2000. *Language and National Security in the 21st Century: The Role of Title VI/Fulbright-Hays in Supporting National Language Capacity*. Dubuque, Iowa: Kendall/Hunt Publishing Company, p. 2.
③ 美国国务院,http://exchanges.state.gov/NSLI/。

10.《创领导全球之能力的教育：国际教育和外语教育对美国经济和国家安全的重要性》

美国经济发展委员会(CED)是一个非盈利无党派的政策研究机构。2006年,该委员会制定了《创领导全球之能力的教育》计划,并得到政府的批准,现拟将之定为《创领导全球之能力的教育法》(Education for Global Leadership Act)。该计划要求政府提供足够的资金使美国的中小学实现教学设施现代化和教学内容全球化,同时还要协助各州和学区设计与国际教育和外语教育相关的课程。

该计划对美国的外语教育政策制定者提出以下三条建议：学校课程中必须包含国际内容的知识,以便加强美国各个阶段的学生对外语和外国文化的学习;扩大美国解决外语人才紧缺的渠道;国家政界、工厂企业、慈善部门、媒体机构应该给公众宣传外语学习和国际研究的重要性。

11.《为国家安全和美国竞争力教授外语》[①]

美国教育部协同美国国务院、国防部和国家情报局于2006年1月通过了《为国家安全和美国竞争力教授外语》(Teaching Language for National Security and American Competitiveness)项目,该项目是在布什的"国家安全语言计划"之下提供资助金和培训外语教师。

12. 美国有些州近年来增加了外语学习的要求

例如,亚利桑那州教育厅规定,学区在2000年之前要为所有年级的学生配备外语课。宾夕法尼亚州规定,中学生毕业时外语要达到流利的程度。北卡罗来纳州要求从幼儿园到五年级(K—5)的所有学生必须学习外语。[②]

三、美国外语教育政策制定的主体

（一）美国联邦政府外语教育政策制定的主体

由于美国《宪法》将教育权授予了各州州政府和地方政府,因此,美国联邦政府机构只有通过各种法律和基金项目或资助计划来实施其外语教育政策。另外,美国联邦政府在制定和实施这些教育项目或计划时,往往是几个联邦政府机构协同进行,例如国务院、教育部和国防部经常一起实施某些外语教育计划。这些机构既可以制定外语教育政策,也可以提供高端外语培训。

1. 美国国务院

美国国务院下设几个机构都负责美国联邦政府发起的外语教育政策

[①] http://www.apecneted.org/resources/downloads/teaching-language.pdf.
[②] Cited from Ricento, T. 1996. *Language Policy in the United States*. In M. Herriman & B. Burnaby(eds.). *Language Policies in English-Dominant Countries: Six Case Studies*. Philadelphia: Multilingual Matters Ltd., p.149.

的制定和实施。

（1）美国外交服务学院[①]

美国外交服务学院（Foreign Service Institute）是属于美国国务院下属的语言培训机构。虽然其培训对象主要是政府机构的工作人员，但这些工作人员及其研究成果影响巨大，这必然要影响到美国的外语教育政策的制定和实施。例如，美国外交服务学院曾经对说英语的人学习各种外语所需要的时间长度以及这些外语的相对难度做了划分，把这两者结合在一起划分出以下四组外语（见表7-7）。

表7-7 美国人外语学习难易度表

难度（由易到难）	语言	平均所需课时（达到 2^+ 水平）[②]
第一组	阿非利加语、丹麦语、荷兰语、法语、德语、海地语、克里奥尔语、意大利语、挪威语、葡萄牙语、罗马尼亚语、西班牙语、斯瓦希里语、瑞典语。	24周（720小时）
第二组	保加利亚语、达利语、希腊语、印地语、乌尔都语、印度尼西亚语、马来语。	38周（1140小时）
第三组	阿姆哈拉语、孟加拉语、缅甸语、捷克语、芬兰语、希伯来语、匈牙利语、高棉语、老挝语、尼泊尔语、菲律宾语、波兰语、俄语、塞尔维亚语、克罗地亚语、僧加逻语、泰语。	44周（1320小时）
第四组	阿拉伯语、汉语、日语、韩语。	65周（1950小时）

（资料来源：徐大明等：《当代社会语言学》，中国社会科学出版社。1997年，第165页。）

这个表或多或少地影响或指导着美国相关机构、学校或个人的外语选择、外语教学和外语学习。例如，"美国州际新教师评估与支持联合会"（Interstate New Teacher Assessment and Support Consortium）[③]制定的入职外语教师专业标准和美国国家教师专业教学标准委员会（NBPTS）制定的优秀外语教师专业标准都是根据外语的不同难度而提出不同的标准：罗曼语（如法语、德语、意大利语和西班牙语）教师要能用目标语进行各种交际活动，能积极参与各种有关生活和学习话题的正式的或非正式的会话；古典语（拉丁语和希腊语）教师要能看懂和解释各种文学体裁的原文，尽管不要用目标语进行面对面的交流，但是教师要能够正确地阅读

[①] http://www.fsi-language-courses.com.
[②] 2^+ 水平就是介于起码的专业外语水平和能用专业外语进行工作的水平。
[③] http://www.ccsso.org/projects/Interstate_New_Teacher_Assessment_and_Support_Consortium/.

用古典语书写的散文和诗歌等文学作品,能用目标语就各种课文进行理解方面的提问,能准确地书写和简单的人际交流;使用非罗马字母的语言的教师(如阿拉伯语、希伯来语和俄语)和使用方块字的语言的教师(如汉语、日语)需要具备与罗曼语外语教师同样的听说语言能力。而在阅读方面,新教师能够看得懂个人兴趣方面的文字材料(如书信、手册和新近书写的文章等),能够看懂不同时段书写的散文、诗歌和新闻的主要意思。在写作方面,新教师能就自己熟悉的话题用目标语书写简单的短文,能用目标语做笔记以及回答个人问题。

(2)美国国务院教育文化事务局

美国国务院下属的"教育文化事务局"(Bureau of Educational and Cultural Affairs)监督美国政府主办的各种学术交换项目。由于其监管的项目种类繁多,在此先介绍如下几种主要的项目:第一,本杰明·A.基尔曼国际奖学金项目(the Benjamin A. Gilman International Scholarship Program),该项目为两年制或四年制的本科生提供海外学习奖学金,每年资助200名学生在"关键语言"国家学习。第二,关键语言奖学金项目(the Critical Language Scholarship Program),这是由美国国务院和教育文化事务局主办、美国海外研究中心委员会(the Council of American Overseas Research Centers)承办。该项目是"国家安全语言计划"的一部分,是美国多部门共同努力的结果,旨在扩大美国掌握关键语言的人数。该项目没有学生学完后一定要为政府部门服务的要求,但是期望参与者归国后继续学习这些关键语言,并希望他们在今后的学术和专业工作中应用这些关键语言。所有这些项目只有美国公民才有资格。第三,富布莱特美国学生外语提高项目(Fulbright U. S. Student Program Enhancement),它为学生提供六个月以上的海外关键语言强化学习机会。第四,美国青年暑期语言学院项目(Summer Language Institutes for American Youth),该项目的目的是为了提高美国人与中国人、印度人、朝鲜人、俄罗斯人、土耳其人和阿拉伯人的交往能力;培养美国具有高级语言技能并了解对方文化的骨干队伍,促进美国与外国的国际对话,保证美国的安全,加强美国的全球经济竞争能力;为外语的学习和使用提供有形的刺激。① 第五,美国中学生暑期语言强化学院项目(Intensive Summer Language Institutes for High School),它为美国中学生提供6—8周海外暑期关键语言的学习。例如,2006年,46名美国中学生在北京学习汉语,在开罗、安曼学习阿拉伯语。2007年,该项目把留学生数量扩大到130名,2008年学生数目则更大。第六,大学生暑期语言强化学院项目(Intensive Summer Language Institutes),该项目为美国大学生和研究生参

---

① http://exchanges.state.gov/education/rfgps/menu.htm.

与海外暑期语言强化学习提供奖学金。如2006年,有167名学生获得奖学金,他们到海外学习的外语(阿拉伯语、印度语支的众多语言和土耳其语)有初级、中级和高级三个级别。2007年363名学生获得海外学习外语的机会,语种增加了汉语、朝鲜语、俄语和波斯语。2008年有500名学生到海外学习外语,语种进一步扩大。

2. 国防部

美国国防部拥有许多外语教学和外语理论方面的专家,他们经常与国务院和教育部联合制定联邦政府的各种外语教育政策。美国国防部也拥有庞大的外语教学机构,例如,美国国防语言学院(Defense Language Institute)、美国空军学院外语处(Department of Foreign Languages, The United States Air Force Academy)和美国国防部国防情报机构(Defense Intelligence Agency)。其中美国国防语言学院师资最强,它为美国国防部、联邦机构以及其他形形色色的客户提供各种语言和文化的教学。自2007年起,该学院开设了以下近25种语言的教学:南非荷兰语(Afrikaans)、阿拉伯语、达利语(Dari)、①中文、法语、德语、希腊语、印地语、希伯来语、意大利语、日语、韩语、克曼尼语(Kurmanji)、普什图语(Pashto)、②波斯语(Persian)、葡萄牙语、俄语、索拉尼库尔德语(Sorani Kurdish)、塞尔维亚—克罗地亚语(Serbo-Crotian)、西班牙语、他加禄语(Tagalog)、泰国语(Thai)、土耳其语(Turkish)、乌尔都语、乌兹别克语(Uzbek)。该学院有两个校区:加州蒙特利校区(DLI-Montery)和首都华盛顿校区(DLI-Washington)。

3. 教育部

美国教育部很少对全国各州的各类学校直接制定外语教育政策,因此美国教育部也没有专门负责管理全国外语教学的办公室。但是,美国教育部会通过相关的教育法(如《双语教育法》)和各种资助计划来实现自己的语言教育政策。

(二) 美国外语教育政策研究机构

"在美国,制定国家外语教学政策的工作依赖于非政府组织、私立团体或专业机构。"③语言政策研究机构做好前期的调查和研究工作后,制订出相关计划或政策草案递交给美国联邦政府的语言政策制定部门。联邦政府的语言政策制定部门再组织相关领域的专家学者以及利益相关者(stakeholder)进行论证修改,最后颁布实施。因此,美国这些语言教育政策的研究机构在美国的语言教育政策指定过程中还是有一定影响的。

---

① 在阿富汗使用的波斯语的一种变体。
② 阿富汗的官方语言以及巴基斯坦北部一些地区的语言。
③ Spolsky, B. 2004. *Language Policy*. Cambridge: Cambridge University Press, p.93.

1. 亚洲协会

亚洲协会成立于1956年,是一个无党派、非盈利的国际性的教育机构,它在中国上海和香港都设有分部。该协会的目的是加强亚洲各国与美国的相互了解和合作。推广亚洲语言和文化在美国的教育是亚洲协会的工作之一,其中还提供中文、日语和韩文的教学咨询和帮助,并研究或参与制定美国亚洲语言教育的政策。

2. 跨机构语言圆桌会议组织

"跨机构语言圆桌会议组织"(The Interagency Language Roundtable)是美国联邦政府层面的组织,但它无须联邦政府资助。对外语感兴趣的政府雇员能够一起讨论信息、分享信息、解决有关外语问题。成员主要来自美国联邦政府在首都华盛顿以及周边的机构与学术研究单位,但是他们的职业都与外语的使用有关。该组织信息灵通、研究领域广、影响范围大。

3. 各种外语教学组织

美国许多外语语种都成立了各自的教学或教师委员会,例如,美国外语教学委员会(ACTFL)、美国日语教师全国委员会(NCJLT)、美国意大利语教师协会(AATI)、美国德语教师协会(AATI)、美国国际教育委员会(ACIE)、美国俄语教师中央协会(CARTA)。全美中小学中文教师协会(CLASS)、中文教师学会(CLTA)、美国中文学校协会(CSAUS)。这些委员会促进了美国外语的教学,并为政府制定相关外语教育政策提供了第一手的数据,有时他们也参与相关政策的制订。这些组织中,以美国外语教学委员会(ACTFL)影响最大。

美国外语教学委员会是美国全国性的组织,它致力于扩大和提供全国各个层次的外语的教与学。现有成员9千多名,他们来自从小学到研究生阶段的教师和行政人员,还有来自政府和企业领域的成员。该委员会在满足语言专业人员的需求、提供外语教学的咨询与拓展、以及研究和制订美国外语教育政策等方面都贡献卓著。

4. 美国经济发展委员会[①]

美国经济发展委员会(CED)成立于1942年,是一个无党派、非盈利的公共政策组织,其成员主要由企业界的著名人士和大学领导构成,其宗旨研究美国的公共政策,特别是涉及到美国经济发展的公共政策。例如,该委员会认为美国的国际教育与外语教育政策影响到美国经济的国际竞争力,于是,美国经济发展委员会建议:学校课程中必须包含国际内容的知识。加强美国各个阶段的学生对外语和外国文化的学习。扩大美国解决外语人才紧缺的渠道:联邦政府鼓励各州以及当地学区小学提供基本

---

① http://www.ced.org.

外语教学,中学提供更多的高级外语教学;扩大中小学的外语教学规模,特别是要扩大关键语言的教学;增加外语教师的专业发展,利用祖裔语言社区的语言资源;鼓励高校开设外语专业,联邦政府要支持高级关键语言学习中心,提供贷款和奖学金等鼓励措施。国家领导、政治领导、企业、慈善、媒体应该给公众宣传外语学习和国际研究的重要性。

5. 各种基金会

美国的各种基金会非常多,著名的有卡耐基国际和平基金会、洛克菲勒基金会和福特基金会。这些基金会不但资助美国的英语国际推广(详情见本书第五章第三节),它们也资助美国的外语学习计划。例如,1958年美国颁布《国防教育法案》后,福特基金会在1959—1970年的11年中出资达2382万多美元。该基金会还制定大学研究现代中国的发展规划,推行吸收优秀汉学研究人才,改进汉语教学方法与条件,为社会科学设置汉语课程,推动各大学设置培训中国学专家的课程,开展中国问题研究以及推动学术研究研讨会的召开,出版文集、专著等。[①]

6. 各种国家层面的专门研究外语教育政策的机构

(1) 马里兰大学国家外语研究中心

美国马里兰大学"国家外语研究中心"(National Foreign Language Center),成立于1986年。其任务是促进提高美国人的外语能力,为美国提供语言政策和语言规划的研究结果;为联邦政府、州政府和地方政府的政策制定者服务;为对语言问题感兴趣的基金和非政府组织服务;为大学里院系的教育领导者和教师服务;为政府机构和学校的语言计划项目管理人员服务。

(2) 马里兰大学高级语言研究中心

马里兰大学高级语言研究中心(the University of Maryland Center for Advanced Study of Language)成立于2003年。它主要是为美国联邦政府实现提高国家语言能力的目标提供必要的研究成果,为国家对语言和文化的关键需求提供帮助。马里兰大学高级语言研究中心的根本使命是:研究语言,服务国家。该中心既从事基础研究,也从事应用研究;既从事战略研究,也从事战术研究。

7. 其他机构

美国应用语言学中心和现代语言协会除了积极参与英语国际推广的研究活动外(详情见本书第五章第三节),也从事美国的外语教学的理论和实践研究,为美国外语教育政策的制定提供理论参考。夏威夷大学的国家外语资源中心(National Foreign Language Resource Center)非常关注美国祖裔语言的教育。

[①] 转引何演,许光华:《国外汉学史》,上海:上海外语教育出版社,2002,第425页。

第四节 中美外语教育政策的比较

一、中国外语教育政策的评析

中国"在外语教育,特别是英语教育方面已取得了巨大进展。在庆贺这些成就时,我们仍应找差距,发现所存在的这样那样的问题,在更高的起点上前进"。① 中国的外语教育政策具有以下特点。

1. 外语教育政策不稳定,受政治因素影响过大

从1949年新中国成立到1978年中国开始实行改革开放政策的这段时间里,中国的外语教育政策不稳定,受政治因素影响过大,缺乏政策研究,政策制定缺乏长远性。例如,在短短的40年间,中国的外语教育政策表现出大起大落走向:重英语(1949—1951)→ 重俄语削英语(1951—1956)→ 恢复英语(1956—1966)→ 弃外语(1966—1976)→ 恢复外语与重英语(1976—至今)。

回顾这些外语教育政策,不禁让人感到叹息。政策不能像股票一样瞬间上下波动,政策的波动导致人心的不稳,这会对国家和个人造成巨大的浪费和损失。中国的外语教育历史已经充分地证明了这一点。中国"外语教育的大起大落,有不少是与外语规划有关的,如解放后小学不再开设外语课;中学要不要开设外语课时有争论;大学的外语系有不少下马;所开设的外语语种以俄语为主,大批英语老师改行教俄语;中苏关系恶化后,又改以英语为主,大批俄语老师又改行教英语,等等。所有这些都说明,我们国家应加强对外语规划的研究和讨论"。②

中国外语教育政策的不稳定是由于中国政治因素对外语教育政策的影响过大。政治风云变幻较多,语言教育政策肯定会受政治影响,但是语言教育政策不能完全跟着政治走,不能因领导人的更替而改变语言教育政策,也不能因为政治方向的改变而违背语言教育规律。可喜的是,中国在实行经济改革的同时,也正在进行政治体制改革,语言教育政策的制定正在向科学化和合理性方向迈进。

2. 中国外语教育政策过分强调全民学外语

这里的全民学外语是指中国所有的学生不管在什么学校都必须学习外语。经过三、四代人的发展以后不就是全部的人都学外语了吗?目前,中国的外语教育政策过分强调外语的学习。在中国的学校,不管什么年级、也不管什么专业,只要有考试,就要考外语(英语)。全民学外语具有以下明显的弊病。

---

① 胡壮麟:"对中国英语教育的若干思考",《外语研究》,2002年第3期,第2页。
② 同上。

第一,全民学外语容易造成人才的浪费。全民学外语迫使所有的学生都必须学好外语(尤其是英语)。中国有不少学生就是由于外语(英语)差而考不上大学或研究生,中国也有不少学生为了学好外语而耽搁甚至荒废了自己的专业。中国还有不少技术专业人员只因外语考试未能通过而无法晋升职称或因外语学习而耽误自己的专业发展。此外,中国只要一有什么世界性的活动,如奥运会、世博会,那真是全民学外语。学校就不用说,连售货员、出租车司机、街道的大爷大妈⋯⋯都在学简单的英语。活动一过大家就忘了,下次有什么活动,又来那一套。真是"费时低效",劳民伤财。这些活动缺乏长远规划和战略眼光。

第二,全民学外语不符合多元智力理论。美国哈佛大学的加德纳(Gardner)①提出了"多元智力理论"(Multi-intelligence Theory),该理论认为人的智力不是"一元"的,而是"多元"的。具体而言,智力包括以下七个方面:语言智能(linguistic intelligence)、音乐智能(musical intelligence)、数理逻辑智能(logical-mathematical intelligence)、空间智能(spatial intelligence)、身体运动智能(bodily-kinesthetic intelligence)、人际交往智能(interpersonal intelligence)和自我认识智能(intrapersonal intelligence)。智商高说明智能中七个方面的总和高,但是不等于七个智能一定都高,也许里面有某一项智能特低。如果一个人正好从事与这一特低智能有关的工作,那他的其他天赋就被埋没了,可以说是浪费了一个人才。反之,总体智商低的人在智能的七个方面也许有某一项智能特高,如果他的学习和工作与这一项智能有关,那他就会如鱼得水,学习和工作都得心应手,成绩斐然。也就是说,有些人的语言智能比其他智能差,因此学习外语很吃力。正如我们常说的:这个人有学习语言的天赋。其实就是说,这个人的语言智能强。因此,我们强调全民学外语(英语),所有的教育阶段都学外语(英语)有悖于上述理论。强迫语言智能低的人学外语必然会浪费他们的时间,打击他们的自信心,最后是泯灭他们的其他智能。从表面上看,强调全民学外语(英语)是给了每一个人同样的教育机会,是教育平等的表现。但从多元智能理论来看,其实这是一种隐性的教育不公平。试想我们能要求所有的学生从小学到博士研究生阶段都学习数学、化学、语文或音乐等课程吗?

第三,全民学外语会给本国的语言和文化构成威胁。中国全民学外语的教育政策在某种程度上还影响到中国的汉语教育(详情见本书第五章第二节)和少数民族语言的学习(详情见本书第六章第二节)。此外,语言的学习离不开文化的学习,也就是说,语言的学习过程就是一种文化的

---

① 吴志宏、郅庭瑾,《多元智能:理论、方法与实践》,上海:上海教育出版社,2003,第5页。

熏陶过程。王克非于2009年在上海外国语大学举办的"中国外语战略与外语教学改革高层论坛"上指出,如果中国每个人都学好了英语,那么每个人都接受英语国家文化和思想的洗礼,这会在一定程度上冲击中国本民族语言和文化的生存,会在意识形态上潜在地发生影响,我们应该对此保持清醒的认识。如果我们不加鉴别地过于宣扬西方语言和文化的优越性,这容易使一些涉世未深的年幼的外语学习者在精神世界里发生蜕变,从而直接冲击他们对祖国语言文化的认同,导致民族身份的缺失或丧失。

第四,全民学外语不符合中国的语言生活环境。中国是一个以汉语为主要生活语言,兼带一些少数民族语言和汉语方言的国家,语言的学习不能脱离生活,中国只有外语(英语)学习,但没有外语(英语)生活。在这样的语言环境下要所有的人都掌握外语的确是很难的,或者说代价是很大的。

3. 外语教育政策过分强调英语,忽视其他外语

中国的外语教育政策过分强调英语。中国的小学、中学和大学的外语教育其实就是英语教育。特别是在基础教育阶段,学生根本就没有其他语种的选择余地。所以,在一些中国人看来,"外语"和"英语"是同义词,其实这是由于现实造成的误解。中国在过分强调英语的同时,忽略了其他外语的教育。即使在中国的外语院校,中国也只有北京外国语大学一所高校提供语种较多的外语教学。其他的外语院校只有二十几种或十几种不等的语种,非外语院校的语种就更少了。从国家层面来说,这种外语教育难以满足一个泱泱大国在政治、经济和文化教育等方面的快速发展,而且也不利于大国的安全。从个体层面来说,这不能满足学生的各种外语学习需求,也不利于学生个体多样性的发展。

在全球化的进程中,中国在政治、经济、文化教育等方面都表现得非常主动积极。例如,在国际文化交流与合作方面,目前,中国与148个国家有文化合作协定,签署了50多个文化交流执行计划,与近千个国际文化组织和机构有着不同形式的文化往来,经文化部批准的对外文化交流项目每年约1600起、3.2万人次,呈现出新中国成立以来的最好局面。[①]此外,自改革开放以来,中国与世界上160多个国家和地区建立了教育合作与交流关系,有70多个国家的教育界副部长以上的高层领导200多人次来华访问,签署双边官方教育交流协议上百个。近年来,双边和多边的教育合作与交流呈现高层次、宽领域和务实的特点。不管是中国人走出国门还是外国人来到中国,这都表明中国的国际化程度越来越高。在这种国际背景下,扩大非通用语种的教育就显得非常必要和迫切。例如,

---

① 孟晓驷:"和谐世界历年与外交大局中的文化交流",《新华文摘》,2007年第1期,第113页。

2007年9月17日(星期一)上海卫视综合新闻频道的晚间新闻(18:30—19:00)报道:为迎接特奥会在上海的召开,为迎接来自世界各地的运动员,需要招聘懂小语种的志愿者,特别是西班牙语和阿拉伯语的志愿者。试想,在上海都缺乏这两个语种的人,在中国其他地方(除北京)就更缺了。

外语语种的过小会给国家的安全带来威胁。随着中国外交活动和国际交往的增加,中国需要跟更多国家和更多操不同语言的人打交道,因此,中国需要更多的外语语种的教育。可是,"我国目前的外语人才所能使用的外语语种,还远远不能满足我国外交和国际交往的需要,比如我国掌握阿富汗众多不同方言的外交人才就非常稀缺,我国掌握普什图语的人才比美国还要少。这样的稀缺很容易导致外交和国际交往的困难,比如我国在阿富汗工人被绑架问题,都需要我国有掌握这些语言的外交人员和专业人员,否则只能通过翻译进行外交活动,难以直接开展外交事务。"① 从国家的长远利益来说,"有的语种可能一时用不上,但不能因此忽视对这些语种的人才的培养。养兵千日,用兵一时。有些语种需要的人数即使很少,但也不能断线。"②

另外,中国是一个人口大国,也是一个教育大国,在众多的学生群体中,对外语的学习肯定也会有很多不同的要求,例如有些学生不喜欢学英语或者英语学得特差而想转学其他语种,有些学生由于家庭背景等原因而特别想学英语之外的某一门外语。总之,在提倡培养创造性人才的今天,学校应该提供更多的外语语种以便适应学生的不同需求,只有在教育的多样性环境中才能更容易培养出具有创造性的人才。

4. 缺乏对英语双语教学的科学理解和管理

为了提高中国人的英语水平,中国出现了双语教学。这种双语教学不同于我国少数民族的民汉双语教学,而是把英语作为教学语言在大、中、小学中教授其他课程。对于这种双语教学现象,人们见仁见智。但是,我们应该从以下三个方面来分析。第一,从教育政策和教育法规来说。中国的《国家通用语言文字法》和《教育法》等法律都明文规定,各类学校的教学媒介语是汉语。因此,各级教育主管部门制定双语教学的政策或鼓励开设双语教育的行为是值得商榷的。南开大学的马庆株等学者早就指出了这一点。第二,从教学资源来看,目前我国基本上不具备开展双语教学的师资。许多所谓的双语教师对英语的使用都存在许多问题:教师用英语讲不清;学生用英语听不懂或理解不透彻;英语阻碍了师生的

---

① 鲁子问:"美国外语政策的国家安全目标对我国的启示",《社会主义研究》,2006年第3期,第116页。

② 付克:《中国外语教育史》,上海:上海外语教育出版社,1986,第323页。

思维,于是师生的思维活动、语言表达和师生互动都受到影响。此外,配套的双语教学教材和参考资料也相当匮乏。在这种情况下,如果盲目上马的话只会带来许多负面影响。第三,从教学效果来看,全国普遍反映双语教学效果未能达到理想效果,学生除了英语稍有提高外,学科知识却大大地滞后,造成"捡了芝麻,丢了西瓜"的后果。

中国的外语教育水平一直受到社会各界的质疑,"费时低效"的标签像一张粘在鞋底的糖纸一样难以摆脱。许多人(包括从业人员和业余爱好者)都在寻觅"良方"。双语教学似乎成了大家的"救命稻草"。各类学校(包括幼儿园)都用"双语教学"作为金字招牌来吸引生源,学生家长一看见"双语教学"几个字仿佛是在沙漠中看见水一样心中充满了希望。可是,十几年过去了,人们发现"双语教学"也并非"良药"。于是,"双语教学"处在进退维谷的地步,有人甚至认为双语教育违背了中国《宪法》和《国家通用语言文字法》中规定学校要用汉语作为教学语言的条款。不过,我觉得这有些过于敏感。因为我们的双语教学只是手段,不是目的。双语教学是为了提高外语(英语)水平,节省外语学习的时间和精力。如果这是违法行为,那么外语专业的专业课以及非外语专业的外语课基本上都是用外语作为教学语言进行的,这又如何看待?还有,有些学校(尤其是大学)聘请外教来上非语言类的专业课,这些外教都使用外语教学,这又如何看待?现在课外流行使用"浸没教育"法(即学生的生活语言和学校语言全是外语)来教授外语,难道我们就不能借用吗?双语教学本身没有错,而且也是全球化背景下外语教学的发展趋势。问题是我们许多学校实施双语教学的条件还不具备,特别是双语教师的条件还不具备。

5. 中国的外语教育政策研究不足

胡文仲教授(2009)[①]总结了新中国六十年外语教育的成就与缺失。他认为:"我国一直没有相关的部门制定外语教育政策和长期的规划,唯一较长期的规划是1964年在国务院领导下制定的《外语教育七年规划》。外语教育政策是关乎我国政治、经济、外交、国防、教育、文化以及国际地位的大事,涉及语言规划和政策,长期以来我国没有相关的机构专门研究这方面的问题。"中国是个具有13亿多的人口大国,同一时期学习英语的人比美国的还要多。英语教学在中国不单是一门课的问题,它牵动了整个中国的教育,而且还影响到我们的民族语言和社会生活的其他方面,因此中国有必要对外语(特别是英语)的教育政策进行宏观的研究和规划。例如,张正东教授[②]认为:"中国13亿人口在一定时期之内究竟有多少人

[①] 胡文仲:"新中国六十年外语教育的成就与缺失",《外语教学与研究》,2009年第3期,第167—168页。

[②] 张正东:"我国外语教学必须与时俱进",《课程·教材·教法》,2005年第9期,第57—63页。

需用外语,为什么目的使用外语,采用什么方式,用到什么水平。这些情况是制定外语教育政策的基础。即使难做精确的统计,也要进行科学的评估。"中国有庞大的外语教师,也有众多的外语教学或培训机构,还有不少的语言教学、语言和文化以及语言学等领域的研究人员。但是,外语教育政策的研究人员却是寥若晨星。在外语教育中,其实许多教育问题归根到底还是外语教育政策的问题,政策好了,许多教育问题就自然消失了。但是,教育政策的科学制定需要以大量从各个维度和各个层面的研究结果为基础,而不是凭一两个政策制定者拍脑袋就能决定的。

6. 中国缺乏全国外语教育的统筹机构

虽然中国的小学、中学、大学都开设了英语课,但各个阶段的教材衔接性很差,例如,很多在中学阶段的基础知识在大学阶段还在不断重复,这很容易造成国家和个人在人力、财力和物力上的浪费。而大学阶段的外语教育分成外语专业和大学外语两大块,大学外语学习不能与学生的专业知识相结合,难以提升到一个新的高度。目前中国的外语教育不管是从横向上还是从纵向上都各有各的教学思想、教材体系和测试系统,大家很少互相切磋。胡壮麟[1]指出:"我们需要一个全国性、权威性的外语教学咨询机构,协调和统筹各个层次的外语教育,为政府提供咨询。我们国家现有两个外语教学指导委员会,一个是外语专业的,一个是大学外语的,其下按主要外语语种分组。譬如说,在外语专业教学指导委员会下有英语组,是主管有关英语专业教育的半官方机构。与此相应的有各个语种的教学研究会,如英语教学研究会和大学英语教学研究会。这些机构互相很少通气,铁路警察,各管一段,本何尝不可,无奈英语专业搞了一个四级和八级英语水平考试,大学英语则定期有四级和六级英语水平考试。这两种水平考试的可比度如何?没人研究。这使政府部门和企事业单位在招聘人员时感到无所适从。人们不禁提出,这两种考试能否统一呢?"

二、美国外语教育政策的评析

（一）全球化时代美国加强外语教育的原因剖析

美国加州教育厅指出,美国个人学习外语的主要原因有三个:丰富个人阅历、提高学术成就和增加商业机会。[2]但是,对于国家来说,美国加强外语教育的原因主要是出于以下四个方面的需要。

1. 经济竞争的需要

美国的经济是全球性的,它在进出口方面的国际依赖性都很强,全球化也给美国经济带来了前所未有的竞争压力。发达国家(如德国、日本和

---

[1] 胡壮麟:"对中国英语教育的若干思考",《外语研究》,2002年第3期,第2页。

[2] California Department of Education. 2003. *Foreign Language Framework for California Public Schools (Kindergarten through Grade Twelve)*, Sacramento, Ca., p.1.

法国等)在电子、生物基因、汽车等高科技方面可以与美国叫板;发展中国家(如中国和印度)的崛起对美国的经济形成了一定的挑战,美国中央情报局(CIA)最近发布报告,甚至预言印度和中国最早在2020年就能成为全球经济领袖;此外,全球化也使得欠发达国家的企业也可以在更多场合直接与美国企业"碰面"。①

面对如此多的国际竞争,逃避是不可能的,因为"当今世界,没有哪个企业不发展大量的国际业务就能登上世界企业的第一方阵"。② 美国的企业不管大小,若要在海外市场取得成功,企业员工就必须熟悉外国语言和文化,应该具有海外生活的阅历。美国商界的不少领导都认为未来的商业属于那些能用外语与不同文化背景的人建立桥梁的人。更何况在全球化时代世界各国都加强了外语的教育。"在今后的国际市场上,美国学生要与来自世界各地的学生竞争,而外国学生都要求学习2—3门语言。"③美国政府清楚地认识到,为了确保美国在经济全球化中的经济竞争力,美国必须培养"拥有高水平外语技能和了解他国文化的专家和领导人"。④ 因此,2005年美国的《全国语言大会白皮书》⑤指出:"我们的构想是,通过外语能力和对世界文化的了解,使美国成为更强大的全球领导者。"美国参议员利伯曼(Lieberman)也在《2005年美中文化交流法案》(the United States-China Cultural Engagement Act)中指出,"为我们的孩子们提供了解中国语言和文化的机会,将使他们在经济全球化过程中获得更好的获胜机会。""国际教育和外语是保证美国未来发展的钥匙。美国普遍缺乏外国文化和外语知识。这威胁着美国的国家安全以及美国在全球市场中的竞争力,还威胁着美国培养信息灵通的公民。"

2. 国家安全的需要

美国政府清楚地认识到,外语能力的缺乏将影响到美国的国家安全,这种安全是非传统安全领域的国家安全。后冷战时期,许多非国家行为体(non-state actors,如非政府组织、跨国公司、国际性媒体、武装部队、恐怖组织、宗教组织、犯罪集团等)倾向于使用美国的小语种。这对美国的国家安全是一个很大的挑战。美国联邦调查局(FBI)和其他联邦政府机构缺乏足够的语言专家来及时地翻译用这些小语种表达的信息。而且,美国外交人员由于缺乏跨文化意识,在处理国际事务中经常使大家的努力付之东流,从而削弱了美国公共外交的有效性。因此,美国要加强外国

---

① CED. 2006. *Education for Global Leadership*: *The Importance of International Studies and Foreign Language Education for US Economic and National Security*, pp. 5—6.
② Asia Society, et al. 2005. *Education in China*: *Lesson for U. S. Educators*, p. 19.
③ Pitkoff, E. & Roosen, E. 1994. *New Technology*, *New Attitudes Provide Language Instruction*. NASSP Bulletin, Vol. 78, No. 563, pp. 36—43.
④ 同上。
⑤ http://www.nlconference.org/docs/white_paper.pdf.

(特别是中东地区)语言和文化的教育。这既可以让美国迅速了解对手的信息,又可以把美国的观点更加清楚地告诉给世人。①

2001年9月11日之后,美国人立刻发现他们再次面临着"斯普尼克Sputnik"时刻。所谓"斯普尼克Sputnik时刻"是指1957年10月4日苏联成功发射人造地球卫星"斯普尼克1号"那一刻。有事实表明,"9·11事件"的最终发生是与美国情报机关无法有效地监控用阿拉伯语和普什图语从事的恐怖活动有关的。9·11事件的惨痛教训使美国认识到外语对国家安全的重要性。当恐怖主义分子向美国发起攻击的时候,由于语言的障碍,美国毫无准备,处于极为被动的地位。9·11事件改变了许多美国人的语言观,他们逐渐认识到语言是"武器",它可以达到其他武器所达不到的目的;语言是"软实力",它可以起到硬实力无法代替的作用;语言是"资源",布什总统在2006年全美大学校长国际教育峰会上提出美国"要充分利用所有的语言资源,让那些来自世界重要地区的外国人教我们如何说他们的语言"。美国把外语学习提高到国家战略的高度,美国国家语言战略的第一个目标是维护美国的国家安全,即非传统安全领域的国家安全。2003年8月美国国会议员霍尔特(Holt)②向议会提交"国家安全语言法案"(National Security Language Act)时指出:"如果我们不致力于学习世界各重要地区的语言与文化,我们将无法再保证国家的安全。我们在海外的军队和国内人民的安全要求我们迅速行动起来,以解决国家需要的关键语言人才短缺问题。在这个问题上不作为不仅是不负责任的,而且是危险的。"

3. 意识形态的需要

美国前总统布什在2006年全美大学校长国际教育峰会上的讲话对"语言战略武器"的功能作了详尽的阐释。布什认为,"国家安全语言计划"通过"国家语言旗舰项目"培养军事情报以及外交人员只能在短期内维护美国的国家安全,而要维护美国长期的国家安全必须通过传播"民主"和"自由"的意识形态。例如,美国之音电台每天用53种语言向世界各国播放节目。③ 这53种语言都是亚洲、非洲、拉丁美洲和东欧等地被美国"重视"的语言,美国之音的意识形态色彩比较重。这些语言中没有英国的威尔士语、西班牙的加泰罗尼亚语和巴斯克语,也没有北欧的挪威语、芬兰语、瑞典语和亚洲的日语。本人于2008年在参观位于美国首都华盛顿美国之音总部时,发现美国之音在全球的广播对象中没有日本,于

---

① CED. 2006. *Education for Global Leadership: The Importance of International Studies and Foreign Language Education for US Economic and National Security*.

② Introduction of National Security Language Act, http://www.fas.org/irp/congress/2003_cr/hr3676.html.

③ http://dosfan.lib.uic.edu/usia/usiahome/factshe.htm.

是就问美国之音总部的导游,她的回答是美国之音的预算经费不够。这显然是搪塞之词,真正原因是日本被看成是美国的同盟,无需"洗脑"。在这里,中国却得到特别的"青睐":墙上挂有达赖喇嘛、魏京生和中国某些特别听众的"语录"。

美国面临着一场意识形态的斗争,美国要在这场意识形态斗争中获胜,必须依靠那些具备外语能力的美国人来传播美国的"民主"与"自由"。如果你不具备外语能力,就无法使需要帮助的人相信你的"民主"和"自由"。美国希望利用"语言武器"对"关键语言"区域进行文化渗透。美国首先是通过信息技术,用"关键语言"区域的语言来传播美国的意识形态,然后逐渐使美国的意识形态像麦当劳一样走向世界。这是美国把"全球化"理解为"美国化"的表现。

4. 国内多元文化的需要

美国原本就是一个多民族、多宗教、多语言和多文化的国家。全球化加大了美国本土的国际性,美国的工作单位、生活社区和学校都越来越多地呈现出多语言和多文化的走势。例如,现在美国的学校,包括农村的学校,都有越来越多具有不同语言和文化背景的学生(CED 2006)。这些现象给国家的经济和安全也带来了挑战。所以,美国政府认为学校在实行同化教育的前提下必须加强学生的跨语言和跨文化教育,以便更有利于国内各民族之间的了解和团结,从而促进国内的安全和稳定。因此,现在美国不喜欢用"熔炉"理论,而更愿意使用"色拉碗"理论来解释美国的语言和文化教育政策。

(二) 全球化时代美国外语教育政策的特点

1. 改变了以往的外语学习观

尽管美国人接触外语的机会很多,但是美国人向来以不学外语而闻名,美国人逐渐形成了一种封闭的外语学习观。这都是由于美国政府长期以来实施"唯英语教育"政策所导致的后果。不过面对全球化的激烈竞争和反恐行动的需要,美国政府开始重视外语的教育。

9·11事件改变了美国人的语言观,他们开始认识到语言不仅仅是交际的工具,语言还是国家的一种资源,是国家软实力之一。在经济全球化的今天,世界各国人民的语言接触更加频繁,而语言又可以影响到国家的安全。所以,马里兰大学高级语言研究中心执行主任布莱希特(Brecht)[①]说"当美国军人在异国他乡遭受生命危险时,或者当我们在思考国土安全时,我们就会意识到提高国民的外语水平对国家安全是多么重要,我们应该把它放在优先考虑的位置。"

不过,我们说,在21世纪美国人的外语教育观有改进,那是跟美国的

---

① http://www.casl.umd.edu.

过去相比,如果跟中国人的外语学习观相比,那还是有一定差距的。

2. 外语教育政策制定主体和实施主体的多样性

美国宪法将管理教育的权利只授予州政府,而并没有规定联邦政府对教育的义务,这在相当程度上影响美国联邦教育部作用的发挥。美国大多数的教育政策不是由联邦政府而是由州政府及地方政府制定的,具体由各州教育部门及地方约1.5万个学区(School District)中的教育董事会来负责实施。但是,美国联邦政府可以通过法律和资助项目或计划来实施国家的外语教育政策。此外,美国有许多基金会和研究机构也参与外语教育政策的制定和实施,它们或在资金上提供保障或在理论上提供帮助。

外语教育政策制定主体的多样性有利于确保政策制定的科学性和民族性。例如,美国加州的外语教育政策的实施一般需要得到以下人员的支持:① 第一,行政人员(administrators),包括学校和社区的行政人员。例如,他们要把学校的外语学习计划与联邦政府或地方政府的教育框架结合起来;学校用于外语教学的配套资金,以便可以聘请外语人才;购买外语资料等;对外语教师专业标准的评价;等等。第二,学习顾问(counselors):认识到外语学习对今后职业生涯的重要性。要鼓励学生尽早地学习外语,并尽可能地延长外语学习的持续时间(这是指年度或月度,而不是指一次的学习时间)。第三,校董事会(school boards):董事会成员要认识到外语学习的重要性;为教师的专业发展提供资助;确保聘请合格的外语教师。第四,学生家长或其他监护人(parents or guardians):学生家长或其他监护人有时会直接影响到学生的外语学习效果。他们应该帮助小孩认识到学习外语的重要性,结合自己的背景说明外语的实用性。第五,当地社区(local communities):社区是学生练习外语的好地方,社区往往具有很多外语资源。第六,工商业(business and industry):外语教育和国际教育是最有利于工商业的。学校与当地的企业合作有利于学校的外语教学,企业可以提供技术支持、奖学金、语言营(language camp)、实习、交换学生等项目,企业也可以对大众宣扬外语学习的意识,让大众接触目标语的人和文化,企业还可以邀请重要人物来学校演讲,这可以刺激学生的外语学习兴趣。

美国有许多外语教育方面的学术团体和机构,各种外语都有自己的教学协会或教师协会。这些组织在促进教师的专业发展和政策的研究和实施方面都起到重要的作用。例如,这些学术团体和机构定期举行本专业的年会或学术会议,本人仅在美国的《语言教育者》杂志上收集到的美

---

① California Department of Education, 2003. *Foreign Language Framework for California Public Schools (Kindergarten through Grade Twelve)*, Sacramento, Ca., pp. 53—55.

国 2008 年外语学术会议(见表 7-8)就说明：在美国本土召开的各种各样的外语学术讨论会和年会的数量之多，语种之齐是别的国家难以比拟的(详情见附录 1)。

表 7-8　美国 2008 年外语教学与研究学术会议数量统计表

外语分类	东亚语言	小语种	古典语	欧洲传统语言	外语
年会议数量	6	5	8	5	69

(资料来源：*The Language Educator*, Feb. 2008)

"多年来，美国的外语教育政策也没有得到中央政府的指导。各种专业机构，例如，现代语言协会(MLA)，一直鼓励保留外语教学，并尽力使学校和州教育厅相信掌握外语知识所具有的潜在价值。"[①]但是，在全球化时代，美国联邦政府在对待外语教育政策时经常伸出"有形之手"。因为当把外语提升到国家安全的高度时，外语教育政策的出台就不能完全由市场来掌控。

3. 美国外语教育中语种的多样性

美国社会是一个多语的社会，学校开设的外语语种也比较多。美国一般大学的外语语种都有 6—7 种以上，名牌大学提供的语种则更多(见表 7-9)。美国政府的外语教学机构，如美国国务院的外交服务学院提供大约 70 门的外语教学课程，美国国防语言学院(Defense Language Institute)开设了 30 多种语言的教学。

表 7-9　美国十所名校的外语教学语种数量表(详情见附录 3)[②]

大学	哈佛大学	斯坦福大学	普林斯顿大学	康奈尔大学	耶鲁大学	杜克大学	加州大学洛杉矶分校	霍普金斯大学	哥伦比亚大学	乔治敦大学
语种	49	40	21	36	28	23	64	17	50	19

(资料来源：各高校的网站，2009 年 2 月)

4. 外语教育政策内容和形式的多样性

在美国联邦政府的外语资助项目和州政府发动的外语教学计划中，有学校的教学形式，也有利用暑假时间的短期形式；有国内教育形式，也有国外学习形式。美国学校的暑假一般从每年的 6 月份开始，8 月份结束。学校充分利用这段时间组织学生到海外进行外语学习。海外学习外语比在国内学习外语效果要好，因为海外学习外语是"二语学习"，让学生

[①] Spolsky, B. 2004. *Language Policy*. Cambridge: Cambridge University Press, p.102.
[②] 这些数据是本人根据这些大学的官方网站所收集的，有可能不全。但这些数据只会更小，不会更大。因为美国许多大学除了某些学院开设外语专业外，还有专门的语言教学中心也提供许多语种的教学。

处于目的语的语言环境中,是100%的"浸没式"外语学习,这种学习方法可以让学生体会到鲜活的语言,避免"哑巴外语"和"聋子外语"的产生。但这种教学方法的费用较高,因此,美国政府利用各种奖学金鼓励学生到海外学习外语。

5. 把外语教育提高到国家安全的高度

美国发布的这一系列法案和政策集中地反映了美国在全球化背景下新的国家语言战略。美国政府清楚地认识到,外语能力和理解他国文化能力的缺乏,削弱了美国跨文化交际的能力和对国内外的了解,阻碍了社会的流动能力,降低了商业竞争能力,甚至威胁到美国的国家安全。2006年1月5日美国前国务卿赖斯发表了题为《美国大学校长峰会国际教育讲话》。她指出,"关键语言计划"将给从幼儿园到12年级(K—12)的学生进行早期外语教育,并鼓励大学生和研究生学习关键语言。该计划可以促使懂关键语言的人进入美国的外事处、国防部和情报部门工作。但是,这是一个巨大的挑战,这是美国政府无法独自应付的挑战。所以,美国政府需要美国的大学向世界各地的学生敞开大门,同时,也需要美国的大学把美国学生派往世界各地。通过接触和交流,可以增进相互间的了解,更好地习得外国的语言和文化。

美国把外语教育提高到国家安全的高度还体现在反恐上。美国的反恐策略表现在以下五个方面:军事、情报、外交、国土安全和对外援助。[1]这五个方面都非常需要外语的支持。因此,外语与国家安全紧密相连。美国前总统布什(2006)在《美国大学校长峰会国际教育讲话》中说,美国要把潜伏的敌人消灭在国外。所以,美国士兵要学会他国的语言;情报部门要知晓外文,知道他们是在谈论什么;外交官要懂得所在国的语言。"关键语言计划"是要通过教育,特别是外语教育来进一步提高国家的安全和促进国家的繁荣。在战争年代,多语被看做是争取胜利的一个主要财富。所以,美国军队非常重视多语能力就不足为奇了。美国国防部和国务院都建有自己的外语学校,它们非常重视军人和外交官员的外语学习和外语应用。

美国学校向来提供的外语语种数量比较多。但是,在全球化背景下,美国主要出于反恐和经济竞争的需要,在外语的教育和研究上开始从传统的欧洲强势语言转向对亚洲语言的"青睐"。例如,美国1990年开始的"小语种"的教育和2006年美国政府推出的"关键语言计划"都是以亚洲语言为主要对象。

---

[1] Marshall, D. F. & Gonzalez. *Is Monolingualism Beneficial or Harmful to a Nation's Unity*. In K. L. Adams & D. T. Brink(eds.). 1990. *Perspectives on Official English: the Campaign for English as the Official Language of the USA*. Berlin & New York: Mouton de Gruyter, p. 45.

6. 美国的外语教育政策遇到的挑战

尽管美国政府已经认识到外语教育的重要性,也制定了相关的外语教育政策。但是,美国还有许多学校以及许多人并没有意识到这一点。即使认识到外语教育的重要性,许多学校(特别是中小学)也难以招聘到足够的关键语言教师,许多学生依然缺乏对外国语言文化的了解。在美国小学,只有5%的学生学习外语。在美国中学,只有大约33%的学生学习外语。在美国的中学后教育中,不到10%的大学生学习外语,只有1%的本科生到海外学习。① 另外,虽然许多州的教育管理部门不断强调学校要为学生提供外语学习的机会,但是配套的资金却没有跟上,于是学校难以聘请到外语教师,只能哀叹"巧妇难为无米之炊"。至于上什么外语课只能根据可以招聘到什么语种的外语教师来定,如招到俄语教师,学校就提供俄语课,找到西班牙语教师,学校就上西班牙语课。② 于是,美国人在外语教学方面在很大程度上是依靠相应语种的移民。如中文课就是依靠美籍华裔或留美华人来上课,日语就依赖美籍日裔人来上课。因此,美国政府只好同意多发签证让关键语言国家的教师来美国教授这些语言。

三、美国外语教育政策对中国外语教育政策的启示

1. 减少政治因素对外语教育政策的干扰

美国的外语教育政策主要由各州政府、地方政府和学校负责。如果美国联邦政府想要推动某一外语教育计划,也是由专业的外语政策研究机构先提供研究资料和政策方案,经过研究后以法律或资助项目的形式来实施。例如,美国重视外语教育,但是没有制定任何迫使所有学生都来学外语的政策,而是利用政策来鼓励和刺激对外语感兴趣的学生来学习外语。各国外语教育政策一定会受政治因素的影响,但是外语教育政策不能完全跟着政治走,因为政治风云变幻较快,外语教育政策要相对稳定。外语教育政策还应该遵循外语习得规律和教育规律。中国外语教育政策的制定应该减少政治因素的干扰,避免外语教育政策的大起大落和一刀切的现象。

2. 扩大外语教育政策的研究主体和制定主体

中国的外语教学单位很多,但是外语教育政策研究主体和制定主体却不多,目前国内尚无统一管理外语教育事务的机构,这就导致了中国外语教育政策的研究不足,外语教育政策的制定容易出现差错,并缺乏长远

---

① CED. 2006. *Education for Global Leadership*: *The Importance of International Studies and Foreign Language Education for US Economic and National Security*, p.1.

② McGroarty, M. 1997. *Language Policy in the USA*: *National Values*, *Local Loyalties*, *Pragmatic Pressures*. In W. Eggington & H. Wren(eds.). *Language Policy*: *Dominant English*, *Pluralist Challenges*. Philadelphia: John Benjamins Publishing Company, p.81.

规划,不同教育阶段和不同领域的外语教育难以得到协调。中国的外语教育规模是世界上最大的,外语教育政策的任何闪失都会给外语教育带来巨大的损失。要避免这种现象只有像美国一样增加外语教育政策的研究主体和制定主体。政策的研究内容必须是广泛的和多维的,政策的制定过程必须让所有"利益相关者"(stakeholders)的代表参与,例如学生、家长、教师、教材编写者、课程设计者、政策研究人员、行政主管者、政府官员、等等。只有广泛深入的政策研究和科学民族的政策制定才能保证外语教育政策的良性发展。

3. 重视以英语为本的多语种的外语教育政策研究

一般而言,一个人的活动范围和视野越大,他就越需要掌握更多的语言,尤其是强势语言。在农业社会,由于人们世世代代都在小范围内"日出而作,日落而息",他们掌握本地语就足够了。在工业社会,国家需要确立和普及国家共同语,以便能够用统一的语言制定统一的工业标准和进行不同地区间人员的沟通,所以人们除了使用自己的当地语外,还需要掌握国家通用语或地区语言。在全球化背景下的信息社会,不少人的活动范围和视野都是世界性的,因此,国家需要发展国际共同语,以便能够了解国际信息和进行跨国界、跨文化和跨语言的交际。中国经济在全球化的进程中表现积极,但相应的外语教育政策似乎慢了半拍。所以,南开大学的马庆株①教授指出:"外语教育的语种选择,各种外语在教育中各占什么地位,是语言地位规划的重要内容。为了落实《语文法》,加强语言规划刻不容缓。"

在所有的外语语种中,英语是最重要的、最有用的,因为英语已经不光是几个英语国家的语言,而且是大家公认的世界性语言和国际通用语。谁能充分利用它,谁就能更快地发展自己的科技和文化,在国际政治和经济的竞争中取得优势。因此,中国应该加强英语的教育,但我们无需全民学英语。我们要做的是如何提高英语的有效教学,让学生在最短的时间内掌握好实用英语,以便他们可以有更多的时间学习专业知识,为创造性人才的培养提供沃土,为提高中国人民在国际社会中的活动能力打好语言基础。因此,无论世界政治和经济发生怎样的变化,在可预见的未来英语都应该是我国的第一外语。中国虽然是英语学习的大国,但是,还不是英语教育的强国,制定有利于提高英语水平的教育政策是我国今后英语教育政策的重点。

另外,中国需要扩大外语语种的教学。即使外语院校(除北京外国语

---

① 马庆株:"谈中国的语言地位规划",教育部语用所社会语言学与媒体语言研究室编《语言规划的理论与实践:第四届全国社会语言学学术研讨会论文集》,北京:语文出版社,2006,第78页。

大学有40多种外语外)开设的语种一般也只有10几种,而非外语院校的外语教学语种就更少了,一般大学的外语学院或外语系也就是两门(英语和日语)或三门外语(英语、日语、法语/德语/西班牙语/阿拉伯语/韩语)。中国作为一个大国有许多理由要扩大外语语种的教育。例如,同世界其他大国相比,中国的周边地缘环境最为复杂:中国是世界上拥有邻国最多的国家,陆地边界2.2万多公里,海岸线1.8万多公里,周边国家多达29个,其中直接接壤邻国就有15个。① 尽管中国向来有"协和万邦","相知无远近,万里尚为邻"的历史传统。但是,在全球化和信息化的今天,在商务、旅游、反恐、教育等方面与邻国的合作日趋频繁,语言的沟通比以往任何时代都显得更重要。

在扩大外语教学语种的同时,中国还需要确定自己的"关键语言"。世界上人类语言有6000种左右,我们不可能全面教学所有的语言。但是,我们应该根据自己的国情选出中国的"关键语言",以便为中国的全面发展提供语言的保障。外语人才的培养具有周期长和连续性强等特点。为此,我们要从长远的角度和国家战略的高度来认真研究中国外语的语种设置问题,确定对自己具有战略意义的"关键语言",制定相关的外语教育政策,这对中国走向世界,构建多元文化和谐世界是至关重要的。

4. 研究和制定多样的外语教育政策

总体上看,我国的外语水平还远不能适应国家的发展。中国于2010年已经超过日本成为世界第二大经济体,但中国的外语教育在服务社会、服务经济方面还有许多提升的空间。因此,加大外语教育政策研究的投入,提高外语的有效教学,培养大批优秀的多语种的外语人才是中国外语界的当务之急。中国作为一个地域广、人口多的多民族和多语言大国,其外语教育政策也应该体现出多样性。

首先,研究制定适应不同区域的外语教育政策。中国的经济、对外接触和社会语言状况在中国的东、中、西部是不一样的,地区差别、城乡差别也是不能忽略的。因此,中国在研究和制定外语教育政策时应该根据实际的区域状况进行分别对待。例如,近年来,外语学习在少数民族语文教育中有很大的发展,越来越显示出其重要性。于是,出现了"三语"新概念、新问题。"三语",就是少数民族除了学习母语和汉语外,还要学习外语。这就加重了少数民族学生语言学习的负担。如何安排这三者的关系,是必须探索的一个新问题。所以,解决少数民族的双语教育,还要考虑"三语"的关系。②

---

① 张骥等著:《国际政治文化学》,北京:世界知识出版社,2005,第354页。
② 戴庆厦:"中国少数民族双语的现状及对策",《语言与翻译》(汉文),2007年第3期,第63页。

其次,研究制定适应不同人群的外语教育政策。树林大什么鸟都有,人口多什么人都有。美国把本国手语都可以作为"外语"看待,中国能否把中国的少数民族语言也算作是中国人(少数民族语言的母语使用者除外)的"外语"选择对象,大学可以开设主要的少数民族语言课程,并且从政策上保证这些少数民族语言在学分、升学、职称晋升等方面都可以得到"外语"的待遇。这既有利于满足少部分英语或其他外语总学不好或不愿学的中国学生,又有利于少数民族语言的保持和增进各民族间的了解。

第三,研究制定适应不同职业性质的外语教育政策。研究型人才的培养与技能型人才的培养应该有不同的外语教育政策,前者应注重外语的全面发展,特别是学生的外语学术水平。而后者重在培养学生日常生活的听说技能。

5. 把外语教育提高到国家安全的高度来对待

在全球化时代,外语教育规划对一个国家的强盛有很大作用。美国政府已经认识到,外语能力的匮乏给美国的国家安全、外交、法律实施、情报收集以至文化理解都带来了许多负面影响。因此,美国从国家安全的角度重视外语教育,把外语能力提到前所未有的高度,并试图通过提高美国公民外语能力以确保美国在21世纪的安全和繁荣。中国教育部语信司司长李宇明[①]指出,语言战略是国家战略的有机组成部分,近年来,世界上一些大国都在制定自己的语言战略,以利用语言维护国家的文化安全。随着我国经济发展,社会进步,社会语言的矛盾突出,外语战略也需要调整。鲁子问(2006)[②]从美国外语政策的国家安全目标提出了以下对我国的启示:国防安全、外交和国际交往安全、对外经贸安全、对外司法安全和国内社会公共安全五方面。

[①] 中国外语战略研究中心,http://news.shisu.edu.cn/keynews/2007/2007,001012,009859.html。

[②] 鲁子问:"美国外语政策的国家安全目标对我国的启示",《社会主义研究》,2006年第3期(总第167期),第116—117页。

第八章 结论：构建全球化背景下中国的和谐语言教育政策

政策的比较需要放眼世界，谋划未来，这既是未雨绸缪，也是时势所迫。在本书中，比较不是为了得出孰优孰劣的结果，而是为了展示中美两国在语言教育政策方面各自的特点，并本着取人之长、补己之短的目的从比较的过程中发现各自的长短处。正如英国比较教育学专家萨德勒(Sadler 1902)[①]指出的那样："比较研究的真正价值，不在于发现哪些能从一国照搬到另一国的机制，而在于证明某种外国制度之所以崇高和伟大的精神实质是什么，以便以后找到某些手段，在认为有必要改正国家生活中某些缺点的情况下，在自己的国土上移植这种精神。"

第一节 美国语言教育政策的特点及其原因分析

一、美国语言教育政策的特点

（一）一个中心：以强势语言（英语）为中心

1. 从美国语言教育政策的分类来看

回顾美国强势语言（英语）教育政策的发展过程，费什曼[②]认为，美国的英语教育政策基本上是先后经历了以下三种政策：语言转用政策(language shift policy)、语言维持政策(language maintenance policy)和语言丰富政策(language enrichment policy)。在语言转用政策中，对于英语为非母语的人来说，他们要把英语由"二语"的角色(as a L2)转变为"一语"的角色(as a L1)，最后发展为"唯一语言"的角色(as an only language)，其宗旨就是一方面要突出英语的作用，另一方面要遏制少数民族语言和移民语言的发展；在语言维持政策中，美国的语言少数民族学生和移民学生在学习和使用英语的前提下可以保持自己的语言，使得少数民族语言和移民语言有了一定的生存空间；在语言丰富政策中，美国不但强调多语言和多文化教育在学校的推广，而且也提倡语言多样化(multilingualiza-

---

[①] 转引[西班牙]何塞·加里多著，万秀兰译：《比较教育概论》，北京：人民教育出版社，2001。

[②] Fishman, J. A. 1981. *Language Policy: Past, Present, and Future*. In C. A. Ferguson & S. B Heath (eds.). *Language in the USA*. Cambridge: Cambridge University Press, pp. 516—526.

tion)在美国城市生活中的推行。综观美国的各种语言教育政策,尽管随着时间的推移美国的语言教育政策对本国少数民族语言和移民语言表现出越来越大的容忍度,但不管它如何变,其维护和扩大英语强势地位的核心是永远不会变的。"美国在短期内曾经容忍过个人的语言权利和有限的公众权利,除此之外,美国语言政策的历史基本上是一个迫使人民在更大范围内使用英语和限制其他语言权利的过程。"[①]

2. 从美国语言教育政策的阶段来看

世界各地的语言同化有两类:一是强迫同化(forced acculturation),二是自愿同化(permissive acculturation)。帝国主义和殖民主义为了维护自己的殖民统治,采取了许多强制性的同化政策。[②] 在美国,维持和扩大英语的强势地位与制定和实施语言同化政策是始终伴随在一起的。前者是目的,后者是手段。美国一贯实施的语言转用政策就属于强迫同化,而语言维持政策和语言丰富政策则属于自愿同化。随着民权和人权运动的发展,在当今世界强迫同化的手段已经过时,自愿同化的方式是未来发展的方向。

美国的英语同化政策可分为以下三个阶段:第一阶段是从美国独立到 20 世纪中期,美国统治者认为印第安语是落后的语言,应该被抛弃。于是在对待美国印第安人时采取的是强迫同化手段,进行"唯英语"教育政策。在对待移民时,美国采用相同的同化政策,美国第 26 任总统(1901—1909)西奥多·罗斯福认为,说外语的移民难以忠诚一致。因此,他提议建立学校,如果五年内移民还没有学会英语,就把他们遣送回他们的母国。第二阶段是从 20 世纪民权运动之后到 20 世纪末,美国对印第安人和移民开始采用较为民主的自愿同化方式,实施双语教育政策。美国的双语教育表面上是为了移民子弟中的英语欠缺者提供用他们母语教学的机会,但这只是过渡性的,而且还遭到许多英语捍卫者的强烈反对,双语教育的最终目的还是为了同化这些学生。第三阶段是进入 21 世纪后至今的时期。在联合国教科文等国际组织对语言和文化多样性保护的大力倡议下,以及出于新形势下的政治、经济和反恐的需要,美国也认识到语言多样性的重要性。一方面,美国开始实施对印第安语的保护措施,另一方面,对国民实行多语教育政策。不过,"当英语没有受到直接挑战时,大家基本上似乎都可以容忍语言的多样性。但是,如果语言成了人们担忧的焦点——人们害怕来自少数族群,如土著少数族群或移民少数族

[①] Hernandez-Chavez, E, 1995. *Language Policy in the United States: A History of Cultural Genocide*, in Phillipson, Rannut & Skutnabb-Kangas (eds.), pp.135—40.

[②] Dozier, E. *Forced and Permissive Acculturation*. The American Indian. 1955. Vol.7: 38.

群的威胁时,那么情况就不一样了。"①

(二) 两种方式:隐性和显性的结合、联邦政府和州政府的互补

美国的语言教育政策往往通过两种方式来体现和实施:一种方式是隐性和显性的结合,另一种方式是联邦政府层面和州政府层面的结合。

1. 隐性和显性的结合

美国语言学教授希夫曼(Schiffman)认为,美国的语言教育政策可分隐性和显性两种。所谓隐性语言教育政策是指没有明确的文字规定,但是语言态度和语言意识形态在文件的字里行间体现出来或通过某些行为表现出来。显性语言教育政策是指可以从相关的法规、条例、政策等文件中寻找到明文规定的语言教育政策。

如果说美国联邦政府制定的语言教育政策更具有隐性的特点,那么,美国州政府和地方政府制定的语言教育政策则更具有显性的元素。美国联邦政府制定的语言政策和语言教育政策都是显性不足,隐性有余。也就是说,在美国的法规与政策中关于语言政策和语言教育政策的明文规定不多。所以,经常有人会问"美国究竟有没有制定语言政策? 倘若回答是肯定的,那么,在《宪法》里怎么没有任何有关语言政策的明文条款?"②现不妨举一例来说明美国联邦政府制定的隐性语言政策:如果有人问美国人什么是他们的官方语言,大多数美国人都会认为是英语。③ 可是,《美国宪法》以及任何其他联邦法律都未曾规定过国语,也没有指定联邦政府的官方语言。不少人认为这是当时执政者的一种"忽略",其实,这绝不是当初宪法制定者的"忽略",相反,这是他们深思熟虑后精心计划的一种政治策略。④ 当时起草宪法的杰斐逊、马歇尔和特朗布尔等人都认为,将英语定为国语或官方语言会带来符号歧视,造成社会不稳定。此时,联邦政府的语言政策就只好通过隐性表现出来:《美国宪法》是用英语写的,这就暗示着英语在该国举足轻重的地位。语言教育学家赫尔南德斯—查韦斯(Hernandez-Chavez)⑤认为,"美国选择英语来书写《美国宪法》,这就表明了政府强加英语和打压其他语言政策的开始。"

2. 联邦政府和州政府两个层面的互补

美国的政策制定有两个层面:联邦政府和州政府。联邦政府的语言

---

① Spolsky, B. 2004. *Language Policy*. Cambridge: Cambridge University Press, p. 98.
② Ibid, p. 92.
③ Ferguson, C. A. & Heath, S. B. 1981. *Language in the USA*. Cambridge: Cambridge University Press, p. 27.
④ Heath, S. B. 1981. *English in our Language Heritage*. In Charles. A. Ferguson & Shirly Brice Heath(eds.). *Language in the U. S. A*. Cambridge: Cambridge University Press, p. 6.
⑤ Hernandez-Chavez, E. 1995. *Language Policy in the United States: A History of Cultural Genocide*. In Phillipson, Rannut & Skutnabb-Kangas(eds.), pp. 135—140.

教育政策是权威的、决定性的和宏观的,州政府的语言教育政策是临时性的、地方性的和微观的。两个层面互为补充,相得益彰。州政府的语言教育政策和联邦政府的语言教育政策之间的关系是:一个在前,一个在后;一个是显性,一个是隐性;一个是刚性,一个是柔性。这种语言教育政策机动灵活,是一种"创造性的解决方案",它能够应付美国复杂的语言教育生态。例如,有些语言教育政策在州政府层面可以通过,但在联邦政府层面上是不能通过的,因为,它要顾全大局,稳定人心。譬如,美国现有 20 多个州通过了英语作为官方语言的法案。但是,在联邦政府层面至今也没有通过。另外,有些州政府制定的语言教育政策可能违背了联邦政府的政策,因此,联邦政府会进行纠正或否决。例如,美国有些州通过了一些成文法,限制在私立学校使用英语以外的语言,后来美国最高法院基于《宪法第 14 修正案》,解除了私立学校不得使用英语以外语言的禁令。

(三)一个基础:以法律为基础

根据美国宪法,美国联邦政府不直接制定各州的教育政策。但是,美国联邦政府可以通过法律和资助项目或计划来制定全国性的教育政策。因此,美国联邦政府的语言教育政策大多数都是建立在法律的基础上。如美国在 1868 年通过了《宪法第 14 修正案》,强调了语言教育同等保护原则;1958 年,美国通过了《国防教育法》,人们从中意识到,懂得英语以外的其他语言对于规划国际防御不仅有益而且确实必要,该法为多语教育政策的制定提供法律基础;1964 年《民权法》第 6 条是美国里程碑式的语言教育政策,它为联邦政府干预语言教育的管理提供了基础;1968 年美国通过了《双语教育法》,为日益关注的不懂英语的移民子女,尤其是来自西班牙语国家的子女提供一种用他们母语教学的临时双语教育;1990 年美国通过了《美国土著语言法》,该法认可了美国印第安语的地位,并以国家法律的形式加以保护;2002 年《不让一个孩子掉队法》取代了《双语教育法》,该法对移民子女的英语教育有了更加严格的标准和要求。

理性最根本的体现是法律,法律集中反映了众多人的基本认识和根本意志。有了这些语言教育政策的法规,在处理复杂的语言问题时就有法可依。同时,美国最高法院对语言教育案例的判决往往是美国各州语言教育政策制定和语言教育问题解决的参照。例如,1923 年,在"梅耶对内布拉斯加"案中,梅耶老师由于用德语教一个 10 岁儿童圣经故事,结果被内布拉斯加州法院起诉,判有罪,因为他违反 1919 年内布拉斯加州的法律规定:公立和私立学校一律使用英语教学。后来联邦最高法院否决了内布拉斯加州法院的判决。理由是根据 1964《民权法》:禁止任何接受联邦资助的计划或活动因种族、肤色或国家来源而对人歧视。这个判决为美国少数族群的教育权的保护开了先例。另一个是 1974 年的"刘对尼科尔斯"案,来自中国广东的移民刘某在旧金山指控当地教育当局违反

《宪法第 14 修正案》和《双语教育法》,它剥夺了其小孩接受公平教育的机会,因为其小孩英语不好,学校没提供母语教学的服务。最后美国最高法院对"刘对尼科尔斯"案的裁决如下:"教育平等并非仅指为所有学生都提供同样的设备、课本、教师和课程。因为对于听不懂英语的学生来讲,他们实质上就是被排除在有意义的教育之外。"[①]判决依据还是 1964 年的《民权法》第 6 条,美国最高法院认为,在全部使用英语的课堂上对非英语儿童进行教育违反了《民权法》中关于机会平等的规定。法庭提议的补偿措施是为这些儿童设立一些特别的教学计划,比如把英语作为第二语言进行教学或者进行双语教育。

二、美国语言教育政策特点的原因分析

(一)美国的语言教育政策为什么要以英语为中心呢?

首先,多民族和多语言的语言生态决定了一个国家需要有一种强势语言。美国的统治者一开始就认识到,在美国这样的多语国家必须建立一种共同语,人们才能进行有效地语言交流,从而促进国家政治、经济和文化的发展。此外,在多民族国家,有了一种共同语才能有国家的认同感,并有助于国家的统一。所以,美国第 26 任总统西奥多·罗斯福说:"在这个国家,我们只有容纳一种语言的空间,这就是英语。因为我们想要看到,这个熔炉把我们的人民变成美国人,变成具有美国国民性的美国人,而不是成为像寄宿处的多语混杂居民。"[②]研究资料显示,在美国语言同化进程中,大部分从非英语国家来的移民在两三代之间就转向了英语。"由此可见,我们似乎有理由假定美国的语言意识形态就是呈现语言整合,或者接受语言整合。因为当一个多语社会认识到现代化和统一化的重要性时,语言整合是解决语言多样性的最佳方法。"[③]

其次,盎格鲁—撒克逊情结促使美国选择英语为强势语言。在英国殖民统治时,来自英国的移民最多。美国独立后,他们虽然在政治上摆脱了英国的统治,但是在思想文化、语言意识形态上并未发生根本性的变化。美国的独立革命与其他国家的独立革命有所不同,从某种程度上说,它并不是天翻地覆的变化,而是"儿子与父亲之间"的较量。较量的结果是,"儿子"取得了胜利,获得了独立,建立了美国,"父亲"失败了,退出了北美殖民地。因此,美国的文化思想之根源于盎格鲁—撒克逊传统,美国的语言意识形态与英国的没有两样。母国与殖民地之间政治上的决裂并没有导致美国宗教信仰、语言文化以及传统习惯上的断层,英吉利人还是

---

① Center for Applied Linguistics. 1977. *Bilingual Education: Current Perspectives*. Vol. 3, Law. Arlingtong: Center for Applied Linguistics, p. 7.

② Crawford, J. 2000. *At War with Diversity: US Language Policy in an Age of Anxiety*. Clevedon: Multilingual Matters Ltd., p. 8.

③ Spolsky, B. 2004. *Language Policy*. Cambridge: Cambridge University Press, p. 94.

英吉利人,说的还是英语。英国唯英语教育的同化理念顺理成章地被传承了下来,并成为美国同化异族的指导思想和实践借鉴。①

(二) 美国的语言教育政策为什么要采取上述两种方式来体现和实施呢?

首先,美国多民族和多语制的社会语言生态要求美国的语言教育政策具有隐性和显性的特点。美国是世界上最大的移民国家。美国的历史就是一部移民史,美国是一个"大熔炉":要把来自不同民族的人全都"熔化"掉,让他们"美国化",构成一个新的移民国家。但是,一个人的母语和民族认同感不是轻而易举就可以抹杀掉的。操不同语言的人和来自不同民族的人具有不同的语言观和世界观。因此,美国的语言教育政策在教育中心不变的情况下只好通过隐性和显性两种方式来呈现,一般对于敏感的语言政策采用隐性方式,否则就采用显性形式。

例如,《美国宪法》为什么要这么隐性地来体现其语言倾向呢? 这是由于美国独立战争期间就出现的多民族多语所决定的。美国独立宣言除英文版外,还有德文版和法文版,虽然美国当时德国移民人口只占总人口的 7% 左右,法国人就更少(英国人占 90% 左右)。② 在美国独立战争期间,英裔殖民者出于政治上的考虑,欣然使用非英裔语言。因为在殖民地内除了英裔美国人外,还有其他民族,如德裔美国人和法裔美国人等等。英裔美国人需要跟这些民族联合起来打败英国,所以,给这些民族的公告和相互交流使用的都是这些民族的语言。如送给魁北克人的《陆军法规》是用法语写的,并把联邦法规译成德文,还用德语发布宣言和提供有关战争进展的情报。在战争期间,德裔美国人和英裔美国人的军队并肩作战。如果在刚独立后的《宪法》中明确规定英语为官方语言,这似乎有点过分,这肯定会疏远上述盟友,甚至引起民族矛盾和国家的稳定。虽然在语言实践中,英语已是官方语言,但是一旦在法律上捅破了这张窗户纸就彻底打破了一些人的幻想,人有的时候是靠幻想或理想生存的。这就像一些明星生怕失去追星族的支持而不敢或不愿宣称自己已经结婚的事实一样。此外,美国的隐性语言政策为什么能够生存下去呢? 美国宾夕法尼亚大学的希夫曼③说:"在美国,其隐性的语言政策并非是中立的,它偏向于英语。而且,美国根本无须制定任何法规、宪法修正案或管理条约来维持这一隐性的语言政策。因为该政策的生存动力来源于美国社会对语言的基本观点,这些基本观点包括小到简单的英语会话能力,大到根深蒂固的各种偏见、态度、成见(这往往由宗教信仰而引起),以及对美国语言文

---

① 蔡永良:《美国的语言教育与语言政策》,上海:上海三联书店,2007,第 97 页。
② Kloss, H. 1977. *The American Bilingual Tradition*. Rowley, MA: Newbury House, p. 78.
③ Schiffman, H. F. 1996. *Linguistic Culture and Language Policy*. New York: Routledge, p. 213.

化的其他"理解",这就是隐性语言政策在美国各种政体中生存之所在。"

其次,美国多民族和多语制的社会语言生态要求美国的语言教育政策具有层级性。按照美国宪法,美国联邦政府无权干预各州的语言教育,但下面情况除外,即具体的被征服群体(如美国印第安人和波多黎各人)的语言教育是在联邦机构的直接管理之下。这一事实意味着美国联邦政府绝不可能制定全国统一的语言教育政策,而只能把语言教育政策挂靠在法律的框架里表达出来。各州的具体语言教育政策由州政府层面来制定和实施。只有这样从两个层级来制定和实施语言教育政策才能妥善处理美国复杂的语言教育状况。

(三)美国的语言教育政策为什么要以法律为基础呢?

第一,由于美国是一个分权制国家,美国宪法将管理教育的权利只授予州政府和地方政府,而并没有规定联邦政府对教育的义务,这在相当程度上影响了联邦政府对教育作用的发挥。因此,美国联邦政府对州或地方的教育影响往往是通过立法或资助项目的形式来实施的。

第二,"语言立法是语言政策的升华与保障,是法律行为。"[①]美国是个法治国家,基本的人权和民权已深入人心。在美国这样复杂的语言生态中,唯有法律才是最有效和最公正的解决方式。因此,美国的语言教育政策都是通过语言立法来体现的,而且,美国的语言教育政策经常与民权混在一起。因此,有时候分不清是语言政策问题还是民权问题。以色列的社会语言学家斯波斯基在其专著《语言政策》中就有一章题为"美国所拥有的是语言政策,还是民权?"

三、美国语言教育政策的特点给中国的启示

首先,我们要认识到语言教育政策的重要性。美国从国家安全的高度来看待、研究、制定和实施语言教育政策,特别是外语教育政策。在全球化背景下,人们的语言观有了新的发展,人们认识到语言对社会和国家的新用途。语言涉及到每一个人,关系到国家的稳定和民族的团结。在语言的国际推广中,语言还有助于国家软实力的提高。因此,中国非常有必要高度重视语言教育政策的研究、制定、宣传和实施。

其次,我们要认识到制定国家强势语言教育政策的必要性。在多民族、多语言和多文化的国家,确立并捍卫一种强势语言是必不可少的。只有推广了一种强势语言才能保证各民族间的沟通和交流,才能促进国家的发展。而且发展国家强势语言的教育是发展少数民族语言和外语教育的基础。否则,皮之不存,毛将焉附?

再次,我们要认识到制定灵活多样语言教育政策的和谐性。通过制

---

① 陈章太:《语言规划研究》,北京:商务印书馆,2005,第2页。

定和谐的语言教育政策来处理好强势语言教育、少数民族语言教育和外语教育的二者关系是各国追求的目标,政策过分强调或忽视任何一类语言的教育都是不科学的。在制定语言教育政策时不能一刀切,方式可以多种多样。另外,适当的时候也要把语言提高到法律高度来制定和实施语言教育政策,这样才能保障语言教育政策的强制性和有效性。

最后,我们要认识到保证语言教育政策制定过程的科学性和民主性。只有民主化的政策制定过程才能确保政策制定的科学性,只有科学的语言教育政策才能为和谐的语言教育提供保障。

第二节 构建中国和谐语言教育政策

他山之石,可以攻玉。尽管中美两国的语言教育政策有各自的国情和特点,但美国有不少值得我们学习的地方,借鉴别人的经验和教训,可以帮助我们解决自己的问题和规避类似的错误。美国对语言教育政策的研究无论在理论上还是在实际操作上都积累了丰富的经验,值得我们去了解、研究和借鉴。我国的语言教育政策要与时俱进,创新政策、完善体制。整体规划全球化时代的中国和谐语言教育政策,时不我待。

一、何为中国和谐语言教育政策

(一)语言实践中存在着不和谐的音符

世界就是在充满矛盾和解决矛盾的过程中发展的,中国作为世界的一部分也不例外。在中国实行改革开放政策之后,中国的语言教育可以说是取得了长足的发展,但是也出现了一些不和谐的语言教育现象:外语的教与学影响了汉语的教与学,汉语的教与学又影响了少数民族语言的教与学;所有的语言教育都重知识轻技能。此外,中国的汉语、少数民族语言和外语教育都普遍出现"费时低效"的现象。具体地说,全国出现"外语热"的现象,但是"外语热"又表现出"英语强小语种弱"的不平衡现象。汉语表现出"内冷外热"现象,即汉语在国内的教育热情和学习意识下降,海外的汉语学习热情却高涨。有些少数民族语言被边缘化,甚至成为濒危语言。

这些不和谐的语言教育现象反映了语言教育政策的不完善。导致语言教育政策不完善的原因有很多,陈章太[①]指出中国语言规划存在以下缺点:第一,对语言规划的长期性、复杂性、艰巨性的认识有所不足,因此有时有急于求成的表现,有些语言规划工作不够周全。第二,对科学研究重视不够,语言规划理论基础比较薄弱,对社会语言生活和社会语言问题

---

① 陈章太:《语言规划研究》,北京:商务印书馆,2005,第144—145页。

的调查、研究不够,对有些问题的论证不够充分,所以有些语言规划活动和做法的科学性有所不足。第三,有些语言规划工作受政治影响较大,或过分依靠行政作用,造成一定的损失。

(二) 和谐语言教育政策的内容

1. 和谐语言教育政策的背景

和谐是世界各国追求的目标。从古至今,中华民族历来重视"和"。"和"是中国优秀传统文化普遍追求的一种最高境界,"和"是"和平"、"和谐"、"和睦"。《现代汉语词典》[①]把"和谐"解释为"配合得适当和匀称"。《新牛津英汉双解大词典》[②]在解释"harmony"(和谐)一词时,用到了三个关键词:"whole"(总体)、"combination"(整合)和"agreement"(和睦)。可见,中外对"和谐"的理解是一致的。和谐就是整体之间的和睦和平衡。和谐就是美,和谐美才是真正的美。2005年9月15日,胡锦涛主席在联合国成立60周年的首脑会议上,向国际社会提出了构建"和谐世界"的理念,多边外交是构建"和谐世界"的平台。前联合国教科文组织总干事松浦晃一郎(Koichi Matsuura)[③]于2000年在一次演讲中提到"和谐"的概念,他说,"和"在日语中读"wa",在汉语中读"he",在韩语中读"sang-saeng"。在实施联合国教科文组织关于通过基础教育在人类心中构建和平防卫(defense of peace)的决议中,他强调说,众多的文化可以丰富每一个人的生活,为了人类的共同繁荣,各地出现的紧张局势要通过和谐的理念而不是冲突的行为来解决,和谐的思想不光体现在人类之间,而且还蕴含于人类对发生在身边的自然规律所表现出的敏感以及所做出的调整。

那么,对于语言教育政策来说,和谐就是指在制定语言教育政策时要考虑到语言教育生态中所有的语言,并根据它们的特点、作用和地位来分配它们在该国的教育权重,而且这些政策既要有利于各种语言的发展,又要有利于各种语言间的关系。强调任何一种语言的教育都不为过,但是,在国家总体的范围内,就要考虑到各种语言的教育。完全忽略任何一种语言的教育或只重视任何一种语言的教育都是不和谐语言教育政策的表现。不过,"和谐并不等于相同,和谐是由不同事物构成的一个协调的统一体……语言平等,指尊严平等,不是作用平等,语言的作用本身不平等。"[④]

[①] 中国社会科学院语言研究所词典编辑室:《现代汉语词典》,北京:外语教学与研究出版社,2002年,第787页。

[②] Pearsall, Judy et al:《新牛津英汉双解大词典》,上海:上海外语教育出版社,2007,第962页。

[③] Cited from Zhou, Nan-Zhao. 2004. *Preface*. In Zhou, Nan-Zhao & Bob Teasdale (eds.). *Teaching Asia-Pacific Core Values of Peace and Harmony*. Bangkok, Thailand: UNESCO Asia and Pacific Regional Bureau for Education, p. 9.

[④] 转引冯广艺:《语言和谐论》,北京:人民出版社,2007,第176页。

在一个国家的语言教育生态中,语言与语言的关系包括:本国语言之间的关系(例如,我国汉语与少数民族语言之间的关系)、本国语言与外国语言之间的关系(例如,我国汉语和少数民族语言与英语的关系)和外国语言之间的关系(例如,我国教育中英语与其他小语种的关系)。"不同的语言共存于一个统一的社会中,由于语言功能的不一致,必然出现语言竞争。语言竞争是语言关系的产物,是调整语言适应社会需要的手段。语言竞争虽是语言演变的自然法则,但可以通过国家的语言政策、语言法规来协调。这些处理好的,就会出现语言和谐,不同的语言各尽所能,各守其位;处理不好的,就会激化语言矛盾,并导致民族矛盾。"[①]

2. 和谐语言教育政策的内容

首先,和谐语言教育政策应该体现正确的政策制定的范式取向。美国伊利诺伊大学专门研究全球化的社会学教授彼特斯(Pieterse 2004)[②]把全球化背景下的语言文化走向分成三种范式:文明的冲突(clash of civilizations)、麦当劳化(McDonaldization)和混合化(hybridization)。"文明的冲突"范式是把本国语言文化与外来语言文化之间看成水火不相容的,其结果就是要么丢弃本国语言文化,要么排斥外来语言文化;"麦当劳化"范式是把各国的语言文化统一化或西方化(甚至美国化),其结果是泯灭了人类语言文化的多样性;"混合化"范式是把本国语言文化与外来语言文化看成是可兼容的,其结果是既可保持本国的语言文化,也可接受和学习优良的外国语言文化。显然,在全球化时代,采取"混合化"范式的语言教育政策是制定和谐语言教育政策的前提。但是,在世界众多的语言文化当中,如何"混合"才能达到"和谐"的境界是人类面临的一个挑战。

其次,和谐语言教育政策应该蕴含科学的语言观。由于语言和文化是人类特有的一种资源,是一种难以再生的资源(即语言资源论)。同时,由于语言是个体身份和民族身份的重要标志(即语言身份论),它具有一种看不见的力量(即语言软实力论),而且,人人都具有学习和使用自己语言的权力(即语言人权论)。因此,每一种语言都值得人类的保护和维持,忽视甚至打压本国任何一种语言的政策都难以成为和谐的语言政策。但是,由于世界上大多数国家都是多语国家,在个人、学校和国家的精力都有限的背景下,一视同仁地对待每一种语言的教育显然是不现实的。

第三,和谐语言教育政策应该反映合理的语言地位规划。每个国家都需要通过地位规划来划分本国各种语言的使用功能和活动空间。倘若只站在狭隘的本民族立场上看,每一种语言都是非常重要的。但是,如果

[①] 戴庆夏:"语言竞争与语言和谐",《语言教学与研究》,2006年第2期,第1页。

[②] Pieterse, J. N. 2004. *Globalization and Culture*. Lanham, MD: Rowman & Littlefield Publishers, Inc., pp. 41—42.

从国家的整体利益来看,各种语言的角色和推广程度应该是不同的。正如马季等表演的相声《五官争功》一样,"脑袋"由"眼睛"、"鼻子"、"嘴巴"和"耳朵"等器官组成,但它们各自都说自己最重要,如果仅从自身的角度来看它们都是对的,可是,从脑袋的角度来看,每一个器官的工作都是必要的,缺少任何一个器官以及它们的工作都是丑陋的和缺失的,根本谈不上"和谐"。具体而言,中国的和谐语言教育政策必须包括汉语、少数民族语言和外语三类语言的教育政策,脱离整体单独从个体来说,强调任何一种语言的教育都是有道理的,但过分强调或忽略任何一者都是不完善的、不和谐的,都会影响其他两部分。可见,只有和谐美,才有整体美。和谐不是追求某一项的特好,因为某一项的特好往往会带来另一项或多项的特差,从而打破了平衡,属于畸形发展。不过,平衡并不意味着平均,平衡当中也有轻重缓急。

第四,和谐语言教育政策应该是众多因素博弈的结果。和谐语言教育政策的制定应该从语言学、教育学、政策学、政治经济学、社会文化学、人类学、民族学等角度进行综合考虑。和谐语言教育政策应该:既符合国内的语言状况,也适应国际的语言生态;既突出时代精神,也尊重历史和把握未来;既符合语言教育和语言习得的发展规律,也尊重各民族的语言感情;既考虑到语言因素,也考虑到许多非语言因素。总之,语言教育政策要顺应历史潮流,要体现时代性,提高针对性,把握规律性和富于创造性。在我们不断完善和谐语言教育政策的过程中,我们要最大化地让和谐语言教育为我国的教育改革和发展服务,为国家的人才发展战略服务,为我国的外交工作的全局服务,为开创中国特色社会主义事业新局面、全面建设小康社会作贡献。

二、为何要构建中国和谐语言教育政策

邓小平同志非常重视政策,他说一个地区工作好不好靠政策,政策对头,工作就好做,政策不对头,工作就做不好。全球化对各国语言教育政策的研究者和制定者来说,这既是机遇,又是挑战,我们应该抓住机遇,迎接挑战。制定和谐的语言教育政策是在全球化背景下迎接"多语竞争和多语教育"挑战的最好方法。它可以给语言教育、语言生活和社会生活等方面带来许多好处。

1. 有利于中国营造和谐语言教育生态

在经济全球化和教育国际化的背景下,中国作为一个语言生态复杂的大国,在语言教育中遇到不少问题,如外语教学"费时低效",学生重外语轻汉语,少数民族语言中出现濒危语言。针对这些语言教学问题,我们采取"头痛医头、脚痛医脚"的办法最多只能治标,不能治本。要改变这些不良现象只有靠和谐的语言教育政策,以便形成和谐的语言教育生态,许多语言教学问题也就迎刃而解。在全球化时代,很多人都要学习两种或三种语言,其实只要制定并实施了和谐的语言教育政策,在学校教学或使用两三种语言是不冲突的。我国著名作家王蒙说:"我认为学习汉语和学习英语并不矛盾,汉语学好了,也就是母语学好了,才能学其他的外语;外语学好了,也能反过来比较一下,认识你自己语言的美好和特色。"①

2. 有利于中国构建和谐社会

"语言生活就像空气和水一样,是社会生活的重要内容。语言生活总是随着社会的发展变化而变化,一段时间内会形成一些热点,如英语热、汉语热、方言热等,这些热点,有时需要通过引导,促其升温;有的则需要及时妥善地处理。……语言和谐社会的构建,关系到社会的和谐,民族的团结,甚至关系到国家的稳定和可持续发展。"②语言与国家、民族、文化和社会密切相关。改革开放为中国语言生活的改善与发展提供了良好环境和有利条件。处理好语言规范化和语言多样性,处理好普通话和方言、国家通用语言和民族语言的关系,构建和谐多样的社会语言生活。处理好母语和外语的关系,对汉语走向世界、中国走向世界,对中华民族的伟大复兴将具有重要意义。③ 对于一个多语国家来说,能否制定和实施和谐的语言教育政策还直接关系到民族的团结和社会的安定,语言教育的多样性、民族的凝聚力,还影响到国家的安全、声誉和软实力。因此,我们的工作与国家和世界的形势,与构建和谐的语言社会有着密切的关系。随着我国城市化、现代化进程的加快,语言教育工作面临许多新的问题与挑战。因此,从规划、建构和谐社会的语言生活的角度研讨中国语言教育政策既有利于中国的语言教育生态,也有利于中国社会的语言生活。在全球化的大潮中,我们对待语言教育政策别无他途,只有构建一个和谐的,同时又有所侧重的多层面的语言教育政策,以适应多元的语言需求。

3. 有利于中国走向世界

从表面上看,语言教育政策的目的是解决和语言有关的问题,但是最终是为了获得政治、经济和文化上的利益,甚至有些语言教育政策的制定和意识形态以及全球的战略利益也是紧密相连的。当今世界各国在制定语言教育政策上存在着不同的目的和价值取向。语言教育政策是动态的,各国总是不断地根据社会发展的需要,根据政治经济利益的需要不断地调整自己的语言教育政策。

中国政府提出以科学发展观为指导,构建社会主义和谐社会。中国的和平崛起是为了造福13多亿中国人,也是为了与世界各国共建一个和谐的世界。语言教育在全球化的跨语言和跨文化交流中起着重要的作

---

① 王蒙:"全球化视角下的中国文化",《新华文摘》,2006年第17期,第111页。
② 周庆生:"构建和谐的社会语言环境",《新华文摘》,2006年第15期,第116页。
③ 周庆生:《中国语言生活状况报告》(上),北京:商务印书馆,2006,第9页。

用,这对于东西方的了解和沟通具有关键性的意义。在全球化的今天,任何一国的生存都难以离开国际大家庭,因此,信息的准确和快速发送或获取对于国家是至关重要的,各国间的沟通是理解与合作的前提。中国作为一个大国,非常需要与世界各国进行交流与合作。我们在研究和制定语言教育规划和语言教育政策时也不能脱离国际视野。可见,和谐的语言教育政策,也有利于提高中国在国际上的软实力,为中国的国内发展提供良好的国际环境。中国的和谐语言教育政策也要"面向现代化,面向世界,面向未来"。

三、如何构建中国和谐语言教育政策

（一）构建和谐的中国语言教育政策主体

政策的科学完善需要一系列的政策研究、政策制定、政策实施、政策宣传、政策评价和政策修改。语言教育政策的制定首先要具有科学性和民主化。要做到语言教育政策的科学性就要保证语言教育政策的制定是以调查和研究的数据为基础,而不是某个或某些政策制定者拍脑袋就决定的。要做到语言教育政策的民主化首先要保证政策制定主体成员的多元性。只有做到了语言教育政策制定的科学性和民主化才能保证语言教育政策制定的合理性、全面性和可操作性。

1. 建立统筹全国各种语言教育政策制定的权威机构

目前负责管理全国通用汉语的机构是国家语言文字工作委员会,负责全国通用汉语教育政策的是中国教育部基础司,负责对外汉语推广的是国家汉办;负责管理少数民族语文教育的是国家民族事务委员会和教育部民族教育司;负责制定中小学外语教育政策的机构是中国教育部基础司,负责制定大学外语教育政策的主体是中国教育部高教司;在大学的外语教育方面,外语专业和大学外语的指导委员会又是两个不同的机构。

这些机构的研究对象和服务对象各不相同,彼此没有互相沟通和合作,这容易导致大家制定出来的语言教育政策或提出的观点出现两个显著的不足:第一是容易忽略本机构不管辖的语言领域。第二是容易提出各语言教育领域相互矛盾或冲突的观点或政策。如果仅从本领域的角度来分析和考虑都是合理的,但是如果从整体视角来分析,就有不和谐的地方,彼此的衔接性和统一性都会出现问题。"令出多门的语言管理不仅会给社会语言生活带来混乱,也会影响国家的快速发展"。[①] 因此,教育部语信司司长李宇明[②]指出:"当前我国语言规划与管理,职责分散多处,各揽一块,政出多门,步调不一。应建立一个有权威、有效率的国家语言工

[①] 周庆生:《中国语言生活状况报告》(上),商务印书馆,2006,第10页。
[②] 李宇明:"探索语言传播规律",张西平等编《世界主要国家语言推广政策概览》,北京:外语教学与研究出版社,2008,序一:第5页。

作机构,统一语言规划,使汉语与少数民族语言、国内语言推广与国际语言传播、中华语言发展与外国语言教育、现实世界的语言生活与虚拟空间的语言生活等协调发展,以实现语言生活的和谐,进而促进社会和谐乃至世界和谐。"至于如何建立统筹全国各种语言教育政策的权威机构,我们至少可以有以下三种办法:一是整合现有的各个分散的语言教育政策制定机构;二是重新建立一个统筹全国各种语言教育政策的权威机构;三是扩大某一机构(如国家语委或教育部某一司)的职能,使之能统管和协调全国的语言教育政策。

2. 完善语言教育政策的制定过程

在政策制定的过程中,中国目前的教育决策过程存在三个缺失:"教育决策缺乏一定的民主性;教育决策缺乏延续性和稳定性;教育决策过程缺乏透明度。"①另外,在中国语言教育政策制定的主体中,主体成员基本上是本领域的专家学者和政府主管官员,结果"制定的方法还比较落后,受制于决策者和行政干预大,各级政府研究组织自成体系,相互间缺少交流,信息网也不全等等,这些都有待于今后进一步改进和提高。"②

袁振国③说:"要建立科学制定教育政策的观念,使教育政策制定的过程成为理性决策的过程,形成广泛的参与意识,使政策制定真正走出经验判断、个人意志的窠臼。"从知识方面来说,语言教育政策既要遵循语言习得和语言教学的规律,又要遵守教育政策的内在特点;既要符合学生的心理发展规律,还要符合当时的语言社会环境。事实上,任何一项政策的制定都涉及到许多方面的知识,一个人的知识面和考虑问题的视角是有限的。从利益方面来说,任何一项语言教育政策的制定都会影响到其他方面的一些利益,因为"任何一项政策说到底都是关于权利的分配或再分配,不管是在地区间、民族间或阶层间,政策实施的结果总是反映了不同人、不同集团、不同社会力量的利益。这就要求在政策制定的过程中,保障不同人、不同集团的利益要求有充分发表的机会,政策能最大限度地反映各种利益团体的意志"。④ 因此,语言教育政策的制定过程一定要有尽量多的相关专业人员和利益相关者来共同参与讨论和制定,确保在制定语言教育政策时主体成员的多元性。同时,还要实现语言教育政策制定的制度化与程序化;加强民主监督,充分吸纳民意;要根据不同地区因地制宜制定语言教育政策,做到科学决策。

---

① 吴遵民:《基础教育决策论》,上海:华东师范大学出版社,2006,第163—164页。
② 陈振明:《政策科学》,北京:中国人民大学出版社,1998,第143—144页。
③ 袁振国:《中国教育政策评论》,北京:教育科学出版社,2000,前言第5页。
④ 同上,前言第4页。

3. 扩大语言教育政策的研究机构

我国著名的教育家顾明远和项贤明①教授指出,"教育理论与实践联系不够紧密的问题长期以来一直困扰着我国教育界。仔细分析,其原因存在于很多方面,但教育政策学在我国几乎处于空白状态,这一学科建设的薄弱环节,是存在于教育科学体系内部的一个最重要的内因。"在语言教育政策领域中"没有研究的政策不可能成为好政策","不关心政策应用的研究不可能成为有价值的研究"。② 语言教育政策的分析与研究对于完善语言教育决策、促进语言教育发展有着巨大的作用,在今天向往公正、崇尚理性的时代,可以说语言教育政策的研究和分析比以往任何时候都显得重要。

学术权威部门和个人或学术团体对语言教育政策的研究,可以为政策制定部门提供科学的数据和翔实的史料。中国的各种语言教育政策的研究机构大多是最近十几年才成立的,它们基本上都是历史不长,经验不足,成果不多,实力不强。因此,中国的语言教育政策研究机构应该加强以下几个方面的建设:第一,增加权威的和专业的研究机构。中国针对汉语、少数民族语言和外语的教育政策研究机构都偏少,权威的和专业的研究机构就更少。权威和专业的语言教育政策研究机构可以保证研究成果的专业性、权威性和长期性,这可以为国家语言政策制定者提供很好的理论依据和决策依据。第二,形成金字塔形的研究机构体系。仅靠权威的和专业的研究机构难以构建金字塔形的研究机构体系,权威的和专业的研究机构只是处于金字塔的上端,政策研究的金字塔还需要大量来自各个相关领域的基层人员,以便构成金字塔的中下端。费什曼等(1991)指出:"只研究一小部分的变项而得出结论的研究容易误导人们,使人们智力贫乏。而现实世界的实际情况是变项众多,它们之间的关系错综复杂。"③只利用与语言相关的数据,采用简单的因果方法,就能阐明有效的语言教育政策,这是不太可能的。语言教育政策是政府行为,其行为主体无疑就是各级政府的相关部门。但是,语言教育政策的研究可以是各个层次的相关专业人员和爱好者。他们反映的情况、调查的数据和研究的结果可以为语言教育政策制定者提供参考。科学的语言教育政策需要"政府的主导性、学者的引导性和民众的参与性"④。政策制定不是可以

---

① Inbar, D. E. et al 著,史明洁等译,《教育政策基础》,北京:教育科学出版社,2003,总序。

② 袁振国:"深化教育政策研究加强两种文化交流",《教育发展研究》,2000,第9期。

③ Fishman, J. A. et al. 1991. *A Methodological Check on Three Cross-Polity Studies of Linguistic Homogeneity/Heterogeneity*. In M. E. McGroarty & C. J. Faltis(eds.). *Languages in School and Society; Policy and Pedagogy*. Berlin & New York: Mouton de Gruyter, p. 28.

④ 姚亚平:《中国语言规划研究》,北京:商务印书馆,2006,第42页。

凭借"拍脑袋"、凭借经验解决的。前中国教育部副部长、国家语委主任赵沁平在2008年度语言文字工作会议上说,语言是资源,是软实力,也是影响社会稳定的重要因素之一,而要制定符合国情的语言政策,必须有对语言国情的全面、客观的了解。① 这就需要扩大语言教育政策和语言国情的研究团体和个人。第三,语言教育政策研究机构应招募不同专业领域的但具有一个共同目标的研究人员。现代自然科学的诺贝尔奖项目大多都是多学科结合的结果。这说明跨学科的研究和多学科的整合是当今和未来许多领域发展的共同趋势。因为人的精力和专长有限,跨学科研究更能够利用各自的优势取得某一领域的突破性进展。同样,在语言教育政策的研究和制定方面也需要多学科专家的共同参与。例如,美国马里兰大学高级语言研究中心的研究人员不仅仅有语言学的专家,还有很多相关专业的人员,如语言学、心理学、脑科学、教育学、人类学、社会学、公共政策学、听力和言语科学、传媒、商业、电子工程、图书信息等相关学科的人员。②

(二)减少语言教育政策中的政治和市场影响因素

中国语言教育政策波动性大,其主要原因是由于受到政治因素影响的结果。不可否认,"语言规划离不开政治,总是一定政治的体现,并要充分发挥行政的组织、领导作用,但如果政治性、行政性过强,而政治、行政有时又出现偏差,语言规划就会违反自身的特点与规律,削弱其科学性、求实性,遭受必然的挫折。"③中国在这方面有不少的教训,例如,中国在20世纪50年代制定的语言教育政策受中国当时的政治影响过大,全国绝大部分学校都教授俄语,放弃英语,结果造成很多英语人才的浪费,后来(20世纪60年代初和改革开放后)学校重点教授英语,这又导致许多俄语人才的改行,这对国家和个人都是巨大的浪费和损失。

另外,语言教育政策也不能完全受语言市场因素的操纵。因为市场因素强调的是投资回报率。但是,语言的文化价值是隐藏的和难以估量的。语言教育市场会影响语言教育政策的制定,但不能让它来决定语言教育政策,否则后患无穷。例如,9·11事件后美国才发现外语教育对于反恐的信息获取是非常重要的,有些"关键语言"没有语言市场的需求,但是有国家安全的必要。语言教育政策是一种投资大、见效慢的政府行为,在进行语言的教育规划时不能急功近利,而要从长远利益考虑。因此,对于语言教育政策需要两手抓:既要考虑语言教育市场上的"无形之手",

---

① 我国计划首次为中国语言"摸家底"提升软实力,http://www.edu.cn/news_127/20080229/t20080229_282193.shtml.
② 张治国:"语言政策主体的个案研究:美国马里兰大学高级语言研究中心",《世界教育信息》,2009年第6期,第35页。
③ 陈章太:《语言规划研究》,北京:商务印书馆,2005,第145页。

也要重视政府的"有形之手"。

（三）在语言教育政策的制定中合理分配各种语言的教育权重

国内外语言间的竞争是极其正常的、也是不可避免的,但这迫使各国政府要在本国的法律或宪法上或明或暗地划分本国语言的使用空间。在中国,汉语、少数民族语言和外语都能拥有各自的生存和发展空间,它们各就各位,各司其职,共同演奏中华语言使用的交响曲。那么,语言教育政策的制定主体应该处理好以下两个基本关系,明确各种语言在本国教育政策中的权重:

第一是母语(即汉语和少数民族语言)与外语的关系。一方面,我们要明白母语和外语两者的地位和作用。母语是本,外语是用,两者的地位和作用是不同的,母语要重于外语,千万不能让外语凌驾于母语之上。轻母语重外语显然是本末倒置和崇洋媚外的行为,为保护母语而拒绝外语则是狭隘的民族主义思想。另一方面,我们要清楚母语和外语两者的互补关系。我们不能把母语学习和外语学习对立起来,母语学习和外语学习处理得好可以相得益彰,充分发挥两种语言的"正迁移"（positive transfer）影响。另外,从全球化的角度来看,中国要走向世界,要与世界交流合作,外语教育是必不可少的。

第二是汉语和少数民族语言的关系。一方面,为了建立统一、和谐的多民族文化和多元一体的政治格局,增强各民族对于国家的向心力,为了便于全国各族人民的交流和建构国家的核心价值观,如何在持有不同价值观和文化传统的各民族之间建立起共同的认同纽带,需要推广国家通用语言——汉语。另一方面,从大历史和大传统的视角来看,对于多民族国家来说,政府必须考虑到在国家主要的领域和行政管理上充分表达少数族群的意志,既保障少数民族的教育权,又要保障少数民族的语言权。同样,我们不能把汉语学习和少数民族语言的学习对立起来,不能为了保护少数民族语言就不推广国家通用语言,也不能为了推广汉语就不管少数民族语言的发展。"国家通用语言的普及或发展,不能以牺牲其他语言或方言的存在为代价,换句话说,国家通用语言普及之日,不是多语言多方言消亡之日,而是多语言多方言繁荣发展之时。"①

对于汉语是自己的母语或把汉语当成是自己第一语言的少数民族学生来说,语言学习的基本原则应该是"汉语第一,外语第二"。对于少数民族语言是自己母语的人来说,汉语与少数民族语言应当并重,初中以下年级以学习少数民族语言为主,初中以上年级应以学习汉语为主,外语应该次于少数民族语言和汉语。总之,不要把任何两者的关系对立起来看待,而应该把三者和谐地统一起来,从而形成一个稳定的三角。本着"求同存

---

① 周庆生:"构建和谐的社会语言环境",《新华文摘》,2006年15期,第116页。

异"的思想来制定语言教育政策,"求同"是为了"和谐","存异"是为了保持语言的"多样性"。倘若仅从一种语言的教育出发来制定政策,这容易造成有失偏颇的结果,政策事故比任何教学事故所造成的灾难都要大。因此,把这些语言教育之间的关系处理好是利国利民的大事,要做到并行而不悖是完全可能的。汉语、少数民族语言和外语的教育政策制定主体不仅需要通盘考虑、统筹兼顾,还要互相交融学习,彼此了解各种语言生活和语言教育的特点,以便互相协调和筹商,制定出和谐的语言教育政策。

附录1 美国2008年外语教育与研究学术会议一览表

表1 美国2008年东亚语言学术会议

时间	地点	会议	邮址
3/14-16	加州旧金山	第二届中文教学大会	www.caisinstitute.org/
4/17-19	首都华盛顿	全美中文大会	www.askasia.org/chinese/
6/23-27	明尼苏达州Minneapolice大学	汉语和日语浸没式教学暑期班	www.carla.umn.edu/institue
11/21-23	佛罗里达州奥兰多	中文教师协会年会	www.cltaus.org/meeting.htm
4/3	佐治亚州亚特兰大	日语教师协会暨亚洲研究协会年会	www.aatj.org/atjseminar2008.html
7/13-19	印第安纳州Bloomington	中学东亚文学教学暑期研讨会	www.indiana.edu/~easc/lit_workshop/index.htm

(资料来源:*The Language Educator*,Feb. 2008)

表2 美国2008年小语种学术会议

时间	地点	会议	邮址
4/4-6	俄克拉荷马州俄克拉荷马城	美国中部地区俄语教师协会年会	www.carta.us
4/24-27	威斯康星州Madison	全国小语种委员会大会	www.councilnet.org/index.html
5/13-20	首都华盛顿	高中和大学的阿拉伯语教学研讨会	www.nclrc.org
7/14-8/2	明尼苏达州Minneapolice	美国高级语言习得研究中心(CARLA)暑期班,小语种教学材料之开发研讨会	www.carla.umn.edu/instiues
12/27-30	加州旧金山	美国斯拉夫语和东欧语言教师协会年会	www.aatseel.org/program

(资料来源:*The Language Educator*,Feb. 2008)

表 3　美国 2008 年古典语学术会议

时间	地点	会议	邮址
2/11-16	路易斯安那 Baton Rouge	全国非洲裔美国人研究协会,全国西班牙裔和拉丁裔研究协会,全国土著美国人研究协会、以及亚裔国际研究协会	http://www.naaas.org/
3/3-7	得州 Dripping Springs	全国拉丁语和希腊语委员会第五届会议拉丁语教师招募周年会	http://www.promotelatin.org/
3/3-8	马萨诸塞州 Andover	全国希腊语测试会议	http://www.nge.aclclassics.org/
3/14-15	康涅狄格州 New London	新英格兰地区古典语协会年会	http://www.caneweb.org/index.asp
6/9-14	南卡罗来纳州 Columbia	第 19 届西班牙语教师发展年会	www.moorecms.graysail.com/moore/dmc/focused/
6/27-29	新罕布什尔州 Durham	美国古典语联盟暑期学院	http://www.aclclassics.org/
7/7-12	新罕布什尔州 Hanover	新英格兰古典语言协会暑期班,主题是变革与反映	www.caneweb.org
7/28-8/2	俄亥俄州 Oxford	第 55 届全国初中古典语言联盟年会	http://www.njcl.org/

（资料来源：*The Language Educator*，Feb. 2008）

表 4　美国 2008 年欧洲传统语言学术会议

时间	地点	会议	邮址
6/22-8/1	罗得岛 Kingston	28 届大西洋德语暑期学校	www.uri.edu/artsci/ml/german/summerschool/index.html
6/28-7/13	得州 Denton	法语和西班牙语	www.courses.unt.edu/koop/institute.htm
10/25	纽约德国领事馆	美国德语学校年会	www.germanschools.org/conference/2008/program.htm
11/20-23	佛罗里达州 Orlando	美国德语教师协会年会	www.aatg.org
4/4-6	伊利诺伊州 Urbana	38 届罗曼语语言学研讨会	www.lsrl.uiuc.edu

（资料来源：*The Language Educator*，Feb. 2008）

表 5　美国 2008 年外语学术会议

时间	地点	会议	邮址
2/1-2	阿拉巴马 Montgomary	阿拉巴马外语教师协会	www. uab. edu/aaflt/Conference. html
2/1-29	n. a	第三届发现者语言月	www. DiscoverLanguages. org
2/6-9	佛罗里达 Tampa	第 37 届全国双语教育协会年会	www. nabe. org/conference. html
2/14-16	科罗拉多州	46 届科罗拉多外语教师年会春季会议	www. ccflt. org
2/28-3/1	犹他州盐湖城	美国西南地区语言教学年会	www. swcolt. org/
2/28-3/1	佐治亚州 August	佐治亚外语协会年会	www. flageorgia. org/
3/3-9	加州洛杉矶	全国外语周，掌握外语，拥有世界	www. lacitycollege. edu/academic/honor/amg/nflw. htm
3/6-7	缅因州 Portland	缅因州外语协会会议	www. umaine. edu/flame/flame_conference. htm
3/6-8	密歇根州 Dearborn	美国中部地区外语教学会议	www. csctfl. org/2008conference. html
3/7-8	新泽西 Somerset	新泽西外语教师春季会议	www. flenj. org/profDev/?id＝20
3/13-16	加州 Irvine	加州语言教师协会会议	www. clta. net/conference/index. html
3/17-19	加州 Monterey	第十届语言与文化教学中的数字技术年会	www. sumb. edu/digitalstreamhttp：//wlc. csumb. edu/digitalstream/
3/18-22	加州旧金山	第 25 届语言教学中电脑辅助会议	www. calico. org/p-308-conferences. html
3/24-28	n. a	2008 年美杜萨方法论测试大会	www. medusaexam. org
3/27-29	纽约市	东北地区外语教学会议	www. nectfl. org
3/29-4/1	首都华盛顿	美国应用语言学协会年会	www. aaal. org/aaal2008/index. htm

续表

时间	地点	会议	邮址
4/2-5	纽约市	非英语学生的英语教师大会（TESOL）	www. tesol. org/s _ tesol/index. asp
4/3-5	俄亥俄州 Cincinnati	俄亥俄州外语协会大会	www. ofla-online. org
4/3-5	南卡罗来纳州 Myrtle Beach	南卡州外语教学暨外语教师协会会议	www. scolt. org/
	佛罗里达 St. Petersburg	国际商务教育与研究中心商务语言会议	www. conferences. dce. ufl. edu/ciber
4/14-17	新泽西州 Rutgers	ACTFL 面试口语能力评估研讨会	www. Actfl. org
4/17-19	肯塔基州 Lexinton	第 61 届肯塔基州外语年会	www. uky. edu/kflc
4/17-20	佐治亚州亚特兰大	国际教育发展与研究中心世界语言大会	www. casieonline. org/glc/
4/18-19	蒙大拿州 Fort Benton	蒙大拿州语言教师协会春季大会	www. maltsite. org/
4/24/25	阿肯色州 Hot Springs	阿肯色州外语教师协会春季大会	www. aflta. org/
4/25-27	加州 Santa Barbara	第 4 届加州大学语言联合会二语习得理论与教学大会	www. uccllt. ucdavis. edu/Events/index. cfm
5/1-3	首都华盛顿	NCL-NCIS 司法日与代表大会年会	www. languagepolicy. org/
6/5-7	印第安纳州 West Lafayette	2008 年二语写作研讨会	ics. purdue. edu/~silvat
6/5-8	加州 Palo Alto	外语系协会暑期研讨会	www. adfl. org
6/9-7/3	首都华盛顿	NCLRC 暑期班	www. nclrc. org
6/15-20	佐治亚州 Norcrosss	南部学院语言领导地位暑期班	www. scolt. org
6/20-28	宾州 University Park	高级语言教育与研究中心暑期研讨班	calper. la. psu. edu/profdev. php? page＝workshops
6/22-25	弗吉尼亚州 Charlottesville	美东外语系协会暑假研讨会	www. adfl. org

续表

时间	地点	会议	邮址
6/22-7/2	明尼苏达州 Moorhead	语言教师研讨会议,主题是二语与浸入式教学法	www. clvweb. cord, edu/prweb/educators/teacher_seminar. asp
6/28-30	俄亥俄州 Oxford	n. a	www. aclclassics. org/
7/7	首都华盛顿	NCLRC 暑期班,主题是年轻学生的学习策略:5C 之应用	www. nclrc. org
7/10-13	佛蒙特州 Middlebury	ACTFL 面试口语水平评估研讨会	www. actfl. org
7/10-20	新罕布什尔州	外语浸没式教学	www. connectionsdt. tripod. com/totalimmersion
7/10-28	密歇根州 East Lansing	语言教育与研究中心暑期研讨会	www. clear. msu. edu
8/11-13	威斯康星州麦迪逊	威斯康星语言教师协会,暑期语言管理学院	www. waflt'org/workshops. htm
9/25-27	肯塔基州 Lexington	肯塔基外语协会秋季会议	www. kwla-online. org/conference
10/2-3	爱达荷州 Nampa	爱达荷州语言教师与文化协会秋季会议	www. iatle. org/gpage1. html
10/9-11	北卡罗来纳州 Winston-Salem	北卡外语协会年会	www. flanc. org
10/9-11	内华达州 Reno	落基山脉现代语言协会会议	www. rmmla. wsu. edu/conferences/default. asp
10/10-11	华盛顿州 Vancouver	俄勒冈语言教师同盟和华盛顿语言教学协会秋季会议	www. coflt. net
10/10-12	纽约州 Saratoga Springs	纽约州外语教师协会年会	annualmeeting. nysaflt. org/2008
10/16-17	明尼苏达州 Eagan	明尼苏达语言文化教学委员会秋季会议	www. mctlc. org
10/16-18	明尼苏达州 St. Paul	语言习得高级研究中心和应用语言学浸入式教育中心会议	www. carla. umn. edu/conferences/immersion2008/index. html
10/16-19	得州休斯顿	得克萨斯外语协会秋季会议	www. tfla. info

附录 1　美国 2008 年外语教育与研究学术会议一览表　　309

续表

时间	地点	会议	邮址
10/17-18	宾夕法尼亚州 Pittsburgh	宾州现代语言协会会议	www.tfla.info
10/17-18	南达科他州 Rapid City	南达科他州外语协会年会	www.psmla.org
10/17-19	俄勒冈州 Corvallis	美国西南地区语言学协会第 37 届年会	www.tamu-commerce.edu/swjl/public_html/lasso.html
10/23-24	密歇根州 Langsing	密歇根外语会议	www.miwla.org
10/24-26	密苏里州 Lake Ozark	密苏里外语协会秋季会议	www.flamnet.org/flam_conference.html
10/25-26	马萨诸塞州 Sturbridg	马萨诸塞州外语协会秋季会议	www.mafla.org/conf2008.htm
10-31-11/1	弗吉尼亚州 Arlington	全国语言自学协会年会	www.w3.coh.arizona.edu/nasilp/conference.html
11/5-8	佛罗里达州 Orlando	美国翻译协会年会	www.atanct.org/conf/2008
11/6-8	威斯康星州 Appleton	威斯康星语言教师协会年会	www.waflt.org/conference.htm
11/6-8	印第安纳州 Indianapolis	印第安纳外语教师协会	www.iflta.org/conference
11/7-8	加州 Berkeley	北加州外语协会秋季会议	www.fla-nc.org/fall.htm
11/7-8	堪萨斯州 Overland Park	堪萨斯外语协会会议	Kfla.lawrence.com/nextconference.htm
11/7-8	新罕布什尔州 Meredith	新罕布什尔外语教师协会会议	www.nhawlt.org/conferences.htm
11/7-8	田纳西州 Fanklin	田纳西外语教学协会会议	www.tflta.org/confernce2008.htm
11/17-20	佛罗里达州 Lake Buena Vista	ACTFL 面试口语能力评价研讨会	www.actfl.org
11/18-20	佛罗里达州 Orlando	国家语言督导委员会年会	www.ncssfl.org/meetings/index.php?2008_meeting
11/20	佛罗里达州 Orlando	ACTFL OPI Tester Refresher and Norming Workshop	www.actfl.org

续表

时间	地点	会议	邮址
11/21-23	佛罗里达州 Orlando	ACTFL2008年年会暨世界语言展览会	www.actfl.org
11/21-23	佛罗里达州 Orlando	佛罗里达外语协会会议	www.ffla.us/conference/index.htm
12/27-30	加州旧金山	现代语言协会年会	www.mla.org/convention

（资料来源：*The Language Educator*，Feb. 2008）

附录2　中国八所外语院校语种统计表

外语院校名称	语种数量	语种名称
北京外国语大学	43	英语、日语、德语、法语、俄语、乌克兰语、瑞典语、意大利语、西班牙语、葡萄牙语、阿拉伯语、波兰语、捷克语、罗马尼亚语、匈牙利语、保加利亚语、阿尔巴尼亚语、塞尔维亚语、芬兰语、斯洛伐克语、荷兰语、克罗地亚语、挪威语、丹麦语、冰岛语、希腊语、柬埔寨语、老挝语、僧伽罗语、斯瓦希里语、马来语、印尼语、越南语、缅甸语、泰国语、豪萨语、土耳其语、韩国语、印地语、希伯来语、波斯语、乌尔都语、菲律宾语。
解放军(洛阳)外语学院	23	英语、俄语、德语、法语、西班牙语、阿拉伯语、日语、波斯语、朝鲜语、泰语、葡萄牙语、希腊语、意大利语、越南语、乌克兰语、希伯来语、印度尼西亚语、乌克兰语、老挝语、印地语、尼泊尔语、缅甸语、泰国语。
上海外国语大学	19	英语、俄语、德语、法语、西班牙语、阿拉伯语、日语、波斯语、朝鲜语、泰语、葡萄牙语、希腊语、意大利语、瑞典语、荷兰语、越南语、乌克兰语、希伯来语、印度尼西亚语。
广州外语外贸大学	13	英语、法语、德语、西班牙语、俄语、日语、朝鲜语、泰语、印地语、越南语、印尼语、阿拉伯语、意大利语。
西安外国语大学	11	英语、德语、俄语、法语、西班牙语、葡萄牙语、意大利语、日语、朝鲜语、阿拉伯语、印地语。
四川外语学院	11	英语、日语、德语、法语、俄语、西班牙语、朝鲜语、阿拉伯语、意大利语、印地语、越南语。
天津外国语大学	11	英语、日语、俄语、法语、德语、西班牙语、意大利语、葡萄牙语、朝鲜语、阿拉伯语、斯瓦希里语。
大连外语学院	6	英语、日语、俄语、法语、德语、韩语。

(资料来源：各高校的网站,2009年2月)

附录3 美国十所高校外语语种统计表

外语院校名称	语种数量	语种名称
哈佛大学	49	非洲语：阿坎语(Akan)/特维语(Twi)、巴马纳语(Bamana)、豪萨语(Hausa)、波尔语(Pulaar)/富拉语(Fula/Fulfulde)、伊格博语(Igbo)、克里奥尔语(Krio)、约鲁巴语(Yoruba)、沃洛夫语(Wolof)、阿姆哈拉语(Amharic)、基库尤语(Gikuyu)、刚果语(Kikongo)、奥罗莫语(Oromo)、斯瓦西里语(Swahili)、科萨语(Xhosa)、绍纳语(Shona)、塞茨瓦纳语(Setswana)、欧斯夸尼阿马语(Oshikwanyama)、祖鲁语(Zulu)、马达加斯加语(Malagasy)。东亚语：中文、日语、韩语、满语(Manchu)、蒙古语、越南语。凯尔特语(Celtic)：盖尔语(Gaelic)、威尔士语、爱尔兰语。日耳曼语(Germanic)：德语、瑞典语、古挪威语(old Norse)、荷兰语。近东语(Near Eastern)：依地语、土耳其语、希伯来语。罗曼语(Romance)：加泰罗尼亚语、葡萄牙语、西班牙语、意大利语、法语。印度语言：梵语、印地语。斯拉夫语(Slavic)：俄语、乌克兰语、捷克语、波兰语、塞尔维亚语、克罗地亚语、波斯尼亚语。
斯坦福大学	40	阿姆哈拉语、阿拉伯语、加泰罗尼亚语、中文、齐佩瓦语、法语、德语、希伯来语、豪萨语、意大利语、日语、齐尼亚卢旺达语(Kinyarwanda)、韩语、伊格博语、葡萄牙语、俄语、西班牙语、斯瓦希里语、提格里尼亚语(Tigrinya)、蒂维语(Tiwi)、祖鲁语、捷克语、希腊语、印地语、匈牙利语、印尼语、哈萨克语、拉科塔语(Lakota)、挪威语、波兰语、旁遮普语、盖丘亚语、梵语、塞尔维亚语、克罗地亚语、他加禄语、泰语、乌克兰语、越南语、拉丁语、加泰罗尼亚语、美国手语。
普林斯顿大学	21	希腊语、拉丁语、中文、日语、韩语、阿拉伯语、希伯来语、波斯语、土耳其语、西班牙语、葡萄牙语、俄语、波兰语、捷克语、保加利亚语、塞尔维亚语、克罗地亚语、波斯尼亚语、法语、德语、意大利语。

续表

外语院校名称	语种数量	语种名称
康奈尔大学	36	中文、日语、韩语、孟加拉语、缅甸语、印地语、印尼语、高棉语、尼泊尔语、巴利语（Pali）、梵语、僧伽罗语（Sinhala）、他加禄语、泰米尔语、泰国语、乌尔都语、越南语、希腊语、拉丁语、法语、德语、意大利语、西班牙语、葡萄牙语、希伯来语、阿拉伯语、土耳其语、波斯语、斯瓦希里语、约鲁巴语、祖鲁语、阿拉米语、阿卡得语、埃及语、闪族语、乌加列文。
耶鲁大学	28	希腊语、拉丁语、中文、日语、韩语、阿拉伯语、希伯来语、埃及语、阿卡得语（Akkadian）、法语、德语、意大利语、葡萄牙语、西班牙语、俄语、捷克语、印地语、印尼语、斯瓦希里语、波斯语、波兰语、梵语、泰米尔语、土耳其语、越南语、依地语、约鲁巴语、祖鲁语。
杜克大学	23	阿拉伯语、中文、希伯来文、印地语、日语、韩语、希腊语、拉丁语、德语、法语、意大利语、葡萄牙语、西班牙语、波斯语、俄语、土耳其语、匈牙利语、波兰语、罗马尼亚语、塞尔维亚语、克罗地亚语、普什图语、芬兰语。
加州大学洛杉矶分校	64	阿非利堪斯语、阿姆哈拉语、安那托利亚语（Anatolian）、阿拉伯语、亚美尼亚语、阿塞拜疆语、班巴拉语（Bambara）、班图语、巴什基尔语（Bashkir）、柏柏尔语、保加利亚语、凯尔特语、齐佩瓦语（Chichewa）、中文、科普特语（Coptic）、克罗地亚语、捷克语、荷兰语、埃及语、菲律宾语、法语、德语、希腊语、豪萨语、希伯来语、印地语、希泰语（Hittite）、匈牙利语、伊格博语、印尼语、意大利语、日语、韩语、拉丁语、立陶宛语、巴利语、波兰语、葡萄牙语、普拉克利特语（Prakrit）、盖丘亚语（Quechua）、罗马尼亚语、俄语、梵语、塞尔维亚语、塞茨瓦纳语、西班牙语、斯拉夫语、闪族语（Sumerian）、斯堪的纳维亚语、斯瓦希里语、泰语、提格里尼亚语、土耳其语、乌克兰语、乌尔都语、乌兹别克语、吠陀梵语（Vedic）、越南语、沃洛夫语、科萨语、依地语、约鲁巴语、萨波特克语（Zapotec）、祖鲁语。
霍普金斯大学	17	阿拉伯语、波斯语、中文、梵语、印地语、俄语、日语、韩语、斯瓦希里语、西班牙语、法语、德语、意大利语、葡萄牙语、希伯来文、希腊语和拉丁语。

续表

外语院校名称	语种数量	语种名称
哥伦比亚大学	50	希腊语、拉丁语、中文(包括粤语)、日语、韩语、西藏语、印尼语、越南语、法语、德语、荷兰语、依地语、爱尔兰语、瑞典语、芬兰语、格鲁吉亚语、乌兹别克语、乌加列文(Ugaritic)、豪萨语、孟加拉语、匈牙利语、旁遮普语、罗马尼亚语、斯瓦希里语、泰米尔语、他加禄语、富拉语、沃洛夫语、祖鲁语、阿拉伯语、亚美尼亚语、希伯来文、印地语、乌尔都语、波斯语、梵语、土耳其语、捷克语、波兰语、乌克兰语、俄语、塞尔维亚语、克罗地亚语、波斯尼亚语、意大利语、西班牙语、葡萄牙语、阿卡得语(Akkadian)、阿拉米语(Aramaic)、古埃及语。
乔治敦大学	19	阿拉伯语、中文、法语、德语、希腊语、意大利语、日语、葡萄牙语、俄语、西班牙语、希伯来语、拉丁语、韩语、波斯语、波兰语、土耳其语、乌克兰语、盖丘亚语、斯拉夫语。

(资料来源:各高校的网站,2011年1月)

附录4 2005—2009年亚洲主要国家和地区托福成绩表

表1 2005—2006年28个亚洲国家和地区托福成绩表

序号	国家	阅读	听力	口语	写作	总分
1	阿富汗	14	19	21	19	73
2	阿塞拜疆	18	20	20	20	78
3	孟加拉国	18	20	21	21	80
4	柬埔寨	16	18	18	19	71
5	中国	20(3/2)	19(15/6)	18(17/3)	20(4/7)	76(15/0)
6	中国香港	18	21	19	22	80
7	印度	22	23	23	23	91
8	印度尼西亚	19	21	19	21	80
9	日本	15	17	15	17	65
10	哈萨克斯坦	18	21	20	20	80
11	朝鲜	16	18	17	18	69
12	韩国	17	19	17	19	72
13	吉尔吉斯斯坦	19	22	21	21	82
14	中国澳门	16	18	17	20	71
15	马来西亚	22	23	20	24	89
16	蒙古	14	18	17	17	66
17	缅甸	17	19	18	19	73
18	尼泊尔	16	19	20	20	76
19	巴基斯坦	19	21	22	21	83
20	菲律宾	20	22	22	21	85
21	新加坡	25	25	24	26	100
22	斯里兰卡	19	22	21	21	83
23	中国台湾	16	18	17	19	71
24	塔吉克斯坦	15	21	21	20	77
25	泰国	17	19	17	18	72
26	土库曼斯坦	16	20	20	19	74
27	乌兹别克斯坦	18	21	21	20	80
28	越南	17	17	17	19	71

(资料来源:http//est.org/Media/Tests/Toefl)

(注:中国栏中括号内的两个数字分别代表比中国分数高的国家数和与中国分数相等的国家数)

表 2　2007 年 30 个亚洲国家和地区托福成绩表

序号	国家	阅读	听力	口语	写作	总分
1	阿富汗	12	16	20	19	67
2	阿塞拜疆	16	17	19	18	71
3	孟加拉国	19	21	21	22	83
4	不丹	14	16	20	18	69
5	柬埔寨	13	15	17	18	63
6	中国	21(1/3)	19(13/2)	18(19/4)	20(9/6)	78(9/2)
7	中国香港	18	20	20	22	80
8	印度	20	21	21	22	84
9	印度尼西亚	19	20	19	21	78
10	日本	16	16	15	18	65
11	哈萨克斯坦	17	20	20	20	77
12	朝鲜	16	17	17	18	69
13	韩国	20	20	18	20	77
14	吉尔吉斯斯坦	19	21	21	20	81
15	老挝	13	15	18	18	65
16	中国澳门	15	16	17	19	66
17	马来西亚	21	23	20	23	87
18	蒙古	14	16	18	17	65
19	缅甸	18	18	19	20	75
20	尼泊尔	16	18	19	20	74
21	巴基斯坦	20	22	22	23	87
22	菲律宾	21	22	22	22	88
23	新加坡	25	26	24	26	100
24	斯里兰卡	19	22	21	21	83
25	中国台湾	17	18	18	19	72
26	塔吉克斯坦	15	17	21	19	72
27	泰国	17	18	17	19	72
28	土库曼斯坦	16	20	20	19	75
29	乌兹别克斯坦	17	19	20	19	75
30	越南	17	16	17	19	70

（资料来源：http//est.org/Media/Tests/Toefl）

（注：中国栏中括号内的两个数字分别代表比中国分数高的国家数和与中国分数相等的国家数）

表3 2008年30个亚洲国家和地区托福成绩表

序号	国家	阅读	听力	口语	写作	总分
1	阿富汗	12	16	21	19	69
2	阿塞拜疆	17	18	20	20	75
3	孟加拉国	19	20	21	22	82
4	不丹	18	21	23	23	85
5	柬埔寨	14	15	18	19	65
6	中国	20(4/2)	18(15/6)	18(18/7)	20(10/7)	76(13/0)
7	中国香港	18	20	20	22	80
8	印度	21	22	22	22	87
9	印度尼西亚	19	20	19	21	79
10	日本	16	16	16	18	66
11	哈萨克斯坦	16	19	20	19	74
12	朝鲜	17	17	18	19	72
13	韩国	20	19	18	20	78
14	吉尔吉斯斯坦	18	20	20	20	79
15	老挝	12	12	17	17	59
16	中国澳门	15	16	17	19	66
17	马来西亚	22	23	20	23	88
18	蒙古	17	19	18	19	72
19	缅甸	14	16	18	19	68
20	尼泊尔	17	18	19	20	74
21	巴基斯坦	20	22	23	23	87
22	菲律宾	21	22	22	23	88
23	新加坡	25	26	24	26	100
24	斯里兰卡	19	21	21	22	83
25	中国台湾	18	18	18	19	73
26	塔吉克斯坦	13	16	20	18	67
27	泰国	17	18	18	19	72
28	土库曼斯坦	17	20	21	20	79
29	乌兹别克斯坦	15	18	20	19	73
30	越南	17	16	17	20	70

(资料来源:http//est.org/Media/Tests/Toefl)

(注:中国栏中括号内的两个数字分别代表比中国分数高的国家数和与中国分数相等的国家数)

表4 2009年30个亚洲国家和地区的托福成绩表

序号	国家	阅读	听力	口语	写作	总分
1	阿富汗	13	17	21	19	71
2	阿塞拜疆	18	17	20	19	74
3	孟加拉国	20	20	21	22	82
4	不丹	20	20	23	23	85
5	柬埔寨	15	16	18	19	68
6	中国	20(4/4)	17(20/4)	18(23/3)	20(12/5)	76(14/3)
7	中国香港	19	20	20	22	81
8	印度	22	22	23	23	90
9	印度尼西亚	19	20	19	21	79
10	日本	17	16	16	18	67
11	哈萨克斯坦	17	19	20	19	76
12	朝鲜	18	19	19	20	75
13	韩国	21	20	19	21	81
14	吉尔吉斯斯坦	19	20	21	21	81
15	老挝	12	14	17	17	80
16	中国澳门	16	16	18	20	70
17	马来西亚	22	22	21	23	88
18	蒙古	18	19	19	19	75
19	缅甸	16	17	19	19	70
20	尼泊尔	18	18	20	21	77
21	巴基斯坦	20	22	23	23	88
22	菲律宾	21	22	23	23	88
23	新加坡	25	25	24	26	99
24	斯里兰卡	19	20	21	21	81
25	中国台湾	19	18	19	19	74
26	塔吉克斯坦	14	15	20	18	67
27	泰国	18	18	18	19	74
28	土库曼斯坦	18	20	21	20	80
29	乌兹别克斯坦	17	19	21	20	76
30	越南	18	16	17	19	70

(资料来源：http://est.org/Media/Tests/Toefl)

(注：中国栏中括号内的两个数字分别代表比中国分数高的国家数和与中国分数相等的国家数)

附录5 2007—2008年世界主要雅思参与国和地区成绩表

表1 2007年世界20个主要雅思参与国和地区成绩表(Academic)

序号	国家	阅读	听力	口语	写作	总分
1	孟加拉国	5.55	5.31	5.39	5.59	5.55
2	中国	5.45(18)	5.76(14)	5.12(18)	5.26(20)	5.45(18)
3	德国	7.30	7.20	6.66	7.20	7.16
4	中国香港	6.73	6.74	5.90	5.99	6.40
5	印度	6.19	5.72	5.62	5.93	5.97
6	印度尼西亚	6.15	6.24	5.47	5.82	5.99
7	伊朗	5.97	5.89	5.73	6.21	6.03
8	日本	5.76	5.86	5.35	5.76	5.75
9	马来西亚	6.96	6.87	6.13	6.43	6.85
10	尼泊尔	6.14	5.61	5.47	5.74	5.83
11	巴基斯坦	5.73	5.45	5.38	5.72	5.68
12	菲律宾	6.75	6.36	6.17	6.76	6.58
13	俄罗斯	6.46	6.53	5.94	6.69	6.48
14	沙特阿拉伯	5.14	5.14	4.90	5.89	5.38
15	韩国	5.86	5.88	5.24	5.61	5.71
16	斯里兰卡	6.27	5.92	5.81	6.31	6.14
17	中国台湾	5.58	5.79	5.18	5.64	5.59
18	泰国	5.87	5.86	5.28	5.66	5.72
19	阿联酋	4.88	4.96	4.81	5.42	5.10
20	越南	5.53	5.94	5.55	5.64	5.70

(资料来源:雅思官方网站 http://www.ielts.org/researchers/analysis_of_test_data.aspx)
(注:中国栏中括号内的数字代表中国在该栏的排名)

表2 2007年世界20个主要雅思参与国和地区成绩表(General Training)

序号	国家	阅读	听力	口语	写作	总分
1	孟加拉国	5.65	5.17	5.54	6.08	5.70
2	巴西	6.30	6.37	6.13	6.63	6.43
3	中国	5.84(8)	5.85(15)	5.53(15)	5.74(15)	5.77(13)

续表

序号	国家	阅读	听力	口语	写作	总分
4	埃及	5.79	5.58	5.82	6.24	5.95
5	中国香港	6.14	6.06	5.89	6.00	6.00
6	印度	6.06	5.45	5.69	6.07	5.91
7	印度尼西亚	6.47	6.27	5.86	6.26	6.26
8	伊朗	5.51	5.37	5.61	5.97	5.67
9	日本	5.56	5.46	5.17	5.70	5.52
10	马来西亚	7.02	6.76	6.51	6.99	6.90
11	巴基斯坦	5.96	5.49	5.87	6.35	6.00
12	菲律宾	5.99	5.51	5.91	6.24	6.05
13	俄罗斯	5.97	6.09	5.86	6.29	6.11
14	新加坡	7.21	6.79	6.61	7.26	7.01
15	南非	7.26	6.84	7.11	8.27	7.46
16	韩国	5.28	5.20	4.95	5.21	5.21
17	斯里兰卡	5.90	5.53	5.73	6.22	5.90
18	泰国	5.32	5.15	5.09	5.52	5.32
19	阿联酋	4.44	4.02	4.24	5.06	4.53
20	委内瑞拉	5.01	5.21	5.34	5.47	5.30

（资料来源：雅思官方网站 http://www.ielts.org/researchers/analysis_of_test_data.aspx）
（注：中国栏中括号内的数字代表中国在该栏的排名）

表3　2008年世界40个主要雅思参与国和地区成绩表（Academic）

序号	国家	阅读	听力	口语	写作	总分
1	孟加拉国	5.60	5.25	5.33	5.66	5.52
2	巴西	6.64	6.81	6.12	6.80	6.65
3	中国	5.50(35)	5.70(30)	5.12(35)	5.25(40)	5.46(35)
4	哥伦比亚	6.36	6.48	5.78	6.52	6.35
5	塞浦路斯	6.18	5.87	5.61	6.33	6.06
6	埃及	6.23	6.09	5.87	6.34	6.20
7	法国	6.73	7.00	6.12	6.43	6.63
8	德国	7.36	7.19	6.59	7.24	7.16
9	希腊	7.10	6.82	6.07	6.45	6.67
10	中国香港	6.65	6.64	5.77	5.93	6.31
11	印度	6.04	5.58	5.51	5.77	5.79
12	印度尼西亚	6.10	6.24	5.50	5.86	5.99
13	伊朗	5.96	5.81	5.82	6.44	6.07

附录5 2007—2008年世界主要雅思参与国和地区成绩表

续表

序号	国家	阅读	听力	口语	写作	总分
14	意大利	5.87	6.56	5.59	5.98	6.06
15	日本	5.89	5.86	5.35	5.80	5.79
16	约旦	5.59	5.46	5.13	5.82	5.57
17	哈萨克斯坦	5.88	5.85	5.52	5.94	5.87
18	肯尼亚	6.53	6.26	6.30	6.88	6.56
19	韩国	5.92	5.89	5.29	5.60	5.74
20	科威特	5.43	5.11	4.91	5.63	5.33
21	马来西亚	7.04	6.92	6.17	6.45	6.71
22	墨西哥	6.67	6.91	6.03	6.69	6.64
23	缅甸	6.09	6.04	5.61	5.82	5.95
24	尼泊尔	5.96	5.43	5.42	5.61	5.67
25	尼日利亚	6.07	6.08	6.14	7.06	6.40
26	阿曼	5.11	5.03	4.95	5.65	5.25
27	巴基斯坦	5.73	5.41	5.45	5.79	5.66
28	菲律宾	6.94	6.51	6.25	6.81	6.69
29	波兰	6.90	6.69	6.11	6.86	6.70
30	卡塔尔	4.70	4.55	4.46	5.26	4.81
31	俄罗斯	6.59	6.50	5.95	6.66	6.48
32	沙特阿拉伯	5.17	4.97	4.83	5.81	5.26
33	南非	7.72	7.40	7.18	8.33	7.72
34	西班牙	6.63	6.90	6.02	6.45	6.56
35	斯里兰卡	6.39	5.88	5.78	6.28	6.15
36	中国台湾	5.68	5.80	5.24	5.66	5.66
37	泰国	5.84	5.80	5.29	5.67	5.71
38	土耳其	5.99	5.83	5.43	5.97	5.87
39	阿联酋	4.87	4.80	4.73	5.33	5.00
40	越南	5.68	5.99	5.56	5.72	5.80

（资料来源：雅思官方网站 http://www.ielts.org/researchers/analysis_of_test_data.aspx）
（注：中国栏中括号内的数字代表中国在该栏的排名）

表4　2008年世界40个主要雅思参与国和地区成绩表（General Training）

序号	国家	阅读	听力	口语	写作	总分
1	孟加拉国	5.84	5.28	5.58	6.08	5.76
2	巴西	6.27	6.25	6.05	6.60	6.37
3	中国	6.06(20)	5.95(17)	5.64(29)	5.84(36)	5.94(26)

续表

序号	国家	阅读	听力	口语	写作	总分
4	哥伦比亚	5.89	5.88	5.70	6.20	5.98
5	埃及	5.79	5.45	5.67	6.19	5.84
6	斐济	6.17	5.68	6.02	6.68	6.20
7	法国	6.88	6.67	6.42	6.89	6.78
8	德国	6.77	6.39	6.36	7.04	6.71
9	中国香港	6.37	6.16	5.82	6.13	6.19
10	印度	6.24	5.57	5.79	6.21	6.02
11	印度尼西亚	6.40	6.08	5.79	6.16	6.17
12	伊朗	5.74	5.40	5.88	6.34	5.90
13	伊拉克	5.67	5.29	5.50	6.42	5.77
14	意大利	5.61	5.76	5.52	5.99	5.79
15	日本	5.84	5.59	5.37	5.85	5.73
16	约旦	5.72	5.33	5.42	6.10	5.70
17	肯尼亚	7.01	6.46	6.82	7.41	6.98
18	韩国	5.43	5.27	5.08	5.28	5.33
19	黎巴嫩	5.91	5.44	5.72	6.38	5.95
20	马来西亚	7.14	6.69	6.51	6.92	6.88
21	毛里求斯	6.52	6.05	6.37	6.74	6.48
22	墨西哥	6.22	6.24	6.03	6.56	6.33
23	尼泊尔	6.33	5.65	5.90	6.21	6.08
24	尼日利亚	5.75	5.79	6.35	7.07	6.30
25	巴基斯坦	5.94	5.43	5.85	6.31	5.95
26	菲律宾	5.75	5.19	5.66	5.91	5.69
27	波兰	6.28	6.04	5.94	6.65	6.29
28	俄罗斯	6.27	6.20	5.93	6.33	6.25
29	新加坡	7.45	6.86	6.84	7.40	7.20
30	南非	7.38	6.91	7.23	8.28	7.51
31	斯里兰卡	6.15	5.66	5.82	6.29	6.04
32	中国台湾	5.87	5.74	5.58	6.03	5.87
33	泰国	5.41	5.19	5.15	5.53	5.39
34	土耳其	5.82	5.60	5.48	5.98	5.79
35	乌克兰	6.01	5.88	5.72	6.08	6.00
36	阿联酋	4.52	3.91	4.40	5.11	4.55
37	英国	7.97	7.45	7.78	8.83	8.10
38	委内瑞拉	5.97	6.09	6.03	6.38	6.18

附录 5　2007—2008 年世界主要雅思参与国和地区成绩表

续表

序号	国家	阅读	听力	口语	写作	总分
39	越南	5.21	5.30	5.38	5.46	5.40
40	津巴布韦	6.80	6.33	6.96	7.76	7.03

（资料来源：雅思官方网站 http://www.ielts.org/researchers/analysis_of_test_data.aspx）
（注：中国栏中括号内的数字代表中国在该栏的排名）

参考文献

一、中文文献

1. 安方明:《社会转型与教育变革:俄罗斯历次重大教育改革研究》,北京:社会科学文献出版社,2006。
2. 蔡基刚:《外语能力培养与我国外语政策》,载《外语与外语教学》,2003年第5期。
3. 蔡永良:《语言·教育·同化:美国印第安语言政策研究》,北京:中国社会科学出版社,2003。
4. 蔡永良:《美国的语言教育与语言政策》,上海:上海三联书店,2007。
5. 陈昌贵:"跨国教育:一个不容忽视的新课题",《新华文摘》,2006年第18期。
6. 陈纳:"美国双语问题的两派之争",《华东师范大学学报》(教育科学版),2007年第1期。
7. 陈昌来:《应用语言学导论》,北京:商务印书馆,2007。
8. 陈新仁主编:《全球化语境下的外语教育与民族认同》,北京:高等教育出版社,2008。
9. 陈原:《语言和人》,北京:商务印书馆,2003。
10. 陈章太:《语言规划研究》,北京:商务印书馆,2005。
11. 陈章太:"当代中国的语言规划",教育部语用所社会语言学与媒体语言研究室编《语言规划的理论与实践:第四届全国社会语言学学术研讨会论文集》,北京:语文出版社,2006。
12. 陈章太:"论语言资源",《语言文字应用》,2008年第1期。
13. 陈振明:《政策科学》,北京:中国人民大学出版社,1998。
14. 成尚荣:"母语教育与民族文化认同",《教育研究》,2007年第2期。
15. 戴庆厦:《中国濒危语言个案研究》,北京:民族出版社,2004。
16. 戴庆厦:《社会语言学概论》,北京:商务印书馆,2004。
17. 戴庆厦:"语言竞争与语言和谐",《语言教学与研究》,2006年第2期。
18. 戴庆厦:"中国少数民族双语的现状及对策",《语言与翻译》(汉文),2007年第3期。
19. 戴庆厦:"中国民族语文政策概述",马丽雅等编《中国民族语文政策与法律述评》,北京:民族出版社,2007。
20. 戴庆厦:"中国少数民族双语教育体制的建立和实施",马丽雅等编《中国民族语文政策与法律述评》,北京:民族出版社,2007。
21. [英]戴维·赫尔德、安东尼·麦克格鲁,陈志刚译,《全球化与反全球化》,北京:社会科学文献出版社,2004。
22. D. E. Inbar等著,史明洁等译:《教育政策基础》,北京:教育科学出版社,2003。
23. 道布:"中国的语言政策和语言规划",《民族研究》,1998年第6期。

24. [荷]德斯万著,乔修峰译:《世界上的语言——全球语言系统》,广州:花城出版社,2008。
25. [英]埃德蒙·金著,王承绪等译:《别国的学校和我们的学校》,北京:人民教育出版社,1989。
26. [日]21世纪研究会,冷茹冰译:《民族的世界地图》,北京:国际文化出版公司,2004。
27. [美]菲利普·库姆斯著,赵宝恒等译:《世界教育危机》,北京:人民教育出版社,2001。
28. [美]菲利普·阿特巴赫:"全球化与大学——不平等的神话与现实",《高等教育》,2006年第5期。
29. 冯广艺:《语言和谐论》,北京:人民出版社,2007。
30. 冯小钉:"语言消亡与保护语言多样性问题的研究评述",《安徽大学学报》(哲社版),2003年第3期。
31. 冯志伟:"论语言文字的地位规划和本体规划",赵蓉晖编《社会语言学》,上海:上海外语教育出版社,2005。
32. 付克:《中国外语教育史》,上海:上海外语教育出版社,1986。
33. 枫华:"21世纪:现有语言将消亡一半",《编译参考》,2000年第11期。
34. F. C. Lunenburg & A. C. Ornstein著,孙志军等译:《教育管理学:理论与实践》,北京:中国轻工业出版社,2003。
35. 管西亮,郭娇:"整体谋划教育开放政策,时不我待",《中国教育报》,2005年1月8日。
36. 官忠明:"巴基斯坦独立后的语言问题之一",《南亚研究季刊》,2002年第1期。
37. 桂诗春:《新编心理语言学》,上海:上海外语教育出版社,2002。
38. 郭龙生:"略论中国当代语言规划的构成要素",《语言与翻译》(汉文),2006年第3期。
39. 郭龙生:"对外汉语教学的语言规划价值及其中的问题与对策",《修辞学习》,2006年第3期。
40. 郭熙:《中国社会语言学》,南京:南京大学出版社,1999。
41. 郭熙:"面向社会的社会语言学:理想与现实",《语言文字应用》,2005年第3期。
42. 郭熙:"论华语视角下的中国语言规划",《语言研究》,2006年第1期。
43. 韩英烈:《民族教育理论与实践探索》,延边:延边教育出版社,2000。
44. 涵宇:"汉语加快走向世界是件大好事",《中国教育报》,2007年3月17日。
45. 何东昌:《中华人民共和国重要教育文献》,海口:海南出版社,1997。
46. 何俊芳:"俄罗斯联邦诸共和国的新语言政策述评",《世界民族》,1998年第2期。
47. 何俊芳:"关于语言法基本理论的若干问题",周庆生、王杰和苏金智主编《语言与法律研究的新视野》,北京:法律出版社,2003。
48. [西]何塞·加里多著,万秀兰译:《比较教育概论》,北京:人民教育出版社,2001。
49. 何演、许光华:《国外汉学史》,上海:上海外语教育出版社,2002。
50. 黄金元:《全球化时代大国的安全》,北京:中国社会科学出版社,2007。

51. 黄新宪:《中国留学教育的历史反思》,成都:四川教育出版社,1990。
52. 黄宗植:《西方多元文化教育理论及其实践》,延边:延边教育出版社,2005。
53. 胡惠林:《中国国家文化安全论》,上海:上海人民出版社,2005。
54. 胡明扬:"语言观和语言教学",《语言文字应用》,1994年第4期。
55. 胡明扬:《语言和语言学》,北京:语文出版社,2004。
56. 胡文仲:"我国外语教育规划的得与失",《外语教学与研究》,2001年第4期。
57. 胡文仲:"新中国六十年外语教育的成就与缺失",《外语教学与研究》,2009年第3期。
58. 胡壮麟:"语言规划",《语言文字应用》,1993年第2期。
59. 胡壮麟:"对中国英语教育的若干思考",《外语研究》,2002年第3期。
60. 贾爱武:"以国家安全为取向的美国外语教育政策",《比较教育研究》,2007年第4期。
61. 姜乃强:"国际教育,引领你走向全球",《中国教育报》,2004年12月29日。
62. [俄]杰尔卡奇著,肖苏、姜晓燕编译:"今天的帕夫雷什学校——苏霍姆林斯基人道主义教育思想的实践基地",《比较教育研究》,2007年第4期。
63. [英]J. Pearsall等:《新牛津英汉双解大词典》,上海:上海外语教育出版社,2007。
64. 康晋:《大国的崛起》,北京:人民出版社,2007。
65. 柯常青:"欧委会通过新的语言政策文件",《世界教育信息》,2008年第10期。
66. 劳允栋:《英汉语言学词典》,北京:商务印书馆,2004。
67. 李成智:《公共政策》,北京:团结出版社,2000。
68. 李传松、许宝发:《中国近现代外语教育史》,上海:上海外语教育出版社,2006。
69. 李芳:"英语热潮下对汉语的冷思考",《武汉大学学报》(人文科学版),2004年第4期。
70. 李慧译:"中国开始流行讲英语",《国外社会科学文摘》,2006年第9期。
71. 李开拓:"提升汉语地位,做好语言规划",《北华大学学报》(社科版),2005年第5期。
72. [美]历克斯·金斯伯里:"世界不是平的",《参考消息》,2007年2月21日。
73. 李良佑等:《中国英语教学史》,上海:上海外语教育出版社,1988。
74. 李青、杨小洪:"略论'美国学'和美国文化",《杭州师范学院学报》,1999年第2期。
75. 李希光、刘康:《妖魔化与媒体轰炸》,南京:江苏人民出版社,1999。
76. 李延福:《国外语言学通观》,济南:山东教育出版社,1996。
77. 李宇明:"论母语",《世界汉语教学》,2003年第1期。
78. 李宇明:"强国的语言与语言强国",《光明日报》,2004年7月28日。
79. 李宇明:"中国当前的语言文字工作——在中国语文现代化学会第8次学术会议上的讲话",《北华大学学报》(社科版),2009年第1期。
80. 梁启炎:"英语'入侵'与法国的语言保护政策",《法国研究》,2001年第1期。
81. 联合国教科文组织:《多语并存世界里的教育》,巴黎:联合国教科文组织出版社,2003。
82. 林吕建:"全球化背景下增强我国广播影视业竞争力研究",中共中央党校第十九期中青班文化问题课题组编《全球化背景下中国文化竞争力研究》,北京:中国时代经济出版社,2004。
83. 刘福根:"澳大利亚语言规划简述",《语文建设》,1999年第5期。
84. 刘海涛:"计划语言和语言规划关系初探",周玉忠、王辉编《语言规划与语言政策:理论与国别研究》,北京:中国社会科学出版社,2004。
85. 刘海涛:"语言规划和语言政策:从定义变迁看学科发展",教育部语用所社会语言学与媒体语言研究室编《语言规划的理论与实践:第四届全国社会语言学学术研讨会论文集》,北京:语文出版社,2006。
86. 刘满堂:"新加坡的语言政策:多语制和双语制",《陕西教育学院学报》,2000年第4期。
87. 刘汝山等:"澳大利亚语言政策与语言规划研究",《中国海洋大学学报》,2003年第6期。
88. 刘县书:"汉语将沦为科学看客?",《新华文摘》,2006年第17期。
89. [罗]卢希尔·扎哈斯克尔:"双语、多语、原因及结果",王洁、苏金智、约瑟夫-G.图里主编《法律、语言、语言的多样性》,北京:法律出版社,2006。
90. 陆俭明:"语文教学定位应定在哪里?",《语言文字应用》,2007年第3期。
91. 鲁炜:"发展中国家信息安全的现状堪忧",《求是》,2010年第14期。
92. 鲁子问:"我国外语考试政策的偏失与改革建议",《湖北招生考试》,2004年12期。
93. 鲁子问:"美国外语政策的国家安全目标对我国的启示",《社会主义研究》,2006年第3期。
94. 吕叔湘:"当前语文教学中两个迫切问题",《吕叔湘文集》(第4卷),北京:商务印书馆,2004。
95. 吕叔湘:《吕叔湘文集》(第5卷),北京:商务印书馆,2004。
96. 马丽雅等:《中国民族语文政策与法律述评》,北京:民族出版社,2007。
97. 马庆株:"谈中国的语言地位规划",教育部语用所社会语言学与媒体语言研究室编《语言规划的理论与实践:第四届全国社会语言学学术研讨会论文集》,北京:语文出版社,2006。
98. M. G. 罗金斯等著,林震等译:《政治科学》,北京:华夏出版社,2001。
99. 孟晓驷:"和谐世界历年与外交大局中的文化交流",《新华文摘》,2007年第1期。
100. [美] N. Dutcher & G. R. Tucker:《第一第二语言在教育中的使用:对教育实践的评述》,华盛顿特区:世界银行,1997。
101. OECD 著,叙瑞等译:《教育政策分析2003》,北京:教育科学出版社,2006。
102. 潘文:"我的汉语课——美报记者回忆上世纪80年代的中国",《参考消息》,2007年3月9日。
103. 潘文国:《汉英语对比纲要》,北京:北京语言大学出版社,1997。
104. 潘文国:"语言的定义",《华东师范大学学报》,2001年第1期。
105. 钱伟量:《语言与实践——实践唯物主义的语言哲学导论》,北京:社会科学文献出版社,2003。
106. 清华大学校史编写组编:《清华大学校史稿》,北京:中华书局,1981。

107. 青草:"美国的'中国学研究'",《中国教育报》,2007年3月31日。
108. 全国人大教科文卫委员会教研室和教育部语言文字应用管理司:《中华人民共和国国家通用语言文字法学习读本》,北京:语文出版社,2001。
109. 阮西湖:"加拿大语言政策考察报告",《世界民族》,2001年第3期。
110. [美]塞缪尔·亨廷顿著,周琪等译:《文明的冲突与世界秩序的重建》,北京:新华出版社,2002。
111. 邵建东:"审视因特网的国际政治内涵",《光明日报》,1999年7月14日。
112. [苏]斯大林:《斯大林全集》(第2卷),北京:人民出版社,1953。
113. [美]S. Mehrotra著:《全民教育:学习成绩卓著的国家的政策——联合国儿童基金会工作人员工作文件》,纽约:联合国儿童基金会,1998。
114. 宋琤:"不会让英语成为世界语——联合国助理秘书长约翰尼斯·曼加沙访谈",《文汇报》,2008年8月6日。
115. 孙宏开:"少数民族语言规划的新情况和新问题",《语言文字应用》,2005年第1期。
116. 孙宏开:"族群关系与语言识别",戴昭铭主编《人类语言学在中国——中国首届人类语言学国际学术研讨会论文集》,黑龙江人民出版社,2007。
117. 孙云晓:"别让孩子的情感'荒漠化'——中小学生最不喜欢的课竟然是音乐",《人民日报》,2009年4月16日。
118. 谭一红:"加强对外汉语教育——中国和世界的需要",《云南师范大学学报》(对外汉语教学与研究版),2003年1月。
119. [美]托马斯·弗里德曼著,何帆等译:《世界是平的》,长沙:湖南科学技术出版社,2007。
120. 王斌华:《双语教育与双语教学》,上海:上海世纪出版社和上海教育出版社,2003。
121. 王建华:"国家语言教育政策:母语教育与英语学习",王建华、张涌泉编《汉语语言学探索》,杭州:浙江大学出版社,2007。
122. 王路江:"新时期对外汉语教学发展的战略思考",《中国高等教育》,2004年第5期。
123. 王蒙:"全球化视角下的中国文化",《新华文摘》,2006年第17期。
124. 王珉:《当代西方思潮评介》,杭州:浙江大学出版社,2005。
125. 王铁琨:《中国语言生活状况报告》(下),北京:商务印书馆,2006。
126. 王希恩:"全球化与族性认同",《西北师大学报》(社科版),2002年第5期。
127. 王英杰等:《美国教育》,长春:吉林教育出版社,2000。
128. 吴剑丽、袁锐锷:"试析美国双语教育政策的演变",《比较教育研究》,2003年第6期。
129. 吴志宏等:《教育政策与教育法规》,上海:华东师范大学出版社,2003。
130. 吴志宏、郅庭瑾:《多元智能:理论、方法与实践》,上海:上海教育出版社,2003。
131. 吴遵民:《基础教育决策论》,上海:华东师范大学出版社,2006。
132. 奚博先:"语言属于生产力范畴——再谈语言和'吃饭'的关系",《语言文字应用》,1993年第4期。
133. 徐大明等:《当代社会语言学》,北京:中国社会科学出版社,1997。

134. 徐大明：《语言变异与变化》，上海：上海教育出版社，2006。
135. 许嘉璐：《未了集——许嘉璐讲演录》，贵阳：贵州人民出版社，2002。
136. 许嘉璐："当前文化问题的症结在哪里？"，《新华文摘》，2006年第15期。
137. 许琳："汉语加快走向世界是件大好事"，《语言文字应用》，2006年第6期。
138. 许琳："汉语国际推广的形势和任务"，《世界汉语教学》，2007年第2期。
139. 徐世璇："论濒危语言的文献记录"，《当代语言学》，2007年第1期。
140. 杨立群："欧洲对中国存在误读"，《解放日报》，2008年12月12日。
141. 杨四耕主编：《双语教学策略》，南宁：广西教育出版社，2006。
142. 杨自俭："关于外语教育的几个问题"，李力、文旭主编的《中国外语教育——理论、方法与实践》，北京：中国社会科学出版社，2006。
143. 姚小平：《洪堡特——人文研究和语言研究》，北京：外语教学与研究出版社，1995。
144. 姚亚平：《中国语言规划研究》，北京：商务印书馆，2006。
145. 游汝杰、邹嘉彦：《社会语言学教程》，上海：复旦大学出版社，2009。
146. 尤泽顺：《乔姆斯基：语言、政治与美国对外政策研究》，北京：世界知识出版社，2005。
147. 于根元主编：《应用语言学》，北京：商务印书馆，2003。
148. 俞新天等：《强大的无形力量：文化对当代国际关系的作用》，上海：上海人民出版社，2007。
149. 袁振国：《中国教育政策评论》，北京：教育科学出版社，2000。
150. 袁振国："深化教育政策研究加强两种文化交流"，《教育发展研究》，2000年第9期。
151. 袁振国：《教育政策学》，南京：凤凰出版传媒集团/江苏教育科学出版社，2001。
152. 岳光："植树造林，日本有教训"，《环球时报》，2010年3月26日。
153. ［英］约翰·邓宁著，杨长春译："全球化经济若干反论之调和"，《国际贸易问题》，1996年第3期。
154. ［美］詹姆斯·莱斯特、小约瑟夫·斯图尔特著：《公共政策导论》（第2版），北京：中国人民大学出版社，2004。
155. 张德鑫："对外汉语教学五十年——世纪之交的回眸与思考"，《语言文字应用》，2000年第1期。
156. 张公瑾："语言的生态环境"，赵蓉晖编《社会语言学》，上海：上海外语教育出版社，2005。
157. 张贡新：《民族语文·民族关系》，昆明：云南民族出版社，1992。
158. 张骥等：《国际政治文化学》，北京：世界知识出版社，2005。
159. 张普："论国家语言资源"，王建华、张涌泉编《汉语语言学探索》，杭州：浙江大学出版社，2007。
160. 张西平等："研究国外语言推广政策，做好汉语的对外传播"，《语言文字应用》，2006年第1期。
161. 张西平、柳若梅：《世界主要国家语言推广政策概览》，北京：外语教学与研究出版社，2008。
162. 张以瑾："没有汉字，我就不会选择学汉语"，《中国教育报》，2007年3月31日。

163. 张正东:"探讨我国英语课程的目标",《课程·教材·教法》,2005年第9期。
164. 张正东:"中国外语教育政策漫议:外语是把双刃剑",《基础教育外语教育研究》,2006年第1期。
165. 张治国:"美国马里兰大学孔子学院田野调查",《世界教育信息》,2009年第3期。
166. 张治国:"语言政策主体的个案研究:美国马里兰大学高级语言研究中心",《世界教育信息》,2009年第6期。
167. 张治国:"美国LEP学生英语教育政策探析——以《双语教育法》和《不让一个孩子掉队法》为例",《外国中小学教育》,2010年第9期。
168. 张治、熊建辉:《双语教育与实践——上海市杨浦小学的探索》,上海:上海社会科学出版社,2005。
169. 张子清:"中美文化的撞击与融汇在华裔美国文学中的体现",刘海平编《中美文化的互动与关联》,上海:上海外语教育出版社,1997。
170. 赵慧:《双语教学纵横谈》,天津:天津教育出版社,2006。
171. 赵启正:"中国媒体发展潜力巨大的产业——在2002年首届上海传媒高峰论坛上的演讲",《解放日报》,2002年12月6日。
172. 赵守辉:"语言规划国际研究新进展——以非主流语言教学为例",《当代语言学》,2008年第2期。
173. 《致联合国教科文组织关于保护濒危语言的行动方案的提案》,巴黎:联合国教科文组织,2003。
174. "中国崛起不会靠损人利己",《新华每日电讯》,2008年8月6日。
175. "中国崛起是美国的主要挑战",《参考消息》,2007年2月22日。
176. "中国'软实力'政策展现魅力",《参考消息》,2007年2月21日。
177. 中国社会科学院语言研究所词典编辑室:《现代汉语词典》,北京:外语教学与研究出版社,2002。
178. 中华人民共和国教育部新闻办公室:《2004中国教育新闻大事记》,北京:人民大学出版社,2005。
179. 中华人民共和国教育部新闻办公室:《教育部2004年新闻发布会实录》,北京:高等教育出版社,2005。
180. 仲哲明:"关于语言规划理论研究的思考",《语言文字应用》,1994年第1期。
181. 周南照:《教育英语文选》,北京:教育科学出版社,1983。
182. 周庆生:《国外语言政策与语言规划进程》,北京:语文出版社,2001。
183. 周庆生:《国家、民族与语言——语言政策国别研究》,北京:语文出版社,2003。
184. 周庆生:"多样性中的统一性与统一性中的多样性:中国语言政策与语言规划研究",周庆生编《国家、民族与语言——语言政策国别研究》,北京:语文出版社,2003。
185. 周庆生:"国外语言规划理论流派和思想",《世界民族》,2005年第4期。
186. 周庆生:《中国语言生活状况报告》(上),北京:商务印书馆,2006。
187. 周有光:"语文运动的回顾与展望",《语言建设》,1989年第2期。
188. 周有光:《周有光语言学论文集》,北京:商务印书馆,2004。
189. 周玉忠、王辉主编:《语言规划与语言政策:理论与国别研究》,北京:中国社会科学出版社,2004。

190. 于杉:《国家的选择与安全:全球化进程中国家安全观的演变与重构》,上海:上海三联书店,2006。
191. 庄智象主编:《中国外语教育发展战略论坛》,上海:上海外语教育出版社,2009。
192. 邹嘉彦、游汝杰:《汉语与华人社会》,上海:复旦大学出版社,2001。
193. 左焕琪:《外语教育展望》,上海:华东师范大学出版社,2001。

二、英文文献

194. Adams, J. M. & Carfagna, A. 2006. *Coming of Age in a Globalized World: The Next Generation*. Bloomfield, CT: Kumarian Press, Inc.
195. Adams, K. L. & Brink, D. T. 1990. *Perspectives on Official English: the Campaign for English as the Official Language of the USA*. Berlin & New York: Mouton de Gruyter.
196. Akiyama, D. 2008. *Diversity: A Corporate Campaign*. Liberal Education, Vol. 94.
197. Altbach, P. 2001. *Higher Education and the WTO: Globalization Run Amok*. International Higher Education, No. 21(spring).
198. Asia Society, Business Roundtable & Council of Chief State School Officers. 2005. *Education in China: Lesson for U.S. Educators*.
199. Baker, C. 1993. *Foundation of Bilingual Education and Bilingualism*. Philadelphia: Multilingual Matters Ltd.
200. Baker, D. P. & Wiseman, A. W. 2005. *Global Trends in Educational Policy*. Oxford, UK: Elsevier Ltd.
201. Bamgboṣe, A. 2000. *Language and Exclusion: the Consequences of Language Policies in Africa*. London: Lit Verlag Munster.
202. Barenfanger, O. & Tschirner, E. *Language Educational Policy and Language Learning Quality Management: The Common European Framework of Reference*. Foreign Language Annals. Vol. 41, No. 1, 2008.
203. Bois, I. D. 2007. *Hiding and Struggling with National Identity: American Expatriates in Germany*. In K. Jungbluth & C. Meierkord (eds.). *Identities in Migration Contexts*. Gunter Narr Verlag Tubingen.
204. Bot, K. D. & Makonl, S. 2005. *Language and Aging in Multilingual Contexts*. Clevendon: Multilingual Matters Ltd.
205. Bourdieu, P. & Passeron, J. C. 1990. *Reproduction in Education, Society and Culture* (2nd Ed.). London: Sage.
206. Brecht, R. D. & Rivers, W. P. 2000. *Language and National Security in the 21st Century: The Role of Title VI/Fulbright-Hays in Supporting National Language Capacity*. Dubuque, Iowa: Kendall/Hunt Publishing Company.
207. Brecht, R. D. 2007. *National Language Education Policy in the Nation's Interest: Why? How? Who Is Responsible for What?* In Perspective—The Mod-

ern Language Journal. 2007(91): 2.
208. British Council (1940—1990). *Annual Reports*. London: British Council.
209. California Department of Education, 2003. *Foreign Language Framework for California Public Schools* (Kindergarten through Grade Twelve), Sacramento, Ca.
210. Carey, K. 2000. *Language Policy and Planning*. New York: Newbery House.
211. Cavendish, M. 2004. *English Language Teaching in East Asia Today: Changing Policies and Practices*(2nd ed.). Singapore: Eastern University Press.
212. Cazden, C. B & Dickinson, D. K. 1981. *Language in Education: Standardization versus Cultural Pluralism*. In C. A. Ferguson, & S. B. Heath(eds.). *Language in the USA*. Cambridge: Cambridge University Press.
213. CED. 2006. *Education for Global Leadership: The Importance of International Studies and Foreign Language Education for US Economic and National Security*.
214. Center for Applied Linguistics. 1977. *Bilingual Education: Current Perspectives*. Vol. 3, Law. Arlington: Center for Applied Linguistics.
215. Chen, P. & Gottlieb, N. 2001. *Language Planning and Language Policy: East Asian Perspectives*. Richmond, Surrey: Curzon Press.
216. Chomsky, N. 1979. *Language and Responsibility*. Sussex, England: Harvester Press.
217. Clifford, R. *A New Year and Some New Attitudes Toward Language Learning*. The Language Educator. Jan. 2008, Vol 3, Issue 1.
218. Clifford, R. *Will Computers Make Language Learning Unnecessary?* The Language Educator. Apr. 2008. Vol. 3, Issue 3.
219. Clyne, M. 1992. *Pluricentric Languages*. Berlin & New York: Mouton de gruyter.
220. Cobarrubias, J. 1983. *Ethical Issues in Status Planning*. In J. A. Fishman (eds). *Progress in Language Planning: International Perspectives*. Berlin, New York, Amsterdam: Mouton.
221. Cooper, R. L. 1989. *Language Planning and Social Change*. Cambridge: Cambridge University Press.
222. Corson, D. 1990. *Language Policy Across the Curriculum*. Clevedon, England: Multilingual Matters. Ltd.
223. Corson, D. 1999. *Language Policy in Schools: A Resource for Teachers and Administrators*. Mahwah, NJ: Lawrence Erlbaum Associates. Inc.
224. Corson, D. 2001. *Language Diversity and Education*. Mahwah, NJ: Lawrence Erlbaum Associates, Inc.
225. Coulmas, F. 2001. *The Handbook of Sociolinguistics*. 北京: 外语教学与研究出版社与布莱克韦尔出版社。
226. Coulmas, F. 2005. *Sociolinguistics*. Cambridge: Cambridge University Press.

227. Crawford, J. 2000. *At War with Diversity: US Language Policy in an Age of Anxiety*. Clevedon: Multilingual Matters Ltd.
228. Crystal, D. 1997. *English as a Global Language*. Cambridge: Cambridge University Press.
229. Crystal, D. 2000. *Language Death*. Cambridge: Cambridge University Press.
230. Cummins, J. 1981. *Age on Arrival and Immigrant Second Language Learning in Canada: A Reassessment. Applied Linguistics*. 11(2).
231. Cutshall, S. *Strong Partnerships: Support Chinese Language Learning*. The Language Educator. Jan. 2008. Vol. 3, Issue 1.
232. Day, R. R. 1985. *The Ultimate Inequality: Linguistic Genocide*. In W. Nessa & J. Manes(eds.). *Language of Inequality*. Berlin/New York/Amsterdam: Mouton.
233. Deutsch, K. A. 1975. *The Political Significance of Linguistic Conflicts*. In J. G. Savard & R. Vigneault (eds.). *Les etats Multilingues*. Quebec: leval.
234. Dixon, R. M. W. 1997. *The Rise and Fall of Languages*. Cambridge: Cambridge University Press.
235. Dozier, E. *Forced and Permissive Acculturation*. The American Indian. 1955. Vol. 7.
236. Education Committee, Council for Cultural Co-operation. 2000. *Linguistic Diversity for Democratic Citizenship in Europe : Towards a Framework for Language Education Policies*.
237. Eggington, W. & Wren, H. 1997. *Language Policy: Dominant English, Pluralist Challenges*. Philadelphia: John Benjamins Publishing Company.
238. Epstein, E. H. 2006. *Echoes from the Periphery: Challenges to Building a Culture of Peace Through Education in Marginalized Communities*. In Y. Iram(eds.). *Educating toward a Culture of Peace*. Greenwich, Connecticut: Information Age Publishing.
239. Evans, B. A. & Hornberger, N. H. *No Child Left Behind: Repealing and Unpeeling Federal Language Education Policy in the United States*. Language Policy. 2005(4).
240. Fairclough, N. 2006. *Language and Globalization*. London & New York: Routledge.
241. Fasold, R. W. 1984. *The Sociolinguistics of Society*. New York: Basil Blackwell.
242. Ferguson, C. A. 1977. *Sociolinguistic Settings of Language Planning*. In J. Rubin, B. Jernudd, J. Das Gupta, J. Fishman & C. Ferguson(eds.). *Language Planning Processes*. The Hague: Mouton.
243. Ferguson, C. A. & Heath, S. B. *Language in the USA*. Cambridge: Cambridge University Press. 1981.
244. Fishman, J. A. 1972. *The Sociology of Language*. Rowley, Mass.: Newbury House.

245. Fishman, J. A., Solano, F. R. & McConnell, G. D. 1991. *A Methodological Check on Three Cross-Polity Studies of Linguistic Homogeneity/Heterogeneity*. In M. E. McGroarty & C. J. Faltis (eds.). *Languages in School and Society: Policy and Pedagogy*. Berlin/NY: Mouton de Gruyter.
246. Freeman, D. L & Long, M. H. 2000. *An Introduction to Second Language Acquisition Research*. Beijing: Foreign Language Teaching and Research Press.
247. Fujikane, H. *Approaches to Global Education in the United States, The United Kingdom and Japan*. In *International Review of Education*. 2003,49(1—2).
248. Gonzalez, R. D. & Melis, I. 2000. *Language Ideologies: Critical Perspectives on the Official English Movement*. Mahwah, NJ: Lawrence Erlbaum Associates, Inc.
249. Halliday, M. A. K. 2007. *Language and Education*. Beijing: Peking University Press.
250. Harris, I. M. 2002. *Conceptual Underpinnings of Peace Education*. In G. Salomon & B. Nevo (eds.). *Peace Education: The Concept, Principle, and Practices around the World*. Malwah, NJ: Erlbaum.
251. Harrison, G. 1998. *Political Identities and Social Struggle in Africa*. In A. J. Kershen (ed.). *A Question of Identity*. Aldershot: Ashgate.
252. Hattery, A. J., Embrick, D. G. & Smith, E. 2008. *Globalization and America: Race, Human Rights, and Inequality*. Lanham, MD: Rowman & Littlefield Publishers, Inc.
253. Haugen, E. M. 1987. *Blessings of Babel: Bilingualism and Language Planning*. Berlin & New York: Mouton de Gruyter.
254. Heath, S. B. 1981. *English in our Language Heritage*. In Charles. A. Ferguson & Shirly Brice Heath (eds.). *Language in the U. S. A*. Cambridge: Cambridge University Press.
255. Heath, S. B. 1977. *Language and Politics in the United States*. In Muriel Saville-Troike (ed.). *Linguistics and Anthropology: Georgetown University Round Table on Language and Linguistics* 1977. Washington. D. C.: Georgetown University Press.
256. Heath, S. B. & Mandabach, F. 1983. *Language Status Decisions and the Law in the United States*. In Cobarrubias, J & Fishman, J. A. *Progress in Language Planning*. The Hague: Mouton.
257. Hernandez-Chavez, E. 1995. *Language Policy in the United States: A History of Cultural Genocide*. In Phillipson, Rannut & Skutnabb-Kangas (eds.).
258. Held, D. et al. 1999. *Global Transformations*. Cambridge: Polity Press.
259. Herriman, M. & Burnaby, B. 1996. *Language Policies in English-Dominant Countries: Six Case Studies*. Clevedon (UK), Philadelphia (US): Multilingual Matters Ltd.
260. Hornberger, N. H. 2002. *Multilingual Language Policies and the Continua of Biliteracy: An Ecological Approach*. In Language Policies. 1(1).

261. Hudson, W. 2002. *What is Globalization?* In D. Lamberton. *Managing the Global: Globalization, Employment and Quality of Life*. London/New York: I. B. Tauris & Co. Ltd. in association with the Toda institute for Global Peace and Policy Research.
262. Huebner, T. & Davis, K. A. 1999. *Sociopolitical Perspectives on Language Policy and Planning in the USA*. Amsterdam/Philadelphia: John Benjamins Publishing Company.
263. Huntington, S. P. & Nye, J. S. Jr. 1985. *Global Dilemmas*. Lanham. MD: University Press of America.
264. Ilgen, T. L. 2006. *Hard Power, Soft Power, and the Future of Transatlantic Relations*. Burlington, VT: Ashgate Publishing Company.
265. Iram, Y. 2006. *Educating toward a Culture of Peace*. Greenwich, Connecticut: Information Age Publishing.
266. Jernudd, B. & Das Gupta, J. 1971. *Towards a Theory of Language Planning*. In J. Rubin & B. Jernudd (eds.), *Can Language be Planned?* Honolulu: East-West Center Press.
267. Kachru, B. B. 1983. *An Overview of Language Policy and Planning*. Annual Review of Applied Linguistics. Vol. 11.
268. Kachru, B. B. 1986. *The Alchemy of English: The Spread, Functions and Models of Non-Native Englishes*. Oxford: Pergamon.
269. Kam, H. W. & Wong, R. Y. L. 2000. *Language Policies and Language Education: The Impact in East Asian Countries in the Next Decade*. Singapore: Time Academic Press.
270. Kennedy, C. 1984. *Language Planning and Language Education*. London: George Allen and Unwin Ltd.
271. Kloss, H, *The American Bilingual Tradition*. Rowley, MA: Newbury House.
272. Konstanze J. & Christiane M (eds.). 2007. *Identities in Migration Contexts*. Gunter Narr Verlag Tubingen, Germany.
273. Kramsch, C. 2000. *Language and Culture*. Shanghai: Shanghai Foreign Language Education Press.
274. Krauss, M. 1996. *Status of Native American Language Endangerment*. In G. Cantoni(ed.). *Stabilizing Indigenous Languages*. Flagstaff, AZ: Center for Excellence in Education, Northern Arizona University.
275. Lambert, R. D. 1999. *A Scaffolding for Language Policy*. International Journal of the Sociology of Language. Vol. 137, No. 16.
276. Lang, P. 1995. *The English Language Debate: One Nation, One Language*. Springfield, NJ: Enslow Publishers. Inc.
277. Levitt, T. *Globalization of Markets*. Harvard Business Review. 1983. 61(3).
278. Lyons, J. J. 1995. *The Past and Future Directions of Federal Bilingual-Education Policy*. In O. Garcia & C. Baker (eds.). *Policy and Practice in Bilin-

gual Education: A Reader Extending the Foundations. Bridgend, UK: WBC Ltd.
279. Lo Bianco, J. 1987. *National Policy on Languages*. Canberra: Australian Government Printing Service.
280. Loos, E. 2007. *Language Policy in an Enacted World: The Organization of Linguistic Diversity*. In *Language Policy & Language Planning*. Vol. 31, No. 1.
281. Malagon, M. H. 1998. *ESL Standards Enacted*. In A. T. Lockwood (eds.). *Standards: from Policy to Practice*. Thousand Oaks, Ca: Corwin Press, Inc.
282. Marckwardt, A. H. 1967. *Teaching English as a Foreign Language: A Survey of the Past Decade*. Linguistic Reporter, supplement 19.
283. Marshall, D. F. 1986, *The Question of an Official Language: Language Rights and the English Language Amendment*. International Journal of the Sociology of Language. Vol. 60.
284. McGroarty, M. 1997. *Language Policy in the USA: National Values, Local Loyalties, Pragmatic Pressures*. In W. Eggington & H. Wren(eds.). *Language Policy: Dominant English, Pluralist Challenges*. Philadelphia: John Benjamins Publishing Company.
285. McMahon, A. M. S. 1994. *Understanding Language Change*. Cambridge: Cambridge University Press.
286. Mendoza-Denton, N. 2002. *Language and Identity*. In J. K. Chambers, P. Trudgill & N. Schilling-Estes (eds.). *The Handbook of Language and Variation*. Oxford: Blackwell.
287. Mikes, M. 1986. *Towards a Typology of Languages of Instruction in Multilingual Societies*. In Spolsky, Bernard (eds.). *Language and Education in Multilingual Settings*. Clevedon: Multilingual Matters. Ltd.
288. Mortensen, E. 1984. *Reading Achievement of Native Spanish-Speaking Elementary Students in Bilingual vs. Monolingual Programs*. Bilingual Review, 11(3).
289. Mufwene, S. S. 2001. *The Ecology of Language Evolution*. Cambridge: Cambridge University Press.
290. Mufwene, S. S. 2008. *Language Evolution: Contact, Competition and Change*. New York, NY: Continuum International Publishing Group.
291. Nye, J. S. Jr. 2002. *The Paradox of American Power: Why the World's Only Superpower Can't Go It Alone*. New York: Oxford University Press.
292. Nye, J. S. Jr. 2004. *Power in the Global Information Age: from Realism to Globalization*. London & New York: Routledge.
293. Nye, J. S. Jr. 2004. *Soft Power: the Means to Success in World Politics*. New York: Public Affairs.
294. Omoniyi, T. & White, G. 2006. *The Sociolinguistics of Identity*. New York, NY: Continuum.

295. Paulston, C. B. 1997. *Language Policies and Language Rights*. Annual Review of Anthropology. Vol. 26.
296. Paulston, C. B. 1998. An Introduction. In C. B. Paulston & D. Peckman (eds.). *Linguistic Minorities in Central and East Europ* Clevedon, England: Multilingual Matters Ltd.
297. Philipson, R. 1994. *English Language Spread Policy*. In *International Journal of the Sociology of Language*. Vol. 107.
298. Philipson, R. 2000. *Linguistic Imperialism*. Shanghai: Shanghai Foreign Language Education Press.
299. Phillipson, R., Rannut, M. & Skutnabb-Kangas, T. 1995. *Introduction*. In Skutnabb-Kangas & Phillipson (eds.). *African Language for the Mass Education of Africans*. Bonn: Education and Documentation Center.
300. Pieterse, J. N. 2004. Globalization and Culture. Lanham, MD: Rowman & Littlefield Publishers, Inc.
301. Pitkoff, E. & Roosen, E. 1994. *New Technology, New Attitudes Provide Language Instruction*. NASSP Bulletin, Vol. 78, No. 563.
302. Pye, L. & Verba, S. 1965. *Political Culture and Political Development*. Princeton, NJ: Princeton University Press.
303. Renandya, W. A. 2000. *Indonesia*. In Ho Wah Kam & Ruth Y L Wong(eds). *Language Policies and Language Education: The Impact in East Asian Countries in the Next Decade*. Singapore: Time Academic Press.
304. Reyhner, J. & Tennant, E. 1995. *Maintaining and Renewing Native Languages*. In Bilingual Journal. Vol. 19, No. 2.
305. Reyhner, J. A. 2006. *Education and Language Restoration*. Philadelphia, PA: Chelsea House Publishers.
306. Ricento, T. 1996. *Language Policy in the United States*. In M. Herriman & B. Burnaby (eds.). *Language Policies in English-Dominant Countries: Six Case Studies*. Philadelphia(US): Multilingual Matters Ltd.
307. Ricento, T. K. & Hornberger, N. H. *Unpeeling the Onion: Language Planning and Policy and the ELT Professional*. TESOL Quarterly. Vol. 30, No. 3.
308. Roca, A. 1999. *Foreign Language Policy and Planning in Higher Education: The Case of the State Florida*. In T. Huebner. & K. A. Davis (eds.). *Sociopolitical Perspectives on Language Policy and Planning in the USA*. Amsterdam/Philadelphia: John Benjamins Publishing Company.
309. Ruiz. R. 1984. *Orientations in Language Planning*. NABE Journal, Vol. 2, No. 8.
310. Ruiz, R. 1990. *Official Languages and Language Planning*. In K. L. Adams & D. T. Brink(eds.). *Perspectives on Official English: the Campaign for English as the Official Language of the USA*. Berlin & New York: Mouton de Gruyter.
311. Sanchez, A. & Duenas, M. 2002. *Language Planning in the Spain-Speaking*

World. Current Issues in Language Planning. Vol. 3, No. 3.
312. Schiffman, H. F. 1996. *Linguistic Culture and Language Policy*. New York: Routledge.
313. Schmid, C. L. 2001. *The Politics of Language: Conflict, Identity and Cultural pluralism in Comparative Perspective*. Oxford: Oxford University Press.
314. Scholte, J. 2005. *Globalization: A Critical Introduction*. Basingstoke/NY: Palgrave Macmillan.
315. Schmid, M. et al. 2004. *First Language Attrition: Interdisciplinary Perspectives on Methodological Issues*. Amsterdam/Philadelphia: John Benjamins Publishing Company.
316. Schmid, R. Sr. 2000. *Language Policy and Identity Politics in the United States*. Philadelphia: Temple University Press.
317. Skutnabb-Kangas, T. 2002. *The Globalisation of Educational Language Rights*. International Review of Education. Vol. 48.
318. Skutnabb-Kangas, T. & Phillipson, R. 1994. *Linguistic Human Rights: Overcoming Linguistic Discrimination*. Berlin/NY: Mouton de Gruyter.
319. Smolicz, J. J. & Nical, I. 1997. *Exploring the European Idea of a National language: Some Educational Implications of the Use of English and Indigenous languages in the Philippins*. International Review of Education. Vol. 43, No. 5.
320. Spolsky, B. 1986. *Language and Education in Multilingual Settings*. Clevedon: Multilingual Matters. Ltd.
321. Spolsky, B. 2000. *Sociolinguistics*. Shanghai: Shanghai Foreign Language Education Press.
322. Spolsky, B. 2004. *Language Policy*. Cambridge: Cambridge University Press.
323. Spolsky, B. & Shohamy, E. 1999. *The Language of Israel Policy, Ideology and Practice*. Clevedon, Buffalo: Multilingual Matters Ltd.
324. Stets, J. E. & Cast, A. 2007. *Resources and Identity Verification from an Identity Theory Perspective*. Sociological Perspectives. Vol. 50, No. 4.
325. Stotsky, S. 2000. *What's at Stake in the K-12 Standards Wars: a Primer for Educational Policy Makers*. NY: Peter Lang Publishing, Inc.
326. Stromquist, N. P. 2002. *Education in a Globalized World: the Connectivity of Economic Power, Technology and Knowledge*. Lanham, MD: Rowman & Littlefield Publishers. Inc.
327. Suleiman, Y. 2006. *Constructing Languages, Constructing National Identities*. In T. Omoniyi & G. White (ed.). *The Sociolinguistics of Identity*. New York, NY: Continuum.
328. Talbot, M., Atkinson, K. & Atkinson, D. 2003. *Language and Power in the Modern World*. Tuscaloosa: The University of Alabama Press.
329. Tam, K. K. & Weiss, T. 2004. *English and Globalization: Perspectives from Hong Kong and Mainland China*. Hongkong: The Chinese University

Press.
330. Thomason, S. G. 2001. *Language Contact*. Washington, D. C. : Georgetown University Press.
331. Tileston, D. W. 2006. *What Every Parent Should Know about Schools, Standards, and High Stakes Tests*. Thousand Oaks, CA: Corwin Press.
332. Tollefson, J. W. & Tsui, A. B. 2004. *Medium of Instruction Policies*. New Jersey: Lawrence Erlbaum Associates, Inc.
333. Tse, L. 2001. *"Why Don't They Learn English?": Separating Fact from Fallacy in the U. S. Language Debate*. New York: Teachers College Press, Columbia University.
334. UNESCO. *UNESCO and Multilingualism*. In *Education Today of UNESCO*. 2003, (6).
335. UNESCO. *Languages in Danger*. In Education Today of UNESCO. 2003, (6).
336. UNESCO. 1953. *The Use of Vernacular Languages in Education*. Paris: UNESCO.
337. United Nations General Assembly. 1999. Declaration and Programme of Action on a Culture of Peace Document A/Res/53/243, adopted by the General Assembly, 53rd session, Agenda item 31.
338. Vikor, L. S. 2000. *Northern Europe: Languages as Prime Markers of Ethnic and National Identity*. In Barbour & Carmichael(eds.). pp. 105—129.
339. Wardhaugh, R. 1987. *Languages in Competition: Dominance, Diversity, and Decline*. Oxford: Basil Blackwell Ltd.
340. Weinreich, U. 1968. *Language in Contact*. The Hague: Mouton.
341. Weinstein, B. 1980. *Language Planning in Francophone Africa*. In *Language Problems & Language Planning*. Austin: University of Texas Press.
342. Wiley, T. G. 2000. *Continuity and Change in the Function of Language Ideologies in the United States*. In Thomas Ricento(ed.). *Ideology, Politics, and Language Policies: Focus on English*. Philadelphia: John Benjiamins Publishing Co.
343. Wiley, T. G. 2001. *Language Planning and Policy*. In S. L. Mckay & N. H. Hornberger (eds.), *Sociolinguistics and Language Teaching*. Shanghai Foreign Languages Education Press.
344. Wilson, D. N. *The Future of Comparative and International Education in a Globalised World*. International Review of Education. 2003(49).
345. Wiseman, A. W. & Baker, D. P. 2005. *The Worldwide Explosion of Internationalized Education Policy*. In D. P. Baker, & A. W. Wiseman (eds.). *Global Trends in Educational Policy*. Oxford, UK: Elsevier Ltd.
346. Wright, S. 2004. *Language Policy and Language Planning: from Nationalism to Globalization*. New York: Palgrave Macmillan.
347. Zajda, J. 2002. *Education and Policy: Changing Paradigms*. International

Review of Education. Vol. 48(1/2).
348. Zall, B. W. & Stein, S. M. 1990. *Legal Background and History of the English Language Movement*. In K. L. Adams & D. T. Brink(eds.). *Perspectives on Official English: the Campaign for English as the Official Language of the USA*. Berlin & New York: Mouton de Gruyter.
349. Zhou, M. L. 2003. *Multilingualism in China: the politics of writing reforms for minority languages 1949—2002*. New York: Mouton de Gruyter.
350. Zhou, M. L. 2004. *Language Policy in the People's Republic of China: Theory and Practice Since 1949*. Boston/Dordrecht/New York/London: Kluwer Academic Publishers.
351. Zhou, N. Z. & Teasdale, B. 2004. *Teaching Asia-Pacific Core Values of Peace and Harmony*. Bangkok, Thailand: UNESCO Asia and Pacific Regional Bureau for Education.

三、电子文献

中国网站

352. 戴炜栋:《改革开放30年来,中国高校外语教育回顾与展望》,http://edu.sina.com.cn/en/2008-09-02/103043809.shtml
353. 《国家对民族学校实行民族语文教学和双语教学的具体规定》,http://www.humanrights-china.org/china/rqxz/X5232001111995229.htm
354. 国家职业汉语能力测试,http://www.zhc.cn/
355. 汉语水平考试,http://www.hsk.org.cn/Center_intro.aspx
356. 暨南大学海外华语研究中心,http://www.globalhuayu.com
357. 孔子学院,http://www.hanban.edu.cn/content.php?id=3258
358. 全国基础教育外语教学研究资助项目《课题指南》,http://www.tefl-china.net
359. 世界汉语教学学会,http://www.shihan.org.cn/shihan/index.do
360. 我国计划首次为中国语言"摸家底"提升软实力,http://www.edu.cn/news_127/20080229/t20080229_282193.shtml
361. 语言文字应用研究所,http://www.china-language.gov.cn/74/jianjie.htm
362. 张宗堂:《调查显示:全国约有53%的人能用普通话交流》,http://www.xinhuanet.com/
363. 中国国家民族事务委员会,http://www.seac.gov.cn/gjmw/index.htm
364. 中国国家语言文字工作委员会,http://www.china-language.gov.cn/6
365. 中国联合国教科文组织全国委员会,http://portal.unesco.org/culture
366. 中国社会科学院民族学与人类学研究所,http://iea.cass.cn/intro.asp
367. 中华全国世界语协会,http://www.espero.com.cn
368. 中国外语教育研究中心,http://www.sinotefl.ac.cn
369. 中国外语战略研究中心,http://news.shisu.edu.cn
370. 中美网络语言教育项目,http://www.ells.edu.cn
371. 钟启泉:《投身教育改革,焕发比较教育的活力》,http:www.kcs.ecnu.edu.cn/xsbgDetail.asp?xsbg_id=8

国外网站

372. 联合国，http://www.un.org/chinese/News/daily/pdf/2007/19032007.pdf
373. 联合国教科文组织，http://portal.unesco.org/culture/en/
374. 美国大学理事会，http://www.collegeboard.org
375. 美国富布赖特项目，http://us.fulbrightonline.org/thinking_type.html#lang
376. 美国国际发展署，http://www.usaid.gov/about_usaid
377. 美国国家留学生事务协会，http://www.nafsa.org/
378. 美国国家小语种委员会，http://www.councilnet.org
379. 美国国务院教育文化事务局，http://exchanges.state.gov/education
380. 美国和平队，http://www.peacecorps.gov
381. 美国经济发展委员会，http://www.ced.org
382. 美国教育部，http://www.ed.gov
383. 美国教育部国家教育统计中心，http://nces.ed.gov/
384. 美国兰德公司，http://www.rand.org/about/glance.html
385. 美国蓝队，http://en.wikipedia.org/wiki/Blue_Team
386. 美国内政部印第安人事务局，http://www.doi.gov/bia/
387. 美国"门户开放"组织，http://opendoors.iienetwork.org
388. 美国全国英语教师委员会，http://www.ncte.org
389. 美国全国语言大会，http://www.nlconference.org/docs/white_paper.pdf
390. 美国人口普查局，http://www.census.gov
391. 美国双语教育协会，NABE，from http://www.nabe.com
392. 美国外交服务学院，http://www.fsi-language-courses.com
393. 美国外语教学委员会，http://www.actfl.org
394. 美国世界教学组织，http://www.worldteach.org/aboutus
395. 美国现代语言协会，http://www.mla.org/
396. 美国新闻署，http://dosfan.lib.uic.edu/usia
397. 美国亚洲协会，www.askasia.org/chinese/
398. 美国应用语言学中心，http://www.cal.org/
399. 美国英语教师协会，http://www.aelta.org/about.html
400. 美国之音，http://www.voatour.com/
401. 美国中央情报局，http://www.cia.gov/news-information/index.html
402. 全美中小学中文教师协会，http://www.classk12.org
403. 英国文化委员会，http://www.britishcouncil.org

英汉术语对照表

1. 人名

A
Adam Smith 亚当·斯密
Ager 艾哲
Altbach 阿特巴赫
Ammon 阿蒙
Anderson 安德森
Apple 艾坡尔

B
Baker 贝克
Baldauf 巴尔道夫
Bamgbose 班博斯
Bloomfield 布龙菲尔德
Bois 博伊斯
Brecht 布莱希特
Brenzinger 布任辛格
Bourdieu 布迪厄

C
Caperton 开普顿
Cast 卡斯特
Cazden 卡兹丹
Cebollero 塞博勒柔
Chomsky 乔姆斯基
Churchill 丘吉尔
Clifford 克利福德
Cobarrubias 可巴鲁比亚斯
Collinson 柯林森
Cooper 库帕
Corson 科森
Coulmas 库尔马斯
Cox 考克斯
Crawford 克劳福德
Crystal 克里斯托
Cummins 卡明斯

D
Das Gupta 达斯—顾普塔
Denton 邓顿
Derrida 德里达
Deutsch 德意奇
Dewey 杜威
Dickinson 迪金斯
Dressler 德莱斯勒
Druon 德律翁
Duenas 杜纳斯
Dunning 邓宁

E
Edmond Laforest 埃德蒙德·拉福莱斯特
E. Garcia E.·加西亚

F
Fairclough 费尔克劳
Fasold 法索德
Ferguson 弗格森
Fishman 费什曼
Foucault 福柯
Franklin 富兰克林
Friedman 弗里德曼
Fries 弗里斯

G
Gadamer 伽达默尔
Galal Walker 吴伟克
Gardner 加德纳
Garrison 伽利森
Garvin 伽文
Gottlieb 高特利艾博

H
Haarmann 哈尔曼

Habermas 哈贝马斯
Hamelink 哈姆林克
Harrison 哈里森
Haugen 豪根
Hayek 哈耶克
Heclo 赫克罗
Held 赫尔德
Hiroko 宏子
Holm 霍尔姆
Holt 霍尔特
Hornberger 霍恩博格
Humboldt 洪堡特
Hymes 海姆斯

I
Ichiye Hayakawa 早川一会
Inbar 因巴

J
Jernudd 颜诺
Joel Bellassen 白乐桑
Jones 琼森

K
Kachru 卡其鲁
Kaplan 开普兰
Kevin Rudd 陆克文
Khubchandani 库博羌丹尼
Kildee 吉尔迪
Kleineidam 克莱内丹
Kloss 克洛斯
Koichi Matsuura 松浦晃一郎
Kramsch 克拉姆斯
Krauss 克劳斯

L
Lado 拉多
Laforge 拉福基
Lambert 兰博特
Lane 兰恩
Levitt 莱维特
L. G. Alexander L·G·亚历山大
Lieberson 利伯森
Lubbers 鲁博斯
Lyotard 列奥塔

M
Mackey 麦基
Masuhara 马苏哈拉
McCalpin 麦克卡尔萍
McCarty 麦卡逊
McLuhan 麦克鲁瀚
Melville 梅尔维尔
Michael Feng 冯麦克
Mortensen 摩特森
Mufwene 马福威
Muhlhausler 缪尔豪斯勒
Mulroney 莫隆尼

N
Neustupny 诺伊斯图普尼
Nye 奈

O
O. Garcia O·加西亚

P
Parker 帕克
Passeron 帕瑟容
Pattanayak 帕塔纳亚克
Paulston 波尔斯顿
Philipson 菲利普森
Pieterse 彼特斯
Pool 普尔
Psacharopoulos 萨卡罗泊洛斯
Purnell 珀耐尔

R
Reyhner 雷纳
Rice 赖斯
Ricardo 李嘉图
Ricento 里森特
Rijn 里金
Rivers 里弗斯
Robinson 鲁宾逊
Rodrik 罗德里克
Rorty 罗蒂
Roth 罗斯
Rubin 鲁宾
Ruggiero 鲁杰罗
Ruiz 瑞兹

S
Sadler 萨德勒
Sanchez 桑切斯
Sapir 萨丕尔
Schiffman 希夫曼
Schlesinger 希莱辛格
Schmid 施密德
Schmidt 施密特
Scholte 斯科尔特
Scholten 斯科尔顿
Serrano 塞拉诺
Sharpe 夏普
Sieben 西本
Skutnabb-Kangas 斯古纳伯-康格斯
Smolicz 斯莫利兹
Sorensen 索任森
Spolsky 斯波斯基
Srivastava 斯里瓦斯塔瓦
Stets 斯泰兹
Stotsky 斯多斯基
Sukhomlinskii 苏霍姆林斯基
T
Tanton 坦顿

Tegnér 泰格奈尔
Toffler 托夫勒
Tollefson 托尔夫森
Toulmin 图尔敏
Tsui 茨伊
Tucker 塔克
U
Unz 翁兹
V
Vikor 维克
Vick 维克
W
Watzke 沃兹克
Webster 韦伯斯特
Weinrich 威因里希
Weinstein 维因斯坦
Weinstock 维因斯道克
Whitman 惠特曼
Wiley 威利
Wiseman 威斯曼
Whorf 沃尔夫
Wright 莱特
Wurm 武尔姆

2. 术语
A
aboriginal language 土著语言
additive bilingualism 添加性双语教育
Afrikaans 南非荷兰语，阿非利堪斯语（南非）
Aimara/Aymara 爱马拉语（秘鲁、玻利维亚）
Akan 阿坎语（加纳）
Akkadian 阿卡得语（伊拉克）
Aleut 阿留申语（美国、俄罗斯）
Alliance France 法语联盟
Americanization 美国化
Amharic 阿姆哈拉语（埃塞俄比亚）
Anatolian 安那托利亚语（土耳其一带）
Anglicization 盎格鲁化
Anglophone 英语世界

antiglobalization movement 反全球化运动
Aramaic 阿拉米语（中东、近东）
arbitrariness 任意性
Asia Society 美国亚洲协会
assimilationist policy 同化政策
autochthonous language 土著语言
B
Bahasa Indonesia/Indonesian 印度尼西亚语
Bamana 巴马纳语（马里）
Bambara 班巴拉语（西非马里一带）
Bashkir 巴什基尔语（俄罗斯、哈萨克斯坦一带）
Basque 巴斯克语（西班牙、法国）
Biosystem 生物系统
bodily-kinesthetic intelligence 身体运动

智能
Bokmal 博克马尔语(挪威)
bottom up 自下而上
Breton 布列塔尼语(法国)

C
Camões Institute 卡蒙斯学院
Catalan 加泰罗尼亚语(西班牙、法国)
Cervantes Institute 塞万提斯学院
Chaco War 查科战争
Chicano 奇卡诺人
Chichewa/Nyanja 齐佩瓦语/尼扬扎语
 (马拉维、赞比亚)
clan language 部族语言
codification of the norm 标准的制定
College Board 美国大学理事会
convention 规约性
Coptic 科普特语(埃及)
corpus planning 本体规划
critical languages 关键语言
Crotian 克罗地亚语
cultivation 语言培育
cultural identity 文化身份,文化认同
culture of peace 和平文化

D
Dari 达利语(阿富汗)
deregulation 去规则化
deglobalization 去全球化
deterritoriality 去地域性
development education 发展教育
dominant language 强势语言
dominated language 弱势语言
dying language 濒危语言

E
ecolinguistics 生态语言学
ecology of language 语言生态
educational language planning 语言教育
 政策
educational planning 教育规划
EFA 全民教育
elaboration 标准的扩建
endangered language 濒危语言

endemic language 虚弱性语言
English for All 全民学英语
English Only Education 唯英语教育
Englishization 英语化
ethnic identity 民族身份

F
Fanti /Fante 芳蒂语(加纳)
Farsi 法尔西语,现代波斯语(伊朗)
Flemish 佛兰芒语(荷兰、比利时和法国)
forced acculturation 强迫同化
forensic linguistics 法律语言学
Francophone 法语世界

G
Gaelic 盖尔语(苏格兰)
Gikuyu 基库尤语(肯尼亚)
global awareness 全球意识
global education 全球教育
globality 全球性
glocalization 全球在地化,在地全球化
Goethe Institute 歌德学院
graphization 文字发展
Great Tradition 大传统
group right 集体权
Guarani 瓜拉尼语(巴拉圭)

H
Hausa 豪萨语(尼日利亚、尼日尔)
Hebrew 希伯来语(以色列)
heritage language 祖裔语言
high variety 高级语体
Hindi 印地语(印度)
Hispanophobia 恐拉美裔症
Hittite 希泰语(小亚细亚一带)
holistic education 整体教育
home language 家庭语言
hybridization 混合化
hyponymy 上下义关系

I
iconicity 语言的像似性
Igbo 伊格博语(尼日利亚)
immersion program 浸没式语言教育
implementation 标准的实施

indigenous language 土著语言
individual identity 个人身份
individual right 个人权
integrative motivation 融入性动机
international education 国际教育
Instituo Dante Alighieri 但丁学院
instrumental motivation 工具性动机
interpersonal intelligence 人际交往智能
intrapersonal intelligence 自我认识智能
intrusive language 侵入性语言
Inuit language 因纽特语(加拿大、丹麦和俄罗斯)
Inuinnaqtun 因纽奈克图语(加拿大)
Irish 爱尔兰语

J
Japan Foundation 日本国际交流基金

K
Kechwa 凯其瓦语(秘鲁)
Kikongo 刚果语
killer language 谋杀性语言
Kinyarwanda 齐尼亚卢旺达语(非洲中部)
Kurdish 库尔德语(土耳其、伊朗、伊拉克等西亚国家)
Kurmanji 克曼尼语(库尔德语中最主要的方言)

L
Ladino 拉地诺语(这是一种综合了土耳其语、阿拉伯语、希腊语、希伯来语和意大利语等语言特点的语言,主要用于土耳其、以色列、北非和巴尔干半岛等地)
laissez faire 放任自由
Lakota 拉科塔语(美洲一种印第安语)
language acquisition policy 语言习得政策
language across border 跨境语言
language at risk 濒危语言
language attitude 语言态度
language attrition 语言损耗,语言磨蚀
language belief 语言信仰

language choice 语言选择
language competition 语言竞争
language conflict 语言冲突
language contact 语言接触
language death 语言死亡
language demise 语言消亡
language diffusion 语言扩散,语言传播
language diffusion policy 语言传播政策,语言推广政策
language dissemination 语言传播
language education policy 语言教育政策
language empowerment 语言能量,语言赋权
language equality 语言平等
language exclusion 语言排除
language ideology 语言意识形态
language influence 语言影响
language loss 语言消失
language loyalty 语言忠诚
language maintenance 语言维持
language management 语言管理
language murder 语言谋杀
language of instruction 教学语言,教学用语
language of wider communication 交际广泛语言
language planning 语言政策
language practice 语言实践
language proscription 语言剥夺
language relationship 语言关系
language replacement 语言取代
language right/linguistic right 语言权
language shift 语言转用
language situation 语言状况
language spread 语言扩展
language stigmatization 语言侮辱
language suicide 语言自杀
language view/linguistic view 语言观
Latino/Hispanic 西班牙语世界
LEP 英语水平欠缺学生
less commonly taught language 教学中

的小语种
liberalization 自由化
lingua franca 通用语
linguicism 语言主义
linguistic capital 语言资本
linguistic change 语言变化
linguistic determinism 语言决定论
linguistic ecology 语言生态
linguistic genocide 语言谋杀
linguistic human right 语言人权
linguistic imperialism 语言帝国主义
linguistic intelligence 语言智能
linguistic nationalism 语言民族主义
logical-mathematical intelligence 数理逻辑智能
low variety 低级语体

M

machine translation 机器翻译
majority language 多数民族语言
Malagasy 马达加斯加语
Malay 马来语（马来西亚）
Maltese 马耳他语
Manchu 满语（中国）
Mandingo 曼丁哥语（马里、塞内加尔等西非国家）
Maori 毛利语（新西兰）
Mayan 玛雅语（危地马拉、墨西哥等中美洲国家）
McDonaldization 麦当劳化
medium of instruction 教学媒介语
melting pot theory 熔炉理论
metatheoratician 元理论家
minority language 少数民族语言，少数族裔语言
monolingualism 单一语言政策
mosaic of languages 语言马赛克
mother tongue 母语
motivation 理据性，理据
Multi-intelligence Theory 多元智力理论
multilingual education 多语教育
multinational education 跨国教育

musical intelligence 音乐智能

N

national language 国语
native language 本族语
Ndebele 恩德贝勒语（南非、赞比亚）
Neoliberalism 新自由主义
New Literacy Movement 新的扫盲运动
new security 新安全
non-state actor 非国家行为体
normalisation 规范化
Nynorsk 尼诺斯克语（挪威）

O

Occitan 奥克西顿语（法国、西班牙等地）
official language 官方语言
Oromo 奥罗莫语（埃塞俄比亚）
orthography 正字法
Oshikwanyama 欧斯夸尼阿马语（非洲）

P

Pali 巴利语（印度）
parents involvement 家长参与
Pashto 普什图语（阿富汗）
peace education 和平教育
permissive acculturation 自愿同化
Persian 波斯语（伊朗）
policy analysis 政策分析
policy studies 政策研究
positive transfer 正迁移
postmodernism 后现代主义
post secondary 中学后
Prakrit 普拉克利特语（印度）
priority language 优先语言
privatization 私有化
process of semiosis 符号协调过程
Fula/Pulaar 富拉语/波尔语（西非国家）

Q

Quechua 盖丘亚语（秘鲁、玻利维亚等南美国家）

R

RAND Corporation 兰德公司
regional language 地区语言
regionalization 地区化

repertoire 语库
reversing language shift 扭转语言转用
Romansh 罗曼什语(瑞士)
S
salad bowl theory 色拉碗理论
school language 学校语言
selection of a norm 标准的选择
Serbo 塞尔维亚语
Serbo-Crotian 塞尔维亚—克罗地亚语
Setswana 塞茨瓦纳语(南非)
Shona 绍纳语(津巴布韦、赞比亚等非洲南部)
sign language 手语
Sinhala 僧伽罗语(斯里兰卡)
sociolinguistic repertoire 社会语言库
sociolinguistic setting 社会语言环境
soft power 软实力
spatial intelligence 空间智能
standardisation 语言标准化
status planning 地位规划
Stellingwarfs 斯泰林沃斯克语(荷兰、比利时)
strong language 优势语言
subordinate language 弱势语言
Sumerian 闪族语(伊拉克)
superterritoriality 超地域性
Swahili 斯瓦希利语(坦桑尼亚、肯尼亚等印度洋沿岸的非洲国家)
T
Tagalog 他加禄语(菲律宾)
The Blue Team 美国"蓝队"
The British Council 英国文化委员会
The Tower of Babel 巴别塔,通天塔

Tigrinya 提格里尼亚语(埃塞俄比亚)
Tiwi 蒂维语(澳大利亚)
top down 自上而下
Toubon Law 法国《杜蓬法》
Turkish 土耳其语
Twi 特维语(加纳)
U
Ugaritic 乌加列文(中东)
Urdu 乌尔都语(巴基斯坦、印度)
Uzbek 乌兹别克语(乌兹别克斯坦)
V
Vedic 吠陀梵语(印度)
vernacular 本地话
W
War of the Triple Alliance 三国同盟战争
Washington Consensus 华盛顿共识
wetback 湿背人
White Australia Policy 白澳政策
Wolof 沃洛夫语(塞内加尔、冈比亚等)
world language/global language/international language 世界性语言
X
xenophobic trends 仇外趋势
Xhosa 科萨语(南非)
Y
Yiddish 依地语(以色列、美国等)
Yoruba 约鲁巴语(尼日利亚、贝宁)
Z
Zapotec 萨波特克语(墨西哥)
Zionist 犹太复国主义者、锡安主义者
Zulu 祖鲁语(南非)

后　记

　　本书是根据本人的博士论文稍加修改而成的。我想每个博士生从博士入学考试的准备到博士毕业论文的顺利完成都经历了很多很多学术上的困惑、精神上的洗礼、体力上的考验……不同的是每个人所遇到的困难的种类和程度不同而已。在我完成博士论文以及对博士论文修改成书时，回顾过去几年在华东师范大学、上海海事大学和美国马里兰大学的岁月，感触颇多，我不由自主地就想起了许多人和许多事。回忆是为了总结，为了体味人生的真谛。但在我们回忆这些走过的求学和研究之路时，我想起一句话："强者回顾大坎坷一带而过，弱者叙述小挫折喋喋不休。"我算不上是强者，但我要尽量避免成为一个弱者。因此，我就不想在此对几年来所经历的细节多费笔墨。然而，有一点是我的亲身体会：人是群居动物，任何一件事情的完成都或多或少，或直接或间接地需要别人的帮助。所以，我永远不会忘记也不能忘记的是这几年来帮助过我的人。

　　首先，我要衷心地感谢德高望重和学贯中西的恩师周南照教授，他在2006年好几个强有力的入学考试者中慧眼挑选了我作为他的唯一博士生，使我在求学的生涯中上了一个新台阶。在读博期间，周老师在学术研究方面给予了我许多宏观性的指导，也给了诸多微观性的指点；周老师还在学术、生活方面给我提供很多帮助，例如，他利用在联合国教科文组织（UNESCO）总部——巴黎召开国际会议的期间给我购买 UNESCO 关于多语言和多文化方面的政策书籍；他把他在 UNESCO 亚太地区办事处（泰国曼谷）工作期间编辑的有关书籍提供给我参看；他让我几度参与他在北京和上海主持的国际会议；当我在美国访学时，他引介我参观美国 NBPTS（美国国家教师专业教学标准委员会）在华盛顿的总部，并拜访了 NBPTS 主席 Dilworth 博士，以便我获得更多的相关资料和信息。周老师严谨务实的研究精神、孜孜不倦的工作态度、诚恳朴实的为人处世都使我刻骨铭心。他是我的楷模，他的润物细无声式教育使我终生受益。衷心感谢周老师所给予我的一切关怀、指导和帮助！此外，我还要衷心地感谢华东师范大学课程与教学系的教师（如王斌华、黄志成等教授），没有他们的深邃并赋予启发的教学，我就不可能完成当时的博士论文和今天的专著。

　　其次，我要谢谢美国马里兰大学国家外语研究中心主任 Cathering Ingold 博士，是她接受了我到那进行访学，安排我认识相关的研究人员

(如美国亚洲协会执行会长王叔涵博士、Bruce Evans 研究员、美国国务院美国外交服务学院的 Frederic Jackson 研究员),与这些学者的谈话开阔了我的眼界,而且他们还为我提供了各种有关语言政策的信息和资料。

第三,我要感谢上海海事大学外语学院毛立群院长,在我读博期间,他在工作和生活上给予了我很多的关怀、鼓励与支持。还有,我要衷心感谢我的同事王菊泉教授,他年事已高,但不忘给我精神上的支持,关心我的学业和生活,令我感到非常温暖,他秉承了他恩师吕叔湘先生的风格,既教书,又育人,关心年轻一代教师的成长。此外,我要感谢我的同事蔡永良教授,他在语言政策的研究方面造诣颇高,他给了我很多帮助,并提供了不少相关资料。

第四,我要感谢华东师范大学热情大方的赵丽博士、李妍博士、王立科副教授。在我读博期间许多行政事务都是他们帮助我协办的,这使我节省了许多时间和精力。我还非常感谢教育部教育管理信息中心的熊建辉博士,我在华东师范大学的读博期间得到了他的许多帮助和支持。此外,我要感谢一群漂亮可爱的师妹和英俊潇洒的师弟:熊淳博士、陈德云副教授、吴学忠副教授、李群、胡兰、许以芬和李静。他们的笑脸和笑声让我减轻了学业的压力,他们的帮助和求助让我增加了对学业的自信心。

第五,我要感谢浙江理工大学外语学院的顾弘副教授,她利用在美国杜克大学访学的机会帮我查找相关图书(包括跨馆查寻),并不厌其烦地通过电子邮件把资料寄给我。这些资料对我撰写此书帮助很大。

在我完成博士论文并顺利通过答辩后不久,我与上海外国语大学中国外语战略研究中心副主任赵蓉晖教授交谈时,她得知了我的研究方向后就真诚地邀请我加入她们的国家语言文字应用"十一五"科研重点项目"国家外语发展战略研究",我欣然同意。经过两年多时间断断续续地对本人博士论文的修改,现终于可付梓。借此机会,我由衷地感谢赵蓉晖教授,她为本书的出版事宜做了许多事。同时,我要感谢北京大学出版社为此书的出版所做的一切,尤其要感谢本书的责任编辑宣瑄。

最后但不是最轻的,我要感谢 Grace Lee 帮我在美国购买参考书籍,并不远万里托人带给我。此外,我要感谢我的家人,特别是我妻子薛冬青女士,她在生活后勤等方面给予了我很多关心,并在精神上给我鼓励和支持。

著书中在资料收集与引用、观点论述与表达等方面有不当之处,敬请诸位专家、学者和其他读者海涵,并提出宝贵意见。

张治国
2011 年 5 月于上海维多利华庭